国防科技创新生态系统深化研究

张文宇　贾　嵘　著

科学出版社
北　京

内 容 简 介

本书立足系统思维，将管理科学、军事科学、计算机科学、人工智能科学的相关理论进行融合，研究国防科技创新生态系统的相关理论、模型构建及智能决策框架体系。通过定性与定量的综合集成、统计学与机器学习的协同运用，利用理论建模分析国防科技创新生态系统的关键要素，并运用实证分析讨论国防科技创新生态系统的评价与仿真、关键要素的关联分析、智慧军营的建设及国防科技创新人才决策支持系统的框架，对我国国防科技创新生态系统的提升具有重要的理论指导意义及应用价值。

本书可供国防军工管理部门有关人员阅读，也可供学校及科研院所管理研究人员参考。

图书在版编目(CIP)数据

国防科技创新生态系统深化研究 / 张文宇，贾嵘著. —北京：科学出版社，2021. 4

ISBN 978-7-03-067296-4

Ⅰ. ①国…　Ⅱ. ①张…　②贾…　Ⅲ. ①国防科学技术-技术革新-研究-中国　Ⅳ. ①E25

中国版本图书馆 CIP 数据核字（2020）第 269697 号

责任编辑：李轶冰 / 责任校对：樊雅琼

责任印制：吴兆东 / 封面设计：无极书装

科学出版社 出版

北京东黄城根北街 16 号

邮政编码：100717

http://www.sciencep.com

北京建宏印刷有限公司 印刷

科学出版社发行　各地新华书店经销

*

2021 年 4 月第　一　版　开本：720×1000　1/16

2021 年 4 月第一次印刷　印张：18 1/4

字数：370 000

定价：218.00 元

（如有印装质量问题，我社负责调换）

前　言

国防是为捍卫国家主权及领土完整并防备外来侵略和颠覆所进行的军事、政治、经济、外交、文化等方面的建设，国防建设的核心依靠科技创新来驱动。随着世界科技竞争日趋激烈，国防科技创新已经成为国家国防建设和综合国力的集中表现。习近平总书记在十九大报告中明确提出“坚持政治建军、改革强军、科技兴军、依法治军，更加注重聚焦实战，更加注重创新驱动，更加注重体系建设，更加注重集约高效，更加注重军民融合，实现党在新时代的强军目标”。可以说，国防科技创新作为国防科学技术领域的创造与革新的活动，是一个国家生存和发展的安全保障。同时，国防科技创新作为我国军队建设发展中的重要战略基点，要不断加强战略性、前瞻性、颠覆性技术的发展，只有加快构建国防科技创新生态系统，才能为建设信息化军队、打赢信息化战争奠定坚实的基础。世界国防科技的发展，以及我国国家利益的拓展、军事战略的变化与国内经济社会的发展，对我国国防科技发展提出了新的更高的要求。同时我国国防科技创新呈现新的特点：从战略层面上来讲，国防科技创新的指导方针由“以防御为主”向“攻防兼备”转变；从战术层面上来讲，国防科技创新的发展思路由“单线思维”向“系统思维”转变；从战役层面上来讲，国防科技创新的核心关键由“基于单项能力”向“基于体系集成能力”转变。如何推进国防科技创新生态系统的建设，以国防科技创新保障国家长远发展，成为当前我国面临的重大问题。我们要在国际军事竞争中掌握主动，就必须大力推进国防科技创新，持续提高国防科技自主创新能力。

本书将系统科学、管理科学、军事科学、计算机科学及人工智能科学的相关理论应用于国防科技创新生态系统的研究中，以国防科技创新生态系统为研究对象，多学科多视角分析影响国防科技创新生态系统的重要因素，综合运用文献分析、对比分析、定性与定量分析、理论与建模分析、仿真与实证分析研究发现国防科技创新生态系统发展的制约因素，从国防科技创新生态系统的统筹规划、创新基础、平台搭建、人才队伍、体制机制等方面研究如何增强我国国防科技领域的原始创新能力，实现我国向科技强国的稳步迈进，对于我国经济社会的发展具有重要理论指导及现实意义。

本书共 10 章。第 1 章阐述国防科技工业体系的构成及国防科技创新生态系统研究的背景、目标及发展现状，并从战略层面、战术层面和战役层面提出我国国防科技创新呈现出的新特点，进而对国防科技创新生态系统的研究进行国内外文献梳理。第 2 章在系统思想和系统科学理论的指导下对国防科技创新生态系统的构成要素及发展模式进行系统分析。第 3 章依次渐进地对创新、科技创新、创新生态系统、国防科技创新生态系统的特点、具体内涵及要素进行解释，并着重从复杂性、演化性和开放性三个角度展现国防科技创新生态系统的特点。第 4 章重点从创新主体、创新链条、创新资源、创新管理四个角度研究国防科技创新生态系统的构成及相关影响因素，并依据国防科技创新活动从投入到产出的全过程，即需求产生—资源投入—研发产出—实际应用—进一步升级改造，分析影响我国国防科技创新生态系统的重要因素，进而从基础支撑力、制度保障力、资源配置力、科技创新力及成果转化力五个方面对其进行详细分析。第 5 章阐述国防科技创新生态系统评价指标体系的构建原则，从基础支撑力、制度保障力、资源配置力、科技创新力、成果转化力五个方面初步构建国防科技创新生态系统评价指标体系，在基于灰色关联分析的指标约简算法基础上对初选指标体系进行约简，剔除关联度低的指标，得到最终的评价指标体系。第 6 章在国防科技创新生态系统评价指标体系的基础上，利用双层犹豫模糊语言 TOPSIS 方法（优劣解距离方法）对我国国防科技创新生态系统发展数据进行评价，进一步运用 $DGM(1,1)_{atan}$模型对后续国防科技创新生态系统的发展状况进行仿真。另外，从反向视角进行相关的评价与仿真操作，并对两种模式进行量化对比分析。第 7 章在人工智能和大数据背景下分析国防科技创新生态系统的发展特点、人工智能与大数据背景下的国防科技资源开发框架，并从机器智能的角度运用智能计算 Apriori 算法对国防科技创新生态系统关键指标进行关联分析，最后提出系统论思想的人机协同分析模式。第 8 章探讨国防科技创新生态系统智能化管理的关键支撑技术，如物联网技术、GPS 技术、智能数据挖掘技术、云计算服务等，结合 WSR 方法将国防科技创新生态系统落实到智慧军营的建设上并进行实证分析，为部队全面建设和提升科技战斗力提供详细设计指导。第 9 章从复杂开放巨系统、钱学森智慧体系及国防科技创新生态系统集成研讨厅建设视角进行国防科技创新生态系统智能决策支持系统七库一体原型设计的研究，分别对国防科技创新生态系统的数据仓库、模型方法库、模型字典库等展开详细设计，并通过国防科技创新生态系统的重要子系统——国防科技创新人才决策支持系统（GKCRIDSS）的国防科技创新人才档案数据库、七商测评数据库、七商等级数据库及人才模型与知识模块进行详细的功能设计。第 10 章在上述章节分析的基础上，根据国防科技创新生态系统各评价指标的权重得出各个指标对国防科技创新生态系统的影响程度，同时发现我国国防科技创新生态系统存在的不足，针对重要指标进行改进与调整，从基础支撑力、制度保障力、资源配置力、科技创新力、成果转化力、人才保障力六个方面提出完善对策，从而带动国防科技创新生态系统整体发展与进步。

本书由张文宇和贾嵘撰写。全书前期资料的收集、整理及制图由西安邮电大学硕士研究生张传强、治瑜、董青、刘小宁、秦乐等共同完成。全书统稿及校对由西安邮电大学老师、中国航天系统科学与工程研究院博士研究生任露，西安邮电大学硕士研究生张长有、张炳晨、骆维娜、高雪、袁永斌等共同完成。全书的智能软件测试（第7～9章）由西安邮电大学研究生王丹枢、朱钰婷、赵松敏、董大地、于瑞以及中国航天系统科学与工程研究院博士研究生王磊、于弘泽等共同完成。在此向他们表示真诚的感谢。感谢清华大学雷家啸教授以及清华大学（经济管理学院）工商管理博士后流动站薛昱博士在书稿的编写工作中提供思路并给予建议。

国防科技创新生态系统研究是交叉性极强的研究领域，对内容的理解仁者见仁智者见智。在本书的写作过程中，尽管作者处处尽心尽力，希望能够做到尽善尽美，但是由于本书所采用的系统科学、军事科学和人工智能的研究方法尚属于急速发展的交叉学科理论与方法，加之作者学术水平有限，书中难免存在不足之处。在此，作者竭诚欢迎并恳切希望广大读者不吝批评与指正，共同为我国国防科技创新生态系统的发展做出积极的努力。

作　者

2020年9月

目　录

第 1 章　导　论

国防科技创新作为国防科学技术领域内最具创新性的活动，标志着一个国家目前的生存状态及未来的发展水平，国防科技的提升与创新已经成为国家综合国力的标志。因此，有效开展国防科技创新生态系统的建设，是我国国家安全长远发展的重要保障。

追本溯源，研究我国国防科技发展历程可以发现，我国国防工业在 20 世纪 50 ~ 60 年代初步形成了一套较为完整的体系方针。这套方针中指出了国防工业的发展总目标（游光荣，2018）及阶段性目标，明确了国防体系建设的主体及道路，并提出了军民结合的概念，为我国国防工业建设指明了目标和方向，成为我国国防工业系统发展的基础。60 年代，中国第一颗原子弹爆炸成功，标志着我国国防工业进入了新的发展阶段。

随着后来一系列技术创新发展方针的提出，中国国防工业创新也不断面临着新挑战，习近平总书记对国防科技发展进行了总结和说明，对中国国防系统的科技创新提出了新的要求。我们要认识到，新时期国防科技发展应找到突破口，进行初始化布局，提高研究的创新性和探索性，同时注重基础性和引领性，努力发展军事技术上的优势，重视国防战斗力中创新的作用。面对新时期下世界军事形势发生的改变，我们要建立适合中国特色社会主义发展的国防科技创新体系，只有这样才能在竞争中保持优势，实现国防科技创新体系的跨越式发展。

本书尝试性地从构建我国国防科技创新生态系统的根本目的、前提与基础、核心竞争力与影响因素等方面多角度、多学科进行综合分析。在创新被不断强调、军民融合日益密切、技术创新多元化发展的今天，科学地构建国防科技创新生态系统，使其形成良好的科技发展循环，对我国国防综合实力的提升与创新有着重要的社会价值和研究意义。

1.1　国防科技创新生态系统概论

随着全球科技的持续发展，国防科技创新已经成为国家综合国力以及国防安全的综合表现，对一个国家未来的生存和发展具有重要影响。习近平总书记在十九大报告中明确提出军队改革和发展的目标与要求，以及构建新时代党和军队的目标。我国要占领国际军事竞争中的主动地位就必须全力推动国防科技创新建设，加强对国防科技自主创新能力的培养和重视程度（张于喆，2019）。世界国防科技的不断发展、我国国家利益的拓展、国内经济社会的进步及国家军事战略的更新变化，要求我国的国防科技必须做出新的改变。新时期我国国防科技创新表现出新的特点：①从战略角度上讲，国防科技创新的指导方针从“以防御为主”转变为“攻防兼备”；②从战术角度上讲，国防科技创新的发展思路由“单线思维”转变为“系统思维”；③从战役角度上讲，国防科技创新的核心关键从“基于单项能力”转变为“基于体系集成能力”。基于以上特点，国防科技创新不仅需要关注创新活动本身，还需要关注创新主体之间的相互协同、创新活动过程中的用户参与、创新成果的传递应用，更需要进一步关注国防科技创新系统的整体构建和持续运行。特别是在我国实施创新驱动发展战略的大环境下，如何综合运用行政手段和市场机制（吕薇，2016），使科技创新成为创新主体的自觉行为，使开放协同和军民融合成为科技创新的重要手段，是国防科技创新系统需要解决的迫切问题，也是我们建设国防科技创新生态系统的重要考量及研究目标。

1.1.1　国防科技工业体系的定义与组成

1.1.1.1　国防科技工业体系的定义及层次

国防科技工业体系，即国防科技工业系统，是指由国家兵器、核能、航空、航天、电子、舰船、军需等军事科研与生产部门组合而成的工业体系。主管部门为工业和信息化部、国家国防科技工业局。各个国防科技工业部门组成的完整工业体系，是现代化国防发展的重要物质基础，是武器装备科研生产的骨干力量，是国家科技创新体系和先进制造业的重要组成部分，是推动社会经济快速发展和实现科技飞跃的重要因素。在我国，国防科技工业是一个相对独立的、履行双重功能、获取双重发展效益的科研生产领域。从广义上看，我国的国防科技工业由常备军工、储备军工和动员军工组成。常备军工是国家核准保留的军工科研、生产能力的集合，储备军工是国家核准封存的军工动员规划、计划和预案的生产线的集合。具体来讲，国防科技工业领域由各军工部或总公司所属的全部科研、生产、试验单位以及有保留、封存军工生产能力的民品厂或生产线两部分组成。

作为一个拥有数十年历史的独立且完整的科研生产领域，国防科技工业在流程上主要由三个层次构成（戴伟，2019），如图 1-1 所示。

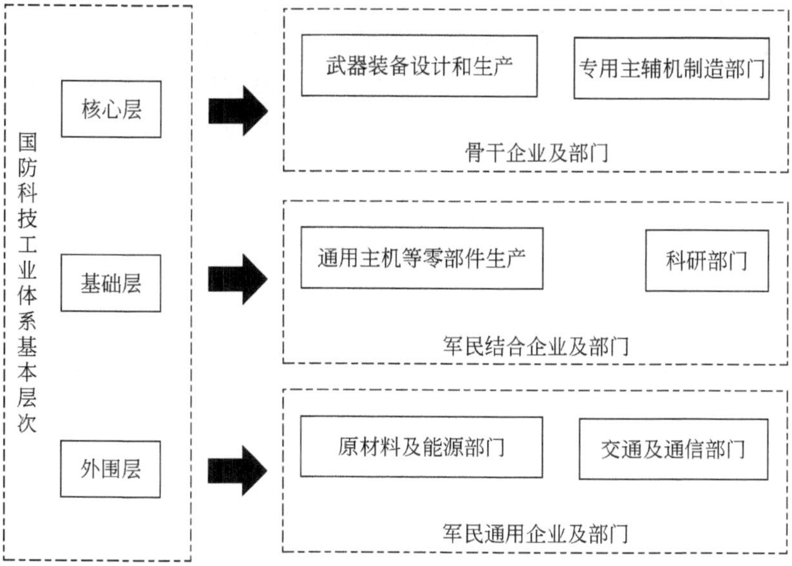

图 1-1　国防科技工业体系的基本层次

核心层：作为我国国防科技工业发展的关键部分，也是国防科研生产的常备、核心力量。主要包含武器装备设计部门、生产总装部门、专用主辅机制造部门。

基础层：作为我国国防科技工业发展的主要依托、武器装备科研与生产的基础，其特点是军民结合程度比较高。主要包含通用主机辅机、元器件、零部件的科研与生产部门。

外围层：主要包含原材料、能源、交通、通信等国防科技工业有关基础设施。其特点是设备设施军民通用一体化。

1.1.1.2　国防科技工业体系的组成

当前，我国的国防科技工业体系主要由兵器、核能、航空、航天、电子、舰船、军需等相关军事部门构成，它们是一个相对独立的系统。建立和完善国防科技工业体系，发展国防科研生产，也主要从这几个方面入手。

（1）兵器工业

兵器工业，是以研究和生产国防工业中常规的武器装备为主的工业，是国防科研生产的重要部门。现代兵器工业的主要产品有各种枪械、弹药、火炮、坦克、车辆、战术导弹等。随着科学技术的进步，世界各国的兵器工业将不断应用新技术，其产品的种类越来越多样化，质量和性能越来越先进。

中华人民共和国成立后，在改造已有军工厂的基础上，开始建设中国的现代兵器工业。抗美援朝战争中，在十分困难的条件下，生产前线急需武器弹药，现代兵器工业的发展有力地支援了战争。20 世纪 50 年代中期，兵器工业企业根据建设现代化国防的需要，按专业分工的原则和制式武器的技术要求，进行了全面的技术改造，并在苏联的援助下兴建了 20 多个大型兵器企业。这期间，先后生产了门类比较齐全的现代化武器装备，包括各种大炮、枪械、坦克、车辆、弹药和火控系统等，全军的武器装备实现了国产化和制式化。60 年代初期，根据当时国际形势的变化，中共中央提出了建立稳固的后方基地的战略决策，兵器工业按照区域配套的原则，进行了“三线”建设；同时还在部分民用工厂内建成了军工动员生产线。80 年代以来，兵器工业在新的历史条件下，制定规划、调整结构、进行体制改革、加强科研力量，研制和生产了新型自行火炮、反坦克导弹、主战坦克等一批性能先进的武器装备，从而更加适应国防和经济建设的需要（黄花，2012）。

（2）核工业

核工业是核能开发、利用的综合性新兴工业部门，具体是对核燃料进行研究，并对其进行生产、加工、开发、利用，以及研制生产核武器。核工业具体产品有核原料、核燃料、核动力装置、核武器（包括原子弹、氢弹和中子弹）、核电力和放射性同位素等（赵富洋，2010）。核工业生产出的核武器由于其杀伤力和破坏力，会对战争起到重大作用，甚至改变战局，并且会对环境造成不可修复的放射性污染和破坏，这些影响使一些国家将其作为现在国防和军事的重要战略举措，因此，核工业对于国家的国防安全和军事发展具有重要的影响。与此同时，核工业发展所带动的能源发展，使得其在国民经济中也具有极为远大的前景。

我国的核工业建设和发展是在中华人民共和国成立后开始进行的。1955 年，国务院决定，在国家建设委员会设立建筑技术局，负责对苏联援助的实验性重水反应堆和回旋加速器进行筹划建设工作。1956 年成立原子能事业部（1958 年改为第二机械工业部，1982 年改为核工业部），统一管理我国原子能事业，并在苏联援助下发展我国的核工业。1960 年，苏联单方面撕毁合同，撤走专家，停供设备。此后，我国坚持自力更生的方针，依靠自己的力量，继续发展科学技术与核工业，我国的第一颗原子弹于 1964 年 10 月 16 日成功爆炸，第一颗氢弹于 1967 年 6 月 17 日成功爆炸，第一艘核潜艇于 1970 年下水。经过几十年的努力，我国通过不断努力探索和研究，已经建成并拥有了比较完整的核科学研究与核工业生产的体系。70 年代末，中国核工业由原来的主要为军用服务，逐步转向军民结合、以核为主，多种经营，除继续研制新的核武器外，主要是以和平利用的方式应用核能、核技术进行现代化生产建设。1988 年 4 月，我国新建能源部代替原本核工业部的政府职能，撤销核工业部，同时开始组建中国核工业总公司，其主要职责是负责管理和经营核工业企事业各单位及公司。

（3）航空工业

航空工业是针对航空领域中有关航空器和相关设备进行研制、生产和修理的工业。通常包括航空飞行器、动力装置、机载设备、武器等产品的研发和生产行业，以及相关研究设计单位、试验基地和管理机构等。航空工业主要产品有：各种飞机及地面效应飞行器、飞艇、气球、飞机发动机、机载设备、机载武器、地面设备等。航空工业既是国防科研生产的重要部门，也是国民经济发展的支柱工业。

中华人民共和国成立之后，经过数十年的艰苦奋斗，我国航空工业作为国防工业发展的重点已经形成了完善的体系，相关的创新型产品相继被研发出来，如歼击机、轰炸机、运输机、多用途飞机及多种战术导弹，以上这些都已广泛在我军装备部署，部分也支援我国的友好国家。

不过，同发达国家相比，我国航空工业在技术、工艺和生产效率方面都还比较落后。当前，世界新技术革命不断推动着航空工业的进步，许多新技术、新材料、新产品的研制不断取得突破，我国的航空工业正在急起直追，争取跃上新的台阶。

（4）航天工业

航天工业是综合性的高技术产业，是国防科技工业的重要组成部分，具体内容范围是研发外层空间飞行器、空间设备、武器系统以及地面保障设备，其中主要包括战略导弹、运载火箭、空间飞行器、推进系统、机载设备和地面各种保障设备等。航天工业的特点是技术密集，其作为人类向宇宙外太空发展的创新性基础，具有广泛的军民两用价值。面对新时期下的发展形势，航天工业将迈向创新发展的新阶段。

中国的航天工业于 20 世纪 50 年代初期开始发展，1956 年 10 月，我国成立了第一个导弹研究机构——国防部第五研究院。经过将近 40 年的建设与发展，我国逐步形成了中国航天工业的科研、生产、试验和协作配套体系，自行研制生产了不同类型的人造卫星、运载火箭、战略和战术导弹。其中，我国的卫星返回系统、低温推进系统、地面测控系统等已经接近或达到世界先进水平。我国航天工业还将尖端技术运用于民用工业，为新时期国防工业和经济发展做出了重大贡献。

（5）电子工业

电子工业是研制电子设备、电子元件、电子器件以及相关原材料的工业部门，由广播电子和通信设备等相关产品与行业组成。随着新时期电子工业快速发展，电子工业生产技术不断提高，制造工艺不断改进，相关集成电路差不多每3年就更新一代。另外，大规模电子设备的生产和使用，使电子工业成为新的高技术产业。因此在国防工业发展过程中，电子工业具有重大影响作用：首先，电子工业的发展提高了作战指挥系统的水平，利用现代化电子指挥系统能够适应未来高科技水平战争的需求；其次，电子工业的发展扩大了武器装备系统的规模，这不仅体现在增强高科技武器的威力和精准度方面，还体现在提高武器制造效率和成本方面；最后，电子工业的发展已成为一种独立的作战手段，现代战争中电子侦察、电子干扰等形式的作战越来越具有重要的地位和作用。

中国的电子工业出现于1920年左右。中华人民共和国成立后，我国成立了电讯总局，接管了旧时期遗留下来的无线产业，并在原革命根据地的无线电器基础上不断发展。到现阶段，我国电子工业已发展成为高技术的创新型产业，并具备军民融合的电子工业科技攻关能力，能够主要依靠本土电子元器件，生产国家发展的各类电子设备，基本上满足国防工业发展中各个领域和系统的需要，其中有些精密复杂的产品已具备世界一流水平。

(6) 舰船工业

舰船工业主要是负责舰船及其相关浮动工具的设计、建造、维修和试验及其配套设备生产的工业，亦称船舶工业。舰船工业企业可分为造船企业、修船企业和修造企业。当前，世界舰船工业发展很快，主要表现为：舰船建造能力扩大化、舰船种类系列化、推进动力多样化、武器系统导弹化、造船技术模式化。

中国的造船事业有着悠久的历史。但直到中华人民共和国成立后，舰船工业才获得迅速发展，逐步形成了科研、设计、生产和协作配套比较完整的具有相当规模的体系，为我国海军提供了核动力潜艇、导弹驱逐舰、导弹护卫舰、水翼鱼雷艇、反潜护卫艇等较为先进的舰船。这些舰船在保卫海疆、护渔护航中发挥了重要作用。在民用船舶领域的应用方面，生产了大规模的万吨级远洋货轮、油轮、石油钻探船、客货轮和海洋调查船等。

(7) 军需工业

军需工业是面向军队及其国防相关领域，从事给养、被服、装具等军需物资生产的工业。其任务在于提供数量充足、质量合格、品种齐全的军需物资，以适应军队生活和军事活动的要求。在国防科研生产领域，军需工业也是一个重要部门。

我军的军需工业始建于土地革命战争期间，1949年以前全国有军需工厂101个，职工7万人。中华人民共和国成立后，军需工业实现了快速发展，如今已涉及被服、纺织、化工、印染等诸多行业。军需工业中，军队主要负责被装、特种给养物资的生产，其他部分由民用工业部门生产，并由国家统购统供（九目，2014）。

1.1.2 国防科技创新体系的发展目标与实现路径

1.1.2.1 国防科技创新体系的政策提出及发展目标

国家创新体系作为一个国家经济与发展的基础、社会进步的摇篮，目的是培养高素质的创新科技人才，实现社会全面的发展和进步。国家创新体系中一个最重要的部分就是国防科技创新体系，它是一个国家综合国力竞争的关键，是国家未来发展的重要依托。

我国的国家创新体系在“十五”计划纲要中首次被提出，具体内容包括“建设国家创新体系”、“建立国家知识创新体系，推进知识创新工程”、实施“跨越式发展”的宏伟战略。我国的国家创新发展开始于中华人民共和国成立之初，在 1949 年中华人民共和国成立 1 个月后中国科学院成立，在这之后，我国的政府、企业和相关研究开始发展，特别是随着改革开放与社会经济的快速发展，我国的科技创新系统处于不断的发展进步中。在这一过程中最重要的发展举措是 1997 年 12 月中国科学院发布的《迎接知识经济时代，建设国家创新体系》报告，这一报告首次提出了新经济时代国家创新体系的构建，包括技术创新、知识创新、知识应用等体系，得到了国家领导人的高度重视。

当前我国的国家创新体系目标是培养一批具有高素质、高技术的并具有自主知识产权和品牌的创新型企业；在具体的研究领域内通过军民融合发展，大中小型企业协同构建研究，产生出一批国家工程实验室，致力于构建优势互补、相互融合的国家、区域型科技创新体系，以此来带动相关产业集群的发展，并最终实现社会经济发展的飞跃（张诤敏等，2019）。

根据以上的科技创新体系的规划和发展，再结合现阶段我国国防科技工业体系深化国防科研体制改革的发展目标，我们要建设出军民融合、寓军于民的国防科技创新体系，促进我国军民科技资源的统筹规划及资源共享。具体来说，要加深军民科技发展中的政策推进，通过政府与各企业间的相互沟通，促进军民科技从基础研究走向应用研究，实现军民产业集群各个生产环节的有效衔接，加深技术研发对国防科技产业的军民双向协同效应，建立国防科技基础设施和系统平台，推进国防科研机构的企业转化机制，构建创新型的国防科技创新体系。

1.1.2.2 国防科技创新的实现路径

国防科技创新的目标是提高一个国家的国防科技自主能力，具体是在国防科技产业集群的各个主体通过相互协同合作、资源共享等方式进行多方位沟通交流的过程。目前世界上众多国家都将多主体、多要素、多环节作为国防科技创新的基本特征。

国防科技创新是一个国家国防产业的重要支撑，其中最明显的领域就是武器装备，一个国家的武器装备发展离不开国防科技创新。因此，构建国防科技创新产业链和组织管理模式是当今世界各个国家所面临的问题。现有的国防科技创新模式和方法有很多，但在当今信息化大发展的时代，信息资源的爆炸性发展已成为各国所面临的巨大挑战，如何构建具有活力和潜力的国防科技创新体系已成为当前国际发展的趋势。因此，我国对于国防科技创新体系的探索必须紧贴当前时代的背景，深入贯彻科学发展观和发展规律，进而促进科学性、针对性、前瞻性的国防科技创新模式（黄毓森等，2019）。

根据以上分析可知，对于创新来说，其实现路径是尤为重要的。如何高效实现国防科技创新，满足国防科技工业系统发展要求，是推进体系建设的重要一环，具体来说可以分为三条路径。国防科技创新发展目标及实现路径如图 1-2 所示。

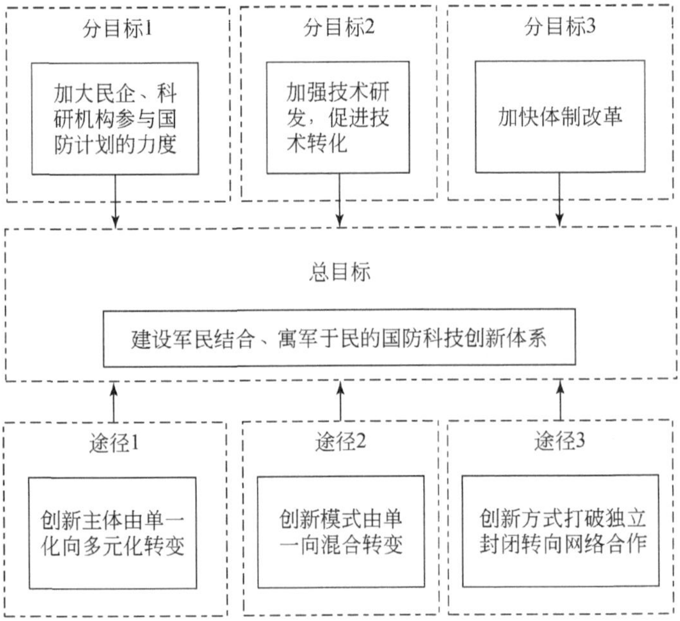

图 1-2　国防科技创新发展目标及实现路径

（1）创新主体由单一化逐步向多元化转变

随着新时期科技术平的快速提高，技术创新越来越看重系统下整体各部分之间的协同合作，而任何单一主体下进行的技术创新已不能满足如今的需求。近些年我国国防科技工业部门不断突破、坚持自主创新，经过长期的摸索与沉淀，我国在装备质量的提升上取得了显著成效，这打破了我国军事国防领域长期被西方发达国家实施技术封锁的局面。目前我国军事国防武器装备技术创新已不再是单纯依靠军工企业的力量，而是组成了众多主体共同参与的多要素互动非线性合作过程。为了改变“军”与“民”各自为战的情形，我国的军民结合产业不断壮大以促进资源双向流动，通过合作网络、契约关系和社会关系，越来越多的国防科技工业部门与地方企业、高等院校、科研院所或相关机构等相互合作。

（2）创新战略由单技术自主创新逐步向混合创新模式转变

军事领域具有政治敏锐性与保密性，各国在军事领域间的合作往往是浅尝辄止的。现如今各个国家国防科技之间的竞争持续升温，而我国武器装备性能水平与世界发达国家仍然存在着不小的差距，因此，先进军事武器装备的研发与技术创新水平的提高引起了我国高度重视。制定一个合理的国防科技工业技术创新战略显得尤为重要，为了提高研发效率和缩短制造周期，我国针对相关技术领域已经实施了一些创新性实践，但即便如此，单个技术领域的发展和创新也不能弥补与发达国家之间现代化武器装备的差距，因此必须改变国防科技工业技术创新战略，通过协同创新来实现跨越式发展。在军民融合战略下，国防科技工业部门军民融合方式与技术创新战略的相互作用，构建出了军资民用探索式创新、军资民用利用式创新、民资军用探索式创新、民资军用利用式创新4个不同的混合创新模式，并逐渐发展成为不同国防科技工业部门的创新发展战略。

（3）创新方式由独立封闭型逐步向网络合作型转变

改革开放40余年来，我国军工企业增强增大，国防科学技术创新实现跨越式发展，与此同时民用技术也取得突飞猛进的发展，一个不争的事实就是在许多领域民用技术已超过军用技术。我国国防和军队提供武器装备的这种特殊行业导致“军民分开”，这也说明两者以相互封闭、独立的状态发展，相互合作的状态很少。然而科技的迅猛发展，特别是随着全球化和信息化所引起的新一轮军事和国防的技术变革，新时期下国防工业领域对装备的各项要求也随之提高，加上军事装备目前所面临的瓶颈，对国防科技工业部门的创新能力要求越来越严格。这就要求我们必须不断加强创新资源的有效流动与共享，打破独立封闭的创新壁垒，更进一步地促进军民两用技术的协同创新发展，从而不断增强国防科技工业部门技术创新。

1.1.3 国防科技创新生态系统演化综述

国防科技创新生态系统，是以系统论为理论基础，结合生态系统的特征、科技创新的流程、国防科技工业体系各产业特征等综合学科及领域发展而来的（尤靖雯，2008）。其中，系统论是国防科技创新生态系统构建的理论基础，生态系统的各要素及各要素间关联方式与科技创新流程的结合为国防科技创新生态系统的建设提供了参考模式，国防科技各产业特征为国防科技创新生态系统的建设提供了发展方向。国防科技创新生态系统演化过程如图 1-3 所示。

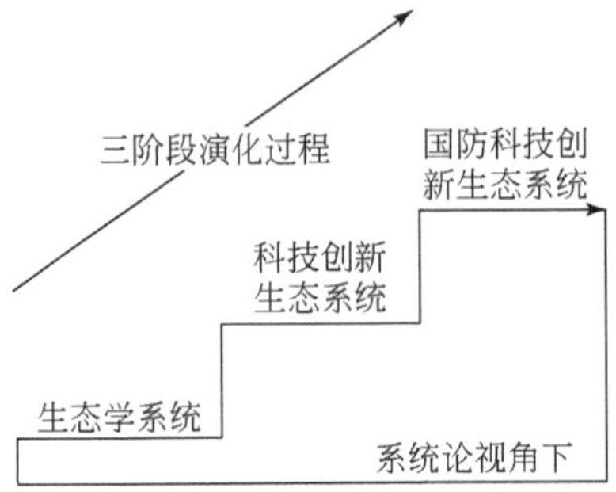

图 1-3　国防科技创新生态系统演化过程

1.1.3.1　生态系统向科技创新生态系统的演化

传统的生态研究以生物个体、种群、群落、生态系统等为研究对象，通过相关方法展示出生态圈中人类与环境间的联系。近几十年生态学主要是通过数理方法分析生态系统中的相关问题，并对其进行解释，这些研究发展加强了其他领域与生态学之间的相互渗透和融合交叉。生态学与哲学社会科学之间的相互融合（Sigdel et al.，2019），产生出一系列如社会生态学、科技生态学、人类生态学、文化生态学等交叉学科。其中科技生态学（Naylor et al.，2019）被定义为研究各科技要素之间及其与周围经济社会环境之间相互关系的学科，重点研究科技生态系统的结构、功能及演化机制，研究个体科技和科技组织及与周围大环境的相互影响。科技生态系统是科技生态学中的主要分支，相关理论研究围绕着其中的主体及发展机制展开，结合不同的领域站在不同的视角对科技生态系统进行应用和定义。

科技创新生态系统（田先钰，2007）是一个具有共生关系的经济及科技共同体，也是一个基于长期信任及合作关系形成的相互关联的有机网络。根据国外研究定义，科技创新生态系统是一个具备完善合作创新支持体系的群落，其内部各个创新主体通过发挥各自的异质性，与其他主体进行协同创新，实现价值创造，并形成相互依赖和共生演进的网络关系。根据国内研究定义，科技创新生态系统是一个以科技企业为主体，以大学、科研机构、政府、科技金融等科技服务机构为系统要素载体的复杂网络结构，通过组织间的网络协作，深入整合人力、技术、信息、资本、科研成果等创新要素，实现科技创新因子的有效汇聚，推动网络中各个主体的价值创造活动，实现各个主体的可持续发展。

1.1.3.2　国防科技创新生态系统的形成

基于科技生态系统的研究，我国提出了国家科技创新体系的构成及发展方向，指明国家科技创新体系主要由创新主体、创新基础设施、创新资源、创新环境、外界互动等要素组成。通过对《国家中长期科学和技术发展规划纲要(2006—2020年)》的总结发现，我们应该形成适合新时期的中国特色社会主义的国家科技创新体系，具体特点是在以国家政府为主导的前提下，协调其他各部分充分发挥市场资源配置的模式，以此来凸显各类科技创新主题之间的紧密联系和互动。到现在为止，我国已经基本实现了各产业部门之间相互协同的技术创新体系，这一体系充分体现出我国科技体制改革的重点，即围绕创新与发展相互协同，增强科技创新和成果转化，并且已取得了突破性进展。

国家科技创新体系是形成国防科技创新生态系统的前提，而强大的科技创新力量才是形成国防科技创新生态系统的中流砥柱。在知识经济全球化的背景下，科技创新已经渗透到世界的各个角落，如何面对和消除现阶段的创新瓶颈已成为各个国家刻不容缓要去解决的问题。

从我国国防科技领域发展来看，国防科技创新系统的形成主要源于相关的国防科技需求及科技创新成果与理论的系统发展，是国防科技需求及科技创新成果与理论的高阶进化。国防科技创新生态系统中的创新主体囊括军队这个特殊的群体，对于军队来说科技创新在管理模式及成果结合方面有着更高水平的需求，其联合体中存在着高度自律的组织纪律、鲜明的军事原则等，这就给科技成果及领域的联合增加了难度。但是，不论是一般的科技生态系统还是国防科技创新生态系统，都应是一个主体明确、循环规则有序的网络联合体，在科技创新主体之间和创新环境之间，不断进行着物质能量循环、信息共享以及技术转移等活动，并逐渐形成开放立体的、交织复杂的动态生态网络。国防科技创新生态系统即可视为以国防需求为主导，以政府政策支持为核心，充分吸收民企、科研机构及高校科研成果，以强大资本运作及技术创新服务支撑的社会有机复杂生态网络。

传统认知告诉我们成功的科技创新模式是由大学、高科技园区和资金组成的“三合一”工作模式，但随着科技的发展，这种认知越来越不适应当前社会的科技创新发展，越来越多的国家和学者发现创新生态系统才是国家科技创新成功的根本保证和前提。在创新发展的过程中，最初都是一个简单的“想法”和“创意”，通过创新生态系统体系的滋养，这个“想法”和“创意”会慢慢成长，最终成为一个产业甚至科技创新生态行业。对于我国来说，当前新形势下国防科技创新发展存在着许多制约因素，其中最重要的还是与国防科技创新生态系统体系发展状态有关的因素（张纪海和李冰，2017）。目前我国已经在许多区域（如深圳、上海、北京、成都、西安等）设立了科技创新生态体系平台，这些重点科技创新生态体系平台可以探索国防科技产业在新时期的发展，加强军民之间的相互协同创新，深化创新政策体系，努力营造追求创新、迈向卓越的发展氛围，进一步激发国防科技创新的活力和潜力。

1.2 国防科技创新生态系统研究综述

1.2.1 国外研究综述

1.2.1.1 国防科技工业体系发展综述

美国国会于1994年首次把军民融合放到国家层次上的总体设计中，把民用工业与国防科技相结合，奠定了统一的国防科技工业基础，从此美国开始构建军民协同一体化的创新体系。在此之前，国外对国防科技的研究大多都是围绕生产要素的投入密集程度来展开的。Lee 和 Yi（2018）对美国成为科技大国期间的政策进行研究，认为第二次世界大战结束之后美国人认识到基础研究的重要性，因此在与苏联冷战的军备竞赛中制定了一系列科技创新政策。2010 年以来，美国不断探索和深化国防科技管理体制改革，旨在加速推动国防科技创新发展，主要研究国防科技管理和创新等方面内容。Brown（2020）阐述了技术变革和组织变革导致美国科技创新系统的结构变化，并指出在新的科技创新系统下，美国国防部正在由“项目布局者”向“项目管理者”转变；2013 年美国国防工业面临新一轮行业发展困境，政府不再鼓励大规模市场重组，为应对市场重组后缩减的预算，美国政府对国防工业资本结构、产业结构和业务结构进行调整优化（Squassoni，2013），美国国防部实施的国防科技产业政策对建立强大的国防科技工业体系发挥了重要作用（Swearingen and Slaper，2012）。

俄罗斯国防工业经历了长期的军转民过程（Gonsalves，2015）。近年来，俄罗斯又对国防工业管理体系（Bukkvoll et al.，2017）、国防工业立法、武器装备采办管理模式（Podvig，2016）及国防工业体系（Kim and Blank，2019）进行了多方面调整改革。从俄罗斯国防工业体系转轨历程可以看出，国防工业具有天然的计划属性，必须采用适合国情的采办制度来发展关键技术、建设核心装备（Sohlberg，2020）。Calheiros 等（2021）认为俄罗斯如果想要更有效地应对气候变化等突发事件，一定要建立起创新型防御体系。Smirnov 等（2019）对国家创新体系颇有研究，将国家学说和创新学说相结合，推进研究路线，促进国家创新体系的突破发展。Hofman 等（2019）认为国家创新系统应制定一套相关的制度，制度的执行主体应该是生产、宣传和采用新技术知识的大学、产业公司、公共部门和政府各部门。Ronald 等（2019）认为国家创新系统是社会各部门的交互关系和创新网络。日本国防工业规模庞大，军民一体化政策、企业结构和管理体制具有典型特征（Byrd，2019）。日本国防工业体系结构始终以 20 多家大型企业为核心，注重国防工业自主化、国际军事技术合作，并实行管理集中化。此外，还有一些学者对英国、法国、印度的国防工业发展情况进行了分析总结，其中英国的国防工业管理体系经历了决策机构、管理机构和管理手段的变更，现在更加注重管理的市场化以及管理效率的提高；法国则始终坚持走自主发展国防工业道路，是欧洲一体化进程的坚定推动者和高技术装备研发国；印度虽然拥有较大规模的国防工业体系，但其武器装备过分依赖国际合作，缺乏自主创新能力和高端生产能力。

通过对国外国防科技工业体系的总结，我们可以发现国外将创新协同理论、军民结合范式等创新机制运用到国防科技工业体系的时间早于我国（Mattis，2018），国外在国防科技创新的方法和模式方面都积累了成熟的经验。

1.2.1.2　国防科技创新研究综述

当前各国都十分重视建设国家国防科技创新体系。刘美芳（2016）提出国防科技网络是集创造、存储、转让知识技能于一体的网络系统，主要由参与新技术发展的企业、学校和研究机构组成。Golichenko（2016）认为国家创新体系就是一个“官产学”的结合体，按照“三重螺旋”理论，国家创新体系强调政府、产业和学校之间的紧密合作。以市场需求为纽带，知识生产与变革主题相互关联、相互作用、相互接受、共同创新，形成三股力量。

由此，可以发现国防科技创新发展的最重要、最具创新意义的环节是军民融合（Lavallee，2010）。从发达国家的实践来看，军民融合创新体系的主要融合模式有军用民用兼容模式、军用转民用模式、寓军用于民用模式、以军用带民用模式等。

欧美是军用民用兼容模式的代表。首先，为了军民融合创新体系的有效运行，美国通过颁布《国防转轨战略》等来推动军民融合相关政策的不断完善，一是在以需求为导向的前提下，吸引创新主体实现军民两用技术的开发；二是依靠技术转移、再投资计划，大力推行军用转民用技术的投资模式，通过向各地方政府以及民用企业发布国防部相关科技情报、技术知识等，不断推进军用技术商业化模式的实现。其次，在美国国防部成立高级研究计划局、技术转移办公室

（Office of Technology Transition，OTT）及军队研究实验室和研究与发展中心等，用来探索应用军事技术如何转化为民用应用，其研究计划项目的面向对象多元化，致力于实现国防科技军用民用双向转移转化，并最大化实现多方领域部门资源共享。大量民间机构、高等学校承接美国国防部高级研究计划局的军民两用技术相关研发项目，逐步建设起一支以军事技术为主的研究队伍，并且可以通过技术转移的机制，有效促进民用技术实现更快速的发展。再次，美国在硅谷、波士顿设立专门办公室，利用当前流行的风险投资等创新的商业发展模式，整合创新资源，以便于快速将民用的新兴技术成果纳入国防科技创新体系中。如谷歌公司研制出的超级对地观测卫星，可以实现分辨率到十厘米级的程度，这些先进技术都可以用于军方。最后，积极推行军民技术标准与规范的一致性。例如，英国、法国、德国等一些欧洲国家开始致力于打破军民融合的制度性障碍，大力鼓励军用承包商率先按照民用标准来生产研究，并且试图提高国防标准中部分民用标准与规范的引用比例；英国在推行军民技术标准与规范的一致性这一方面更是加大力度，要求在军民融合形式的企业中实现统一的标准规范、质量体系，确保军用民用的产品在标准规范上完全一致，降低产品的研发和生产成本，打破军民融合的技术标准屏障。

俄罗斯直接接手了苏联宏大的军工系统，有雄厚的军工基础，因此俄罗斯实行的是军用转民用模式。苏联解体后，为尽快发展本国经济，俄罗斯颁布了国防工业“军转民”法，通过设置“军用转民用”专职转产问题总统顾问及建立军转民拨款机制，试图将国防工业特有的生产及技术能力应用在品质优良、富有竞争力的民用产品上；同时借助军民两用技术的融合去推动军工企业的改革，增强军工企业的活力。

日本不允许存在军队和军工部门，因此，日本的军工模式为典型的寓军用于民用模式。日本武器装备的研制生产都是借助民间工业企业开发实现，如三菱重工等30多家大公司，形成官、军、民企一体化多层次的特色军工体制。同时民企还注重军民两用技术的研发以及人才的培养，为防卫部门人员素质的提升、民间先进性高端技术和产品的采用提供了有力的保障。

以色列优先发展军事工业，因此该国实行的是典型的以军用带动民用模式。以色列是一个实行全民义务兵役制的国家，此制度对军队技术人才转业或创业提供了有力的扶持与培养，因此使其形成了以色列军用民用人才与技术通过双向流动而实现融合的特殊机制。同时以色列还鼓励军工企业完成结构重组、做大做强军工复合体。

1.2.1.3 国防科技创新生态体系发展综述

国外对创新生态系统研究较多的是美国、英国、德国等发达国家，非洲、东南亚等地区的国家对其研究相对较少。创新生态系统研究启蒙时期在1996~2005年，在2006~2010年逐渐进入探索时期，在2011~2016年进入一个快速发展的时期，在此期间经历了可持续发展—开放创新—创新—价值创造等阶段。

目前，关于国防科技创新生态系统的文献或理论研究依旧处于一个探索时期，其更多地集中于创新机制及创新管理模式方面，并未进行较为系统的生态研究（Zeng et al.，2017）。

以国际国防科技创新为研究出发点，其研究可以总结如下。

（1）建立顶层规划统管型机构

当今世界，很多国家通过设立国防科技创新生态的决策机构来满足国家顶层对于国防科技创新工作的把控需求。以美国为例，国会、总统属于国防科技创新工业的最高领导层，对于国防科技创新的总体发展规划、战略布局、经费预算以及相关政策的规划与制定起着决定性的作用。美国科学与技术政策办公室通过对军民两用技术的发展需求分析，规划制定相应的科研项目来满足发展的需要。美国“科学与技术政策办公室”的下属单位“国家科技委员会”由办公室主任、内阁部长及相关成员组成，该办公室主要是配合制定联邦政府科技政策指南，确保满足军民两用技术需求。

也有一些国家的领导方式是由其国家首脑直接领导本国的国防科技创新工作建设，如日本、俄罗斯等国。日本的首相通过内阁会议及国家安全保障委员会来领导本国的国防科技创新工作建设。俄罗斯总统领导的总统科技政策委员会为顶层决策机构，在军民融合两用技术的发展过程中，该机构根据本国的实际情况给出相应的决策建议。

（2）确立军队主导、分工合作的军队和地区间合作体制

由于国防科技协同创新具有相关部门多、参与主体众多、合作的困难度较大等特点，在国防科技协同组织革新的实施层面上，许多国家确立了军队主导、分工合作的军队和地区间合作体制。

美国的国防工业技术委员会是与联邦政府相关的组织，委员会主席为国防部部长，商务部部长、劳工部部长、总统任命的各部委官员及其他政府官员为成员，负责确保联邦政府各部委推动建立国防，联合谈判和推进国防科学技术产业基地以及国防科学技术共同创新的政策，具体包括国防科技工业，军事和民用融合。20世纪90年代初，美国国防部设立了“技术转让办公室”，其将国防科学技术产业的基础与更大的私营科学技术产业的基础联系起来，并充当了军事和民用技术转让的牵引机制。随后，有关部门直接向国防部报告，并建立了陆、海、空军技术转让机制。1993年国防部成立了国防技术转轨委员会，以加强美国国防部军事和民用科技发展为指导，长期负责推进国防科学技术工业军事和民用融合之间的关系工作，包括国防科学技术的联合创新。

英国、日本以及其他国家的防卫部门，作为国防科学技术共同创新的主要部门，以各种形式与其他相关政府部门建立了高效灵活的部门间协调机制。英国国防部负责国防产业的发展及其他的战略、政策、计划的开发，以及国防科学技术共同参与的研究、技术革新、设备及产业中；其与政府的其他部门设立了多个小组与工作委员会，并与工程及自然科学研究委员会、基本粒子物理学及天文学研究委员会等研究机构保持着密切、高效的交流与合作。日本国防科学技术合作创新管理调整机构主要包括防卫省、经济产业省和科学文化体育部。其中，防卫省负责实施自卫队科学研究活动的计划管理，并及时收集有关军民两用技术的信息。其下属的“技术研究部”负责开发军民两用技术，包括国防科技调整和创新，以及自卫队和民间科研部队使用的武器装备。另外，为加强科学技术领域政府部门之间的沟通与合作，日本政府在内阁府下属设立了“综合科学技术委员会”，作为政府科学技术开发部门之间的调整机构。

（3）利用计划指导和项目支持，建立科研合作

世界各国在国家科学技术战略、科学技术发展计划、科研项目方面的关注度都很高，通过结合项目牵引能力、任务支持的主要科学技术项目，发挥军队、政府机构及企业的科学研究能力的优势，通过加强产业界、大学、研究机构之间的合作，共同促进国防科技创新工作。

美国在20世纪40年代开始实行“曼哈顿计划”“星球大战计划”等项目。这些都是在国防科学技术合作、军事及土地合作的基础上，通过运用全民参与的国防科技创新方法完成的。例如，“星球大战计划”几乎涵盖了国防科学技术研究的所有领域，美国军事相关领域投入了数万名科学家、工程师和相关专业技术支持人员才得以实现该计划。近年来，科学技术革新，进一步加剧了全球竞争，美国为了在未来的科学技术战略中处于制高点的位置，陆续发布了《国家安全领域科学技术革新开发战略》和《大数据研究发展战略》等。

法国、日本和其他国家将军民两用的高科技项目作为国防科技共同创新的焦点。高性能飞机及宇宙飞船技术等大规模的科学技术项目，都是基于政府、军队及企业分工完成的。例如，法国“太阳神”军事侦察卫星与“斯波特”商用遥感卫星开发采用的多数技术方法是相同的。日本的高科技开发计划的科学研究项目几乎都与军事用途相关，或者可以直接用于军事需要。因此，日本军民两用技术的发展，不仅为其储备了高科技和先进制造工艺，而且提高了其科研潜力。

（4）完善健全的法律制度

世界上许多国家都非常重视建立法律及规章制度，完善法律、规章制度、部门的规则及相关规定，以及制定国家战略计划、特别计划及政策措施。美国已经建立了一系列有助于促进国防科技协同创新的法律和规章制度。

冷战结束以后，美国起草了“军事综合化政策”的相关法律条款，并将其纳入美国的法律。其中，“国家科学技术工业的国家安全目标”包括三个方面：一是在满足美国国家安全需求的前提下，最大限度地发挥国家科学产业的基础作用，为民间使用提供便利；二是在经济上，国防部应该减少对商业技术产业的依赖，这是国防部商业技术产业发展的基础；三是降低联邦政府在采用产品、工艺和标准方面的壁垒。此外，在一些其他法规文件中，美国分别从不同层次、不同领域、不同角度确定了国防科技协同创新的主体及其行动的标准。例如，《联邦采购规则》要求优先采购民间技术、产品和服务。

1.2.2　国内研究综述

1.2.2.1　国防科技工业体系发展研究综述

纵观我国国防科技工业体系的发展历程，可以从两个方面进行研究，一是从发展历程入手站在时间轴的角度上，对我国国防科技工业实力的演变进行总结；二是从文献研究的角度，观察我国现阶段已有研究对国防科技工业发展做出的贡献。

（1）中国国防科技工业体系发展历程研究

中华人民共和国成立之前，现代国防工业几乎是一片空白。在中国共产党掌握国家政权，着手进行国防和军队现代化建设的时候，建立和发展现代国防工业成为一个比较突出的问题。1949 年 9 月，毛泽东在中国人民政治协商会议第一届全体会议，明确提出了新中国国防建设和中国人民解放军现代化、正规化建设的奋斗目标。加快对国防工业的建设，尽快生产出大量精良的武器来装备人民解放军，这是新中国要面对并克服的一项非常紧迫而又艰巨的任务。如何建设自己的国防工业体系，毛泽东等国家领导人对这一问题十分重视，在思考国家总体发展战略中，提出了以自力更生为主建立中国特色国防工业体系的思想。

20 世纪 50 年代，我国决定，集中国家所有力量用来建设重工业、国防工业和其他相应的基础工业，政府和人民解放军领导部门相应采取了许多有力措施加以落实。为满足国防现代化建设和抗美援朝战争的迫切需要，中共中央将国防工业列为国家“一五”计划建设的重点之一，决定集中力量，加快建设步伐。由此开启了我国国防科技工业体系的建设之路。60 年代，我国成功地进行了第一颗氢弹爆炸试验。以“两弹一艇”为代表的尖端武器装备研发成功，使我国进入世界核大国的行列，很大程度上增强了我国国防实力和国家综合竞争力，在一些重要科技领域缩短了我国与世界发达国家的差距。90 年代，我国国防科技创新工业各领域生产效率及成果快速增长，技术水平明显提高，竞争力显著提升。

改革开放 40 余年来，国防科技工业坚持推动结构调整，建设军民融合的新体制，武器和装备的开发与生产取得了新的成果，国家重点项目、重大工程取得了新成就，军事工业的核心竞争力达到了新的水平。国防科技的独立创新带来了新的突破，军民融合发展进入了新阶段，国际合作开辟了新的前景。在第九届中国国际航空航天高峰论坛军民两用技术应用分论坛上，以“国防科技工业和武器装备建设改革发展”为主题的报告指出我国国防科技工业和武器装备建设，取得了举世瞩目的历史性成就，为我国国家安全和发展做出了重大贡献（谭云刚，2019）。但是，封闭概念的束缚、计划系统的约束、垄断结构的限制、政策标准的制约、信息通道的隔离等局限条件，使得国防科学技术产业和武器与设备的建设没有充分利用整个国家和世界的科学技术、经济和人力资源，尚未建立在最先进的技术和品质上，与“能打仗、打胜仗”的要求还有不小差距。

在未来，国防科技工业体系和武器装备建设的改革发展必须适应新时代的新要求，实现计划向市场、垄断向竞争、分割向融合、守旧向创新、靶场向战场的转变。这对我国国防科技工业体系的发展提出了新的研究课题与研究方向。

(2) 国防科技工业体系发展相关文献研究综述

在科技发展迅速的背景下，国防科技工业体系的体系结构、资源配置、能力评估和产业融合方面都面临着前所未有的挑战。“军民融合”战略的提出，让以往存在神秘性的国防科技更加开放，民用技术的准入也使国防科技更加先进；电子信息技术的发展，使得以往的国防科技成果管理模式更加规范，军用管理更加便利。但是在这些高速发展的背后，也存在着很多问题。例如，从信息安全角度出发，齐美娟（2018）提出构建国防科技工业体系信息安全圈，针对我国国防信息安全存在的问题，构建了我国国防信息技术安全壁垒，完善了信息安全链条；从武器装备角度出发，曾泽亮（2018）指出了目前我国武器装备发展面临的问题，并提出了解决方案；从合理配置资源方面出发，郭琳达和张远军（2015）指出资源配置效率，对我国国防科技创新能力的提升与武器装备科研生产能力建设产生直接的影响，并对其进行了定量分析；从军民融合的角度出发，孙雷钢（2014）在分析构建军民融合式创新体系这一问题时，充分考虑我国目前的国民经济与国防发展的实际情况后，针对性地提出了能够提升军民融合式创新生态体系建设水平的有效措施。

上述研究将为这些现有问题提供解决方案，使国防科学技术工业体系更加完善。在新机遇、新课题、新要求下，国防科技工业体系将朝着具有更高地位、更强责任、更现实行动的方向发展，助力国防科技发展向独立创新的转变，推动从军事和民间融合的初期向深层统一的转换，促进军事科学研究生产组织结构从传统的纵向配套向以专业化为基础的有效竞争的转换，为保障国家安全提供更有效的战略威慑力量，为军队“能打仗、打胜仗”提供更坚实的设备技术支持。

1.2.2.2 国防科技工业创新研究综述

改革开放以来，中国共产党立足于自身发展情况，大力推动军民融合理论与实践相结合的创新发展，积极推进寓军用于民用阶段、军民融合发展初级阶段、军民融合深度发展阶段三个发展阶段，取得很大的突破。“军民融合”是我国实现国防科技工业创新的重要路径。目前，军民融合创新领域研究的方向大致可以分为以下四类。

（1）战略对策研究方向

游光荣（2017）对政策制度体系现状进行了梳理分类，认为目前的政策体系不够完备，政策制度的制定缺乏统筹协调；孙雷霆和李春发（2020）从技术扩散理论出发研究了军民融合科技发展的影响因素；周宾（2015）利用拓扑网络结构对军民融合产业技术创新相关文献的关联性进行分析，并利用SEM数量方程建模对军民融合产业技术影响因素进行分析后发现，高校、产业结合、军工企业是军民融合产业技术创新政策倾向的三大核心主体。以上相关研究，均是以军民融合战略的提出为基础，结合军民融合的现状，通过不同的研究方法，站在宏观或微观角度指出军民融合的体系机制存在的问题并给出了相关对策建议。

（2）产业专业结合研究方向

邹刚等（2019）提到了军民融合体系下国防专利解密制度的重要性以及国防专利资源对各个产业发展的促进作用，认为应通过完善国防专利解密制度，推动我国国防专利解密和转移转化，加速军民产业深度融合；黄麟等（2019）通过研究军民融合产业园区创新融资模式，分析了创新产业园区的发展现状，通过引入第三方投融资平台公司及产业园区管委会、规范产业园区融资契约行为、减少园区内企业融资约束、激励投资者投资意愿等方式，为园区内企业选择适合自身发展的融资方式，提升融资效率，建设产业军民融合园区提供了切实的理论参考建议；潘军和张诗楠（2018）在充分分析了信息技术在军民融合发展过程中存在的相关问题以及当前信息化技术的发展模式后，认为确立统一的军事及民间信息技术标准和建立共享信息平台机制，是推动军事及民间融合深入发展的重要因素及基本条件。以上相关研究，均以产业发展角度为立足点，结合产业发展必需要素，从各个要素环节出发，针对产业相关的不同环节提出了不同的想法。对于军民融合产业来说，重要的是如何建立产业循环，带动相关产业园区发展，从而建立更大的产业联合网络来推动经济发展。

(3) 高校结合研究方向

贺玉琴（2019）从剖析当前普通高校国防教育的短板入手，深入分析目前阻碍普通高校国防教育发展的枷锁，并以军民融合深度发展作为国防教育改革的大背景，探析当前普通高校国防教育改革的方向和路径，切实提升国防基础教育在人才培育过程中的意义，同时为军民融合深度发展提供了坚实的教育基础保障；王艳霞和周中林（2019）通过分析高校智库服务军民融合战略发展的不可替代性，以问题为导向、开放协同服务等特点，明确了高校智库的功能定位，搭建了包括服务主体、云平台、需求主体的“三足鼎立”服务模型，创建了涵盖“线上”“线下”的服务路径；朱晓敏等（2019）通过分析描述了军民融合背景下军队院校研究生校企合作培养的模式，从建立合作培养基地、扩大合作培养规模、确立研究生选题、完善保密机制等方面给出了提升军队院校研究生校企合作培养质量的建议；何海燕和曹华伟（2020）通过进行 Ordered Logit 模型的实证分析，对得到的数据进行研究，结果表明，军民融合创新发展的国家战略、军产学研协同创新体系、军民融合科研人才支撑、军民融合科研创新的激励政策、军民融合科研成果知识产权保护等因素对我国高校军民融合科研创新发展面临的主要问题有显著影响。以上相关研究表明，人才教育对军民融合发展具有更深层次的影响力，不仅要重视教育发展的路径，更要从军民融合角度出发切实考虑人才培养与科研创新发展结合的有效方式方法，为军民融合提供充足的发展动力。

(4) 区域结合研究方向

王晋（2019）以新一代信息技术为切入点，在对军民融合战略性新兴产业领域进行系统梳理的基础上，分析成都在军民融合领域的优势，提出成都军民融合战略性新兴产业的发展路径，最后提出成都深化军民融合、培育战略性新兴产业的对策建议。由于不同地域、不同领域具有不同的特点，类似以上研究的文献大多是以产业或领域为出发点，探索地域特征与军民融合结合，以区域优势为支撑，对区域军民融合发展进行分析并给出对策建议。

在参考国外先进政策相关研究方面，计宏亮（2018）利用历史研究方法，对美国网络空间安全军民一体化发展路径、政策与实践进行系统性梳理，特别是对美国网络空间安全军民一体化战略布局进行综合性分析；田云华等（2019）通过梳理概括美国、欧盟、俄罗斯及日本等的军民融合发展历程和经验，对推动我国军民融合发展、提升我国国防工业整体实力、促进我国国防制造业转型升级提出对策建议。以上相关文献，均是以国外军民融合发展为例，以剖析国外的军民融合体系作为参考，总结前人经验结合我国自身情况，在体系、政策、产业转型等方面为我国军民融合发展提供具有实践意义的经验及启示。

1.2.2.3　国防科技创新生态系统发展研究综述

由于国防科技创新生态系统是各系统要素的总和，其创新主体多样，创新环境复杂，创新机制灵活，创新资源丰富，研究其文献不能只从一个方面入手，需要对文献进行分类研究。本节将从以下三个方面对国防科技创新生态系统的发展分类进行综述。

（1）国防科技创新生态系统资源配置研究

郭琳达（2014）提出在我国的国防科学技术资源的分配中有一些不足之处，并尝试在经济全球化这一大背景下，对我国国防科技资源进行战略性补充，同时他们指出以我国的现状，要想提高国防科技资源配置的有效力，必须将推进军民一体化作为首要任务；刘晓平（2016）认为，从国防科技发展立场出发的资源配置力是指基于国防建设与经济发展的角度，合理有效地规划和应用国防科学技术发展所需资源的程度。但是受到资源有限性的约束，必须将有限的国防科学技术资源发挥出最大的优势，因而有限资源分配的效率直接影响国防技术的发展。

以上相关国防科技创新生态系统资源配置的研究，包括了对资源配置现状研究并指出问题、定性定量解决问题、根据研究结果给出对策的过程，但是研究层次仍然停留在理论研究的层面。具体如何实现高效资源配置，尤其是创新资源的配置，仍是未来国防科技创新生态系统发展研究的重点。

（2）国防科技创新生态系统协同创新研究

韩庆贵（2017）就促进国防科技协同创新的方法提出了一些建议。其中，为了提高国防技术独立创新能力，有必要将国防科技协同创新作为国家科技创新生态系统的一部分；同时着重推进科技与军队建设之间的紧密联系，积极探索国防科技协同创新的实际做法，使国防科技创新系统更好地满足当前需要。王小绪（2013）给出了国防科技协同创新体系内涵及构建策略，并指出了军民结合在国防科技协同创新体系构建中的重要作用。王洪梁（2016）针对目前军民创新结合中存在的困难给出了建立国防军工与民企协同创新机制的相关建议。范肇臻（2014）在提出国防科技工业创新驱动支持系统内涵构想的基础上，探讨了其建立和完善的主要思路，以及应处理好的几种关系。

以上相关文献主要围绕着协同创新的机制研究，站在不同的角度，为建立国防科技协同创新提供了新的研究思路，其中提及的创新机制和创新驱动力是国防科技协同创新的核心，如何结合已有资源发挥国防创新力量，推动国防科技创新的实际效用，对于建设国防科技创新生态系统是非常重要的环节。

（3）“军民融合”创新生态系统研究

杨渝南（2019）提出将军民融合发展战略和创新驱动发展战略有效结合在一

起，可以更进一步推动军民融合创新生态系统的构建，从而推进军民融合协同创新。王云和刘敏（2019）阐述了军民融合创新示范区建设任务和高校资源的分类，并通过定性定量分析，得到了创新示范区与高校资源的综合匹配度。匹配度模型为研究如何发挥高校资源优势，更好地完成创新任务，提供了一种思路。朱灏（2018）指出军民融合创新生态系统以机制性的力量推动了国防科技创新生态系统的发展，不仅形成了强大的国防战斗力，提升了国家经济竞争力，而且降低了国防科技创新和生产成本，催生和抚育了战略性新兴产业，达到了持续提升中国经济发展质量的目标。

分析以上相关文献可以发现，以“军民融合”创新生态系统为主题的研究非常丰富，文献主要集中于三个方面，第一个是军民融合创新生态系统的构建，第二个是结合科研机构、高校及企业所共同构建的军民融合的创新体系，第三个是所涉及的具体的示范园区的建设及军民融合对中国经济发展的推动作用。“军民融合”创新体系作为国防科技创新生态系统建设最为重要的一个体系，其对经济发展的推动、对创新资源要素的融合、对创新链条效率的提高，以及对创新环境的维护的重要性都是不言而喻的。

1.3 国防科技创新生态工业系统发展现状及存在的问题与趋势研究

1.3.1 国防科技创新生态工业系统发展现状及存在的问题

1.3.1.1 国防科技创新生态工业系统发展现状

国防科技工业是维护国家安全利益、影响国家经济发展的国家重要战略产业。中华人民共和国成立以来，国防科技工业在党中央、国务院的大力支持下，在多个领域的协调和共同努力下，基本上建立了较为独立、完整的体系。这个系统在满足和促进国家的军事需求、国家的经济发展方面做出了显著的贡献。但是我们不能只看到这些成果，也要明确认识到，我国国防科技工业存在着不可忽视的矛盾与问题。因此加大力度研究我国国防科技工业改革发展的历史和当前状况，对进一步深化和完善我国国防科技工业改革，积极推进国防现代化非常重要。

近年来，我国国防科技产业的发展过程中，国家创新体系的状态有了很大的改善，创新体系的建设取得了飞跃性的发展（管国政，2017）。国防科技创新生态工业系统发展经历了三个阶段：从起初的以军事研究为重点，到军事应用到民用，再到现在的军民并重。中国在兵器工业、核工业、航天与导弹工业、航空工业、国防电子工业及船舶工业6个主要国防科技工业中开展了大规模的创新工作。国防科技创新生态工业系统发展过程如图1-4所示。

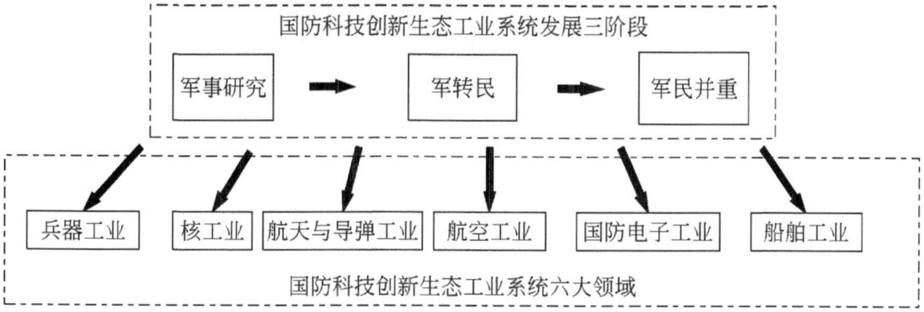

图1-4　国防科技创新生态工业系统发展过程

1）兵器工业：兵器工业是中国国防科技工业最主要的组成部分，也是陆战武器装备的重要供应商。目前，根据中央政府直接管理大规模武器产业企业的政策，中国兵器和中国兵装两个主要武器集团，有超过100家的公司和研究机构。目前，兵器工业在中国国防科技所有种类的产业中的经济规模都是最大的，效益和收入也是最高的。兵器工业调整和变革以后，军事生产能力和军事产品水平有了大幅度的提高。中国不仅能设计和研发出先进的主战坦克、装甲车辆、大炮及其他武器和装备，还能实现从传统武器到技术武器的飞跃。

2）核工业：目前中国核能工业的研究与生产体系十分完善。其研究开发、设计、建设及运营，主要是由中国核工业集团有限公司、中国核能电力股份有限公司两个大规模的军事产业集团及几个大规模的核能发电企业、研究机构等完成的。在核军事工业方面，中国掌握了核物质、军事力量和核武器技术。在核电方面，中国已经拥有独立设计、建设、项目管理、运营的1000万千瓦规模的核电站。

3）航天与导弹工业：中国航天与导弹产品的研发及生产主要依托中国航天科技集团有限公司和中国航天科工集团有限公司实现。航天与导弹工业已形成了完整的航天防御及导弹装备研发与生产体系，产品规模宏大。尤其在航天领域我国已经具备了强大的设计功能、完整的导频测试功能、先进的制造功能、可靠的发射功能、有效的测量和控制功能。在导弹领域，我国可独立开发拥有高性能和精度的导弹系统，其综合实力在世界上名列前茅。

4）航空工业：目前，中国航空工业的研究和生产主要由中国航空工业集团有限公司、中国航空发动机集团有限公司、中国商用飞机有限责任公司完成。中国航空工业集团有限公司作为主体，拥有多数的关键技术，掌握大量核心技术及尖端科技。《2015 年政府工作报告》首次将“航空发动机和燃气轮机”纳入国家战略性新兴产业中。如今，航空工业已开始着手构建具有创新意识的研发及制造体系，目标是实现从“跟跑”到与世界航空大国“竞争”的飞跃。

5）国防电子工业：中国的国防电子工业拥有综合电子信息系统设计能力、主要技术开发功能及部分功能的组件供应能力。中国的国防电子企业正在考虑军事产品及民间产品的开发。在雷达检测、军事通信、电子对策、信息安全等军事电子信息系统提供的基础上，航空交通管制和城市交通管理系统部分也在逐渐完善。研发和制造的产品与设备都达到了较高层次的技术水平，其中很多达到了世界级水平。

6）船舶工业：我国船舶工业如雨后春笋般发展，产品质量比较好，平台也比较大。不仅在军工集团方面做出了巨大的贡献，同时民船科研发展的能力也得到了显著的提高。在船舶工业发展的今天，我国也逐渐在自主研发出一系列的产品，包括导弹驱逐舰、动力潜艇及远洋测量等。“蛟龙”号载人潜水器的成功研发一定程度上象征着我国的船舶发展能力得到了证明。

综上所述，在船舶工业的发展层面来讲，无论是理论的知识创新还是实践应用的技术创新都取得了不容小觑的成就，而且国防工业从民用向军用的逐渐转型也在一定程度上为国民经济增长做出了巨大贡献，为国防科技创新智慧生态工业系统的建设奠定了良好的基础。

1.3.1.2 国防科技创新生态工业系统存在的问题

（1）国防科研单位的自主技术创新能力不足

在影响国防建设的核心技术创新及关键能力掌握方面，我国国防科技工业还与世界先进国家有较大差距，特种材料和关键电子元器件成为制约高技术水平武器研制的“瓶颈”。核心技术储备与自主技术创新能力的不足，世界行列科技成果的落地和转化的实现还是目前急需解决的关键技术问题（段若颖，2019）。由于我国的技术水平还未实现自给自足，很多精密武器的制造加工很大程度上需要依赖进口。另外，尽管在技术不断革新的进程中，我国在民用科研技术的把控和掌握的层面已经积累了一定的学术成效，并且也时刻追踪国际社会的发展动向，但实际发展的形势往往不容乐观，很多军品的科研技术实力还未能满足我国自身国防科技事业的发展需求。

（2）军工企业未成为国防科技工业创新的主题

国防科技工业的发展主要依靠科研和生产两个层面的协调统一，但现实情况却是二者之间的脱节情况严重，往往都是较重视各自的利益发展方向，而弱化了两者集成的利益成果，这种信息不对称往往导致研发出来的科技成果难以实现大批量的产业化应用，二者不能充分实现优势互补和互通有无（许毅达等，2019）。总体而言，“大锅饭”体制仍是我国国防工业发展的重要阻碍因素，绝大多数的军工企业也没有从自主经营管理、自我管理改革、自主技术创新等要素出发成为新时代企业主体，要想在飞速发展的改革浪潮中立住脚跟，就需要其实现根本性的变化。国防科技工业的集成性差的特点也使得我国整个国民经济的变化难以实现整体的结构优化和产业升级，其经济总量偏小且在国民经济方面的贡献率不足的情况使得我国与发达国家之间存在发展的鸿沟。

（3）创新主体间信息交流困难

我国国防工业的发展无论是自身整体模式的转型还是军用企业和民用企业之间需求发展的相互结合都由于历史因素形成了一定的缺陷，我国国防军工企业的发展不是从始至终的开放状态，其经历了封闭和半封闭的发展模式的演变，同时一些民营企业对国防军工企业的了解不足，而且在应用需求和发展方向方面还缺乏一定的信息交流。

与此同时，不仅存在民营企业对国防军工企业的发展模式了解不足的情况，同样许多国防军工企业也未能做好对民用企业方面的信息采集和有效应用，军民双方没有形成及时的信息资源共享的有效平台和重要知识获取的渠道（范炳健等，2013）。这样一来不仅难以实现资源的互通，而且非常影响军民科研事业的发展效率。然而在实际的发展过程中高科技发展成熟的过程同时也是诸多资源充分整合利用的过程，也就是说民用企业要想紧跟国际发展趋势实现自身的发展价值，就需要充分了解国有军用企业发展的重点，从而才能加快自身的技术创新和成果转化。当然民用企业在了解军用企业的发展需求时才能够真正实现对自身资源的优化设计。

此外，由于国防军工企业自身性质的要求，在科研过程中的保密问题是不容忽视的重要因素。但同时我们也应该从经济发展的现实要素和保密制度的相关规定对此进行充分的审视，既不能过分保密，也不能弱化在科研生产过程中的保密需求，以期在技术创新进步的起点上形成以保密机制为约束的发展模式。例如，在实现相关核心的国防军用系统的成果时，就应该严格落实保密制度和资质认证，而在一些非核心的技术实现方面，则应该给予民用企业相对广阔的发展空间，帮助其了解军用技术的发展动向和重点。

（4）复杂的军用标准阻碍民用技术的军用化

国防工业严格的自身属性，对武器装备在特殊环境下的适应性提出了更为严格的可靠性和稳定性的要求。而实现军工内部产品研发和技术升级的重点则应该放在对军用标准的制定和实现的全过程中。但是在过去的国际化国防军工企业发展过程中，过分强调对军用标准的落实在一定程度上对技术进步创新起到了阻碍作用，因此在实现军工改革的必要准则方面应适当对标准进行简化，从而加大与民用技术发展的信息资源对接。

（5）国防工业相关部门管理结构混乱

一是多头管理。从管理权限层面而言，无论是军队、政府还是集团公司都对民口的企事业单位有不同侧重的管理权限。例如，中国人民解放军总装备部就是直接根据军用企业的切实需求进行原料采购和军事立项等各个方面的事宜。从中央领导地方的层面而言，国家国防科技工业局需要在业务过程中对地方的国防科技事业进行战略性的指导。可以看出，如果这两条管理流程线既能够较好地发挥各自职能，又能够相互配合，就能够最大限度地实现管理模式的优化组合。

二是政企不分。具体表现为军工集团公司对军工企业单位均进行全方位的业务管理和职能把控。也就是说国务院国有资产监督管理委员会有权对各个军工集团公司的资金流进行严格的管理，而中共中央组织部也可以对干部的管理权限进行一定的规划。与此同时，地方的国家国防科工局及所属辖区范围内的军工集团公司都有权对其下属的军工企业的资源分配和利用进行行业性的管理。

三是军民分立、行业分立、条块分立。无论顶层设计还是分模块的协调统一层面均缺乏一定的体系化的管理标准。尽管在实现单一管理或者特有的军工装备的制造方面可能发挥其简单的功效，但是在面向复杂的系统工程式的装备研发和资源整合时就表现出明显的弊端和不足，难以满足整套武器研发知识体系和资源管理的需要。

1.3.2 国防科技创新生态工业系统发展趋势

通过综合分析国内发展现状及研究现状，国防科技创新生态工业系统的发展趋势可主要概括为以下几点。

1.3.2.1 破除准入流程障碍

在准入流程方面还存在巨大的发展壁垒，包括信息资源的不对称、任务渠道和平台的不足及准入标准的繁杂冗余等都是体现准入流程缺陷的具体因素。因此针对上述细节性问题，必须有针对性地实施相应的改进措施以适应国内国防科技创新生态工业系统发展的切实需要。

首先，在科研生产能力的结构化调整方面应该加强吸纳全社会的优秀科研生产装备制造的领军人才，充分实现“学术无界限”的军民一体化制度，从而有效实现科研生产能力在军品分类中能力对等的目标（李湘黔等，2018）。其次，面对国际化的竞争通行发展模式，应该做出相适应的努力，在适应竞争化的市场环境的前提下实施积极的采购措施，从根本上实现商业化的流程建设。再次，基于武器装备在科研层面的发展前景和趋势，应该进一步完善市场准入的退出机制，在管理范围方面给予市场更大的发挥空间。最后，应在军民信息的对接方面做出积极努力，无论是军用企业还是民营企业，对国防科技公共事业的发展所提出的良好建议都应该得到政府的充分重视，从而加强对信息收集和处理分析的力度，充分应对信息资源不对称且需求对接不足的情况。

从以上四个举措入手，基于市场准入流程的逐渐优化和完善将助力国防科技工业的技术创新和成果转化迈向全新的高度，一定程度上对未来国防科技事业的长足发展有着战略性的指导意义。

1.3.2.2 加强资源共享和创新体系建设

要实现资源共享和创新体系建设的全过程发展，就应该从相关政策指导的理论基础出发，实现对协同创新机制理论的深度挖掘，并使其充分落地。一般而言，创新主体、创新力量、创新链条、创新资源、创新管理等一系列创新措施的研究制定离不开国家国防科技工业局的战略把控，而且这一措施将有效增强全民参与国防科技创新的积极性和主动性（曲新勇，2014）。此外，在资源协调方面，一系列的重点实验室、规划论证政策等都将助力实现科技需求信息资源的共享和定位。

同时，国防科技创新基地在加强资源共享和创新体系建设方面也发挥着重要作用，全行业领域发展中的关键共性技术问题、颠覆性创新性的现代工程技术问题等都迫切需要全社会的优秀资源通过产学研合作来解决，包括军工科研机构与民用科研机构、高等院校、社会组织等。

1.3.2.3 发挥军工产业优势

尽管国防科技工业在发展过程中取得了诸多显著的成效并积累了一定的专业学术成果，但是必须正视的是，这些成果未能够得到充分的转化，在民用领域发展方面没有得到充分的技术支撑（高杰和丁云龙，2019）。显然，解决这一问题应该充分发挥军工产业的优势，在成果转化政策支持方面、转化渠道的拓宽以及成果转化的推广力度方面都应该保持较好的外部支持，当然还可以将关注点落在完善国防科技工业知识产权的信息平台的构建和共享层面，通过一系列的激励政策，投入和提升服务水平，从而促进国防科技工业创新体系的建设。

1.3.2.4 发挥军民融合产业优势

基于发挥军民融合产业优势的层面主要包括以下三个方面：一是在传统的民

用航天、船舶工业及军民两用高科技技术等方面实施军民融合的相应措施；二是在国家层面的战略高度以新兴技术产业的发展为导向，切入军工特色产业的发展；三是从国家安全发展观的理念出发，着力成立一大批有指导意义的军民融合创新示范基地，从而在促进军工企业的区域性发展的同时，也能够推动国家安全向各个领域的事业拓展。

第 2 章 系统论视角下的科技生态系统

本章首先介绍了系统科学发展历程、基础理论及系统论在草原生态系统中的应用，利用前面提到的系统理论知识从系统论视角分析科技生态系统的构成要素及全生命周期科技生态系统的演化阶段及其演化动力，得出科技生态系统要走出从孕育期到自我衰退期的演化规律，必须坚持创新主导型的科技生态系统发展模式。最后通过定量与定性结合的系统工程求解方式，给出科技生态系统工程的问题求解链流程。

2.1 系统思想与系统科学理论

现代世界技术发展的特征和趋势深刻地说明了人类从简单线性思维到复杂非线性系统科学思维方式的转变。系统思想是人类长期实践形成的思想产物，它的产生及发展过程可以分为三个阶段：古代朴素的系统整体思想阶段、科学系统思想的萌芽阶段、现代科学系统理论的形成和发展阶段（刘晓敏，2015）。

2.1.1 系统思想的产生

2.1.1.1 古代朴素的系统整体思想

（1）古代朴素的系统整体思想的产生

一般而言，古代朴素的系统整体思想（表 2-1）是古代人民在长期从事实践活动时与自然事物相互作用中逐渐积累的对于各种问题的系统的思维方式。在中国古代和欧洲古希腊时期，古代朴素的系统整体思想呈现为朴素辩证法的思维方式（赵国营和张荣华，2017）。

表 2-1　古代朴素的系统整体思想产生的概况

地区	时期	代表作/代表人物	重要思想理论
中国	殷商	阴阳学说	把阴、阳作为自然界整体的两类基本因素
		《易经》	阴、阳作为不同因素，通过不同组合方式构成世界各类事物的整体，并且还运用八种卦符表示世界各类事物的组合
	春秋	《洪范》	整个自然界中的一切事物由五种基本元素组成，把在自然界中能够感觉到的几种简单的要素作为世界之本、万物之源
		《老子》、《天论》、《管子》中的《枢言》、《宙合》	阐释了一个统一的整体演化的自然界
	宋代	宋明理学的“理一分殊”	整个自然界，不管其中要素种类如何多样化，自然界作为一个整体，它的本质总是同一的
欧洲	古希腊时期	泰勒斯	水孕育了自然界的万事万物，自然界的万事万物又复归于水，因此水是万物的始基
		赫拉克利特	火是世界万物的本原，万物产生于火，也都复归于火；在《论自然》里明确地提出世界是包括一切的整体
		德谟克利特	一切自然界事物的本原是原子与虚空
		亚里士多德	从整体方面来看，任何事物的发展运行都是由四种基本因素构成的；在“形式质料说”中提出了“整体大于各部分之和”这个具有系统思想的著名论断

不管是中国古代思想中的阴阳学说、五行八卦还是早期欧洲思想家泰勒斯、赫拉克利特对世界万物本质的思考，均可以感受到各种简单元素作为整体当作万物之本，这体现了古代人民在探究人类本源奥秘时将万物作为整体的古代朴素的系统整体思想。

（2）古代朴素的系统整体思想在实践中的应用

古代朴素的系统整体思想（表 2-2）是古代人们对生产活动中的一些现象通过自发的、抽象性的思考总结得出的，这种思想虽然简单、朴素，但是都有一个特征，即将某一种或几种真实存在的事物归结为世界万物的本源。这也体现了古人的“世间万物是普遍联系的并不是孤立存在”的思想，这正是古代朴素的系统整体思想的宝贵之处。

表 2-2　古代朴素的整体思想在实践中的应用

时期	实际生产中的实践应用
春秋战国	根据太阳运行规律与四季变化之间的联系，编制出指导农业生产活动的二十四节气历法
	《孙子兵法》全面分析与战争有联系的各种因素，为战争制胜提供了依据
	李冰设计建造的都江堰主体工程与附属工程之间联系紧密，总体工程协调运作，沿用至今
西汉	《氾胜之书》辩证地叙述了影响农业生产的诸多因素
	我国古代最早医学典集《黄帝内经》建立了中医学上的阴阳五行说，它强调了人体各部分器官之间、生理活动与心理活动之间、身体健康与外界环境之间的有机联系

由于当时生产力水平、经济水平落后及对事物的理解力不够，人们对事物的认识只能通过实践经验获得，缺乏对整体的把控及从整体出发对细节的思考，也没有通过充分的科学测试与实践检验。因此，这种简单的系统思想不够全面也不够深刻，并不能称之为一个完整的体系。但是，古代朴素的系统整体思想开拓了人类的思维方式，也为之后科学系统思想的形成与发展奠定了坚实的基础。

2.1.1.2　科学系统思想的萌芽

古代朴素的系统整体思想是在缺乏科学基础和实践检验的条件下自发自觉形成的，具有很大的不稳定性。14～16 世纪，被封建主义和宗教主义禁锢的欧洲，爆发了反封建、反宗教的新文化革命运动，为近代自然科学的形成和发展奠定了基础。同时，古代朴素的系统整体思想发展成为古代朴素的唯物主义哲学思想（李升友，2016）。

在 15 世纪下半叶，文艺复兴使人们的思想得到空前的解放，自然科学开始发展起来，其中天文学、力学、生物学等学科从之前的自然哲学中分离出来，人们开始通过整理相关的数据来检验、验证现实中的现象以追求科学知识。这种研究方法称为单质点研究分析法，它是将自然界的一些事物进行分门别类，单独地研究某一部分或细节的分析方法。这种研究方法对应在哲学中，就是形而上学的思维方式。相对于古代朴素的唯物主义哲学思想，在深入地考察细枝末节方面，单质点研究分析法在各个自然学科建立和发展初期具有巨大的优势，这也是从 15 世纪下半叶到 19 世纪初单质点研究分析法一直占据着不可替代的地位的原因。在此期间，古代朴素的唯物主义哲学思想也就让位于形而上学的思维方式。研究者们为了深入研究事物的组成及其规律，采用的单质点研究分析法忽略了客观事物存在普遍联系的这一客观事实，而这正是古代朴素的系统整体思想所强调的客观事物普遍具有整体性的特征。

19 世纪上半叶，随着细胞学说、能量守恒和转化原理及达尔文的生物进化论三大重要发现的提出，自然科学获得了一系列前所未有的重大进展。在一定程度上，三大重要发现表明客观世界是普遍联系的，并且在普遍联系的基础上，整体性、统一性及动态发展性是其固有的属性。其否定了单质点研究分析法“通过拆分高级的、复杂的运动形式为简单的、线性的运动形式，进而用简单的、线性的运动形式的规律代替高级的、复杂的运动形式”这种错误的思考方式。单质点研究分析法作为近代自然科学的研究方法阻碍了人们在认识客观事物时从部分到整体、从个体到一般的过程，进而发现整体存在规律的思维方式。这种阻碍随着三大重要发现的提出被打破，人们开始认识到自然界中的万物是相互联系、相互制约的统一的整体。在对单质点研究分析法即形而上学思维方式批判这一过程中，马克思主义哲学扮演了重要角色，马克思主义哲学认为世界就是一个人类社会与自然界相互联系、永恒发展的系统（裴晨和柯文进，2013）。

无止境的人类科学实践发展总是能推动着科学与科学思维方法的不断进步。新科学成果的产生不断改变或者突破旧有的、传统的、机械的科学思维体系。同时，重新构建系统思想并以一个崭新的思维方法体系融入科学实践研究中。在当时的科学成果基础上，马克思、恩格斯在创立唯物辩证法过程中，自觉地将系统思想作为其内在的重要组成部分，并形成有组织、有序化的整体性科学系统思维方法，为随后创立的现代科学系统思想体系提供了哲学领域强有力的支持。

2.1.2 现代科学系统理论的形成与发展

2.1.2.1 现代科学系统理论的形成

第二次世界大战前后，由于人类需要面对极度复杂的环境和挑战，新的思维方式和指导思想应运而生。1968 年，美籍奥地利生物学家贝塔朗菲，建立了一种理论，即一般系统论。这种理论的建立有着很重要的意义。而且，马克思的《资本论》也是其中一个不可或缺的极重要的根据。这意味着，这种理论的诞生让系统论思想从此有着哲学层面的基础和科学辩证性。

（1）一般系统论

一般系统论并不是某种活力论与机械论。它是以生物界为基础进行演变并具有整体特征的机体论，是一种系统思想升华后的科学理论，其使用曾经被排除在科学之外的如结构、组织、功能、秩序、环境、目的等比较精确的概念及基本特征用定量化的方式表示出系统的准确性。系统方法论表明我们要站在整体性的角度来分析整个世界，不可从单一角度去看问题（郭玉翠等，2013）。

20 世纪初期，人类处于战争当中，各个领域都在推动科学的进步，不论正确与否，各类复杂的问题都逐渐被诠释和论证，这也促进了很多如机械的自动控制、计算机、统计力学等学科之间的互相影响和促进，并且这些因素为新兴科学的进步和发展奠定了极重要的基础。

（2）控制论

维纳是控制论的创始人，他指出：自动控制系统的问题，其特点是要根据环境的变化对自身的运动进行相应的调整，这是从单一的角度来分析研究的思维方式所无法解决的（梁颖，2019）。维纳的控制论有两个基本的观念：第一，一切有生命、无生命系统都是信息系统。无论是机械还是生物，都存在着对信息进行接收、存取和加工的过程。第二，一切有生命、无生命系统都是控制系统。一个完整的系统一定有其特定的输出功能，必须有相对应的一套控制机制。控制论一方面是控制信息的反馈。信息的反馈分为正反馈与负反馈：如果输出反馈回来放大了输入变化导致的偏差，这就是正反馈；如果输出反馈回来弱化了输入变化导致的偏差，这就是负反馈。控制论的另一方面是信息的利用。控制系统是通过信息的传输、变换和反馈来实现控制的。

马克思说过，哲学家们只是用不同的方式解释世界，而问题在于改造世界。系统工程的关键与精髓是改造世界，而人类改造世界的方式本质上属于控制论的范畴。所谓控制，就是控制者用相对应的控制方式来控制被控制者，让被控制者变化到一种目的性的状态。系统工程中主体对系统的物质、信息、能量循环进行控制，以及对系统的结构、关系进行控制，并获取受控系统的运行状态信息、环境的状况信息、实际控制的效果信息等，实际上主要控制的是各种状态信息，来达到改造系统的目的。白箱、灰箱、黑箱等都是在控制论的基础上提出的系统控制和建模方法。最优控制是系统工程的重要目标，反馈有效的控制思想，运用于整个系统工程实践过程中。可控性即控制系统状态、系统结构和关系改变的能力，也是描述系统的重要性质之一。

（3）信息论

第二次世界大战期间，控制论创始人维纳为了解决防空火力控制和雷达噪声滤波问题，在其之前研究的基础上，于 1942 年 2 月首先给出了从时间序列的过去数据推知未来的维纳滤波公式，建立了在最少均方差准则下将时间序列外推预测的维纳滤波理论和信号预测理论，并提出了信息量的统计数学公式。因此维纳毫无疑问地成为信息论的创始人之一。

信息论的诞生对于系统研究具有非常重要的意义。运用信息的方式和方法在分析和处理问题时，系统就相当于信息的集合体，把系统有目的的运转抽象地定义为一个信息的获取、传送、加工、处理的信息变换过程。它不是对事物的整体系统结构进行剖析，而是从其信息反馈加以综合考察，获得关于整体系统性能的信息。信息方法的意义是它能够揭示机器、生物系统的信息过程，揭示不同系统信息之间的关系。它为管理和决策的科学化提供了重要信息支持，也指明了信息沟通的重要性。

总而言之，一般系统论、控制论、信息论及20世纪初以来创立发展的运筹学、系统工程学等横跨于各门具体科学之上的横断性学科对科学发展的许多领域都有着巨大的影响。一般系统论、控制论、信息论、运筹学、系统工程学等的产生标志着现代科学系统思维方法的形成。

2.1.2.2　现代科学系统理论的发展

20世纪60～70年代，人类科学实践认知领域得到了进一步的改变和发展，以耗散结构理论、突变理论、协同论为主体的理论思维方式的发展标志着现代科学系统思维方法开始发展起来。当时，系统科学主要是把客观世界所固有的自组织性、突变性、协同性、超循环性等作为主要研究对象来揭示客观世界系统的复杂机制与其内在、外在运行规律。

（1）耗散结构理论

耗散结构理论于1969年由普里戈金在一次“理论物理学和生物学”的国际会议上正式提出。其主要内容是当外界条件或系统的某个参量变化到一定临界值时，一个远离平衡态的开放系统（无论是力学、生物系统，还是社会、经济系统），通过涨落发生突变，就有可能从原来的混沌无序状态转变为一种时间、空间或功能有序的新状态。这种远离平衡态的宏观有序结构，需要不断地与外界交换物质和能量，从而形成和维持新的稳定结构。这种需要耗散物质和能量的有序结构被普里戈金称为耗散结构，系统在一定条件下自发地产生的组织性和相干性被称为自组织（Prigogine，1987）。而对稳定性与分岔理论的研究，实际已经将系统研究范畴正式带入了非线性作用和复杂性系统问题的研究领域。

耗散结构理论在解决上述提出的两种理论矛盾的同时，区分出了孤立系统与开放系统的差异。实质上，现实中人类所接触到的各种系统基本都是呈耗散结构的开放系统。孤立系统必然走向无序，而任何有序系统的创建和优化都必须依靠系统外界物质、能量的输入，因此也可以依靠控制外界物质、能量的输入控制系统状态的变化，即各种无序、混乱状态的低级系统可以在一定条件下形成有序的高级系统，实现整体大于部分之和。在宏观稳定的系统中，内部实际物理量并不能精确地处于平均值，而是存在偏差即涨落：当系统处于稳定状态时，涨落是一种干扰；当系统处于不稳定的临界状态时，涨落引起系统从不稳定状态变化到新的稳定状态。因此，对复杂系统状态的认识和调控，可以通过涨落来完成。

耗散结构理论的意义在于它把我们带到了一个无限广阔的思维空间，揭开了关于我们自己的身体、社会和宇宙演化的序幕。普里戈金认为这一整套理论是理解进化运动的关键所在。

（2）突变理论

1972 年，法国数学家托姆创立了突变理论。突变理论的主要研究方法是基于自然界中普遍存在的突变现象，建立描述这种现象的数学模型。突变理论是以系统思维方式从数学分析的角度研究自然界中的不连续变化问题的理论形态。

突变理论将自然界和人类社会中的任何一种运动状态划分为稳定态与非稳定态，提出在微小的偶然扰动因素作用下，非稳定态会迅速离开原有状态。由于偶然的微型扰动不可避免，非稳定状态不能长期稳定保持，会不断变动直到形成稳定态。因此，得出社会事物从非稳定态向稳定态变化是客观世界运动变化的一种普遍趋势的基本思想。

（3）协同论

协同论由联邦德国著名理论物理学家赫尔曼·哈肯在 1973 年创立。自然界是一个统一的大系统，它由很多个小系统组成，这些系统内部相互联系、相互作用形成一个统一的整体，并保持平衡状态。在一定的规律作用下，系统结构发生变化，研究这种使得系统结构发生变化的规律的科学就是协同论。哈肯发现，不同系统的子系统从无序向有序转变过程中，呈现出非常相似的行为特点；同时，他还发现平衡系统在临界点上所发生的相变或类似相变的行为与平衡态相变类似。因此，一旦解决了一个领域的问题，它的结果就可以推广到另一个领域。一个系统可以作为另一个领域的变化模型。协同论中关于有序与无序、快变量与慢变量等的认识，体现了辩证统一的观点。

系统从无序到有序的过程中，不管原先是平衡相变，还是非平衡相变，都遵守相同的基本规律，即协调规律。它的重要意义在于可以为一个学科的成果推广到另一个学科提供理论依据，也可以为人们从已知领域进入未知领域提供有效依据。协同论认为，无论是从无生命系统到有生命系统，还是从自然系统到社会系统，系统中的粒子运动相关性程度很高。系统从无序到有序或从一种有序结构到另一种有序结构，都存在一个或几个序参量对整个系统产生支配作用，辨识这些序参量就抓住了问题的主要矛盾，从而可以有效地简化系统。协同论提出，虽然系统的性质不同，但是由新结构代替旧结构的质变行为，在机理上却有相似甚至相同之处，体现了物质统一性的思想。同时，不同的系统中都存在无序与有序的矛盾。有序和无序在一定条件下的对立统一形成系统一定的秩序。

耗散结构理论、突变理论、协同论等都是研究系统自组织现象的理论，而系统自组织现象是组成系统有序演化的基础因素。因此，自组织系统理论是自然界中的一切系统普遍存在着自发地形成其内部由低级到高级、简单到复杂、无序到有序过程的特性理论。自组织系统理论体现出了对系统自组织的普遍形态整体性掌握的思维方式。而现代科学成果表明系统的演化也存在从有序到无序的过程，这种研究远离平衡的自组织系统状态的理论就是混沌理论。混沌理论主要是运用整体、连续的数据关系解释及预测动态系统的行为。

系统科学中的“老三论”以系统论、信息论、控制论为代表，而“新三论”则以耗散结构理论、协同论和突变理论为代表。二者皆以物质世界或精神世界的某种系统为研究对象，但“新三论”侧重研究系统的自组织问题，即系统的有序和无序、平衡和非平衡等状态得以维持的内在机制及转化的条件。综上，“新三论”与“老三论”对比分析见表2-3。

表2-3 “新三论”与“老三论”对比分析

项目	老三论	新三论
内容	控制论、信息论、系统论	耗散结构理论、协同论、突变理论
学科基础	理论力学、数理统计学	非线性理论范畴、稳定性数学理论
研究对象	系统的相干性、组织性及功能	开放系统的演化
研究目的	着眼于整体的功能，使整体与部分有机协调，最终达到最优化目标	试图找到一个能对系统结构的自发形成起支配作用的原理
二者关系	老三论是新三论的基础，新三论是老三论的发展，它们相互衔接，又相互依赖	

总之，现代科学系统思维方式的发展为人类科学思维的发展提供了新的依据与有效的研究途径，为复杂性科学的产生奠定了非常重要的理论基础。20世纪末，复杂性科学诞生。现代系统科学由研究系统自组织现象转向研究系统的复杂特性。复杂性科学的兴起标志着现代科学系统思维方式进入了一个新阶段。复杂性科学主要研究系统的不可预测性、不确定性、复杂性等特性。系统科学主要针对系统进行相关研究及应用，它的内部之间具有深刻关联，这就是它与自然科学和社会科学等存在差异的主要原因。此外，系统科学具有交叉性、整体性、综合性与横断性的特点，这些特点的产生正是因为系统科学可以将不同学科领域所研究的问题系统地相互关联起来，从而进行综合的、整体的研究，这是它不同于其他科学技术的根本特点，可以在现代化科学技术发展的道路上朝着综合性和整体化的方向向前发展。

2.1.3 钱学森系统思想

钱学森在充分认识现代科学技术发展特点的基础上，利用人类在学科知识分类方面的成果，运用系统科学的理论和方法对现代科学知识重新进行分类，形成了一个符合现代科学技术发展特点的知识体系结构（黄卫华，2018）。在此基础上，他对自然科学这个大部门从理论到实践各个层次进行了研究分析，认识到其他科学技术大部门都有与其相似的结构特征，并且当时国内外对系统科学部门结构的认识存在着诸多的缺陷，于是他着手完善系统科学的体系结构，提出创建系统学的任务目标。在推动创建系统学的过程中，他明确系统学的研究对象，对系统研究对象进行了分类，在此分类的过程中，提炼出开放的复杂巨系统。

2. 1. 3. 1　钱学森科学体系

钱学森解释说，系统科学要研究一个客观世界，应该从事物的以下几个方面考虑，包括全局与部分、局部与整体及等级关系。客观世界的组成部分有自然、社会及人本身。系统是一个能够反映事物以上特点的最基础、最重要的概念。所谓系统就是一个具有某种功能作用的整体。这个整体由一些彼此关联、彼此作用、彼此影响的组织要素组成。系统大量存在于客观世界。系统思想就是存在于客观事物之间的普遍关联性，以及客观事物的整体性思想，系统科学思想则是系统思想由原来的哲学思维到系统的科学体系的一类转变，这一变化标志着系统科学体系的成功建立。系统科学思想在科学、工程、技术直到哲学的不同层级上都有所反映，这种在不同层级上的反映就称作系统科学体系。钱学森提出的系统科学思想为哲学思想提供了科学依据，并将哲学与科学结合在一起。此外，它对辩证唯物主义系统思想的发展与完善起着不可忽视的作用。

系统科学的知识结构有三个层次，如图 2-1 所示。在钱学森创立的系统科学体系中，系统工程是一种工程技术，但它与其他的工程技术之间又是存在差异的，它也是一类组织管理技术，系统工程可以直接用于改造客观世界，并处于工程技术或应用技术层；系统工程的理论指导方法是运筹学、控制论和信息论等一系列学科，这些理论方法全部处于技术科学层；第三个层次是基础科学层，处于这一层次上的是作为基础理论的系统学。系统学是一种基础科学，它表明了系统存在于客观世界中所具有的一般规律。前面所陈述的这三个层次构成了系统科学体系，该体系可以通过借助系统论使系统科学通向辩证唯物主义。系统论是一种处于哲学层次上的理论方法，它可以将系统科学与辩证唯物主义哲学联系起来，成为它们之间互相沟通的桥梁。

2. 1. 3. 2　钱学森综合集成方法

综合集成方法有机融合了专家体系、数据、信息及知识体系和计算机体系，它的本质是构成一个具有三大有利条件的智能化程度较高的人与机器相结合的体

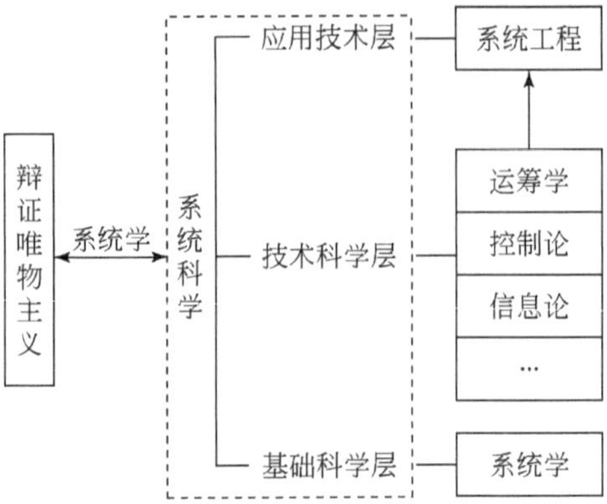

图 2-1　系统科学的层次结构

系，这三大有利条件分别是综合的优势、整体的优势及智能化的优势。这个体系的作用在于它可以收集合成人们思想的成果、人们的经验、人们的知识、人们的智慧，以及各种各样的情报、资料与信息，从而可以将多类别的定性认识逐步演变为定量认识。

信息、知识及智慧分别属于三个不同层级的三个不同方面。任何一个或两个要素的存在并不能保证其他要素也存在。信息的整合能够得到知识，信息和知识的整合能够得到智慧。古往今来，人们可以不断地收获知识、获取智慧皆是因为人类大脑的存在。如今，随着以计算机为主要工具的现代化信息技术的不断成长和进步，人类获得了一种比人脑更具优势的方式来获得信息、知识及智慧，即一种以人为主的人-机结合的方法，这种方法已经成为人类发展史上的重大突破。综合集成方法就是这样一种方法，它通过人-机结合的方式获取信息、知识及智慧，它在本质上就是人-机结合的信息处理系统、知识创新系统及智慧集成系统。这种方法采取“人机互助”的协作方式，遵循由机器完成大部分工作的原则，使人脑的思考力和信息处理能力得到大幅度提高。它使用人类与机器的组合，完成了信息、知识及智慧的整合。这些内容包含着大量的科学性理论及经验性知识、定性的及定量的知识、理性的及感性的知识，通过人机交互使用强大的理解力和想象力，反复进行比较，可做出关于经验性假设是否准确的简要科学定论。无论对经验性假设采取肯定态度还是否定态度，都是对理解的发展，然后应继续探索并研究新思想。这是一个周而复始且不断深入研究的过程。

综合集成方法包括专家系统的协作以及专家系统与机械系统之间的工作方法以及研究方法。具体而言，需要经过三个过程实现综合集成方法的实际应用，包括定性的综合集成、定性及定量相结合的综合集成、由定性到定量的综合集成。这个过程不是完全独立的，而是连续且不断逼近的。

现代科学技术正面向高度分化和高度综合这两种不同的道路发展。综合集成方法作为钱学森对现代科学技术发展所做出的卓越奉献，是人类宝贵的知识及意识形态财富，它对于现代科学技术朝着综合集成的整体化方向发展产生了深远的影响。

2.1.3.3 复杂开放巨系统

系统工程已经成功地应用于系统科学体系并取得巨大的成就，各种来自运筹学、控制论及信息论等的理论方法都处于发展阶段。然而系统学作为由钱学森最早提出的学科却是需要被创建的新兴学科。钱学森曾通过“系统学讨论班”的形式于 20 世纪 80 年代开始致力于建立系统学这门学科。自 1986 年开始，钱学森参与了“系统学讨论班”的所有学术研究活动，直到 1992 年才结束。钱学森在讨论班上率先提出可以把系统划分成简单系统、简单巨系统、复杂巨系统及特殊复杂巨系统 4 种不同的类别，这是一种新的系统分类方式。例如，生物体系统、人体系统、人脑系统、社会系统、地理系统及星系系统均属于复杂巨系统。社会系统则因为其复杂程度最高，故被认为是特殊复杂巨系统。而复杂开放巨系统是建立在复杂巨系统基础之上的一类系统，它首先要求系统是开放的，即要求系统同系统周围的外在环境存在物质、能量及信息等方面的交流。现在已有的方法论与方法可以应用于简单系统及简单巨系统，但这些方法目前还未能应用于复杂程度较高的社会系统及复杂巨系统，需要寻找其他新的方法论或方法。因此，需要对复杂巨系统进行进一步的深入研究，这种研究被称为复杂巨系统学。

2.1.3.4 系统论思想

钱学森曾明确指出，系统论是整体论及还原论的辩证统一，而不是两者中任意一个单独的理论。钱学森后来形成的综合集成思想也是由系统论的思想发展而来的。

还原论方法在科学发展过程中，尤其是在自然学科领域中有着重要的作用，并取得了极大的成功。还原论方法通过研究部分来达到研究整体的效果，认为将一部分的研究分解清楚就意味着整体的研究也将变得清晰，所以第一步需要将研究对象分解为部分，研究过程终止于部分已经被研究清楚，否则需要继续分解进行研究。根据这一方法论，物理学研究已经达到夸克水平，生物学对生命进行的探索也已经达到了基因水平。这无疑成为现代科学技术十分显著的成果。然而，现实却告诉我们，发现基本粒子并不能具体阐述物质构造，了解了基因也无法清楚说出什么是生命。基于这些事实，研究人员意识到还原论的不足正在变得越来越明显。还原论方法的优势在于它能够将事物由整体出发不停地向下分解，使研究变得越来越详细，但它不能从下而上回答，也不能为高层级的、整体性的问题提供解决方案。因此，研究只凭借还原论方法是不够的，还必须能够从下而上回答，即要求在复杂程度较高的研究中处理好所提的涌现问题。

钱学森依据系统论的思想，指出了一个新思路。他认为可以把还原论方法及整体论方法以辩证的思想统一起来，从而构成系统论方法。当我们具体运用系统论方法时，需要先利用还原论的思想以系统整体为立足点将系统分解为部分，然后再结合整体论，并以还原论的分解研究作为基础再整合到系统整体，最终完成“1+1>2”的整体涌现，实现从整体上探索、处理问题的目标。由此，我们可以知道系统论方法由还原论及整体论两部分组合而成，系统论方法既结合了两种方法各自的优势，又弥补了其各自存在的局限性，它不仅比还原论及整体论方法更加完善、先进，还使整体论方法得到了进一步的发展。因此，这也使得钱学森的贡献铸就了在科学方法论上的又一个里程碑，这种系统方法论不仅极大程度地推动了系统科学的发展，也极大程度地影响着其他科学技术部门未来的发展，如自然科学和社会科学等技术部门的发展。

2.1.4 系统科学理论在自然生态系统中的应用

系统论主要研究系统的一般模式和结构规律，即描述不断运转的各要素之间的关系与结构的发展特点，并利用其特点进行控制管理和改造，使其意义合乎系统需求（陈奎宁，1987）。从系统论角度阐述草原生态系统，它是由人、动物、植物、微生物及其他非生物因素构成的复杂开放巨系统，它们之间和谐生存、共同进步，体现了社会经济体和草原环境生态系统共同发展的局面。因此，它具备系统发展的特征和规律。以系统理论为指导思想，分析草原生态系统结构及组成，能够更加准确地把握草原生态系统的发展规律，进而为草原生态系统的发展提供更加科学的指导方法（于景元，2014）。

2.1.4.1 生态系统的构成要素

草原生态系统是一个复杂开放巨系统，这个系统由生产者子系统、消费者子系统及分解者子系统构成。这些子系统按照不同等级组织组成，以能量、物质及信息相互交换达成平衡状态，相互合作、紧密联系构成统一的整体，为草原生态的生存和繁衍提供了支持和保障（赵斌和张江，2015）。草原生态系统结构如图 2-2 所示。

（1）草原生态系统的主体要素

人类在实践中利用主观能动性，认识自然并且利用自然界客观规律实现对生

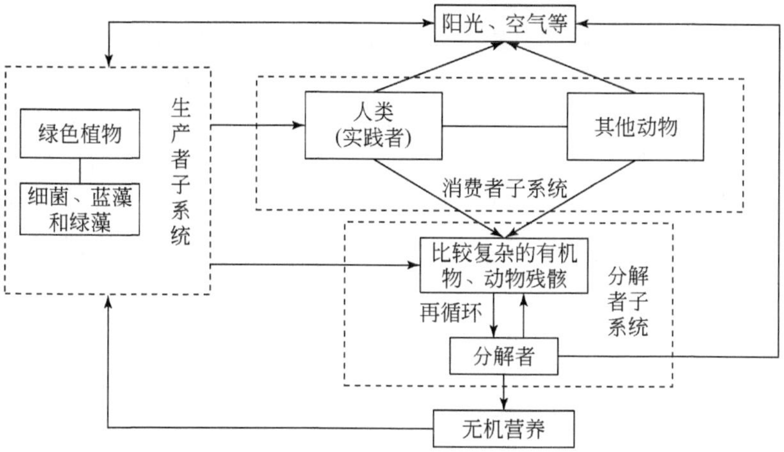

图 2-2　草原生态系统结构

态的利用和发展，人类是生态系统的主体，但是不是说要以人类作为核心，将草原视为利益化的工具；而要运用人类的主观能动性，认识并利用自然规律，促使草原生态系统呈现可循环可利用可发展的特点。人类作为草原建设的主体，在建设实践中形成科学的认知，引进高科技来促进自然草原的生存和发展，控制人类有需求物种的品种及品质，贯彻现代化科学培育的思想。在此系统中，人类要运用智慧，发挥自身能动性，进行科学的实践和创造活动，建设一个可以维持生存及原生态发展的成长过程资料库。过去人类无限制地开采和过度利用导致整个生态环境出现危机，如破坏草场所带来的各种风蚀、沙尘等。但人类在长期的发展和进化中，逐渐产生了生态保护意识，形成了保护生态环境的观念。环境恶化引起人们的反思和总结，如今回过头用科学的方法来治理环境，促进人与草原环境生态之间的长远发展。因此，人类是发展草原文明不可或缺的重要因素。

（2）草原生态系统的客体要素

人类对草原生态环境进行科学实践，有目的、能动地建设草原生态系统的客体要素，人类作为自然环境系统的一部分，在满足自身生存和发展需求的同时，要有目的地进行劳动和建设。人类已成为实践的主体，草原生态系统是被建设发展的客体。草原生态系统的客体要素由生物和非生物两大成分组成，它们之间密切相关、相互依存、相互影响。草原生物具有多样性，各种绿色植物和细菌、蓝藻、绿藻等承担系统的生产者角色，可以进行光合作用，是整个系统的运转和循环的能量供应者，它们不仅提供能量而且自给自足，所以它们是生产者。草原上的各种动物（家养的或者野生的），它们与生产者之间的关系形成了一个能量的循环，在食物链里扮演系统的消费者。草原生态系统中还存在分解者，主要包括细菌和真菌等，它们分解各种动物残骸和比较复杂的有机物，这也是草原生态系统不可忽略的一环，假如没有分解者的存在，整个生态环境的运行将无法进行，整个生物系统也将无法形成完整循环。草原生态系统中的非生物主要包括阳光、空气、水分、土壤、气候等诸多条件。它是生物环境中生物成分的外部成分，非生物成分对草原生态系统的影响也是巨大的，它们的变化直接影响环境的循环。生物成分与非生物成分共同构成草原生态系统，形成一个合理循环的系统。

2. 1. 4. 2　草原生态系统的特征和规律

草原生态系统的各个子系统通过物质、能量、信息等形成统一整体，它具有其他系统所具备的重要特征以及演化规律。它依次从最初的初始系统，简单到复杂、不稳定到稳定，最终过渡成为成熟的生态系统。

(1) 草原生态系统蕴含的系统特征

1）系统具有整体性。这是系统论存在和发挥作用的中心思想，其中各种因素通过彼此之间相互影响和相互作用形成了整体的系统。也就是说，各个部分构成整体，各个体系构成了系统体，人和各物种之间形成了共生，人是依赖于生态而存在的，并且能够使得系统趋于稳定的一种物种，草原生态系统则作为人类社会长期生活发展的物质基础。这种整体性体现为各个因素之间的有机结合，不同程度的相互作用让各因素紧密相连，但这并不是如机械零件的拼装一般简单。系统中所存在的各种要素都缺一不可且无可替代，其中任意一个物种在环境系统中的消失及任意一个条件的缺失都会对整个环境系统循环和发展产生影响，任意一个要素的作用发挥得不合理都会影响整个系统的效率和优势。人、草原各要素之间各司其职又互相联系，它们相互的影响和协同都会有各自的系统复杂性，而且这种运转在平衡中不断变化。这些性能和相互之间的影响其实就是在这个复杂的大系统中才得以发挥和体现，从而实现人和草原之间某种方面的内在统一。单一的要素不存在系统性功能，部分离开了整体就会失去了其在系统中存在的意义。

2）系统具有动态开放性。马克思发展观认为，所有事物都是在不断运动中变化发展或者是在运动中寻求变化发展的过程，物质存在的方式就是运动的状态，运动是物质的存在方式和根本属性。人已经成为影响草原生态系统的重要主体。人类具有主观能动性，草原生态虽为客体要素，但却可以通过自身的客观规律和联系制约人类生产生活的实践方式，而并非全部遵循人类生产所需的运行方式，它从孕育到被淘汰的过程都顺应着自然的规律，其特点就是都在动态中发展。草原生态系统必须联系着外界环境，只有这两个系统相互保持着交流和循环，才能确保自身体系的存在和发展。草原生态系统的平衡需不断吸收能量来维持，在这个过程中不仅要满足自身存在所需要的能量，还需要提供可以满足其他体系存在和发展的基础能量，通过物质间的相互转化以保证草原生态系统的功能和结构状态处于正增长的优性循环状态，否则系统运转就会崩溃。因此草原生态系统的文明发展虽然是无形的，但草原生态系统却是实实在在存在的动态开放系统，所以开放性是能量供应和转化的基础保障，同时也是其进化和发展的最基本的条件。

3）系统具有层次性。每个系统最初一般先由各个元素自我组建而形成整个系统的子系统，在运行各子系统的过程中通过复杂功能和运行结构形成整体系统。也就是说，任何系统都包含着各种量级的子系统，各个系统之间通过能量、物质等相互联系，形成了平衡且富有生命力的大千世界。草原生态文明系统包括人类系统、草原系统、社会系统等，它们分别承担着确保整个系统发展和运行及系统平衡的职能。每个子系统还会包括其他低层次的次子系统。因此，每个子系统在各个系统中都会承担不同的职能，层次的高低在系统运转过程中不断地产生变化。草原生态系统在整体的生态文明系统中承担着低层次的职能，但在其内部而言，它又变成了系统的高层系统。低层次之间高效率的组合构成高层次系统，这样的系统结构更加坚固，如原子和分子之间的结合就很稳定且牢固，分子层这样多个牢固的系统再通过各种相互的紧密联系进行结合。所以，提高和优化生态文明系统，必须从人类系统、草原系统、社会系统之间联系和结构进行优化，各层次因为一定的系统发展规律也会使系统之间的联系也得到优化。

（2）草原生态系统遵循的系统发展规律

草原生态系统发展循环的前提是必须遵守最基础的系统运行规则。人具有主观能动性，作为系统存在的重要因素之一，就必须清楚地认识到在系统运行的过程中，整体的概念不可缺少，并且要放弃“人类中心主义”，并兼顾客体存在和发展的规律。系统内部各个要素之间是存在差异的，但正是因为这些差异，系统内部才能够相互制约和共同发展，从而实现系统由低级向高级、由简单化向复杂化的转化。

1）差异性的协同规律。这是系统内部与外界环境交流的依据和保障。系统内部各要素之间的差异性是其系统存在且运行的基础。系统的发展就是系统之间的差异性能够合理地共同发展。恩格斯讲：“同一性自身包含着差异性，这一事实在每一个命题中都表现出来，在这里述语是必须和主语不同的。”一个复杂巨系统必定存在主体和客体要素，如草原生态系统就是一个这样的系统，其中人类是主体要素，草原生态是客体要素。人具有主体性，为了满足自身的各种需要，不断地从环境中汲取可利用的资源；人具有能动性，尤其在利益的驱使下会过分追求经济的发展，从而造成严重的环境污染、食物链破坏，以及草原生态循环的恶化。从巨系统的客体角度来讲，草原虽然作为客体，但并不会完全地遵从和满足人类的开发与开采需求，若人类过度利用自然资源而使草原生态得不到循环，草原环境自身的生存和发展就会限制甚至拒绝人类无限制的掠夺。

2）自我组织与被组织协同规律。草原生态系统具有内外环境信息转换的功能。在这个转化进程中，首先，生物圈本身具有的自身进化条件可以帮助草原生态系统实现物质平衡及生物循环，从而实现系统性的自我调节和生存维持的功能，这些生物圈功能就使该系统存在一定的自组织性；其次，系统对外界干扰可以进行被动的结构及要素调整，从而更好地适应外界刺激，进行被动调整后的系统依旧能够维持良好的发展状态；最后，通过自我组织和被组织相互协同的作用达到自组织、自调节的理想系统功能。例如，食草性家畜的过度放牧或过度繁殖会直接影响该放牧草原的正常生长状态，原有草原生态被破坏反过来影响家畜生长，导致家畜生长发育不良及数量减少，从而进入系统平衡的调节循环。但是，这个循环过程伴随着阶段性的特征，循环的阶层或次数越多，循环的效果就越差。所以想要系统向人类理想的方向发展，就必须借助其他组织手段进行调控。通过科学分析组织与系统的合作关系，使系统自主发挥优势、规避劣势，是人们需要进行研究改善的。总之，草原生态文明系统是由各个子系统和科学人工设计组织相结合，借助先进制度及法律来规划草原生态发展的科学草原生态系统。想要发挥草原原有优势的同时满足人们的需求，就需要国家从宏观角度调动企业及社会各界发挥自身积极性，共同维护草原生态文明。

3）总体寻优规律。总体的优化是指一个系统自下而上、由简入繁、由低到高的发展过程及发展规律。社会的发展便是总体寻优的一个很好的例子，人类社会由原始社会逐渐发展到今天，离不开每个社会子系统的不断寻优，由此才使得社会整体向着更先进的方向发展。总体寻优是自组织和被组织两者相互协调的结果，也是弥补系统缺陷的过程，当前草原生态文明是生态系统整体寻优的最新成果。充分发挥草原的先天生态圈优势及其丰富的自然资源优势来发展畜牧业，草场的数量直接影响着草原生态系统的承载量，从而直接影响人类社会的生产和发展。草原的总体寻优体现在两个方面：其一，草原的生物循环系统一旦遭到破坏，它会通过自身寻优的机制使草原向更具稳定性的方向发展，来减轻草原负荷；其二，人类可以通过控制草场的质量和数量来控制草原系统的整体寻优。通过这两个方面的系统调整，草原生态文明系统的承载量及容纳性会随着寻优不断变强，从而为人们带来更加优质的生态效益及产品保障，并为人类的经济发展提供价值。通过草原系统和人类社会系统的互动及草原文明系统的总体寻优可以保障社会的经济增长，来推动未来社会生态系统的发展与繁荣。

2.1.4.3 建设草原生态系统路径

（1）加强人类利用系统论原理及生态系统观建设草原生态系统的意识

利用系统论原理及生态系统观建设草原生态系统可以从整体把握系统建设的方向，新的观念可以为发展提供新的方向。因此首先需要树立系统论和生态系统的意识。系统论思维可以有效促进草原生态系统的建立与发展，通过树立人类与草原是相互联系的统一整体的理念改变人们的思维方式，培养公众建立草原生态系统的参与感、责任感及忧患意识。人类与草原的发展本身就是不可分割的整体，人类虽然作为实践者通过主观能动性有目的、有意识地改造草原生态系统，但是必须将自己作为系统的一分子。草原的发展与人类的发展是同步的，人类的发展也必须顺应整个草原生态系统发展的需要，而不是一味地按照人类自己的意愿改造草原。当人类为了自己的利益和发展破坏了系统的平衡，将会为之付出加倍的代价。从生态系统观可以得知，在自然生态系统中，每个物种都有其存在的价值，人类在进行草原生态系统建设时必须遵循草原生态系统自我调节的内在平衡，尊重草原生态系统的客观规律，合理地开发草原生态系统，才能够保证整个草原生态系统的和谐统一、永恒发展。生态价值观念能够让我们清晰地认识到草原生态系统的价值，从而调整和把握人与草原的关系，科学地开展实践活动。

（2）传承草原生态文化，尊崇协同法则

不断的改革过程，即是运动中发展的过程，每个阶段都会有其适应的经济生存方式。换句话说，一切文明所有的文明状态都必须以所对应的生产生活方式为基础而呈现出来。处在后工业发展时期的中国，总结过去工业发展过程中获得的成果，要取其精华弃其糟粕。在社会主义发展初期，社会建设核心仍然是经济建设，它是五位一体建设中的重点，但是随着社会的发展，必然会造成环境的过量承载，此时发展将受到制约。因为这种发展方式终将造成资源缺乏以及环境恶化，整个自然环境的承载力下降，对于环境的自我恢复和调节能力有着极大的破坏，也将带来严重的甚至不可恢复的生态问题，新的环境变革迫在眉睫。草原生态系统建设必须要从全方位考虑工程的实施，不能再以单一的发展方式破坏性地无限制索取，否则，环境终将会造成社会经济的负增长。因此，应创建正确的符合生态文明要求的、人与草原和谐可持续发展的新方式。草原生态系统建设已经是经济发展的捷径。在这个过程中，要做到节约和合理利用资源，让有限的资源带来效益最大化。在生活生产中，节能减排合理开采，高效利用资源，做到二次回收再利用，最大限度地对草原生态做到保护，实现其可持续发展。草原就像人类的“皮肤”，我们要保护它，不管是科学处理污染源、改良草原，还是限制人类无节制地利用草原都是非常有效的，而且可以实现草场的良性循环。经济改变我们的生产和生活方式，经济社会的发展是让人们走向未来的必要途径，所以草原生态系统的发展也就随之变得尤为重要。积极地保护环境，积极主动地发展绿色 GDP，实现低碳经济、循环经济，提高废弃物利用率，快速实现循环绿色经济发展，实现从“经济人”到“生态人”的转变。

（3）推进草原生态系统制度的全面性、系统性、协同性

保护草原生态系统制度的建设已经不可懈怠。在社会发展的同时，强化生态文明意识，研究和颁布对环境重点保护的法律法规，相关政策并确定执行方式，以一种强硬的态度强调环境建设的重要性，为草原生态建设提供多方面制度保障，而国家的政策将是最有效的宣传和保护方式。草原生态系统建设只有借助法规制度的方式才会更加高效率地进行，用制度去规范草原资源的利用，需要社会各个方面的配合，共同制定一个科学的以环境保护为目的体制，将环境的保护制度严格执行起来。

2.2 科技生态系统

科学技术是第一生产力，科学技术对国家的发展起着战略性的作用，我国一直将科学技术的发展放在引领国家经济发展的核心位置，随着经济全球化发展趋势，科学技术更成为影响国家综合实力的中坚力量（陶水龙，2013）。我国作为世界第二大经济体在很多领域取得了突破性的进展，尤其是互联网行业的发展。但是，2018 年中美贸易战使得科研人员更加认识到，如何增强我国科技的核心技术不仅影响我国经济的发展，也关系我国国防、经济技术安全。

2.2.1 科技生态系统构成背景

2.2.1.1 系统论为构建科技生态系统提供了重要的启示作用

（1）系统论为科技生态系统建立提供了全面的方法论

系统论中每个系统都是由多个子系统组成的，各个子系统相互联系构成统一整体，这为科技生态系统的构建提供了方法论启示。科技生态系统构建及运行时要关注构成系统的各个要素，对各个子系统综合考察与研究，才能准确全面认识、管理科技生态系统。

（2）系统论为探究科技发展问题产生的原因提供了理论依据

系统论中每个系统的各个子系统都是相互协作的，要达成相互协作共同发展需包含三个要素：相同的目标、有效的交流及相互合作。这告诉我们在科技生态系统中如果某一个部分出现问题，不仅要从自身系统中寻找问题的根源，还需要审视别的系统才能找到解决问题的根本办法。

(3) 系统论为科技生态系统提高总体效益提供了系统方法

系统论提出，系统总功能不是各个子系统功能简单相加，而是经过它们之间的相互作用实现的。如果它们之间的相互作用有利于功能的发挥，总功能将高于各子系统功能之和，反之亦然。因此，科技生态系统构建时要合理配置各要素的资源，最大限度地减少各要素之间的制约性，让它们彼此相互促进，从而充分提高整个系统的功能。

总之，根据系统论思想，在构建科技生态系统前需要对其进行全方位的分析，同时需分析科技生态系统在后续管理过程中可能会存在的问题以及可以解决问题的相关策略。

2.2.1.2 企业生态系统内涵

随着企业生态系统理论的广泛应用，以及科学技术在全球范围内的快速发展，逐渐有学者将企业生态系统理论与科学技术发展研究相结合，并在企业生态系统的研究基础上，对科技生态系统展开探讨和研究，建立科技生态系统。在科技生态系统的建立和发展过程中，将系统论的思想和方法作为参考和指导，使科技生态系统保持和谐稳定并快速发展（穆松林和郭群，2018）。

企业生态系统是由相互作用的企业机构与个人组成的经济群落及其所处的环境所构成的。类比自然生态系统，企业生态系统中的各个企业即自然生态系统中的各个物种；其他与企业有关系的机构类比为自然生态系统中的其他物种，它们之间存在竞争与合作；企业发展所需的各种资源及所处的经济、政治、文化环境类比为生态系统中的自然资源与环境，为企业提供所需的能量及生产空间。生态系统理论及系统科学理论对企业的发展有指导作用，企业生态系统强调的是将企业与系统其他要素作为相互联系的统一整体，企业的进步不能仅仅局限于自身的发展，还要考虑企业所处的环境，包括竞争者、合作者及其他利益相关者，通过系统整体优化实现企业发展的目标。这种思维方式是对企业发展全新的思考，在理论上符合系统论的思想，这种全新的管理理念可以使企业时刻注重自身创造力的提升，不断调整企业自身发展水平，从而与企业所处环境协调发展，不至于被经济大环境淘汰。

2.2.1.3 企业生态系统的构成

根据自然生态系统构成因素分为生物因素与非生物因素的原理，企业生态系统也可分为生物因素与非生物因素。其中，生物因素类比于生态系统中的各个物种，主要包括企业和与自身性质相同的企业形成的经济种群、投资商、供应商、顾客、生产商、中介服务组织、媒体组织、商业协会等；非生物因素指企业生态系统所处的环境，主要包括政治环境、经济环境、文化环境、科技环境及自然环境。

（1）企业生态系统的层次结构

在自然生态系统中以生产者、消费者为中心，以人类为核心；企业生态系统是以企业为中心，以优秀企业为核心。按照企业生态系统中的各个种群与核心企业联系的紧密性，可将企业生态系统分为三个层级，即核心企业生态系统、扩展企业生态系统和完整企业生态系统，如图 2-3 所示。

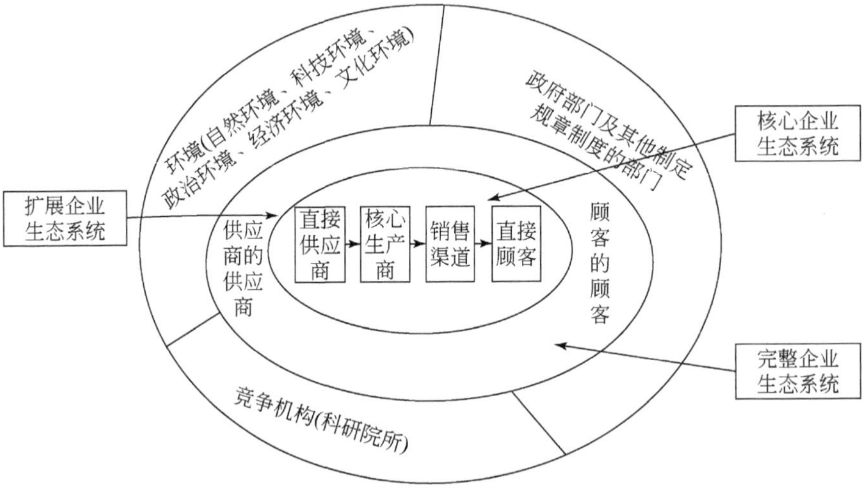

图 2-3　企业生态系统层次结构图

（2）企业生态系统的网络结构

在自然生态系统中由生产者、初级消费者、次级消费者、三级消费者等构成食物链、食物网。在企业生态系统中也存在类似的关系链、关系网。食物链、食物网中的生物是吃与被吃的关系，而在企业生态系统中是利益交换、相互合作与竞争的关系。以核心企业关系链为例，如图 2-4 所示，核心企业与消费者有直接的关系，消费者与消费者的消费者有直接关系，核心企业与供应商有直接关系，供应商与供应商的供应商有直接关系，核心企业与其他企业有直接关系。

企业生态系统是一个复杂开放巨系统，企业与企业及其他组织之间也存在着错综复杂的关系链，这些关系网相互交错形成了复杂单位关系网。与自然生态系统不同的是，企业生态系统中的关系链、价值网会随着市场、经济的变化而变化。

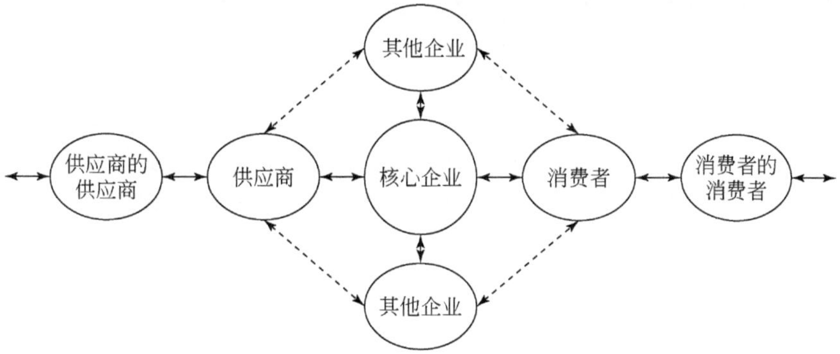

图 2-4　核心企业关系链

2.2.2　科技生态系统构成要素

2.2.2.1　科技生态系统的内涵

科技生态系统是由相互作用的企业组织和个人所形成的以高新技术为核心的经济群体，它不仅包括技术研发、技术服务、技术产品生产和技术产品消耗市场等一系列组织机构或个人，同时还包括科技生态系统生存和发展所需要的技术、人才、资金、信息等资源和支持性组织，以及所处的社会、经济、文化等环境要素（杨勇和王志杰，2014）。

对于科技生态系统含义，可以从以下几个方面进一步理解。

1）系统内的企业在动态复杂的环境下，为了自身生存和持续发展的需要，按照生态学的思想方法和原理，以高新技术为核心，以价值传递为纽带，以共同进化为目标，和利益相关的企业、组织机构、个人等共同构成相互作用、相互影响、动态复杂的科技生态系统。

2）科技生态系统成员之间是相互适应、命运共享的。科技生态系统强调企业之间的相互竞争与合作关系，而非“你死我活”的恶性竞争。企业之间的相互竞争与合作能够促进整个园区扩大市场范围，创造良好的生存环境，实现科学技术的发展，并使企业自身得到共同进化。

3）科技生态系统既有利于创新又依赖于创新。一方面，系统内资源的集成优势和激烈的竞争环境有利于企业不断地自主创新，同时基于价值链的产业合作能促使创新的扩散与转化，并激发潜在创新；另一方面，作为一个生态系统，科学技术必然有其生命周期，而创新正是科技生态系统不断发展与进步的动力因素之一，若缺乏创新则其竞争优势便会逐渐消失，直至被其他科技生态系统所取代。因此，提高创新能力才能使得科技生态系统保持生命力。

2.2.2.2　科技生态系统的构成要素

根据企业生态系统相关原理，对科技生态系统的构成要素进行分析，可以将其分为三个子系统：科技生态中心系统、科技生态资源系统及科技生态环境系统。其中科技生态中心系统主要包括从事高新技术研发的上游研发类企业（高等院校、科研院所、技术研发企业）、从事技术服务的中游服务类企业、将最新技术用于生产的下游生产类企业及最新技术应用的消费市场。科技生态资源系统主要包括最新科学技术的发现与研究过程中用到的技术、人才、资金及信息。科技生态环境系统主要包括政治、经济、文化等环境。三个子系统共同构成科技生态系统，彼此之间互相进行着信息、物质、能量交流，科技生态中心系统是科技生态系统的核心，是发展高新技术的关键，科技生态资源系统和科技生态环境系统为科技生态中心系统提供有力的支撑，如图 2-5 所示。

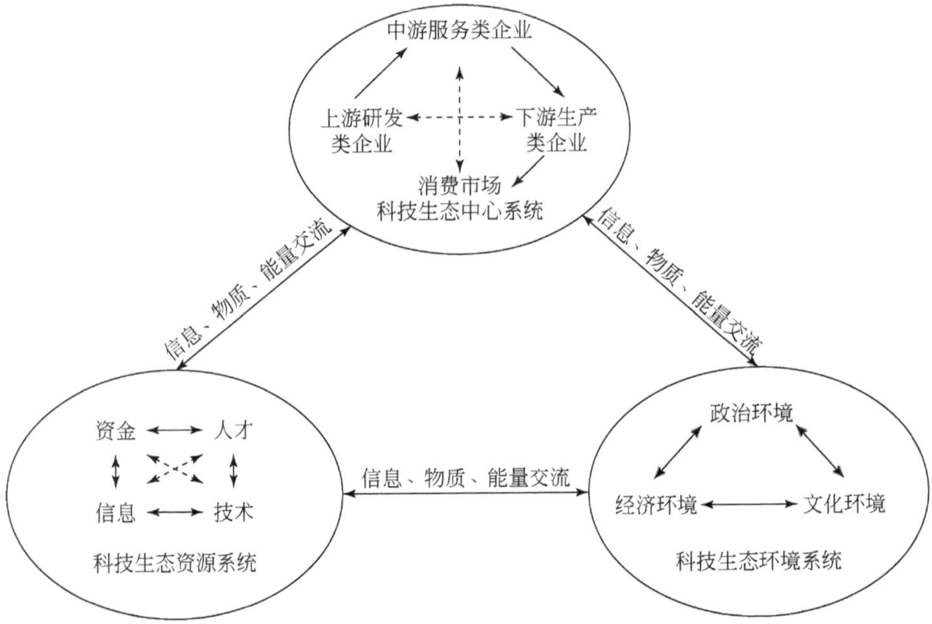

图 2-5　科技生态系统构成要素

（1）科技生态中心系统

在科技生态中心系统中，首先，由上游研究企业开发、研究最新高新技术并对其进行概念设计；其次，通过上游企业传送到中游服务类企业，对高新技术进行物理设计及技术合理性、适用性、可操作性等的检验；再次，由中游企业传送到下游生产企业，开始实现最新技术的实际应用并得到最新产品；最后，投入最终消费市场，由消费者对高新技术产品进行分解。这种高新技术的产生流程类似于自然生态系统中由生产者到分解者的能量消耗过程，同时在此过程中也还存在着能量与物质的交换，称其为科技生态系统关系链。

（2）科技生态资源系统

科技生态资源系统为科技生态系统的发展提供资金、人才、技术、信息，是科技生态系统能够持续运作的根本保障。同时，通过资源要素配置对科技生态中心系统进行调控，能够直接影响科技生态中心系统的发展。

在科技生态系统中，生命支持系统持续地为生命系统提供生存和发展所需的物质、能力和信息等资源，并通过资源要素的配置对生命系统进行调控。生命系统中的环境因素和支持性组织是生命系统生存的基础，并间接地影响生命系统的发展，而技术、人才、资金和信息等则作为核心资源直接影响着生命系统的变化和发展。

1）资金资源。资金资源对于高新技术产业来说是必备的一项重要因素。有着高投入、高收益，同时又具有高风险的产业，要做到从开发投入到科学生产规模化，资金都是不可或缺的重要基础。因此，资金资本的充足与否、资本市场的运作效率等对科技生态系统从萌芽、成长到成熟的各个阶段都起着重要的支撑作用。

2）人才资源。推动高新技术发展最主要的主体是人才，其不仅为科技生态系统的进化提供主要动力，也推动着科学技术的进步和发展。一方面，企业家这个群体不仅拥有较强的创新精神和能力，而且能够带动新技术、新产业的发展，同时可有效地避免潜在的风险，也就是说人还具有系统无法预估的风险意识，会根据自身的设备和条件作出最合理的、最有效的决策和方案。企业家群体能帮助企业在复杂的环境中准确地定位自身，在进化和创新中与其他相关的企业共同进步和协同发展。另一方面，高科技的人才是高新技术发展必然的决定因素，这些人才对于高科技的研究和发展具有最专业的知识和效率。

3）技术资源。技术是科技生态系统与其他系统的根本区别，对科技生态系统的生存与发展有重要的作用。一方面，技术的创新需要当前的技术作为支撑，只有身处于最新科学技术的环境中才能在其基础上创造出引领世界技术发展方向的高新技术；另一方面，技术的增长能够带动经济的增长。

4）信息资源。信息作为市场竞争的重要手段，也是一种很重要的资源，同时其作用也相当重要。信息量的丰富程度决定着技术和人才在企业运转时获得效益的程度，信息资源的合理配置是取得效率最大收益的保障。信息化的时代，信息就是效率，准确及时的信息资源能够降低高新技术投资过程中所带来的风险，使其发展处于较稳定的状态。因此，信息的获取、传递与完善，能够为科技生态系统良好的运转提供可靠有效的保障。

（3）科技生态环境系统

科技生态环境系统同科技生态资源系统一样，都是科技生态中心系统的保障系统。不同的是，科技生态资源系统为科技生态中心系统提供资金、人才、技术、信息等科技发展的直接保障，而科技生态环境系统主要包括政治、经济、文化环境，这些环境能够保障系统的生存空间。

2.2.3 科技生态系统发展模式

科技生态系统与自然生态系统都有其生命周期，在其演化过程中生命系统不断壮大，生命系统随着其演化阶段的不同给予各种资源不同程度的支撑。所以可以通过对系统生命周期的演化阶段和演化动力进行分析，总结出这种快速演化、高速发展的科技生态系统发展模式及其主要特征（陈翠芳，2014）。

2.2.3.1 科技生态系统的演化阶段

科技生态系统是一个开放的系统，在生命系统的支撑下，这个开放的系统与环境之间相互作用、相互影响，具有诸多生存、新陈代谢的特征，需要经历孕育、成长、成熟和衰亡的动态演化周期。科技生态系统的动态演化过程就是生态系统由低级到高级、由简单到复杂的演变历程，而且这个过程必须在科学技术发展的前提下相互作用并协同进化，促使系统内的各个结构与功能发生相应的变化（苏文等，2018）。

同时，科技生态系统的演化是一个长期演变的过程。科技生态系统在处于萌芽状态时，需要不断地汲取营养逐渐进行自身的发育和成长；经过科技生态系统的孕育期后，系统企业获得一定的发展并进入成长期，并在市场的竞争中获得一定的地位优势；随着科学技术发展，高新技术产业链逐渐形成，科技生态系统逐渐扩大进入成熟期；随着进一步的发展，科技生态系统体制的创新有可能会导致其自我更新或衰退，因为市场的创新和升级也是极为重要的影响因素。科技生态系统演化阶段如图 2-6 所示。

（1）孕育期

在孕育期间，系统内企业获得科技生态系统在资金、信息等资源上的支持，开始开展其自身业务。在此期间，系统内的企业都还处于稚嫩的状态，在市场竞争力和抵御风险的能力方面也较弱。并且从系统整体来讲，更多的产业正处于高新技术的研究和发展阶段，有着形成产业化规模的潜力，但同时也面临着一定的

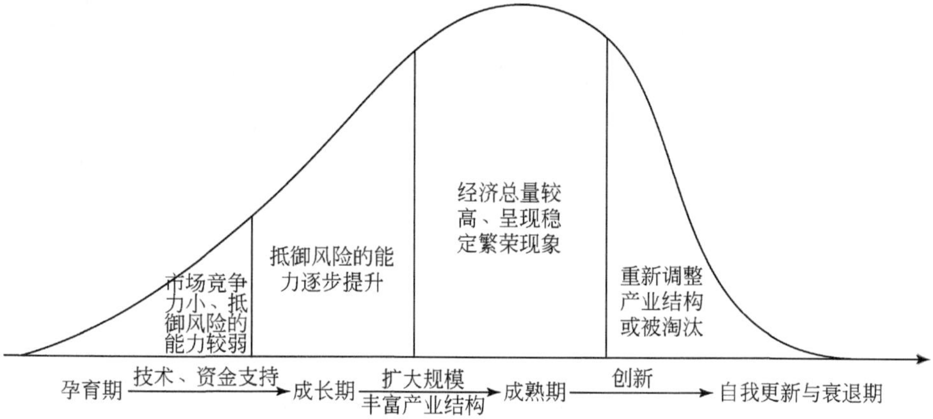

图 2-6　科技生态系统演化阶段

风险。孕育期是科技生态系统最脆弱的时期，同时也是系统内政策和机制最不成熟的时期。

（2）成长期

科技生态系统经过一定时间的发展就会进入成长期，其成长速度体现在系统整体的创新能力、资源丰富程度和市场的需求量等方面。随着科技生态系统的成长，系统内企业的综合能力也会随之增强，并且逐渐会有一些研发进度较快的技术投入生产并取得较好的市场效果，同时系统内会逐渐因为产业链的存在而出现一些处于共生关系的价值链，价值链企业之间通过相互促进、相互影响共同发展。成长期的科技生态系统已具备一定的市场竞争力，抵御风险的能力也逐步提高，也有了较强的生命力。

（3）成熟期

科技生态系统伴随着成长期的迅速发展，会逐渐进入成熟期。成熟期的科技生态系统中，其生态基础将非常庞大，系统内的经济总量也会非常高，已经可以支持区域经济的发展和进步。这时，科技生态系统内企业的各种机制已经趋于完善、自主创新能力增强、产学研合作紧密、科技成果转化能力强，已形成较完整的高新技术产业，系统内企业价值网稳定，市场竞争力和抵御风险的能力也较强。系统企业生命力旺盛，呈现稳定繁荣的现象。

（4）自我更新与衰退期

随着技术的更新与发展，市场需求及国家政策的变化不可能会一直适应国家的政策发展，所以就会产生两种进化结果：第一种是当科技生态系统无法适应和满足高新技术的竞争和发展时，必须对自身做出一些满足与当下适应的新模式。或者无法做出有效的自我调节，将会逐渐衰退，慢慢被先进系统模式所取代。另一种是当科技生态系统在获得一定成绩的基础上，善于自我反思及观察时代形势，及时地总结和自我反思，在自身高新技术产业扩展的同时，更加注重自身高新技术产业结构的优化，同时也会满足科学技术企业的竞争与协作的时代需要，及时地将系统内的技术研发与世界先进技术紧密联系在一起，成熟产业带动新兴产业，与时俱进，使得科技生态系统持续保持新鲜的血液，实现长远的发展。

2.2.3.2 科技生态系统各演化阶段的动力

在科技生态系统的动态演化过程中，技术创新能力及系统的稳定性在各个阶段都是不同的。一般企业和产业的数量逐渐增加后趋于稳定，直到系统衰退时才会呈现逐渐递减的趋势。科技生态系统的创新能力和系统的稳定性会伴随其成长而逐渐提高，直至其逐渐衰退。不同的科技生态系统在各阶段发展所需要的时间各不相同，其演化的速度、成长的快慢，都与系统各个阶段所需的动力有着密切联系，系统的衰退和自我更新也取决于系统的演化动力（宋建平和郭敏，2018）。

（1）孕育期到成长期的演化动力

处于孕育期的科技生态系统，其内部大多数企业都刚进驻，正在处于与周围环境相互适应的阶段，既需要投入大量的科研技术，也面临着相对的风险。因此，要实现科技生态系统快速发展，首先要做到对企业在技术上和资金上的支持，对企业与高等院校、科研机构的合作给予技术上的支持。在孕育期间，科技生态系统处于发展和管理上的摸索阶段，所以为了对未来发展做出明确的定位，就必须足够了解环境和市场需求。

（2）成长期到成熟期的演化动力

有两个方面可以快速地促进科技生态系统的成长。一方面是促进“质”的成长，即促进技术的创新，通过技术创新可以提高劳动者素质、促进生产设备的更新，产品创新因此也可以得到完善。同时，质的成长应突出主导产业的发展，增强核心竞争力。另一方面是促进“量”的成长，扩大规模、丰富产业结构、扩大经营结构、扩张市场范围。

（3）成熟期到自我更新的演化动力

科技生态系统进入成熟期，要保持自我更新和发展，避免进入衰退阶段，最重要的因素是创新。一是对产业结构的创新。以主导产业已经具备的优势为核心带动其他产业的发育和发展，不仅可以降低新产业成长过程中潜在的风险，而且其发展更快，模式更加成熟。以主导产业带动其他产业的发展模式为经济的增长奠定了基础。二是创新主体地位的改变。一般科技的发展都是以高等院校或者科研机构为基础单位，将研究所获得的高科技技术和产品转化为发展主体，这是技术创新的有效手段，但是创新的进一步升级必须转移到企业上来才能发挥真正的经济效益。三是对系统的组织结构、管理运作上的创新。科技生态发展和运作不能一成不变，要随着可选技术的变化相对应地作出调整。所以在竞争中改变，在改变中获得发展，这才是适应发展的进化方式。

2.2.3.3 创新主导型的科技生态系统发展模式

通过对科学技术的演化路径及其演化动力的分析可以发现，科学的发展离不开技术创新的推动力。因此，可以将这种模式定义成为一个创新主导型的科技生态系统的发展模式。

1）提供技术、资金等资源的支持，以鼓励企业在技术上的创新。注重对企业的投资和建设，可以促进企业和各高等院校、科研机构在技术上的支持和创新。尤其是新兴企业，对其提供技术支持尤为重要，同时也可以通过金融机构的政策性贷款及税费上的优惠政策对其提供资金支持。以资金为基础，企业才会有更好的生存和发展。如此，不仅降低了企业风险，还有助于企业将更多的时间和经费投入自主研发中，实现技术上的创新和进步。

2）注重主导产业的作用，以主导产业带动新兴产业的发展，是产业发展过程的创新。系统内的产业发展不应该刚刚起步就开始全面发展高新技术产业，而是应结合自身的条件和技术优势、地域优势及人员优势，集中资源发展主导产业。主导产业在竞争中取得较大的优势时，先要以主导产业为中心，连带发展其他产业，并借助主导产业优势去带动其他产业的发展。这样的产业发展模式，可以在发展初期更好地集中优势资源，协力发展优势产业；而在优势产业较为稳定时，实现产业多样化，降低市场风险。

3）创新主体由政府、科研机构向从事实际生产的企业转变。技术创新作为科学技术的生命力，极大地影响着科学进步和发展。在科学技术发展还不成熟时，主要通过政府来推动高等院校和科研机构的技术创新与合作，让企业自主地产生创新意识和理念，推动企业自主创新与发展。逐渐地，科学技术进步的主体由政府过渡到企业，企业成为创新主体。这样不仅有助于科技成果的快速转化，同时因企业的市场灵敏度更强，更利于企业研发出更加符合市场需求的技术和产品。

4）注重系统组织结构、管理运作上的创新。科技生态系统的每一个生命阶段都会展现其不同的运转特征，因此必须针对各个阶段的发展特征，对其进行管理和改进。同时，高新技术产品的消费市场随着技术的快速更新日新月异，科学技术的发展必须紧随市场的脚步，因此科学技术的管理策略应随着动态市场的变化及时调整。

2.3 科技生态系统工程

2.3.1 系统工程简述

系统工程是一门多学科融合管理技术，是解决复杂系统问题最有效的科学，涉及经济学、管理学、社会学、国防、军事等多个领域（章政等，2018；杨磊，2019；祝欣蓉，2019）。系统工程是以它的基础理论“老三论”及“新三论”为思想指导，利用系统模拟、通信信息的系统技术进行系统仿真，通过数学理论中的应用统计学、数学建模、网络理论等方法从系统需求出发，分析系统要达到的目的，再通过系统分析、设计、评价选择满足要求的最优方案。

2.3.2 系统工程求解流程

系统工程的重要任务是利用系统科学的理论结合数学理论及计算机工具等，对系统的各个组成部分进行分析研究，让系统达到总体协调的同时能够获得达到目标的最优方案。系统工程一般由人、事、资金、机械设备、信息能源、目标等基本要素构成（陈国宇等，2019；刘海峰，2019）。

系统工程是定量与定性相结合的一门技术，系统工程的求解过程一般可概括为系统分析、系统设计及系统评价三个阶段，其中每个阶段又由更小的阶段或步骤组成。系统工程求解问题是一个不断循环的过程，每个系统都涉及很多领域的专业知识，人们不可能一开始就对系统涉及的专业知识和系统各部门之间信息、能量的交流关系及方式有清楚的认识，而是在不断的循环中一步步加深对系统的认识。系统的循环过程可概括为分析—设计—评价—再分析—再设计—再评价的反复认识过程，如图 2-7 所示。

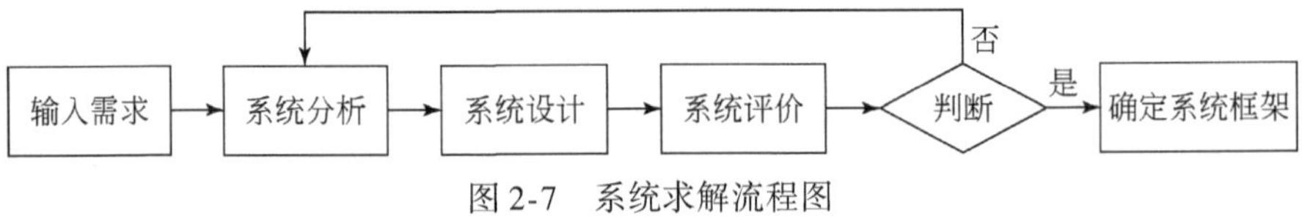

图 2-7　系统求解流程图

（1）系统分析

系统分析过程中首先要进行任务分析，任务分析是通过收集资料和数据明确客户需求设定系统目标，根据目标确定系统功能、所需费用、预计达到的效果，并建立能够满足要求的若干系统模型，通过系统仿真实验或最优化计算选择出能够满足系统目标和任务的较少方案，供决策者选出最优的系统方案，系统分析的一般过程如图 2-8 所示。

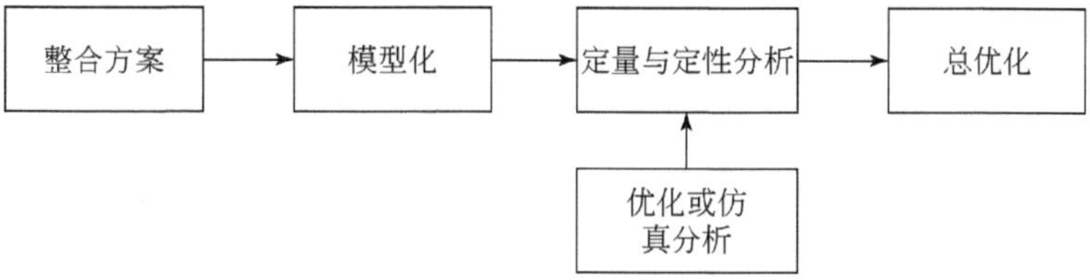

图 2-8　系统分析流程图

通过系统分析得到的系统功能是后续系统设计中的功能设计和物理框架设计的基础。系统分析中运用建模、仿真实验、最优化计算等技术对系统各部分进行定量和定性相结合地研究，为决策者选择最优系统方案提供依据。

系统建模是将预选的方案用数学的表达方式进行表达，输入实际输入值，通过设定的系统结构得到输出结果，再经过仿真实验对模型进行验证，在系统仿真阶段可以调整模型的各个参数，最后得到经过仿真优化过的系统，供决策者选出最优方案。系统建模和仿真是系统分析阶段的关键步骤，涉及领域广泛，需要融合多个学科的专业知识。随着系统工程涉及领域的拓展，系统建模和仿真越来越受到研究者们的关注，运筹学、控制论、信息论等系统理论及各个不同学科的理论都是系统建模仿真的基础。20 世纪 60 年代提出的模糊集理论让现实中不确定的语言描述用数学表达成为现实，70 年代相继出现的大系统理论、队决策理论等丰富了系统建模仿真的方法、原理。

（2）系统设计

经过系统分析得到系统目标及系统功能的概念描述，在系统设计阶段首先需要对系统功能概念描述进行功能分析，全面的系统功能分析不仅需要全面描述系统的功能和性能，还需要对系统各个功能之间的逻辑关系进行详细描述。按照全面的系统功能描述，综合考虑各个领域相关技术的创造力，设计指标评价体系，建立系统物理结构。最后，验证设计的物理结构是否符合系统的目标及功能需求。验证方法还是用系统分析阶段的仿真和最优化计算方法，系统设计流程如图 2-9所示。

（3）系统评价

系统评价是对系统分析阶段选择的少数优秀方案在经过系统设计后得到的各个系统物理结构进行选优，选择出能够满足系统目标的最优方案。系统评价需要从费用、效果、周期、社会效益、生态影响等方面全方位地对系统设计的各个方案

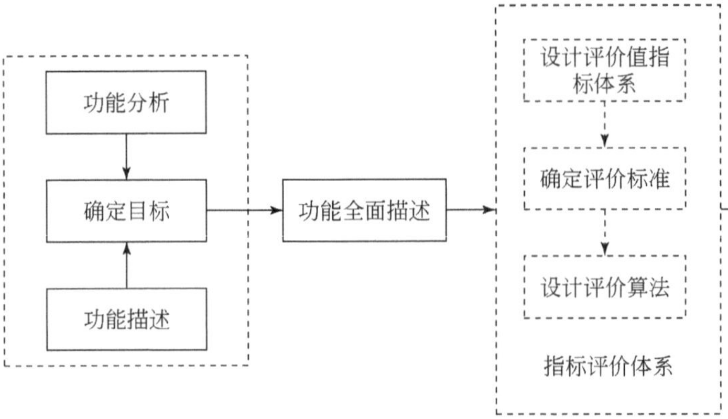

图 2-9　系统分析流程图

进行评价，最后得到满足客户需求、服务社会的最优方案。系统评价流程如图 2-10 所示。

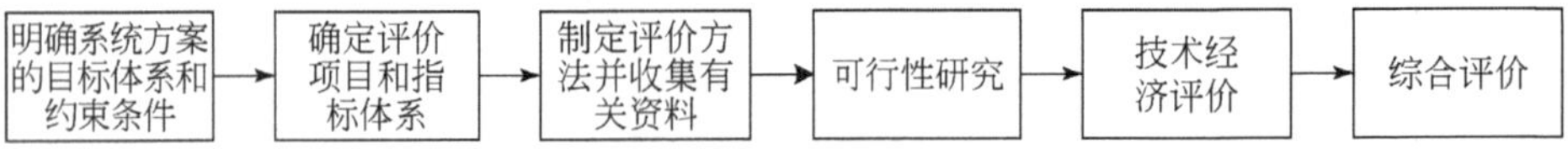

图 2-10　系统评价流程图

系统工程在不断循环上升的过程中加深对系统工程的认识。同样，系统工程中每个阶段的子阶段或步骤也是循环的过程，每一次循环都是对上一个步骤的重新认识，系统也会在每一次循环中得到更新，不断地进步。

2.3.3　科技生态系统问题求解流程

在科技活动中，科研机构和科研人员的生存与发展不仅受到自身因素的影响，还要受到自然环境、经济环境、人文因素等的影响。因此在研究科技问题时应将科技活动主体与其所处的环境当成一个整体（即科技生态系统）来考虑。科技生态系统由科技生命系统和科技生命支持系统两个子系统组成，而这两个子系统又由更小的系统组成，这些系统中的各个子系统随时进行着能量和信息的交换，从而形成一个复杂开放巨系统，也可以说科技生态系统可以看作科技生态系统工程，能用系统工程的理论对其进行分析。

系统工程研究问题时首先需要对系统进行整体框架的设计，然后再进一步分析每一阶段的详细设计，即先进行逻辑设计再进行物理设计最后进行系统验证。科技生态系统作为科技企业及其关联机构的聚集体，是区域发展不可或缺的重要组成部分。科技生态系统的系统工程问题求解流程如图 2-11 所示。

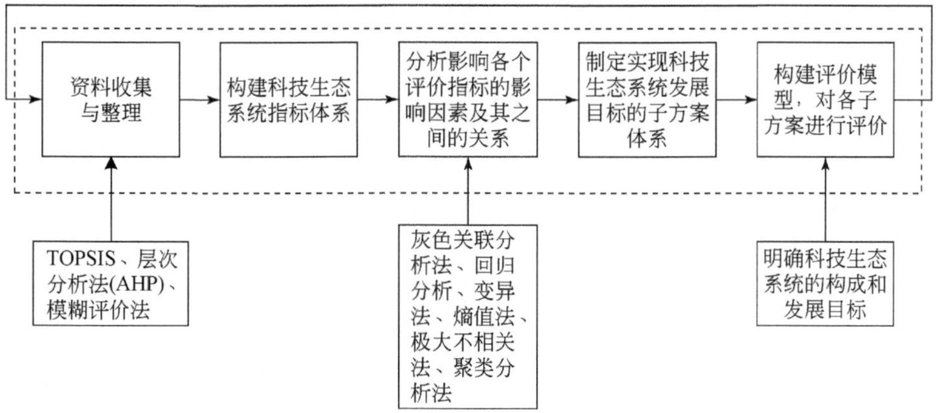

图 2-11 科技生态系统工程问题求解流程

第 3 章　国防科技创新生态系统

国防科技创新生态系统是由创新生态系统演化而来的，创新生态系统理论又是对创新系统理论思想的进一步发展与演化。创新生态系统理论中既包含了生态学理论的思想，又包含了演化经济学的思想，是对创新理论进行深化研究形成的新成果。国防科技创新系统是一个典型的自组织性质的复杂系统，既有动态生长的特性又有较强自组织的特性。国防科技创新生态系统的演化，一方面遵循一般自组织复杂系统演化的共性规律，另一方面也有其自身的特点，其演化过程受到多方面因素和动力的共同作用。本章从创新与科技创新的理论出发，阐述创新生态系统理论并以东莞先进制造业创新生态系统为案例进行研究，最后归纳国防科技创新生态系统的理论与特点。

3.1　创新与科技创新相关理论

3.1.1　创新的理论

3.1.1.1　创新的含义

创新是人类特有的认识能力和实践能力，是人类主观能动性的高级表现形式，同时也是推动民族进步和社会发展的不竭动力。“创新”一词从拉丁语中发源而来，通常指的是以新思维、新发明与新描述为特征的一种概念化的过程。一般而言，“创新”的原意包括三种含义：第一种含义为更新；第二种含义为创造新的东西；第三种含义为改变（陈劲和阳银娟，2012）。

不同学科对“创新”的理解存在较大差异。在哲学概念的范畴里，“创新”是人类的一种实践行为，是人类对于发现的再创造，同时也是对于物质世界中存在的矛盾的再创造。人类通过对物质世界的再创造，制造出新的矛盾关系，形成新的物质形态。在社会学概念的范畴里，“创新”是指人们为了发展的需要，运用已知的信息，不断突破常规，发现或产生某种新颖、独特的有社会价值或个人价值的新事物、新思想的活动。在社会学领域，创新的本质是突破，即突破旧的思维定式、旧的常规戒律；创新活动的核心是“新”，不仅是对产品的结构、性能和外部特征的变革，而且是对设计、内容的表现形式和手段的创造或者是对内容的丰富和完善。

当前使用最为广泛的“创新”概念来源于经济学，是 20 世纪初由熊彼特在《经济发展概论》中第一次提出的，他认为创新实际上是要重新建立一种生产函数，这种生产函数需要在生产要素上实现一种新的组合。20 世纪 50 年代，美国管理学家彼得德鲁克提出，创新是使资源产生新的生产能力的行动，也是企业、经济和社会的生存之本。新经济增长理论的代表人物罗默曾经提出：所谓创新，本质上是一种机制，这种机制可以使某些新设计或新创意产生并且最终被运用。这些学者对于创新的理解一方面强调创新的结果，另一方面强调要注重创新的过程与创新机制的作用。我国部分学者认为创新指的是用现存的思维模式提出和常规思路不一样的或者在特定的环境中以常规的见解作为引导的方向，用现存的物质与知识改进或创造新的事物、元素、方法、环境、路径等，并最终得到一定效果的行为。

后来“创新”的内涵越来越丰富，逐步被应用到其他领域与行业。许多研究者对创新赋予了新的含义（郭韬，2008），其中比较有代表性的观点有如下几种：①创新是新事物的本身。②创新是新思想转化为行动的过程。③创新实际上就是发现新事物的过程。④创新是接受某个新组织及其相关环境的过程。⑤创新就是采用各种知识与信息去创造或引入具有价值的新事物。

随着人们对创新过程认识的不断深入，在经过线性创新模型、链环创新模型等理论模型之后，人们认识到创新并不是企业为了获得垄断优势而采取的排外的内部性行为，也不是从研发到生产再到销售的机械过程，而是一种逐步进化的、非线性的、企业和环境交互作用的过程。在此基础上，人们提出了“创新系统”的概念。以企业为例，在创新过程中企业需要许多外部资源，企业和其他公共的、私人的部门组成一个系统并成为其中的一部分，有利于企业等更好地获得并且利用这些外部资源。创新系统理论就是基于创新的这种交互作用的创新理论，它认为国家或区域的创新能力的产生不完全依赖于单个主体（如企业、大学、研究机构、政府、各类商业组织等），还依赖于由这些主体及其相互关系组成的系统。创新系统可以被定义为不同层次：国家层次、区域层次、部门层次或技术层次。无论在哪个层次，创新系统都涉及创造、传播和使用知识。作为一种复杂的、动态的社会系统，创新系统虽然可从多种层次、多重角度来进行研究，但创新系统本身最值得关注的还是系统内部创新主体之间的各种正式的和非正式的联系。这种联系构成了各种资源，特别是智力资源的传播和交换的渠道，保证了学习作为一种关键性活动在创新过程中的展开。由此可见，创新的含义范围非常广泛，只要是能提高资源配置效率的新活动都可以成为创新。

3.1.1.2 创新的特点

创新在经济、技术、军事、社会科学及科技等众多领域的研究中都有很重要的作用。不一定是完全新颖的东西才可称为创新，把旧的东西用一种全新的形式呈现或者用一种新的方式将它们组合起来也可以称为创新。分析创新的概念及创新的过程，发现创新具有效益性、风险性、新颖性、系统性、变革性、时效性和目的性等特点（表3-1），其中新颖性是创新最重要的特点。

表3-1 创新的特点

创新的特点	含义
目的性	任何一种创新活动都具有相应的目标，这个特性始终存在于创新的整个过程中
变革性	对现存的事物进行改革，使事物发生革新
新颖性	创新成果必须是创造性构思的结果，要有先进性与超越性
风险性	创新是一种探索过程，存在成功与失败两种可能性
系统性	创新是分层次的，需要许多部门配合，是一项综合性很强的系统工程
效益性	创新活动有显著的价值，在经济社会中可产生一定的效益
时效性	当新产品投放市场一定时间后又会被更新的产品所代替

3.1.1.3 创新的分类

从创新的新颖程度来看，创新可以分为自主创新、模仿创新和复制创新（表3-2），其中自主创新是最重要且最能可持续发展的创新。

表3-2 新颖程度视角下创新的分类及含义

创新的分类	含义
自主创新	增加原始性创新的强度，以期得到更多原创的技术发明与科学发现
	增加集成创新的强度，把许多相关技术结合起来
	在引入国外先进技术的前提下，积极促进消化吸收和再创新
模仿创新	单纯地模仿国外的先进技术
	有创造力地模仿新产品，以期获得并生产具有新功能的仿制品
复制创新	对现存的先进性技术等直接复制，并加以改造的一种新技术

从创新的物质与意识角度的视角来看，创新主要分为两类：一类是非技术类

创新，如管理创新、制度创新及观念创新等；另一类是技术类创新，如产品创新、技术创新及过程创新等。其中观念创新是其他创新的前提，观念创新会激励制度创新，从而促进技术类创新（图 3-1）。

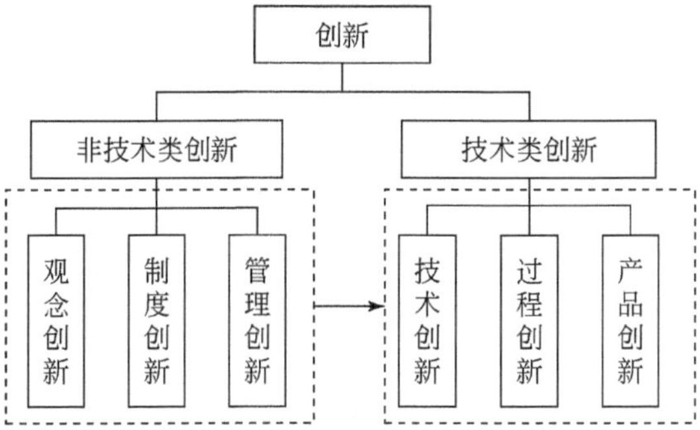

图 3-1　创新的分类

3.1.2　科技创新的理论

3.1.2.1　科技创新的概念

在创新系统中，科技创新是其核心活动，科技创新的成功在于创新系统中创新活动的成功，这种创新活动以制度创新、管理创新、组织创新等活动为最终目标。科技创新一方面指的是发生在科技方面的创新，另一方面是包括科技界、市场、政府等的一个整体创新生态系统。现代的科技创新理论本质上是从熊彼特创新理论中得到启发，并在前人的理论基础上起源、繁衍、发展起来的。科技创新指的是在从事科学技术活动的过程中产生的创新，本质上包括科学创新和技术创新两部分。研究开发、科技服务与研究开发成果的应用这三种活动属于科学技术活动。其中研究开发全部都是创造性和创新性活动，包含基础研究、应用研究与实验开发等。研究开发中所包含的在基础研究与应用研究上产生的创新属于科学创新。技术创新指的是在构思新的技术的基础上，经过运用研究与实验开发或组合相关技术等过程，进而形成新产品、新工艺，直至商业化的一系列过程。基础研究和应用研究的创新则属于科学创新的范围。技术创新中包含了应用技术的研究、实验开发与技术成果实行商业化过程中产生的创新。科技创新实际上就是经历了从基础研究到应用研究、从实验开发再到技术成果商业化的一系列过程。科技创新概念示意图如图 3-2 所示（林良和王耀德，2018）。

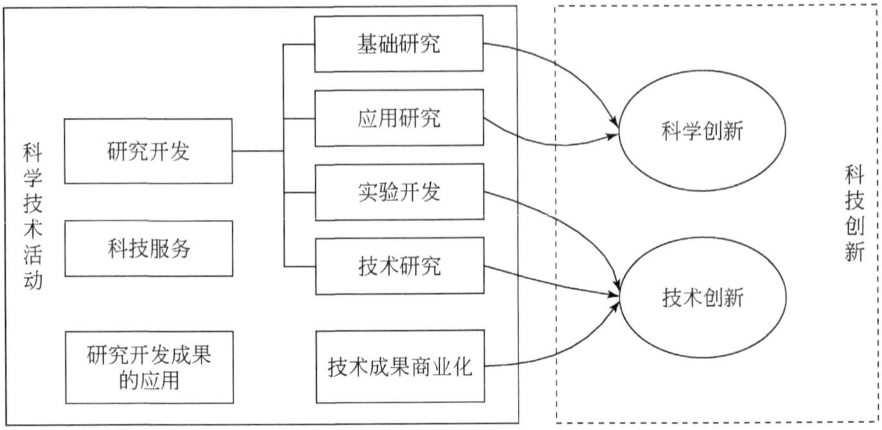

图 3-2　科技创新概念示意图

3.1.2.2　科技创新的分类

分类的角度不同，分类的结果也不相同。本节分别在创新对象、创新程度及创新模式这三个视角下，对科技创新进行分类，如图 3-3 所示。

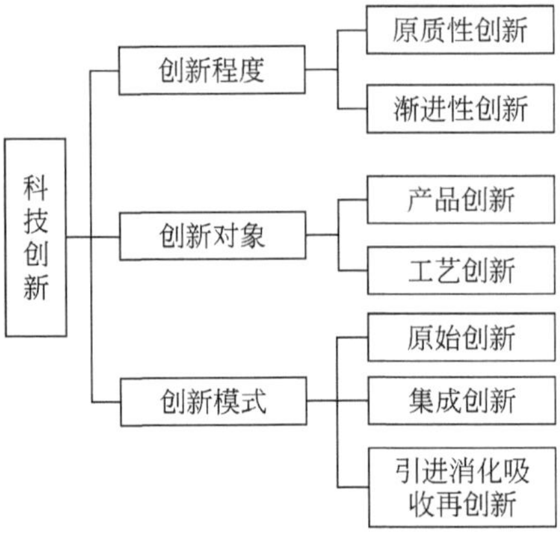

图 3-3　科技创新的分类

从创新程度的视角来看，科技创新主要分为两类：一类是原质性创新，另一类是渐进性创新。前者内涵更丰富，是站在全局角度的创新，也就是完全创新；而后者创新程度相对较小，其基于现有的前提下进行适当的改进而实现创新，也就是局部创新。

从创新对象的视角来看，科技创新主要分为两类：一类是产品创新，另一类是工艺创新。前者的产物为全新的产品，拥有全新的设计理念与思维，有的引入新式材料，具有新性能、功能，具有与原有事物不同的用途；后者指的是各项生产技术活动的过程中有新的操作程序、方式方法或改造体系。这两种类型的创新均包括了原质性创新与渐进性创新。

从创新模式的视角来看，科技创新主要分为三类：第一类是原始创新，第二类是集成创新，第三类是引进消化吸收再创新。原始创新可以看作突破性的、破坏性的创新，其实就是人们经过不懈的努力、科研发现或技术发明而完成创新；集成创新可以看作对科学技术的融合，或理解为利用全球资源对创新对象进行创新，研发出拥有良好竞争力的产品；引进消化吸收再创新可理解为在技术落后的方面或地区，引进国外的先进技术，借鉴其优势进而在此核心下完成创新。原始创新、集成创新与引进消化吸收再创新这三种创新不仅是科技创新的三种模式，也可以看作科技创新的三个阶段。引进消化吸收再创新是科技创新的初级形态，集成创新是科技创新的中级形态，原始创新是科技创新的高级形态。

3.2 创新生态系统相关理论

3.2.1 创新生态系统的理论

生态系统是生态学研究的一个核心概念，与物种、种群、群落等概念密切相关。物种、种群和群落三者紧密相连，是生命系统中的不同等级。1866 年，德国生物学家海克尔第一次提出了生态学的概念，他认为生态学是一门研究生物与其所处的自然环境相互关系的综合性科学。1935 年，英国的生态学家阿瑟·乔治·坦斯利爵士首次提出了“生态系统”的概念，即“我们不能把生物与其特定的自然环境分开，生物与环境形成了一个自然系统”。总体上看，影响一个创新生态系统演化发展的因素包括以下几个主要的方面：一是创新组织（企业、高校、科研院所及中介服务机构等）自身进化因素；二是科技进步因素；三是经济、社会因素；四是创新政策及体制因素；五是创新文化环境因素；六是自然生态环境因素。其中，创新组织（企业、高校、科研院所及中介服务机构等）自身功能的不断演进及科学技术的不断进步是创新生态系统演化的内部基本动力；经济、社会、文化、政策和自然生态环境是创新生态系统演化源源不断的外部动力（曾国屏等，2013）。

通过以上的分析和论述我们可以发现，创新生态系统是以生态学的理念来考察、审视、研究生态系统与创新系统而形成的一个理论的概念体系。创新生态系统是从生态系统的基础上演化而来的，创新生态系统理论的产生实际上也是从创新系统的理论思想发源而来的，在发展的过程中还引进了生态学与演化经济学中的主体观点并形成了一套理论体系，这是创新理论在原有的基础上深化发展的最新成果。创新生态系统更加突出创新主体要素之间的互动性和创新主体要素对外部创新环境的紧密依赖性，这套理论强调了创新系统中动态生长的一部分特性，同时也更加注重原有系统的自组织性质。创新生态系统与创新系统相对比而言，在创新系统中，强调系统内部的各种要素的构成以及不同创新条件下的资源配置，属于静态的结构性的视角；而创新生态系统注重的是创新机构与主体之间的依赖和演变关系。也就是说，创新系统与创新生态系统是“静态”与“动态”创新系统的区别。“创新生态系统”的概念自从提出以来，国内外学者基于自身不同的学术背景与实践环境也提出一些与“创新生态系统”相关的概念，如“区域创新生态系统”“企业创新生态系统”“城市创新生态系统”等，对理解和把握“创新生态系统”的概念有较强的参考意义，具体相关概念见表3-3。

表3-3 “创新生态系统”相关的概念梳理

序号	概念	提出者	主要内涵
1	区域创新生态系统	黄鲁成（2003）	在一定的空间范围内技术创新复合组织与技术创新复合环境，通过创新物质、能量和信息流动而相互作用、相互依存形成的系统
2	城市创新生态系统	隋映辉（2004）	城市创新的扩散效应和科技产业的聚集效应的矢量集合，以及一个独特科技、经济、社会结构的自组织创新体系和相互依赖的创新生态系统
3	开发区创新生态系统	孙洪昌（2007）	以入区企业为主的创新系统内各结点之间、开发区创新系统与开发区外部创新环境之间相互作用、相互影响而形成的综合开放系统；开发区创新生态系统具有成员复杂性、系统开放性及自组织性等典型特征
4	高科技企业创新生态系统	张运生（2008）	面向客户需求，以技术标准为纽带，基于配套技术由高科技企业在全球范围内形成的共存共生、共同进化的创新体系
5	企业技术创新生态系统	陈斯琴和顾力刚（2008）	在一定时期和一定空间内由企业技术创新复合组织与企业技术创新复合环境，通过创新物质、能量和信息流动而相互作用、相互依存形成的整体系统
6	知识创新生态系统	贺团涛和曾德明（2008）	知识创新具有生态系统特征，知识创新生态系统将组织知识创新视为一个生态系统，认为组织中的知识资产是生态系统内不同的知识族群，这些知识族群在组织内形成一个稳定的分布态势，彼此具有互动、竞争的关系，并且受到环境压力的影响不断演化

续表

序号	概念	提出者	主要内涵
7	自主创新生态系统	陈丽（2008）	创新主体为获得创新资源、提升自主创新能力，促使创新成果不断涌现，与研究和开发机构、政府部门、技术链关联企业、金融机构及其他相关的中介机构之间在长期合作与交流的基础上建立的彼此信任、互动互利的各种合作制度安排
8	学科创新生态系统	黄敏（2011）	在一定时间和一定空间内由大学学科创新复合组织与创新复合环境，通过创新物质、能量和信息流动而相互作用、相互依存、相互促进形成的一个良性生态循环系统
9	产业集群创新生态系统	颜永才（2013）	基于共同的创新目标，在特定地理区位和产业领域内聚集的各种不同创新组织，彼此之间及与其相关环境之间密切联系、相互作用，通过资金交换、知识传递和人才流动，成为具有特定空间、稳定结构和创新功能的动态平衡整体
10	专利创新生态系统	陈璐等（2017）	专利创新生态系统中各主体之间共同利用同一资源而受到抑制称为相互竞争，各主体在优势互补、资源共享的情况下产生协同效应称为互利共生
11	人工智能产业创新生态系统	耿喆等（2018）	人工智能产业创新生态系统具有类似自然生态系统的特点，生态系统内企业、高等院校和科研机构、中介机构、政府、金融机构等创新物种、种群在整个生态系统中发挥着各自的优势和专业特长，创新物种、种群之间及其与外部环境因素之间存在复杂的物质、能量、信息的交换和流动
12	区块链创新生态系统	林艳和张晴晴（2019）	区块链创新生态系统是由特定区域内的企业、高等院校、科研机构、金融机构、科技中介、用户组织等众多创新参与主体共同构成，主体之间围绕着区块链技术和产品创新相互依存、共生共赢，以实现价值创造的创新生态系统

从国内外对“创新生态系统”及其相关概念的界定和探讨来看，科学、全面理解“创新生态系统”应把握以下几个方面：第一，创新生态系统与自然生态系统密切相关。创新生态系统中，不同的创新要素和创新机构之间，以及创新机构、创新要素和创新主体与环境之间也在源源不断地进行知识和信息的交流，地理邻近、互动交流对创新活动的产生、发展及价值形成具有重要意义。第二，创新生态系统与创新系统密切相关，是创新系统的“生态版”，创新生态系统以生物学视角解释系统的动态演化问题，揭示系统内在运行机理和规律。第三，创新生态系统是一个演化系统，在自然生态系统中，生物之间或竞争或共生或寄

生，表现为从产生、生长、成熟、衰退到死亡的过程。第四，创新生态系统是一个复杂系统，创新生态系统内部和外部之间会形成日趋复杂的相互关系和作用机制。第五，创新生态系统是一个开放系统，开放、流动是创新生态系统的本质内涵（李万等，2014）。

创新生态系统是借鉴生态系统的基本理念来分析和解释创新系统而产生的一个概念体系，是对创新组织及其活动规律的一种“隐喻”，那么借鉴自然生态系统的基本概念对创新生态系统进行界定和解读，也就成为学术界普遍采取的方法。创新生态系统如同生物系统一样，从随机选择要素持续发展转变为具有结构化的社群。创新过程事实上是物种、种群乃至群落对于环境的改变做出响应的过程。创新的物种主要包括企业、高等院校、科研机构、政府、金融部门、中介机构等，这些是创新的基本要素。在物种联结的过程完成以后，各种群落相继产生，物种与群落在共生竞合的相互作用中经历了动态性演化，最后发生整体演化成为创新生态系统。在研究创新系统体系中，创新生态系统的出现为研究人员提供了一种新的视角和研究方法，它通过一些更加形象的在生物学范畴的“隐喻”体现了创新的系统范式。依据演化经济学的研究，人类在创新发展过程中产生的活动属于比较独特的生命过程，通过生物学“隐喻”能够较为深刻地理解创新的过程（图 3-4）。

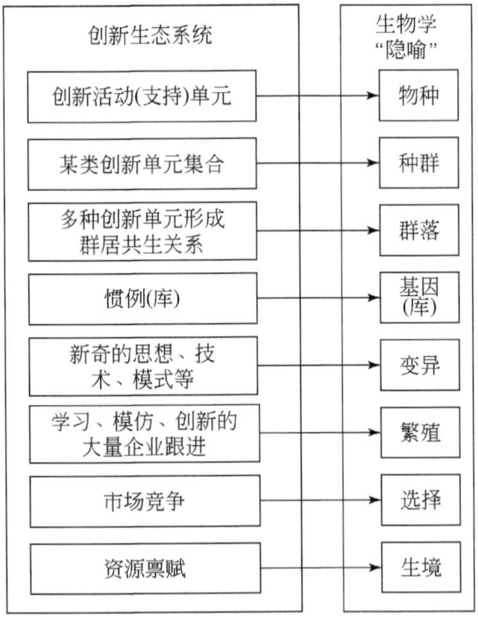

图 3-4　创新系统中的生物学“隐喻”

综上所述，根据“自然生态系统”的内涵，可以对“创新生态系统”作如下定义：所谓“创新生态系统”就是在一定地理时空范围之内，各类创新主体（包括创新组织、创新物种）与外部环境通过知识、技术、文化等联系而成的一个具有一定大小和特定结构的功能复合体，它是一个开放的复杂系统。

3.2.2 创新生态系统的特点

创新生态系统如同自然生态系统，是一个动态的开放式系统。创新生态系统既具有一般生态系统的特性，也具有一些独特的特点，具体表现如下。

（1）整体性

创新生态系统在生态环境中作为一个整体，其组成部分之间是具体而独立的，各个要素之间紧密联系、相互促进，同时存在制约关系，从而保证系统整体的完整性，充分发挥系统的作用。这种整体性非常贴切地证实了“整体大于要素之和”的理论。

（2）生态性

当然，创新生态系统本身还属于自然生态系统，所以其仍然保持着生态性。在自然生态系统中，环境与生物之间、生物与生物之间都是相互联系的，而创新系统的各个主体之间、主体与外界环境之间同样存在联系，这与自然生态系统存在共通之处。创新生态系统中的各个主体共同进化、共同存亡，这是与自然生态系统相同的生态特性。

（3）复杂性

创新生态系统主体结构的构成具有多元性，创新主体的中坚力量由核心企业、使用者及其他企业构成，同时还存在科研机构、政府及学校等创新辅助主体种群。创新环境作为创新生态系统的重要组成因素之一，其主要作用是为系统内主体之间的物质交换、信息交流等提供环境支持。创新过程复杂而多变，这是因为受到创新主体意识和思想的影响，而且在当今信息技术繁荣发展的创新环境下，创新过程更加多变。总而言之，创新生态系统由复杂多变的各个要素组成，其内部之间的联系千变万化。

（4）开放性

与其他生态系统类似，创新生态系统内部与外界环境之间相互联系、互相输出，这个系统并非封闭的，而且一直在更新换代，从未停下发展的脚步。系统的开放性和包容性为系统创新结构的建立和完善提供助力，系统以创新目的和需求为前提，获得更多创新资源，吸引更多创新主体加入。所以，创新生态系统的开放性加强了系统内部与外界环境之间的联系，物质、信息等资源的交换更便利，从而提高了系统的创新能力。

(5) 演化性

在自然生态系统中，生物之间的竞争、共生或寄生，表现为从产生、生长、成熟、衰退到死亡的过程。创新生态系统的演变与自然生态系统存在相似的过程。自然生态系统中的进化、优化、平衡等规律也适合于创新生态系统。创新生态系统就好像是一个生命的整体结构，其仍然需要经历诞生、成长、成熟、衰退四个发展历程，其结果可能是衰亡，也可能是被新的系统所取代，或者是在原先系统的基础上，不断进化，为旧系统注入新的生命力量，最终完成转型或者升级。

3.2.3 创新生态系统的案例

本部分以东莞先进制造业创新生态系统为例进行研究，主要研究该创新生态系统的组成和基本结构。东莞先进制造业的重点领域是通信设备制造、电机制造、新能源和特种设备制造、汽车制造、航运制造与石化工业，其创新生态系统的构建在全国范围内是一个良好的示范案例。

先进制造业创新生态系统指的是在先进制造业内，通过不同创新物种之间及创新物种与创新环境之间的物质流、知识流和信息流的传递和交互，形成的开放、复杂的共生竞合与动态进化系统。该系统在发展演化过程中，通过发挥创新与扩散、优化资源配置及促进产业优化等功能来提升先进制造业的整体创新绩效。东莞先进制造业创新生态系统的基本结构主要包括创新物种要素、创新资源要素及创新环境要素，如图 3-5 所示。

东莞先进制造业创新生态系统的创新物种要素包括制造企业、高等院校及科研机构、科技中介机构、政府等，它们一起构成东莞先进制造业创新生态系统的主体。制造企业是创新行为主体的核心；高等院校及科研机构成为技术创新知识与人才的主要来源；科技中介机构是联系制造企业技术创新和经济转化的中介；政府主要负责制定与先进制造业相关的产业政策，通过制度安排和政策设计，影响和提高系统运行水平，提高整体创新绩效，促进各创新品种在系统中的紧密整合和协调。四大创新主体通过相互作用、相互影响和相互关联，共同构成了东莞先进制造业创新生态系统的基本框架。

东莞先进制造业创新生态系统在创新环境要素方面注重营造良好的市场环境、政策环境、科学技术环境与社会文化环境。市场环境促进了全面开放新格局和开放型经济新体系的形成；政府出台了一系列科技创新扶持政策，有利于东莞市形成良好的科技创新的政策环境；丰富多样的科学技术环境为先进制造业创新

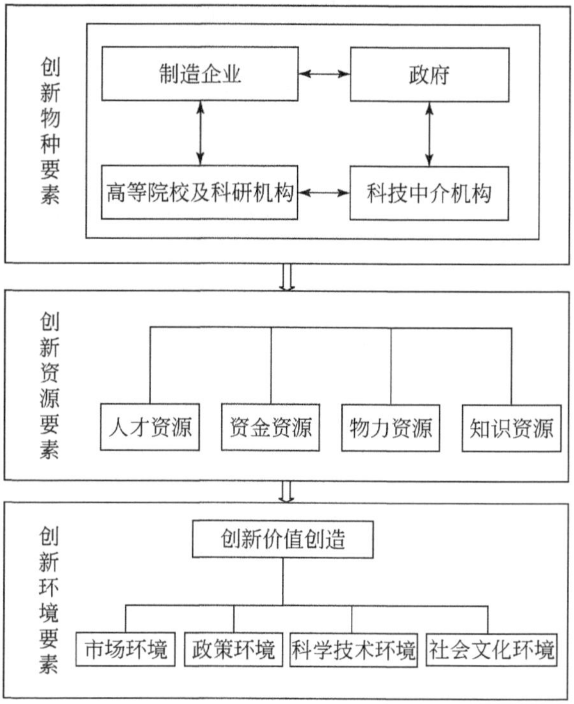

图 3-5 东莞先进制造业创新生态系统基本结构

生态系统的创新物种提供了更多可供参考的创新方向，也在一定程度上提高了创新效率；良好的社会文化环境非常有利于鼓励创新创业、构建先进制造业创新生态系统。

通过对东莞先进制造业创新生态系统构成的分析，我们发现产业的发展归根到底是能力的建设，而先进制造业的发展本质上是一个逐步形成创新能力并把创新能力转变为工艺创新与产品创新的过程。创新生态系统作为提高创新能力的有效途径，在学术界得到了广泛的探讨和研究。东莞先进制造业是吸收先进技术成果并综合应用于生产全过程，实现高质量、高效率、清洁生产的制造业。因此，依托技术链，打造创新生态链，构建先进制造业创新生态系统是不断提高先进制造业创新能力的关键。

3.3 国防科技创新生态系统相关理论

本书在贯穿第 2 章系统思想与系统科学的理论基础上，通过梳理国内外相关文献关于国防科技创新生态系统的组成要素及理论特征，综合分析我国当前政治、经济、文化、军事系统之间的相互关系，从而构建国防科技创新生态系统。

3.3.1 国防科技创新生态系统的定义

国防科技创新生态系统是在国防科技领域，由创新主体和创新环境所构成的统一体系中，通过各要素之间的相互影响和相互制约，形成的动态平衡的网络系统。具体而言，以国防科技进步、装备创新与发展、国防工业核心竞争力建设为主要目标，通过创新政策的引导和创新机制的建立，形成了企业、科研机构、高等院校等相关创新主体的良好创新环境，并在基础科研技术开发、武器装备研发、生产、使用、产业化等创新环节有效地整合和利用了资源，协调开展科研活动的组织模式和有效形式，如图 3-6 所示。

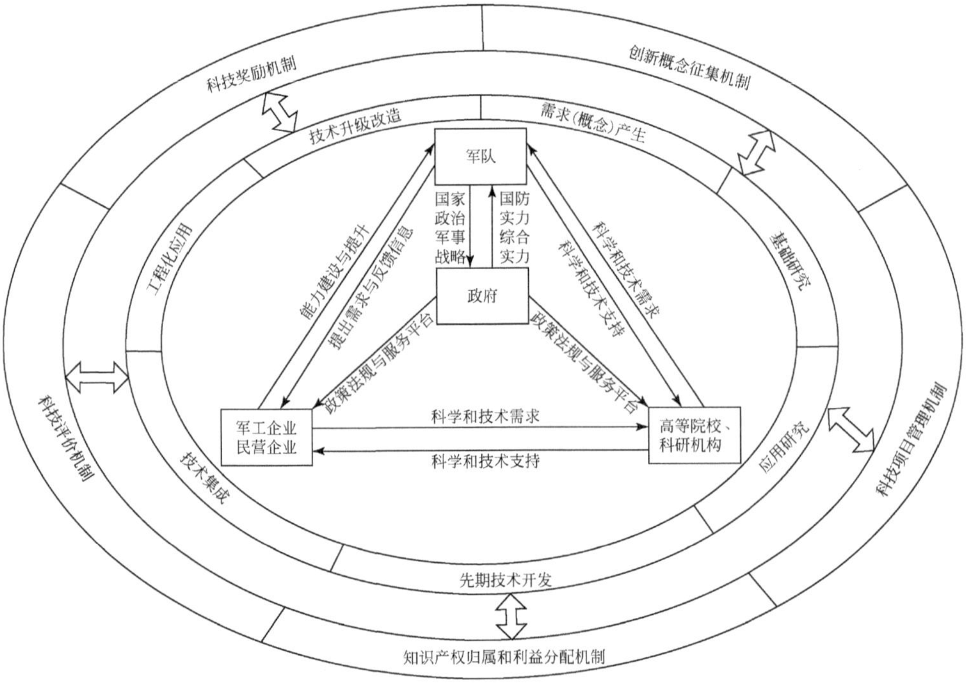

图 3-6　国防科技创新生态系统示意图

国防科技创新生态系统的主要构成要素包括创新主体、创新资源、创新链条及创新管理四类。

1）创新主体各尽其责。创新主体主要包括军队、政府、军工企业与民营企业，以及高等院校、科研机构。创新主体各归其位、各尽其责，是创新生态系统健康运行的前提。军队主要提需求，政府提供政策机制、科学的考核评价机制等，促进协同创新发展，积极引导创新主体进行回归。作为国防领域科研院所等创新主体，它们重点研究和探索具有潜在军事应用的新概念等，企业主要从事有军事应用需求背景的应用研究以及工程技术开发，积极开拓市场。

2）创新资源开放共享。各创新主体之间的资源开放流动，互利共享创新资源是国防科技创新生态系统健康运行的基础。借助政策引导等各种手段，吸引更多的社会资本投入国防科技创新活动，加快创新人才的培养，不断完善创新人才的引进和使用机制，优化人才政策制度，不拘一格地使用人才，建立国防科技创新生态系统，展示其全方位的特点，吸引各种更多的社会力量广泛参与其中。

3）创新链条有序衔接。创新链条的每一个环节都必须均衡发展，所以有序衔接是国防科技创新生态系统健康运行的关键。以国家需要和市场需求为牵引，并且与技术推动保持均衡发展的状态，能够形成统一的战略、规划等，这整个的过程是从基础研究开始，直至产业化。所以创新活动的各环节，如基础研究、应用研究、产品产业化等需要均衡发展、有序衔接。

4）创新管理集约高效。建立科学合理、集约高效的国防科技创新管理体制机制是国防科技创新生态系统健康运行的保障。因此，需要建立健全顶层决策机制，进一步优化部门协调机制，在国防科技创新中清晰定位国家科技管理等部门职能，合理配置国防科技创新资源。

3.3.2 国防科技创新生态系统的特点

国防科技创新生态系统是在创新生态系统的基础上发展而来的，是一个动态的开放式系统。国防科技创新生态系统既具有创新生态系统的特点，也有其独特的特点，具体表现如下。

（1）复杂性

创新生态系统的复杂性表现为在不同创新主体之间，以知识、技术、人才、资本为主要纽带，在竞合共生中不断演化并且发展。同时，创新的主体对象与创新所存在的环境之间不断进行着尝试、改错并且应答，使创新生态系统达到最适宜创新的程度。

在国防科技创新生态系统中，企业、高等院校、科研机构，以及政府和军队等创新主体以平等的地位参与国防科技创新活动，并通过相互之间的合作交往和相互依赖来提升创新活动的效率，促进创新成果的产出。

需要说明的是，在国防科技创新生态系统中，每个创新主体都有自身的生态位，在创新对象、创新资源等方面占据的地位和发挥的职能都不尽相同，围绕创新链条的不同环节开展国防科技创新活动。简单来讲，企业是技术创新的主体，高等院校和科研机构是知识创新的主体，政府和军队是管理创新的主体，不同创新主体之间在进行结合的过程中，能够实现优势互补与资源的合理利用。例如，通常所说的“政产学研用”合作，就是基于不同创新主体之间的功能定位和优势特点，通过加强掌握不同优势资源的创新主体之间的合作，达到提升创新能力整体水平的目标。

（2）演化性

良好的创新生态系统是不断发展进化的，以持续接近动态最优目标。创新生态系统中的创新主体都在相互作用、相互适应中不断发展变化甚至相互转化，以适应内外部创新环境的变化。当系统中的共生关系被打破时，系统的平衡性、稳定性就遭到破坏，系统就必须进行调整以达到新的平衡。在这个调整过程当中，市场对创新资源配置起到关键性作用。

在国防科技创新生态系统中，这种演变也同样存在。特别是改革开放后，国防科技工业转变为政府主导、企业面向市场的渐进式经济演化的方向，目的是适应国内国际环境的变化。国防科技工业的功能由提供武器装备，发展为向各相关主体提供多种商品和服务。

（3）开放性

世界经济的发展越来越紧密的同时，每个地区之间的来往也越来越密切。无论哪一个创新生态系统，都不会自我封闭地发展，它们之间有着十分密切的联系。创新生态系统在开放环境中，将会交流技术等创新资源，从而达到维持系统的稳定性和高效性的目的。在国防科技创新生态系统中，军民融合战略的深入发展使开放合作、协同创新成为国防科技创新的重要途径。民口和民营企业近年来在国防科技创新中发挥着越来越重要的作用，成为国防科技创新生态系统不可或缺的新的创新主体。另外，天使基金、风险投资、私募基金等社会资本也开始涉足探索性强、具有市场前景的军民两用科技创新项目。

需要说明的是，国防科技创新生态系统的开放一定不是完全开放，而是一种“小核心、大外围”的开放模式。国防基础科研、武器装备系统总体、关键子系统和专用配套零部件、特殊元器件和原材料的科研生产，构成国防科技创新生态系统的“小核心”，对国防科技发展和武器装备建设发挥主导作用；军民通用分系统、零部件、元器件和原材料的科研生产，按开放合作原则，实行亦军亦民或寓军于民，成为国防科技创新生态系统的“大外围”。“小核心”和“大外围”相互协调、密切配合，形成军民融合、主体精干、结构优化、水平和效能较高的国防科技创新生态系统。

（4）时效性

决策的时效性在极大程度上约束了决策的客观效果。任何一个之前的完整系统都不可能照本宣科地被现有决策者使用，同样看似走在发展前沿的技术也不可能一直处于不可替代的地位。因此应牢固地抓住系统时效性特点，尽可能使时效性的功能得以发挥，并且紧跟时代的脚步，即在时刻关注外部条件的变化且分析策略有用性的同时，及时调整有关决策以利于生存和发展。

通过观察国防科技创新生态系统发现，这种时效性的特点同样存在。而且在创新生态系统的演化过程中，新的且更适应于系统发展的创新主体或理念层出不穷，会对创新生态系统的竞争格局与结构特征等产生一定的冲击，因此，时效性就显得尤为重要，正如影响国防科技创新生态系统的因素中科技创新力和成果转化力等都同样体现了时效性的重要作用。现代的科学研究都具有很强的时效性，如果不能及时地利用资源把好的想法转化为成果，在某种程度上就意味着失败。

（5）路径依赖性

路径依赖，主要是指人们针对某个体制，做出最终的选择，同时又会受到各种因素的影响，结果会引领机制朝着正确的方向发展，并不断完善。国防科技创新生态系统的演化正是如此，它与产业演进极为相似，报酬方面会逐渐增加，同时自我强化机制不断完善。所以系统在机制的作用下选择了路径，就会在方向不变的情况下实现自我强化。系统演化的过程中，始终如一地朝着选择的路径步入良性循环的轨道并优化升级，但也不可避免地会朝着错误的方向发展，甚至会被锁定而停滞不前。

创新主体只要在国防科技创新生态系统中选择了创新路径，就必然要有大量的人力、物力和财力投入。在前期阶段，由于投入成本之大，创新主体即使发现路径有误，往往也会继续坚持，所以路径依赖的主要原因在于沉没成本。一旦投资见效，创新主体将走在发展的前列并且占据优势地位，这种创新将会得到广泛推广，由此提高系统学习效应。创新主体运用这项创新，开展深入合作，产生正反馈效应，而且创新主体不改变路径方向，快速发展，自我强化，具有强大的竞争优势。当该创新路径并不能与市场需求进行有效对接，或者没有占据先机时，创新主体在这项创新上面的投入将会有去无回，越来越多的人将失去信心，创新也将会被锁定在被动状态下。所以说路径依赖最主要的原因就是沉没成本，而系统演化的动力来自正反馈机制的发挥效应。

（6）协同性

国防科技创新生态系统演化的协同性主要表现为，系统内部各组成要素之间及系统与其所处的环境之间的共同进化。

由此可以看出，在系统内部自组织与系统环境选择的共同作用下，国防科技创新生态系统才会出现演化。无论是哪一个系统出现和发展，或者是形态、模式两方面的转变，都与外部环境息息相关。所以，系统从生存到消亡，外部环境的他组织作用都是关键性的因素。

国防科技创新生态系统也存在相同的问题，它的演化一定要经历市场与制度等环境的选择。一旦创新与环境相互匹配，系统可以扩大并得以提升；系统内部通过自组织过程形成的创新成果只能通过环境的选择才可以生存并进步，进而推动当前系统演化为更高层级的系统。另外，创新生态系统内的每个创新主体与创新要素之间的相互作用是非线性的，结果产生了竞争和协同现象。除此之外，它不但促使系统的整体行为发生，同时也实现了系统的功能。所以在系统当中，创新主体会主动追求利润，并且使其达到最大化，然而，由于受到多个创新主体影响，加上技术上不断进行革新、市场扩大等，它会不断进行自我调整，并且与系统环境之间产生相互作用，最后的结果将会是形成更多的力量，推动整个系统加速发展。

第4章 国防科技创新生态系统构成及影响因素

在第3章对国防科技创新生态及其相关理论进行简单阐述和介绍的基础上，本章以我国国防科技创新生态系统为研究对象，首先从创新主体、创新链条、创新资源和创新管理四个构成要素的角度对我国国防科技创新生态系统的现状和问题进行介绍，在创新管理方面，通过和美国现有创新机制进行对比，对我国构建集约高效、科学合理的创新生态系统提出一些建议；其次通过对影响我国国防科技创新生态系统的五个因素进行分析，为国防科技创新生态系统指标体系构建奠定基础。

2003年，美国总统科技顾问委员会总结硅谷经验时提出了“创新生态系统”的概念，之后随着各国学者的多元化分析研究，创新生态系统概念不断丰富，但尚未拥有一个统一的定义。钱虹（2019）认为创新生态系统是跨组织、政治、技术和经济等各种要素交互而成的网络。黄敏（2011）认为创新生态系统是各类创新主体（高等院校、企业、科研机构）与服务主体（中介、金融机构、政府）形成的一个整体。综合各位专家学者的研究意见，可以认为创新生态系统是由政府、企业、高等院校、科研机构、各类中介服务等元素协同合作、互相影响，从而形成的一个系统网络体系，该体系的核心是创新主体协同创新（钱虹，2019）。

在创新生态系统的基础上，衍生出国防科技创新生态系统的概念，即在国防科技领域，由创新主体和创新环境构建而成的系统的国防科技创新体系中，要素之间相互影响、相互制约，继而形成了动态平衡的网络系统（颜晓峰，2001）。国防科技创新生态系统是以国防科技发展、装备创新演进、国防工业关键能力培养为主要目的，借助创新政策引导及创新机制建立，形成良好的创新环境；以军工企业、民营企业、科研机构、高等院校为创新主体，通过有效地汇聚和利用资源，在基础科学研究和技术创新发展，军工武器装备研究、生产、使用，以及产业化等各创新链条中，协同进行科学技术研究工作的组织模式和有效形式（柳卸林等，2015）。

4.1 创新主体

创新主体是具有创新动力和能力、创新投入、创新活动和收益的承担者。从狭义理解，技术创新时，一般认为企业是创新主体。首先，创新是一项与市场密切相关的经济活动，只有企业才会在市场机制的激励和约束下进行创新；其次，根据新古典经济学派的创新理论，创新是指生产要素的重新组合，这种组合只有依靠企业家通过市场才能实现，这个作用是其他组织和个人无法替代的；最后，技术创新需要很多与产业有关的特定知识，它们是产业技术创新的基础。

在国防科技创新系统中，创新是一个广义概念，其力求将科学、技术、教育等与经济融会起来，即表现为不同参与者和机构（包括企业、政府、高等院校、科研机构等）之间相互影响的网络。在这个网络中，每一个节点都可以作为实现创新行为的特定空间（黄海霞和陈劲，2016）。

国防科技创新生态系统中的创新主体指的是直接承担国防科技创新活动的组织机构，主要包括企业、高等院校、科研机构，以及政府和军队，是创新活动的空间“聚集点”。在这个系统中，各创新主体的创新行为可以表现在技术、体制或知识等不同的层面，彼此相互合作和依赖，提高成果的产出效率。

创新主体各归其位、各尽其责，是创新生态系统健康运行的前提。军队向创新企业提出需求，并反馈意见；政府提供政策机制，通过完善的科学技术创新和资源配置机制，引导企业、国防领域科研机构、高等院校等创新主体进行有潜在军事应用价值的知识体系创新的探索与研究；企业主要负责及时了解和接受军事反馈，进行军事应用领域的研究，以及市场开拓方面的工作。

4.1.1 创新企业

根据《硅谷经验 2017》，到 2015 年末，美国硅谷的科技创新企业中 50 人规模以下的企业将近 4800 家，占比为 80%。多年来企业创造的经济效益越来越大，发展势头迅猛。

（1）传统国防科技的技术创新主体

企业是技术创新的主体，按照市场需求的实际情况和自身所处的竞争环境，进行与其自身实力及发展目标相适应的技术创新。在我国，十大军工集团长期以来都是国防科技创新的绝对主角，为国防和军队建设做出了重要贡献。不可忽视的是，民口和民营企业近年来在我国国防科技创新中发挥着越来越重要的作用，逐渐成长为我国国防科技创新生态系统中的重要构成部分，进而承担更关键、更重要的技术创新和攻关项目。

（2）人工智能和大数据背景下的技术创新主体智慧演化

在当前信息化时代向智能化时代迈进、转型的关键时期，应充分利用大数据技术中信息流动、可随时、实时相应处理 100MB 以上海量信息的功能、原理，实现对科研界、产业界所有有关“人工智能和大数据”的主题信息的搜集，并从这些信息中挖掘出有利于技术创新、升级改造的信息，服务于技术主体——企业与十大军工集团。

在国防科技创新生态系统中，不要求每个企业都能成为行业龙头，而是希望创新企业在“与龙共舞”的同时，保持独立、稳定发展。创新企业善于寻找和捕捉商机，有利于组织资源，创造新的组合，开拓更广阔的市场。同时，作为国防科技创新生态系统的核心要素之一的创新企业，其中大多数企业家具备技术或销售资历，能将科技成果转化为商品。当今互联网时代，技术的革新换代速度越来越快，只有具备技术和管理经历的企业家带领的创新企业才能不断加速我国国防科技的发展和更新，推动并加速科学技术成果产业化、商品化的进程，并为科技创新人才构建追求理想、追求财富的平台，形成人才聚集的规模和联动效应。创新企业是生态系统里的“一汪活泉”，给国防科技创新生态系统带来活力和更好的前景，也是我国国防科技生态系统发展和完善的基石所在。

4.1.2 龙头企业

龙头企业，或称独角兽企业，即在私募和公开市场的估值超过 10 亿美元的创业公司。全球知名创投研究机构 CB Insights 2018 年发布的《全球科技中心报告（2018)》显示，在全球大范围内，美国硅谷的独角兽企业数量最多，共有 32 家，总估值达 2000 亿美元，占全球总估值的 29.1%；中国中关村独角兽企业数量仅亚于美国硅谷，达 29 家，总估值达 1590 亿美元，约占全球总估值的 23.1%。在我国深圳，有 90% 以上的重大科研项目的发明专利由龙头企业完成，并形成了腾讯、华为、中兴、比亚迪等具备国际竞争力的创新型领军企业（薛楠和齐严，2019)。

众所周知，硅谷是目前全世界高新技术创新和发展的创始地和中心，是当今电子工业和计算机产业的“王国”。硅谷的风投资金额占美国风投资金总额的 30%，至今，硅谷的计算机公司已多达 1500 余家。1957 年仙童半导体公司成立以前，硅谷还只是美国西部一个普普通通的农村。以诺依斯为首的“八仙童”在接受了 3600 美元的种子基金后，逐步发展成为超过万亿美元的创业公司。在仙童半导体公司发展的过程中，使用了子公司模式，英特尔公司正是当时的仙童半导体公司衍生出的公司之一。其后，仙童半导体公司直接衍生公司 29 家，间接衍生公司 94 家，正是这些公司逐步将硅谷送上全世界科技创新中心的宝座。

龙头企业不仅可以对同行业企业起到引领和示范作用，还是创业企业的孵化器和摇篮，培养更多的科技创新人才和企业，不断为创新生态系统注入新的力量。

4.1.3 高等院校和科研机构

科技要发展就是要不断开展创新活动，从理论、原理，到知识体系，不断深入、挖掘，抛开传统思维的束缚，要敢于推翻前人的思想才能从中发现不一样的地方，找到突破口才能完成创新。对于科技创新活动而言，更应该关注的是科技创新活动的主体——科技创新人才。科技创新要由科技创新人才来推动完成，科学技术的发展归根结底取决于科技创新人才的数量和质量，国家综合竞争力的强弱在于科技，而国家科学发展和技术创新的关键在于科技创新人才。因此，一个国家科技创新人才的数量和质量，在一定程度上，对其全球科学技术综合竞争力的水平起决定性作用。

《探究钱学森之问：科技创新人才智能分析》一书在整理国内外专家关于科技创新人才的理论成果后，从系统的角度对科技创新人才做如下定义：科技创新人才是指具备博大的专业知识体系和厚实的身心状态，能够始终如一地投身科学研究和技术创新，实事求是地进行科学探索，不求回报地在学界公告科学研究创新成果，对科学发展和技术创新、国家经济进步和社会演进产生重要影响的人才。中关村就是我国科教资源、科技创新人才资源最密集的区域之一。中关村是我国第一个国家级高新技术产业开发区、第一个国家自主创新示范区、第一个国家级人才特区，以清华大学、北京大学、北京航空航天大学为代表的 90 余所高等院校，以中国科学院为代表的 400 余家科研机构坐落于此，共计有 80 余万在校大学生，700 余位两院院士在此地学习和工作。

高等院校和科研机构是知识和技术的重要供给者，是知识创新的主体。在国防科技创新生态系统中，军工科研机构和具有军工特色的高等院校在基础研究、应用研究、先期技术开发等方面发挥着非常重要的作用。在我国，政府、军队直属的科研机构和高等院校在知识创新和技术研发中发挥着非常重要的作用。此外，军工企业集团代管的科研机构，在本行业领域基础研究、应用研究和先期技术开发方面发挥了非常重要的作用；工业和信息化部直属的北京航空航天大学、北京理工大学、哈尔滨工业大学等高等院校也在基础研究领域占据非常重要的地位。

高等院校与科研机构作为培养科技创新人才的孵化器，日复一日、年复一日地为科技企业输送人才、专利和技术，而收获成功的师生又会以赞助、捐赠等方式对母校进行反哺，高等院校又会得到提升，进而哺育更多人才，达成良性循环。在我国国防科技创新生态系统中，高等院校和科研机构的第一职能是为创新企业源源不断地提供科技创新人才；第二职能是科技研发，为企业提供一定的技术支持。高等院校和科研机构可以让国防科技创新生态系统更加合理和完善，让创新生态链更加顺畅地运行。

4.1.4 政府和军队

政府和军队是创新活动规则的制定者，是管理创新的主体。在国防科技创新生态系统中，由于国防的特殊性，政府和军队的引导和规范作用更加明显。政府和军队通过建立顶层决策机制和部门协调机制，运用立法、资金支持、税收优惠等手段，引导企业、科研机构和高等院校等创新主体发挥自身优势，参与国防科技创新活动。特别是军队同时作为国防科技创新产品和服务的用户，要深度参与国防科技创新活动，发挥重要作用：一方面，根据作战需求，提出重要的提升产品价值的需求，为国防科技创新提供信息源；另一方面，可以尽早地发现产品设计和使用的缺陷，减少重复设计和工作成本。同时，政府作为国防科技创新生态系统内部的激励制度与支持政策的制定者和出台者、最坚定的执行者，直接对创新生态系统的生态环境、创新环境和投资环境负责。合理有效的制度设计与政策安排对提升我国国防科技创新生态系统的运行效率有极大作用。这不仅能够切实增强国防科技创新生态系统内部创新主体的整体创新绩效，而且对激励生态系统内部各部分之间的密切合作与协同有非常重要的影响。

硅谷发展早期，本地区科技企业与高等院校的研究经费大多由美国军方和联邦政府提供。此外，美国军方、联邦政府与当地企业、高等院校签订多笔军事和航天航空领域的合同订单，对硅谷地区的软硬件系统、半导体芯片及其他硅谷产品的研发起到助力作用，使得一些高新技术企业迅速发展壮大。硅谷发展中期，联邦政府对硅谷地区创新企业的扶持力度逐渐降低，由政府调控转为市场导向。正是美国联邦政府对硅谷地区的制度激励和政策扶持，才让许多小企业得到宝贵的发展时机，让高等院校师生得到丰富的科研资源与资金支持，促进硅谷形成市场导向、宽进严出的创新制度体系。同时，知识产权法律法规的出台与灵活便利的技术许可的出现，鼓励员工流动的劳动法律法规与保护企业商业机密的法案的推出，形成了硅谷地区人才资源流动、技术流动的法律环境。

总之，我国国防科技创新生态系统的构建不是由一个独立的主体支撑的，而是由多个创新主体协同合作、互助创新交织形成复杂网络之后共同支撑和构建。龙头企业引领各创新企业作为国防科技创新生态系统的核心力量，军队为企业提供需求，政府是国防科技创新生态系统背后最坚固、最强大的后盾保护和支持力量，风险投资、金融机构为技术研发和科技发展提供一定的资金支持，共同为我国国防科技创新生态系统的完善和高效运行保驾护航。

4.2 创新链条

1992年，Marceau提出“创新链”概念，其定义为：由多个参与活动的主体和结构构成。创新链可分为基础研究、技术研究、产品试运、产业化与市场化五个阶段，即科技创新成果由产生到成果商品化一系列过程的集合。国防科技创新活动涉及从需求（概念）生成、基础研究、应用研究、先期技术开发到技术集成、工程化应用，以及升级改造等创新环节。这些创新环节环环相扣、有序衔接，形成了完整的创新链条。

在国防科技创新生态系统中，由于创新链条的各部分被要求均衡发展，如何有序衔接成为国防科技创新生态系统健康运行的关键所在。创新链条以国家需要、市场需求为牵引，秉承需求导向和科技指引共同作用的准则，构建从基础性研究到科研创新成果产业化的创新体系，并针对创新体系作出全面的战略、规划和计划，作为纲领，指导创新体系的科技创新活动井然有序地进行（曹祎遐和高文婧，2015）。

创新链条是一个不停运转的机器，各创新主体在其中各司其职、协同互通，服务主体为创新主体提供服务和支持，共同推进我国国防科技创新生态系统的演进和完善。国防科技创新生态系统的创新链条如图4-1所示。

4.2.1 创新链条中的高等院校和科研机构

在创新链条中，科研能力强的高等院校，在创新链条中发挥着重要作用。科研型高校作为创新生态系统中创新主体的重要部分，高等院校更加注重基础研究和关键项目研究，并且也要考虑科技应用的未来场景。同时，高等院校的主职工作是为国家培育各方面的人才，在政府的政策助力和财政支持下夯实科技创新的人才储备。

科研机构在创新链中与高等院校同为科技创新人才的孵化器，但两者在创新人才的培育上有所不同。高等院校的教育工作更多是培育学生的创新意识、创新思维，重要的是让学生拥有自主创新的能力。而科研机构更注重科研人员的目的性，要求科研人员有目的、脚踏实地地进行创新工作，而创新工作科研结果的市场化、产业化可实现度必须有所保障。

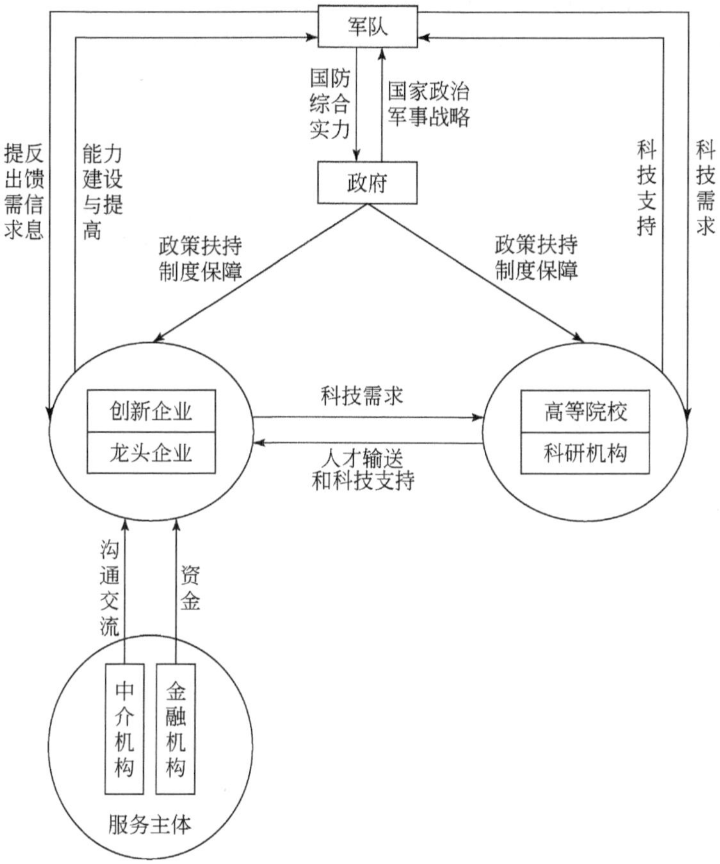

图 4-1　国防科技创新生态系统的创新链条

4.2.2　创新链条中的中介机构、金融机构和风投机构

(1) 中介机构

在创新生态系统中，中介机构是各创新主体之间良好的沟通媒介和交流渠道。作为服务主体的中介机构，其主要职能是促进创新主体之间的交流合作，其自身进行的创新行为也是为了更好地服务创新主体的活动，解决由各类因素受限而产生的创新主体间沟通不畅问题，从而缓解由信息流动困难导致的创新主体创新效率下降的问题。中介机构主要分为两类，一是公共服务机构，二是代理机构。其中公共服务机构包括技术类无形资产交易机构、金融中介机构、人才中介机构等；代理机构则是包含行业协会、企业家协会、技术交流协会等在内的创新

服务组织。国防科技创新生态系统中的中介机构的加入，不但能够降低交易费用和成本，减少创新企业的创新成本和风险，也为创新主体提供了沟通顺畅的交流平台和信息共享、资源流动的场所，丰富和完善了我国国防科技创新生态系统的构成体系。

（2）金融机构和风投机构

金融机构和风投机构为创新企业的创新行为提供资源和资金支持。对许多创立初期的创新企业而言，企业本身拥有的资本可能仅仅是创业者的天资和少量技术专利，却面临严峻的融资问题。由于信息的不对称，一般的投资者或股权基金往往出于对技术前景的不充分了解而拒绝对创立初期的创新企业投融资。而风投机构凭借其专业性，可以解决创立初期的创新企业面对的融资困难的问题，为企业的技术创新提供资金支持，保证企业创新路途的长久持续，有助于企业专利技术数量的增加。另外，风投机构丰富的运作经验可以帮助企业更好地规避财务风险和经营风险，创新企业可以将更多的精力用到技术创新和研究中，更好地提高创新水平。

在国防科技创新生态系统中，风投机构、金融机构是非常重要的一个节点。作为国防科技创新生态系统中各创新企业发展的催化剂，风投机构和金融机构的资本注入带来的不仅仅是企业账面的资金数额，还有风投机构和金融机构自身商誉带给创新企业的商誉背书，以及非常重要的商业、融资、国际市场等资源。另外，风投机构和金融机构能够应对科技创新周期长、投入多、不确定性大等问题，能够长期支持企业的壮大和发展。

4.2.3 创新链条中的辅助企业

在国防科技创新生态系统中，除了一些核心企业外，围绕核心企业的还有许多配套企业，以辅助核心企业完成技术的研发和创新。在一项重大产品的研发和创新直至最后完成的这一过程中，由于资源、人力、研发成本的约束，核心企业无法包揽这一过程中所有技术的更新，这就必须有辅助企业从中分担一部分进行企业自身的创新活动，并且为核心企业提供相应的技术支持。

4.3 创新资源

创新资源是指国防科技创新需要的各种投入，主要包括科学技术资源、资本资源、创新人才资源等。要保障国防科技创新生态系统的健康运行，基础要求就是保证各创新主体之间资源的开放流动与互利共享。在国防科技创新生态系统中，各类资源开放共享。政府通过政策指引、机制优化及市场经营等方式，鼓励社会资本积极参与国防科技创新活动，加入创新人才孵化、引进、评估及使用的全过程中，不拘一格地使用人才，构建覆盖范围广、挖掘层次深、参与力量众多的国防科技创新生态系统。

4.3.1 科学技术资源

科学技术主要包括国防科学技术基础理论研究，武器装备的预先研究，型号研制、试验和技术基础研究，生产、使用、维修技术等，是评价一个国家国防先进化程度的重要指标，是国防科技创新生态系统的核心。随着科学技术的交叉融合，单纯按照传统应用领域划分的核技术、航天航空、船舶、军工军备技术、军事电子技术等已不能满足当前国防科技发展需求，信息技术、生物交叉技术、新材料技术、新能源技术，以及各领域技术之间的交叉融合成为国防科技创新的重点。

科学技术是人类社会的一种特殊的社会现象和社会活动，它在人类实践基础上产生，又反过来影响着人类社会。对自然科学的探索是人类了解和改变社会的第一次尝试，科技可谓是社会进步和经济发展的第一生产力。科技在人类社会演进过程中的作用体现在如下几个方面（吴瑶等，2018）。

（1）加速国民经济飞跃，加快社会演进

科技是评估国家先进生产力的重要指标，其在人类社会的演进过程中也有着重要影响。其不仅带来了史无前例的生产力，解放了劳动力，还加速了各个国家和地区的经济飞跃。从历史的经验来看，每一次科学技术的巨大进步或变革都带动了经济的飞跃发展。随着西门子发明的发电机的问世，电器开始代替机器，成为补充和取代蒸汽动力的新能源。随后，电灯、电车等新发明相继问世，人类进入了“电气时代”。此后，资本主义经济发生重大变化，垄断性质的跨国公司开始了全球化的扩张。集装箱运输、卫星通信、计算机管理系统等新技术的应用，使得跨国公司的扩张速度加快，人们的实际收入增加，全球经济进入繁荣阶段，经济全球化逐步实现。在社会结构的变革中，科学发展和技术创新引发了社会生产方式和人类生活方式的变化，促进了社会转型。

（2）让世界变小，让国家更亲密

随着科学的发展、时代的进步，从马车到汽车再到飞机，交通方式的革命式演进让世界逐渐变得更小了。不仅如此，科技带来的还有不同国家间、企业间关系的变革。国家之间展开了合作，企业间也不再是纯粹的竞争对手，而是更关注人才的培育、科研成果的交流和分享。

4.3.2 资本资源

资本是能够带来剩余价值的价值。通常将资本分为社会资本、人力资本、自然资本和金融资本。

(1) 社会资本

社会资本指的是社会中某一个体或组织间的联系，他们彼此间由于各类往来带来的信任，以及所在社会层次给予他们的利益。社会资本在个体和群体层面都有积极作用，其对缓解贫穷、保护环境、提高国民健康水平也至关重要。

科技创新是以专业知识体系为基础的创造性活动，创新的过程是关键资源的成长过程。在创新过程中，社会资本的共享性发挥重要作用，它对创新能力的推动影响主要在于社会网络成员对网络中嵌入性资源的获得与试用。网络成员在资源互换、信息共享的过程中形成复杂的网络关系，为创造性活动的开展奠定先决基础。社会网络成员间的密切关系程度影响网络成员对外溢社会资本的获得试用率和资源依赖性，推动了信息共享、知识互通，进而影响了创新能力的产生和发展。在创造性活动的开展中，社会资本中的信任要素有十分关键的连接作用，其为创造性活动提供优质的“成长”氛围。在创造性活动中，创新主体通过与竞争对手的密切合作、与利益相关者以同盟方式进入市场竞争等其他协作方式，协同共进，携手让科技发展和技术创新活动取得更好的发展，让创造性活动为国家发展、经济进步和社会演进，以及社会公众的生活方式向舒适化和科技化转变提供更加强大的推动力。

(2) 人力资本

人力资本就是指依附人体体力和智力所产生的劳动（包括体力劳动和脑力劳动）价值总和。人力资本作为创新的载体，对创新能力的发展和推动有着非常重要的作用。

(3) 自然资本

自然资本是指能从中导出有利于生计的资源流和服务的自然资源存量（如土地和水）和环境服务（如水循环）。自然资本不仅包括为人类所利用的资源，如水资源、矿物、木材等，还包括森林、草原、沼泽等生态系统及生物多样性。

(4) 金融资本

金融资本包括股票、债券等，是以资本资产形式出现的、可在金融市场中交易的、以未来盈余和风险预期值为价值判断依据的资本。在创新生态系统中，资本投入主要包括科研投入和固定资产投入等。资本投入是国防科技创新能力的重要衡量指标之一。

当前，随着世界科学技术的飞速发展，创新需要足够的投入来驱动，特别是在基础研究阶段及向应用转化的阶段更需要大量的投资来保障。与此同时，国防科技创新生态系统需要充分发挥市场作用，引导天使基金、风险投资、私募基金等社会资本参与探索性强、具有市场前景的军民两用科研项目。

4.3.3 创新人才资源

科学技术是一个民族繁荣昌盛、一个国家不断发展的不竭动力。科学技术的发展早已变为社会生产力的核心推动力，体现在生活的方方面面。科学技术的发展水平在一定程度上代表了一个国家或者经济体的经济发展程度。世界各国综合国力的竞争越来越聚焦到科技水平的竞争上。而科技发展的不竭动力和核心推动力都源自创新人才，各国科技水平的竞争实质上就是创新人才的比较，人才储备、创新人才的总体数量和层次直接决定一个国家、经济体的全球科技竞争力水平。

4.3.3.1 创新人才的定义

20 世纪 80 年代，学界关于科技创新人才的研究热潮在我国兴起。综合多位专家学者的研究，整体上，科技创新人才必须满足三个特征：①从事科学技术研究工作；②拥有创新精神；③可以做出杰出贡献。

参照社会影响力和贡献程度，笔者在《探究钱学森之问：科技创新人才智能分析》一书中，将进行科学技术和科技知识方面工作或研究的创新人才分为潜在科技创新人才、一般科技创新人才和杰出科技创新人才三个层次，如图 4-2 所示。

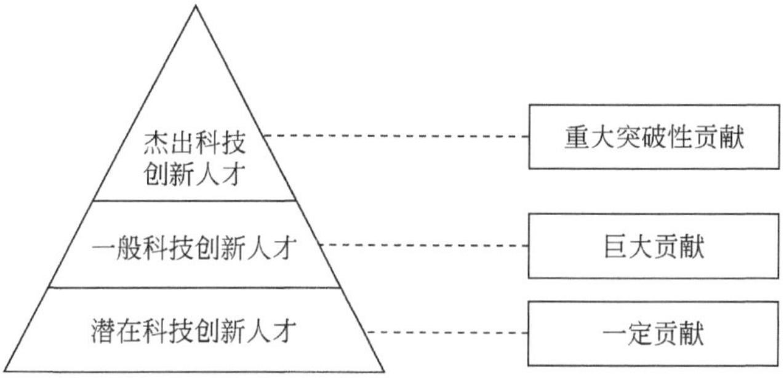

图 4-2 创新人才层次金字塔

潜在科技创新人才指具备一定的专业知识，对知识体系和专业技能方面的掌握和理解程度高于一般人员，目前正在进行科研项目相关工作或有进行科研项目相关工作的潜能，在科学发展、传承、发扬以及成果转化等方面有一定影响，在科技创新方面有一些成果产生，对国民经济发展和人类社会进步有一些帮助的人才。

一般科技创新人才指具有较高的素养，具备独立的科研探索精神和良好的创新精神，在科学技术研究工作中能从前人的理念成果中超脱出来，发表自己的理论成果或科研结果并且能对社会发展产生重大影响的人才。

杰出科技创新人才指拥有广博的知识体系，具备深厚的学术造诣，可以在科学知识体系、技术原理和方法等方面实现突破性进展，对科学发展和科技创新、国民经济发展和人类社会演进做出关键贡献的人才。

4.3.3.2 创新人才的内涵

创新人才作为素养较高的人群，除了拥有深厚的专业知识、技能外，在人格、身体、心理素质等方面也有良好的表现。具体表现在如下方面。

（1）完善的知识结构

科技创新指在现有的知识和技术的基础上，超脱传统理念的束缚，进行创新和突破。这就要求创新人才在知识方面拥有较深的积累，并且具备良好的知识修养。通常认为，科技创新人才的知识结构应该包括：受到过良好、系统的专业学习训练，具备较高的学历，掌握与科学技术相关的文化知识和基本理论，精通一种或多种专业知识技能；具备开阔的思维视野、广泛的知识层次，可以掌握与自身专业相关的管理、经济、法律等方面知识。面对蓬勃发展的科学技术，科技创新人才必须始终保持对知识的渴望，利用自身强大的思维意识不断充实、完善自身的知识结构，追求更大的创新和成就。

（2）健康的身体素质

科技创新不是短暂的一段时间内投入精力就可以完成的活动。科技创新活动的复杂性要求创新人才必须具备良好的体魄。只有拥有经得起考验的身体，才能够不间断地参与科技创新活动，为科学发展、技术创新奉献大量精力，打好科技创新的攻坚战，持续活跃在科技创新的道路上。反之，只掌握良好的知识结构、科学合理的研究方法、明确的创新目标，但缺乏支撑参与创新活动的健康体魄，不仅科技创新活动难以完成，而且研究结果难以达到预期，甚至反被艰难困苦的科研活动所累，对自身身体造成难以挽回的巨大损害。这不仅是个人的损失，更是学界、国家的损失。身体素质的健康与否是决定科技创新人才的创新活动成果是否有效的重要因素。

（3）高尚的品格修养

人格品质是个体价值观、人生观、世界观的体现。夫君子之行，静以修身，俭以养德，非淡泊无以明志，非宁静无以致远。恬淡寡欲的修养可以使人志向清白，宁静高远的心胸能够坚定人的理想，排除外界的干扰，达成远大的目标。修身治学应摆脱名利的束缚，戒骄戒躁，方能成才。科技创新人才是国家科学发展和技术创新的引领者与推动者，个人高尚的品格修养可以帮助其更用心、更坚定、更无私地进行创新活动，推动科学发展，产出真实有效的有利于国家、有益于社会的科研成果。

（4）健全的心理状态

创新就是超脱惯性思维，突破传统思想，对现有事物和思想进行革新。对传统理论的质疑和否定，使得科技创新人才不断负重前行，不断在失败中总结经验、教训，以顽强的斗志越挫越勇，向目标前进。因为科技创新活动是一个站在全局视角下不断抽丝剥茧的庞杂工作，一些重大、关键技术攻关工作通常需要一个或数个科研团队协同合作才能够最终完成。但在项目的巨大压力之下，项目团队中存在的矛盾和争执就会被加倍放大。所以，在项目攻坚的过程中，必须明确团队成员的分工和角色定位，恰当有效地处理团队关系，才能保障科研项目的顺利开展和高效完成。

创新队伍中人才源源不断的供给离不开高等院校的人才培养。每年都会有出色毕业生加入科研创新团队，参与合作与研究。根据国家统计局发布的《2018 年国民经济和社会发展统计公报》，我国人才储备资源情况如图 4-3 所示。仅 2018 年全年，我国研究生教育招生 85. 8 万人，在学研究生 273. 1 万人，毕业生 60. 4 万人。普通本专科招生 791. 0 万人，在校生 2831. 0 万人，毕业生 753. 3 万人。中等职业教育招生 557. 0 万人，在校生 1555. 2 万人，毕业生 487. 3 万人。普通高中招生 792. 7 万人，在校生 2375. 4 万人，毕业生 779. 2 万人。初中招生 1602. 6 万人，在校生 4652. 6 万人，毕业生 1367. 8 万人。九年义务教育巩固率为 94. 2%，高中阶段毛入学率为 88. 8%。

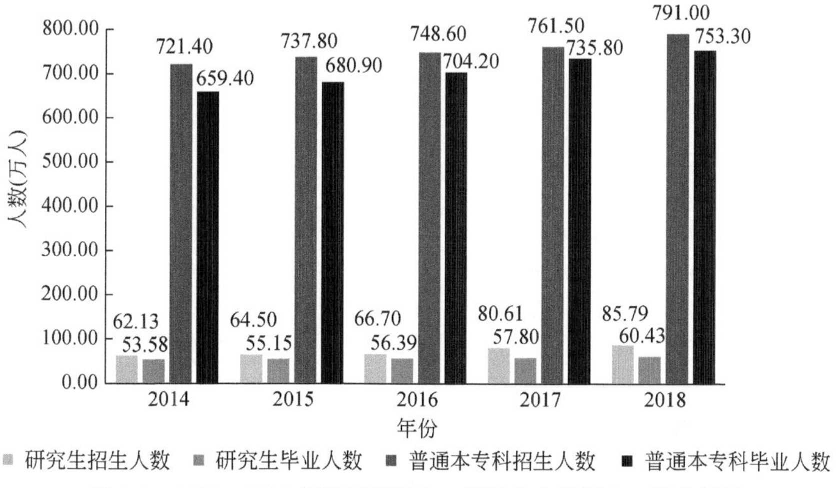

图 4-3　2014～2018 年我国研究生、普通本专科招生、毕业情况

4.3.4 中国创新资源分析

4.3.4.1 全球创新指数报告分析

2019年7月24日，世界知识产权组织与科内尔大学、欧洲工商管理学院等在印度新德里联合发布了《2019年全球创新指数报告》。该报告关注的重点是医学创新，报告中分析了未来十年的医学创新前景，研究了技术与非技术医学创新将如何改变全球的医疗保健服务，也对全球129个国家（地区）和经济体的创新表现进行了排名和细目分布分析。

报告显示，中国以54.82的全球创新指数得分，在全球参与排名的129个国家（地区）和经济体中位列第14名（表4-1），在2018年位列第17名（表4-2）的基础上再稳步上升3个位次，自2016年以来连续四年持续攀升，是唯一进入全球创新指数前15名的中等收入经济体。同时，从同收入组和同地区的比较上看，中国在34个中上等收入经济体中排名第1位，在15个东南亚、东亚和大洋洲经济体中排名第4位。

表4-1 全球129个国家（地区）和经济体全球创新指数排名（前20名）

国家（地区）和经济体	得分（0～100）	排名	收入水平	排名	地区	排名
瑞士	67.24	1	高等收入	1	EUR	1
瑞典	63.65	2	高等收入	2	EUR	2
美国	61.73	3	高等收入	3	NAC	1
荷兰	61.44	4	高等收入	4	EUR	3
联合王国（英国）	61.30	5	高等收入	5	EUR	4
芬兰	59.83	6	高等收入	6	EUR	5
丹麦	58.44	7	高等收入	7	EUR	6
新加坡	58.37	8	高等收入	8	SEAO	1
德国	58.19	9	高等收入	9	EUR	7
以色列	57.43	10	高等收入	10	NAWA	1
韩国	56.55	11	高等收入	11	SEAO	2
爱尔兰	56.10	12	高等收入	12	EUR	8
中国香港	55.54	13	高等收入	13	SEAO	3
中国	54.82	14	中上等收入	1	SEAO	4
日本	54.68	15	高等收入	14	SEAO	5

续表

国家（地区）和经济体	得分（0～100）	排名	收入水平	排名	地区	排名
法国	54.25	16	高等收入	15	EUR	9
加拿大	53.88	17	高等收入	16	NAC	2
卢森堡	53.47	18	高等收入	17	EUR	10
挪威	51.87	19	高等收入	18	EUR	11
冰岛	51.53	20	高等收入	19	EUR	12

注：各区域划分依据联合国分类标准，即 EUR＝欧洲地区；NAC＝北美洲地区；NAWA＝北非和西亚地区；SEAO＝东南亚、东亚和大洋洲地区

表 4-2　2017～2019 年我国在全球创新指数方面的排名情况

年份	全球创新指数	创新投入	创新产出
2017	22	31	11
2018	17	27	10
2019	14	26	5

《2019 年全球创新指数报告》显示，在全球创新指数的两大重要指标之一——创新产出次级指数上，中国取得了非常优异的成绩。在该项分数排名中，中国以 52.75 分的成绩，超过 52.61 分的美国，位列第 5 名。报告中以健康领域的专利发布数据为例，2010～2017 年，中国在生物科技领域共公布了 92 107 项专利，是日本（33 818 项）的近 3 倍；而在药物领域，中国更是以 21.5 万项专利赶超美国，位列世界第 1 名。在全口径的 R&D 经费投入方面，报告中的 2017 年数据显示，中国以 4520 亿美元，超过投入 1660 亿美元的日本和 1190 亿美元的德国，仅次于美国，位列世界第 2 名。

4.3.4.2　科学技术资源现状

2018 年，中国重大科研计划共安排了 1052 个项目，国家科技重大专项共安排 563 个课题，国家自然科学基金共资助 44 504 个项目。截至 2018 年底，正在运行的国家重点实验室 501 个，累计建设国家工程研究中心 132 个，国家工程实验室 217 个，国家企业技术中心 1480 家。国家累计引导设立科技成果转化基金子基金 21 支，资金总规模 313 亿元。2018 年中国境内外专利申请共计 432.3 万件，比上年增长 16.9%；授予专利权 244.7 万件，增长 33.3%；PCT 专利申请受理量达到 5.5 万余件。2018 年底，有效专利 838.1 万件，其中境内有效发明专利 160.2 万件。全年共签订技术合同 41.2 万项，技术合同交易金额 17 697 亿元，同期增加 31.8%。2018 年专利申请、授权及有效专利情况如表 4-3 所示。

表 4-3　2018 年专利申请、授权和有效专利情况

指标	专利数（万件）	比上年增长（%）
专利申请数	482.3	16.9
其中：境内专利申请	412.1	17.3
其中：发明专利申请	154.2	11.6
其中：境内发明专利	138.1	11.9
专利授权数	244.7	33.3
其中：境内专利授权	231.9	36.0
其中：发明专利授权	43.2	2.9
其中：境内发明专利	34.0	6.0
年末有效专利数	838.1	17.3
其中：境内有效专利	739.9	19.3
其中：有效发明专利	236.6	13.5
其中：境内有效发明专利	160.2	18.1

2018 年全年我国累计成功完成 38 次宇航发射。其中，嫦娥四号探测器成功着陆月球背面并通过中继星将数据传回地球，这意味着人类首次月球背面巡视探测任务正式启动；北斗三号卫星导航系统基本系统建设完备，全球性导航等服务正式启动；我国地震立体观测体系首个天基平台中意电磁监测试验卫星、中法航天合作的首颗卫星中法海洋卫星成功发射；我国首艘 001A 型航母出海试航，国产大型水陆两栖飞机水上首飞，港珠澳大桥正式通车运营。这一项项成就，历历在目。这些成就充分体现了习近平新时代中国特色社会主义思想的内在逻辑，全面展示了创新、协调、绿色、开放、共享的新发展理念。

截至 2018 年末，全国共有国家质检中心 791 家。全国现有产品质量、体系和服务认证机构 484 个，累计完成对 63 万家企业的认证。全国共有法定计量技术机构 5030 个，全年强制检定计量器具 10 406 万台（件）。全年制定、修订国家标准 2668 项，其中新制定 1935 项。全年制造业产品质量合格率为 93.93%。

4.3.4.3　资本资源现状分析

2018 年我国 R&D 经费支出达 19 657 亿元，比 2017 年增加了 2071.38 亿元，增速为 11.6%，连续三年增速达到两位数，延续了“十三五”以来较快增长的势头。R&D 经费投入强度（R&D 投入与国内生产总值之比）为 2.18%，同比增加 0.04 个百分点，并连续 5 年超过 2%，再创历史新高。2014 ~ 2018 年 R&D 经费支出及其增长速度如图 4-4 所示，投入构成见表 4-4。

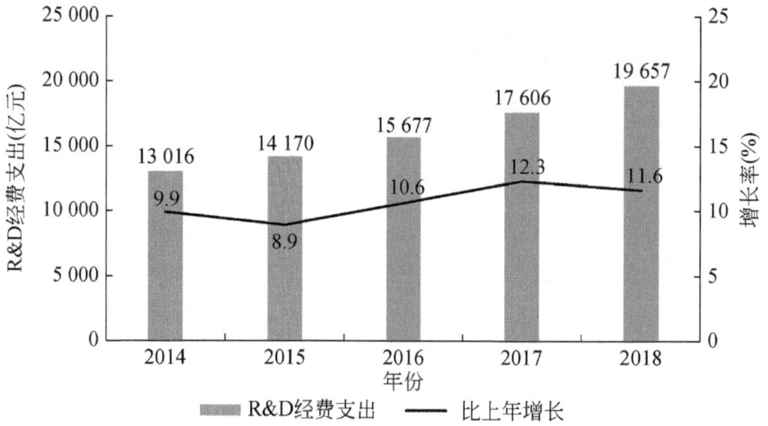

图 4-4　2014 ~ 2018 年 R&D 经费支出及增长速度

表 4-4　R&D 经费投入构成　　（单位:%）

年份	企业	政府所属科研机构	高等院校	其他
2014	77. 3	14. 8	6. 9	1. 0
2015	76. 8	15. 1	7. 0	1. 1
2016	77. 5	14. 4	6. 8	1. 3
2017	77. 6	13. 8	7. 2	1. 4
2018	75. 9	12. 4	9. 3	2. 4

企业投入拉动作用突出。2018 年，我国 R&D 投入的三大主体——企业、政府所属科研机构和高等院校的 R&D 经费投入同期分别增加 11. 5%、10. 5% 和 15. 2%，对 R&D 经费增长的贡献分别为 75. 9%、12. 4% 和 9. 3%，企业依然是全社会 R&D 经费增长的主要拉动力量。

基础研究经费破千亿元大关。2018 年，我国基础研究经费为 1090. 4 亿元，首次突破千亿元大关，占 R&D 经费的比例为 5. 5%，与上年持平。三大主体基础研究经费均实现较快增长，高等院校、政府所属科研机构和企业的基础研究经费分别为 589. 9 亿元、423. 1 亿元和 33. 5 亿元，分别比上年增长 11. 1%、10. 1% 和 15. 7%；其中高等院校对全社会基础研究经费增长的贡献为 51. 1%，是基础研究投入的主体。

与世界发达国家相比，2018 年我国的 R&D 经费投入强度超过 2017 年欧盟 15 国平均水平（2. 13%），相当于 2017 年 OECD 35 个成员国中的第 12 位，正接近 OECD 平均水平（2. 37%）。2017 年世界主要国家 R&D 经费投入强度如图 4-5 所示。

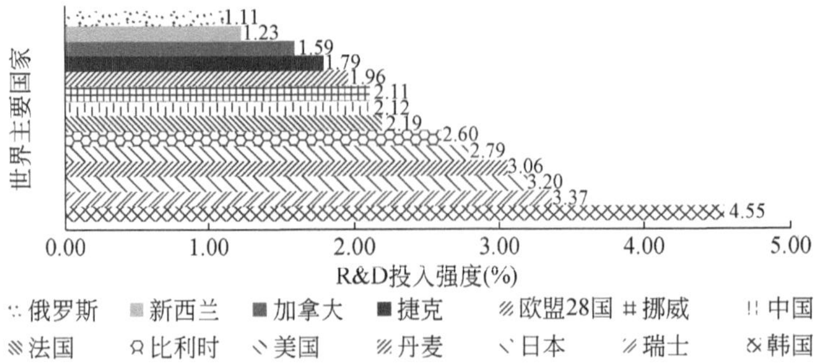

图 4-5 2017 年世界主要国家 R&D 经费投入强度

我国 R&D 经费投入强度与美国、日本等世界科技强国相比仍有不小的差距。其中，基础研究投入少、政府资金占比低等问题依旧突出。在我国科技创新的进程中，关键核心技术依旧是一大薄弱点，国家重要科技创新成果不足，R&D 投入效率亟待进一步提高。

4.3.4.4 研究人员与人才储备力量

2017 年我国科技人才资源总量达到 8705 万人，比上年增长 4.9%。其中大学本科及以上学历的科技人才资源总量为 3934 万人，比上年增长 7.1%。我国本科及以上学历科技人才资源测算口径与美国的科学家工程师测算口径大体一致。根据美国《科学与工程指标 2018》，2015 年美国科学家工程师总量为 2320 万人。中国 R&D 人员数量继续增长，高学历人员占比上升，研发人员素质进一步提高。2017 年，我国参与研发活动的人员总数为 621.4 万人，比上年增长 6.6%，其中 67.7% 为全时人员。在 R&D 人员中，女性 166.0 万人，比上年增长 7.5%；博士 41.7 万人，硕士 92.0 万人，本科毕业生 271.2 万人。研究生学历的人数占总数的 21.5%，比上年（21.0%）有所提高。按全时当量统计，2017 年我国 R&D 人员总量为 403.4 万人年，比 2016 年增加 15.6 万人年，增速为 4.0%，比上年提升了 0.8 个百分点。R&D 研究人员总量持续增长，2017 年达到 174.0 万人年，比 2016 年增加 4.8 万人年，增速为 2.9%。R&D 研究人员占 R&D 人员的比例为 43.1%，比上年下降 0.5 个百分点。

2017 年，我国企业 R&D 人员总量达到 312.0 万人年，占全国的 77.3%，比上年减少 0.3 个百分点。科研机构和高等院校的 R&D 人员分别达到 40.6 万人年和 38.2 万人年，两者合计占比为 19.5%，比上年有所上升；其他事业单位 R&D 人员为 12.6 万人年，占全国的比例为 3.1%。同年我国 R&D 人员中，科学研究人员占比有所上升，试验发展人员占比有所下降。基础研究人员为 29.0 万人年，占 7.2%，比上年提高 0.1 个百分点；应用研究人员为 49.0 万人年，占 12.1%，比上年提高 0.8 个百分点；试验发展人员为 325.4 万人年，占 80.7%，比上年下降 0.9 个百分点。OECD 的统计数据显示，中国的 R&D 研究人员全时当量数占全球总量（44 个国家地区合计数）的比例从 2009 年的 18.5% 上升到 2017 年的 22.5%。全球范围内 R&D 人员超 10 万人的国家情况如表 4-5 所示。

表 4-5　R&D 人员超 10 万人的国家情况

国家	年份	R&D 人员（万人年）	每万名就业人员的 R&D 人员数量（人年/万人）	R&D 研究人员（万人年）	每万名就业人员的 R&D 研究人员数量（人年/万人）
中国	2017	403.4	52.0	174.0	22.4
澳大利亚	2010	14.8	13.0	10.0	90.3
巴西	2014	37.7	30.9	18.0	14.8
加拿大	2016	43.5	155.8	28.9	84.1
法国	2017	43.5	155.8	28.9	103.4
德国	2017	68.2	154.0	41.4	93.4
印度	2014	52.8	7.8	28.3	4.2
意大利	2017	29.2	116.2	13.6	54.3
日本	2017	89.1	131.9	67.6	100.1
韩国	2017	47.1	177.5	38.3	144.3
荷兰	2017	13.8	152.1	8.5	93.8
波兰	2017	12.1	74.6	9.6	29.3
西班牙	2017	21.3	110.7	13.3	68.4
土耳其	2017	15.4	55.1	11.2	40.1
英国	2017	42.5	132.4	29.0	90.4
美国	2016	—	—	137.1	89.3
俄罗斯	2017	77.8	107.9	41.1	56.9

从国际上看，我国研发人力投入强度指标在国际上仍处于落后水平。2017 年，中国的 R&D 人员在就业中的比率仅高于巴西等发展中国家。多数发达国家的每万名就业人员的 R&D 人员数量仍然是中国的 2 倍以上。2017 年，我国每万名就业人员的 R&D 人员数量在 R&D 人员总量超过 10 万人年的国家中排名倒数第 2 位，发达国家这一指标值普遍是中国的 4 倍以上。

4.4 创新管理

对于一个复杂、多元的系统网络组织——创新生态系统来说，完善合理、行之有效的驱动制度和管理制度是国防科技创新生态系统正常运行和国家经济健康发展的重要保障（陈劲，2013）。

美国在世界国防和军队建设方面居于世界领先位置，主要是因为其具备完善合理、集约高效的国防科技创新体系，并且建立了完善的国防科技创新管理体制机制。从协同创新角度看，美国政府建立了顶层统筹决策机制和部门协调机制，并且积极采取措施，引导企业、科研机构和高等院校等主体协同创新，共同推动国防科技发展（费艳颖和凌莉，2019）。

笔者通过对中美两国现存创新生态系统进行对比，分析我国科技创新生态系统存在的一些问题，并以美国现有创新管理机制为例，分析其影响，从而为我国建立科学合理、集约高效的国防科技创新管理体制机制提供参考和依照。

4.4.1 中美两国现有创新生态管理机制

4.4.1.1 美国现有创新生态管理机制

（1）顶层统筹决策机制

为了充分保障政府的科学决策，以及相关政策的有效实施，美国联邦政府不断加强顶层统筹。其具体手段如下：①建立国家科学技术委员会，由总统担任主席，负责协调重大科技政策、战略和计划；②组建美国总统科技顾问委员会，为总统处理科学发展和技术创新相关事宜提供多层次、多角度、客观独立的专家意见和建议；③强化美国科技政策办公室的职能范围，切实落实重大科研方针。

这些顶层统筹部门对于美国联邦政府落实跨部门的国防科技方针，开展国防科技创新研究工作，具有非常重要的作用。例如，美国总统科技顾问委员会、国家科学技术委员会先后宣告的《保障美国先进制造领导地位》和《国家先进制造战略方针》，号召联邦政府、工业企业、学术界专家学者和劳动者在美国各地展开多层次、多角度的合作，加速先进制造创新。科技政策办公室在国防科技重大计划中的统筹协调作用更加明显，其先后成立了美国联邦政府“纳米技术计划”、“全球变化研究计划”和“网络与信息技术研发计划”的政府计划专项部门，负责各个计划实施情况的收集、剖析、协调、评估等，同时还承担美国联邦政府“先进制造伙伴计划”、“大数据计划”、“国家机器人计划”及“材料基因计划”等多项行动的落实工作（黄建榕和柳一超，2017）。

（2）管理部门间协调机制

除了顶层统筹决策机制之外，美国国防部、美国能源部、美国国家航空航天局等国防科研管理部门和执行部门之间，也建立了不同形式的协调机制。

1）为保持部门协作关系，设立常设机构。美国联邦政府在有经常性工作关系或管理职能有交叉的部门之间，设立常设协调机构。例如，国防部和能源部作为美国核武器安全的主管部门，共同负责核武器研究、发展、库存和退役工作。在国防部和能源部之间担任协调工作的机构是核武器委员会，对美国核武库管理工作提供政策指导和监督。2012 年启动的 B61-12 核弹延寿计划（美国空军和核军工管理局联合计划）就是由 NWC 监督实施的。

2）为实施国家相关政策，设立专门机构。美国联邦政府为了落实一些关系国防科技整体发展或牵涉诸多部门的国家政策，设立专项部门进行组织协调。例如，2004 年，美国总统批准了新的《天基定位、导航和授时政策》，并设立了国家天基定位、导航和授时执行委员会。该执行委员会建立和实施了部际协调程序，统筹考虑国家安全、国土安全和民用需求，协调国防部、运输部、国家航空航天局、国土安全部等各部局成员的项目计划、需求、投资、进度等（程臻和薛惠锋，2018）。

3）成立专项部门负责跨部门国防科技创新计划。美国联邦政府为落实跨部门的国防科技计划，设立专项部门负责组织协调。例如，美国政府为了实施“国家先进制造创新网络”计划，设立先进制造业专项部门，负责组织协调国防部、能源部、美国国家航空航天局、国家科学基金会等部门的工作，建设制造创新研究所，把工业界、高等院校、联邦机构，以及地区和国家组织集合到一起，通过投资工业相关的制造技术，加速制造创新。

（3）科技管理部门对国防科技创新的引导作用

美国通过立法、资金支持、税收优惠等手段，引导企业、科研机构和高等院校等发挥自身优势，参与国防科技创新。

1）出台相关法律法规，为协同创新提供保障。1980 年美国政府落实的《斯蒂文森–维德勒技术创新条例》，加速了美国军方和联邦政府各部门与各类企业之间的技术转移，强化了科学发展和技术创新的适应性，最大限度地提升了科学技术资源的宣传推广力度和共享程度。同年，美国国会通过的《拜杜法案》，允许大多数联邦实验室向美国企业和高等院校授予联邦专利的专有许可证，促进了政府和产业界的合作。为突破《反垄断法》的限制，美国先后于 1984 年、1993 年和 2004 年通过了《国家合作研究法》、《国家合作研究与生产法》和《合作研究与技术提升法》，使企业能自由地开展联合研究和联合生产，从而加快了创新的速度。此外，为推进军民技术双向转移，美国于1998年制定了《国防技术转轨、再投资和过渡法》，在加快军用技术转民用的同时，要求国防部改革有关法规，从而促进民用技术、民用产品和民用企业创新（王磊和詹鸣，2016）。

2）规范国防科研活动，引导创新主体各司其职。在国防科技创新过程中，政府作为中间人，不断强化高等院校、企业、政府实验室、工业部门参与创新的力度，引导创新工作从实验室走向军事应用。高等院校和科研机构作为国防科技创新的源泉，围绕国防科技发展需求开展基础研究。美国政府所属的国防科研机构进行基础性、前瞻性及跨学科综合性的研究活动，特别是投资力度大、项目研发时间长、不确定性高或企业无法独立承担的科研项目。工业部门则根据具体需求，在高等院校和科研机构的科研成果基础上，进行技术创新和武器型号研制。

3）打造完整创新链条，强调各环节均衡发展。美国国防部根据科研活动的特点，将国防科研活动分为基础研究、应用研究、先期技术开发、先进部件开发与样机、系统研制与验证、科研管理保障和作战系统开发7类，并通过科研活动之间的相互衔接，形成了完整的国防科技创新链条。同时，美国国防部强调在国防科技创新活动全过程的各个阶段，保持相对稳定的经费投入，确保各类科研活动能够顺利开展。

4）推动创新平台开放，促进国防科技资源共享。美国政府批准国防部对外共享国防实验室的设备、技术和研究能力，向社会有偿提供服务。根据美国国防部TechMatch网站的公开信息，国防部共计共享了1066个实验设施，其中海军473个，陆军455个，空军138个，涉及小型实验室、中心、测试设施和靶场等39个类别。美国能源部所属的大型科学装置和设施，也共享给联邦政府、高等院校、产业界和其他科研机构利用。每年约有2万名用户使用能源部科学局管理的设施，其中有1/2的使用者来自美国的各所高等院校，1/3来自能源部国家实验室，其他来自工业界、其他机构（王振等，2017）。

5）支持协同创新项目，促进科技成果相互转化。美国国防部制定和实施了一系列推动产学研协同创新和扶持中小企业技术创新活动的计划与项目，包括“技术成果转让倡议”、“国防采购挑战计划”、“小企业创新研究计划”和“小企业技术转移计划”等。其中，“小企业创新研究计划”每年投入约25亿美元用于扶持初创型创新企业的高风险创新项目；“小企业技术转移计划”要求研发经费超过10亿美元的部门，每年要划出一定比例的研发经费，专门用于扶持小型企业和非营利性质的研究机构的技术转移项目。这些计划的实施也带动了民间资金的介入，形成了大规模的国防科技创新成果转化。

6）加强国防需求对接，营造良好的协同创新环境（余东城等，2019）。美国国防部规定各军种和部门及时公告项目信息，工业界可以通过“国防创新市场”网站申请参与相关科技活动。美国国防部信息分析中心作为国防技术创新的孵化器，拥有 49 个州的 7000 多位科学家和工程师，其咨询服务为政府、工业和学术界专家提供了彼此直接联系的庞大网络。国防部还创建了 Techipedia 网站，为国防部专家及其他政府机构科技工作者和承包商之间提供一个实时交流平台，便于各机构之间共享需求信息。美国还建立了专利、技术、产业、人才、管理和培训及法律相关资料库，并提供信息查询服务，以消除不同主体间的信息不对称，为潜在合作伙伴提供信息咨询。

建立、完善顶层决策机制和部门协调机制，清晰定位联邦政府各部门在国防科技创新中的职能，实现国防科技创新资源优化配置。加强制度机制保障，通过领导方式、管理方式、规章制度及其组织结构的优化，积极搭建孕育创新思想、孵化创新幼芽、传导创新能量、激发创新热情的平台，在更高起点和层次上使一切创新活力竞相迸发。

4.4.1.2 中国创新生态系统管理

（1）顶层统筹决策机制

为了保障国家科学技术的稳定、长远发展，确保党和政府关于科学研究和技术发展的政策、法规和制度得以实行，中国先后成立了中国科学院、国家科学技术委员会（现为科学技术部），负责拟订国家创新驱动发展战略方针；统筹推进国家创新体系建设和科技体制改革，会同有关部门健全技术创新激励机制；优化科研体系建设，指导科研机构改革发展，推动企业科技创新能力建设，承担推进科技军民融合发展相关工作，推进国家重大科技决策咨询制度建设；拟订国家基础研究规划、政策和标准并组织实施，组织协调国家重大基础研究和应用研究；拟订重大科技创新基地建设规划并监督实施，参与编制重大科技基础设施建设规划并监督实施，牵头组织国家实验室建设，推动科研条件保障建设和科技资源开放共享。

（2）管理部门间协调机制

为保护和推动科技发展，设立专门机构推动国家科技的发展和进步、技术的创新，以及加快科技成果产业化的进程。中国设立战略规划司负责拟订科技创新发展战略；设立政策法规与创新体系建设司承担国家科技创新体系建设和体制改革工作；设立资源配置与管理司承担科技成果评估、监督和科研项目资源配置等工作；设立成果转化与区域创新司保障和促进科研成果产业化，指导国家区域创新生态系统的建立和构建；设立基础研究司拟订国家基础研究规划，推进科技资源和科学数据开放共享；设立高新技术司拟订保障高新技术发展的相关政策和规划，推动重大关键技术的攻关工作；设立重大专项司负责国家科技重大专项布局的实施和落实；设立国家科学技术奖励委员会执行国家科学技术奖励政策和法规，承担国家科技奖励工作。

（3）科技管理部门对国防科技创新的引导作用

1）出台相关法律法规保护和推动科学技术创新。作为我国科技创新和技术开发的主要负责部门，科学技术部在《迎接知识经济时代，建设国家创新体系》报告中提出了奔向知识经济时代的国家创新体系。1993 年以来，科学技术部先后发布《中华人民共和国科学技术进步法》《中华人民共和国促进科技成果转化法》《中华人民共和国科学技术普及法》《中华人民共和国科学技术进步法》《中华人民共和国促进科技成果转化法》（2015 年修订），以促进我国科学技术的发展，加快科技成果产业化的进程。

2）为国家科技发展和技术创新指明方向。2012 年，党的十八大提出了创新驱动发展战略，中国在新阶段的经济发展规划就明确了以科学发展和技术创新作为推动社会生产力和国家综合国力发展的战略层动力，坚持走中国特色的自主创新之路。党的十八届五中全会通过的《中共中央关于制定国民经济和社会发展第十三个五年规划的建议》提出必须牢固树立创新、协调、绿色、开放、共享的发展理念。这将国家经济发展的核心放在创新上，使之成为引领发展的第一动力。2016 年，中共中央、国务院发布《国家创新驱动发展战略纲要》，召开“科技三会”，提出我国科技创新“三步走”战略目标：到 2020 年进入创新型国家行列，到 2030 年跻身创新型国家前列，到 2050 年建成成为世界科技创新强国。这是党中央面向世界、面向未来、面向现代化作出的重大战略选择，是对我国以创新为基点，以经济资源投入、法律法规保护为纽带，带动我国现代化建设和中华民族伟大复兴的重大决策。

作为中国自然科学最高学术机构、科学技术最高咨询机构、自然科学与高技术综合研究发展中心，中国科学院提出实施“863”计划、设立科学基金管理机制、探索研究国外战略性高新技术发展、建立中国工程院、发展先进核能、构建可持续能源体系等一连串重大决议。中国科学院搭建了学部与实体有机结合的战略研究体系，不断深入剖析全球科学发展和技术创新趋势，考量中国经济社会发展和科学技术研究创新，制定了《创新促进发展，科技引领未来》《创新 2050：科学技术与中国的未来》《科技发展新态势与面向 2020 年的战略选择》等战略方针计划，在国家发展的重要阶段提出了应对挑战的系统科学建议和系统解决方案，指引了中国科学发展和技术创新的目标与前进方向。

3）推动创新平台开放，促进国防科技资源共享。截至 2016 年，国家共建成 600 余个国家重点实验室，主要涉及工程、生命、化学、信息等十余个学科。这些学科的国家重点实验室已达 500 余个，国家工程研究中心 130 余个，此外，还有国家工程实验室 200 多个及国家企业技术中心近 1500 个。在国家重点实验室中，院校国家重点实验室共有 255 个，涉及 8 个学科领域。在 8 个学科领域中，地球科学领域及生物科学领域分布最多，各有 44 个，各占实验室总数的 17. 3%；其次是工程科学领域，占比约为 16. 86%；企业国家重点实验室共有 96 个，涉及材料、矿产、能源、医药、信息、制造、农业、交通 8 个学科领域，其中材料、矿产、能源领域数目占据前三位。国家引导成立了 21 支科技成果转化基金，资金总量达 313 亿元。

4）打造完整创新链条，强调各环节均衡发展。中国的国防科技创新活动涉及从需求（概念）生成、基础性研究、应用性研究、技术开发到技术集成、工程化应用，以及升级改造等创新环节。这些创新环节环环相扣、有序衔接，形成了完整的创新链条。创新链条中，政府主引导，为企业、高等院校和科研机构提供制度保障和法律、法规支持。企业主创新，为科技创新人才搭建一展风采的平台，推动加速国防科技创新成果转化。高等院校和科研机构主科研，满足创新企业、军队的科学和技术需求，为企业输送科技创新人才，承接国家科研项目，攻克重大关键技术。在国防科技创新生态系统的创新链条中，军队向企业提出需求并反馈意见，为企业发展树立需求导向。服务主体中的中介机构负责在创新企业、高等院校和科研机构之间搭建沟通交流的平台，金融机构负责为创新企业提供一定的资金投入，满足企业发展所需。

5）支持协同创新项目，促进科技成果相互转化。2018 年，中国国家重点研发计划共设立 1052 个项目，国家科技重大专项共设立 563 个课题，国家自然科学基金共资助 44 504 个项目。在国家支持下，共设立 21 支科技成果转化子基金，资金总量达 313 亿元。这些项目的成立和基金的设立极大地推动了科研成果的产出及转化，促进了国家科技创新的发展。

4. 4. 2　中美两国创新生态系统对比

4. 4. 2. 1　中美两国创新生态现状对比

当前，美国联邦政府构建了高效的创新生态体系，满足了创新人才的研究探索追求、商人追逐利益的本能，达成了联邦政府创新生态体系计划目标，促进了不同类型高等院校之间的有机融合。与美国创新生态现状进行对比，中国的创新生态系统有许多亟待改进之处。中美两国创新生态现状对比如表 4-6 所示。

表 4-6 中美两国创新生态现状对比

项目	中国	美国
创新方式	目前以模仿创新为主	目前以自主创新为主
竞争策略	竞争取胜	合作取胜
政府影响	政府主导	市场导向
文化作用	儒家思想的重伦理，轻自然；复古意识和中庸思想；城市开放程度弱	实用主义、自由开放主义；文化多元、种族多元，城市开放程度高
创新机制	产学研体系不完善	创新主体、服务主体机构完善
风投规模	小	大

由表 4-6 可以看出，中国的创新方式还停留在模仿创新阶段，国内环境下对创新人才缺乏应有的尊重，国内研究环境缺乏对创新不确定性的正确认识，国内生态系统的创新网络有待完善和改进（博庆贺和张焕焕，2019）。

4. 4. 2. 2 中美两国创新生态体系对比

美国的创新生态系统主要包括美国政府、企业、高等院校、非营利性质的研究机构及政府资助下的研发中心。中国的创新生态系统主要包括政府、军队、高等院校和科研机构、企业、中介机构和金融机构等，其中科研机构主要是指政府所属科研机构。中美两国创新生态体系对比如表 4-7 所示。

表 4-7 中美两国创新生态体系对比

项目	中国	美国
政府	制定产业发展规划和国家发展战略、采取许多支持措施，但协调配套能力弱、政策导向不清晰	对技术创新和管理非常重视，法律法规及相应创新驱动机制较为完善
科研机构	基础研究投入占比少、基础研究人员少、基础设施不完善	重视基础研究投入，拥有完善的基础设施
高等院校	与政府和企业合作，校内设立科技园机构	主要作为知识创新、科技创新人才的孵化器，承担大部分国家科技创新中的基础研究工作
企业	与国企、外贸企业相比，中小企业地位较低	企业在创新体系中处于绝对核心地位，创新活动在社会各领域中全面开展
创新环境	知识产权保护体系尚待完善，专利制度设立时间晚，传统思维仍有较大影响	鼓励创新，创新驱动机制完善
创新评估	对创新结果的评估困难	采用多种方法对创新结果进行综合评估

由表4-7可以看出，和美国的创新生态体系相比，中国的创新生态体系存在政策引导作用不明显、对基础研究重视程度不够、中小企业与国企的地位不对等、法律法规不完善、科技发展和技术创新评估机制不完善等问题，国内创新环境亟待改善（毛亚男，2016）。

4.4.3 中国创新生态系统发展中存在的问题

（1）重大关键技术方面的缺陷

暗物质卫星“悟空”的成功发射，中国首颗X射线天文卫星“慧眼”遨游太空；C919，中国百年“大飞机梦”的实现；中国桥、中国路、中国车、中国港，成就人民福祉的中国梦已触手可及，驱动中国复兴的创新引擎正全速前进。中国新四大发明（高铁、扫码支付、共享单车、网购）的问世，将中国特色创新向全世界展现了属于中国的风采，也让国人再一次扬起自信的笑容。然而，不容忽视的是，中国在重大关键技术上仍和世界发达国家存在较大差距。发动机、芯片等产品仍需要向国外进口来满足所需，关键技术上对外依存度高达50%。这一问题是我国企业发展中的一条枷锁，也是国家安全和发展的巨大阻碍（张晓强，2016）。

（2）科技成果转化率低下

从创新数据上来看，我国在技术发明专利申请数量、科技创新人才数量及储备数量、市场规模和经济增速（创新总需求）等方面均高居全球第一，但在科研成果转化率方面，我国的科研成果转化率不仅远远低于美国的转化率（80%），甚至远达不到世界平均水平（30%~40%）。这是我国科技发展和技术创新的进程中面临的一大难题。

（3）基础研究投入不足

基础研究不仅是科学发展和技术创新的起点，也是培养创新人才、塑造科学文化的关键，更是国家综合竞争力的关键。2018年，我国R&D经费支出达19 657亿元，其中基础研究经费1118亿元，约占5.68%。与美国（10%~15%）、日本（12%~17%）、德国（20%）、法国（20%）等世界主要科技强国的基础研究投入额相比，中国的基础性研究经费投入尚处于较低水平，科技创新的源动力不足。

（4）科学发展和技术创新环境问题

良好的科研环境和研究氛围对科技发展进步与创新活动的开展有重要的促进作用。但功利主义的存在，导致我国科研氛围不够浓厚，阻碍了科技创新人才创新意识、创新思维和科学精神的养成和我国科技创新的发展。

（5）企业自主研发能力不够

企业作为我国国防科技创新生态系统的创新主体，担负着重要的创新工作，但由于缺乏人才储备、资金、市场需求，以及创新意识和思维受限等问题，多数企业自主研发能力弱，企业发展缓慢（郑光军，2019）。

4.4.4 构建科学高效的国防科技创新管理体系

针对我国科技创新中存在的问题，在借鉴美国现有创新生态系统管理机制的基础上，笔者认为我国在建立科学合理的创新驱动机制时，可从需求侧、供给侧、环境侧三个方面对我国国防科技创新生态系统驱动机制进行完善。

4.4.4.1 需求侧

（1）拉动国内市场对国内科技创新成果的需求

我国科研成果转化率低的原因可从两方面分析。一方面是缺乏市场需求。一直以来，中国民众对于创新产品的认识大多都是源于国外产品，民众对国内创新产品缺乏认识，更缺乏信任。政府应刺激国内市场对创新产品的需求，鼓励企业宣传。另一方面，存在高等院校和科研机构注重项目攻关，轻视产品转化的情况。政府应号召高等院校和科研机构认识到科研成果产业化后对自身的回馈，不是鼓励功利之心，而是让高等院校和科研机构认识到科研成果转化后对社会、经济、民生等多方面产生的推动作用，从而更有信心去研究、去创新。

（2）加大政府、军队对创新产品采购的需求

美国硅谷能在短时间内迅速发展壮大，成为美国乃至世界的高新技术创新和发展的创始者和中心，其关键在于联邦政府在硅谷发展早期提供了国防支持和军事需求。要扶持国内创新企业发展，中国政府一定要加大国防和军队对国内创新企业的支持力度，如向国内创新企业提出军工武器装备需求，同等条件下优先考虑国内企业科研成果产品，扶持本土企业发展，让企业获得足够的资金和市场需求去进行创新活动，在不断发展中提高自主研发能力，产出更加先进的科研成果，进而转化为优质商品，扩大市场占有率，加快企业发展，形成良性循环。

（3）鼓励创新产品迈进和开拓国际市场

政府可以考虑加大对国内创新企业的研发活动提供财政贴息贷款的扶持力度，降低企业研发风险，帮助国内创新企业扩大市场范围，拓宽国际市场，增加资金流入，进而增加研发投入，增强企业自主研发能力。

4.4.4.2 供给侧

（1）调节产业结构，加大对重大关键技术的重视

在新能源+互联网即将孕育出第三次工业革命的今天，中国必须抓住机遇，把握机会。大力促进绿色和智能制造工程建设，加大对战略性新兴产业的扶持力度，推动针对新型重大关键技术的研究工作，为国家安全和发展保驾护航。

（2）调节资源配置结构，优化技术供给

一方面，政府要重视技术创新、创新人才资源、知识经济和信息技术的推动作用；另一方面，完善资源有偿和生态补偿等相关政策、加强落实和监督管理力度，唤醒企业的生态环保观念，研发绿色环保产品，发展绿色经济。

（3）坚持“以人为本”的创新理念，加强人才孵化

完善国防科技创新人才培育投入和孵化制度，激发国防科技创新人才的创新活力，培养高水平的国防科技创新人才，为企业的创新工作做好人才储备工作，提高企业自主创新能力。

（4）优化制度管理，促进经济发展

一方面，转变 GDP 第一的评估理念，构建更加完善合理的政府决议机制，鼓励科技创新。另一方面，促进落实教育理念转变，培养适应性强的国防科技创新人才，提高创新人才质量，为国家的经济发展提供专业化人才，让国家有充足的经济实力推动科学发展和技术创新。除此之外，还要大力改善科学发展和技术创新的研发环境，释放创新人才的创新活力，提高创新人才创新质量，为攻克重大、关键技术和颠覆性技术提供人才保障。

（5）加大基础研究投入，重视基础研究

基础研究是整个科学体系的源头，是所有技术问题的总机关。为了推动基础研究工作的开展，政府应做到以下两点：一是加大 R&D 投入中的基础研究投入，让科学发展和技术创新拥有源源不断的动力；二是重视基础研究的工作质量，推动基础研究工作的高质量完成。

4.4.4.3 环境侧

（1）改善创新评估机制

完善现有针对科学发展和技术创新的评价机制，从科学发展和技术创新的全过程进行评估和监控。转变传统的“只许成功，不许失败”的评估理念，正确认识创新的不确定性问题，鼓励创新主体从失败中找到教训，总结经验，将失败作为下一次创新活动的前车之鉴，不断调整，屡败屡战。

（2）鼓励全民创新，唤醒创新活力

政府要鼓励全民创新、大众创新，大力呼吁社会各界力量加入科学发展和技术创新活动，塑造优质的创新环境，唤醒创新主体的创新活力，使其怀揣饱满的精神状态投入研发活动中。

（3）优化制度保障体系，改善创新创建

科技创新人才是国家国防科技创新能力的根本，也是国家竞争力的关键，因此，政府应格外关注对科技创新人才的培养。

从宏观层面来看，政府要完善对创新企业和人才的社会保障机制建设。从微观层面来看，尊重企业的创新主体定位，加大对企业初创期的资金支持，鼓励企业进行创新研发活动。

（4）严厉打击科研经费大量流失、学术造假和科研腐败现象

一方面，国家必须完善法律制度，对不法发明者实施行政管理和处罚措施，严惩虚假信息和欺骗行为；另一方面，要建立科学的过程评价体系，随时跟进科研项目进展，及时发现问题、解决问题。

（5）加强科技基础设施的公共平台建设，建立共享机制

政府应该营造制度环境，在原始性创新、战略性研究、基础性研究和前瞻性研究、共性技术和涉及国家安全的战略领域加大投入。同时，政府还应该推动构建创新共享平台，促进创新技术扩散。

4.5 国防科技创新生态系统影响因素分析

4.5.1 区域创新生态系统

区域创新生态系统是由相互影响、相互依存的市场需求、技术水平、资金、人才等多种因素形成的各主体，在一定的区域内各个创新主体发挥各自的功能与其他主体共同创新，进而形成松散又互相关联的生态网络系统，通常具有相对的稳固性和独立性。各区域创新生态系统的不断完善和发展对构建科学合理、集约高效的国防科技创新生态系统有极大的促进作用（张首芳，2008）。

4.5.1.1 区域创新生态系统影响因子

区域创新生态系统影响因素如图 4-6 所示。

1）主体要素系统。企业利润、经营活动、创新发展、产品开发、资源配置、市场影响力等因素都与新产品的开发与成功应用存在着正相关性，这些关系围绕新产品组成反馈环，反馈新产品开发及销售状况，是对企业创新举措的真正评价。

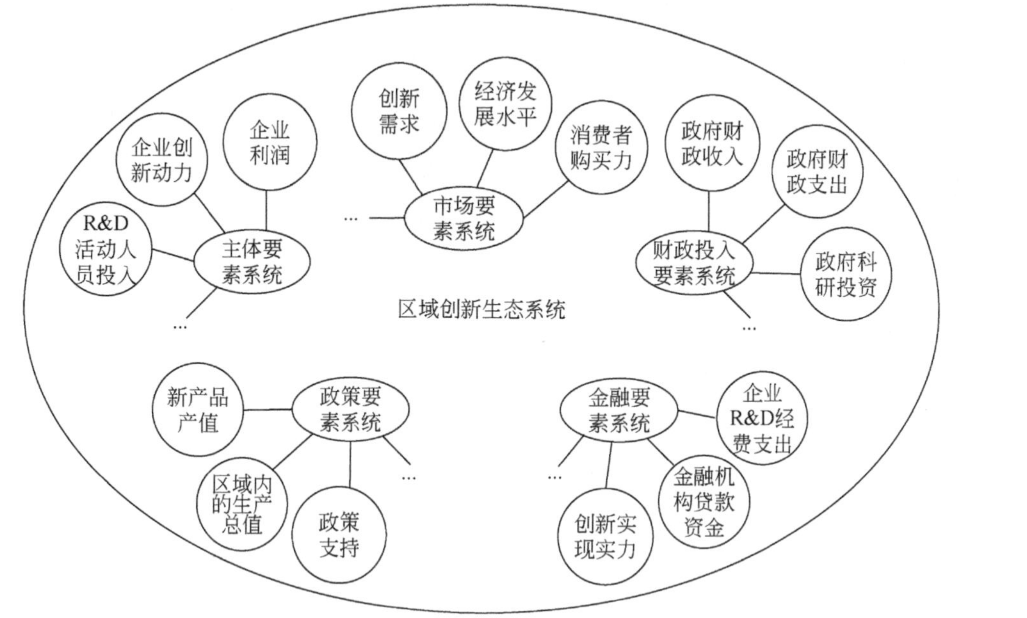

图 4-6　区域创新生态系统影响因素

2）市场要素系统。政治因素、市场体制、消费者购买力、市场发展方向、供需关系、企业的推广投入与推广方式等形成正因果反馈环，企业能够从这一反馈环中获得市场和消费者所需的创新方向与创新内容，以此作为企业创新的基础。

3）政策要素系统。国内经济政策、进出口国相关的经济政策、区域内经济政策与经济水平、经济发展水平和产品的社会地位等形成正因果反馈环，能够反映出产品开发的政策支持程度。

4）财政投入要素系统。政府的财政收入、区域内的生产总值、政府在基础设施建设或科技创新方面的投资、政府的公益性投入等因素之间共同作用，形成正因果反馈环，以此表征政府与社会对新产品的投入支持状况。

5）金融要素系统。该系统所关联的作用因子更多。地区经济发展水平、信贷业务状况、银行政策、政府财政政策、民众的存款能力、市场购买力、金融体系的健全程度、企业获得贷款的难易程度与贷款利息等形成正因果反馈环，能够以此反馈地区内金融情况对创新产品的支持程度。金融要素处于较好水平，则企业能够获得研发资金、购买创新技术、进行新产品推广等活动。在上述所有要素构成的区域创新生态系统中，因子与因子之间并不是单对单、一一对应的关系，而是多对多的复杂关系。这些因素共同作用于企业创新活动，对创新产生直接作用，并且反映创新的实际水平，从多个方面对创新进行支持与评价。

4.5.1.2 区域创新生态系统运行机理

区域创新生态系统是一定地理范围内互相关联、互惠互利的多个主体、多种因素进行协同创新的网络关系。通过对其影响因素中企业创新活动、创新需求、政府政策和经济发展四个关键节点的分析，得出区域创新生态系统运行机理（徐君和任腾飞，2019）。

1）企业创新活动的驱动力。企业为了在市场活动中占据优势，获得超额利润，就会通过一系列创新行为来提升自身实力，如引进新技术、新产品和开辟新的市场等。创新是企业生存和发展的灵魂，企业在区域创新生态系统中居于主体地位，其驱动过程包括创新投入、创新活动和创新产出三个环节。创新投入与创新产出是正相关关系，一般来说，加大创新投入，就会有相应的创新产出。创新活动是连接创新投入与创新产出的桥梁。企业创新活动对于经济社会发展作用愈发增强。

2）创新需求的推动力。当今世界瞬息万变，面对变化，只有不断创新才能应对变化。企业需要创新来推动自身发展。为了满足社会需求，企业必须不断进行创新，激发自身的创新需求，从而通过掌握新技术、学习新方法，来创造新服务、新产品，来适应市场大众需求的变化。消费群体的需求刺激了创新需求，引导着创新活动的方向。

3）政府政策的支撑力。在创新活动中，政府具有绝对的公信力，能够对创新活动起到决定性作用。政府的政策引导创新方向，驱动创新发展，并验证创新成果。具体来说，一方面，政府引导创新方向，政策支持能够推动创新及时有效地进行，政策佳则创新佳，政策为创新提供基础的物质条件和技术条件，如政策给予创新资金等；另一方面，创新归根到底是要靠人才来驱动，人才的创新动力既来源于智慧与实践，也来源于对政策的信心。良好的政策能够增加创新人员的创新积极性，如资金或名誉的奖励；可以引进更多高才能和国外专门人才参与创新；可以吸引国内外企业来到区域内经营，为地区的创新发展提供更多的人才、资金方面的基础性支撑。

4）经济发展的反作用力。创新还受经济发展的驱动，即经济发展反作用于创新之上。从表面来看，经济与创新貌似不存在实质性的直接联系，但若没有经济发展，创新活动则缓慢进行甚至停滞不前。首先，经济的发展为创新提供更多的物质基础，保证创新顺利进行。经济发展有力，则政府和企业就有足够的资金以引进设备、招纳人才、购买技术等形式进行创新活动。其次，经济发展在很大程度上决定创新发展方向，经济发展的需求要靠创新来满足。经济发展受到阻碍时，则生产力、生产方式及生产资料等因素不能很好地继续发展，只有通过创新手段，经济发展才能突破壁垒。不断地创新能够维持经济的可持续发展。

4.5.1.3 示例一："深圳湾" 创新生态系统

2019 年，中共中央、国务院颁布《粤港澳大湾区发展规划纲要》（以下简称《纲要》）。这份纲领性文件对粤港澳大湾区的战略定位、发展目标、空间布局等方面进行了全面规划。纲要提出，粤港澳大湾区将瞄准五大战略定位，即活力四射的世界级城市群、具备世界影响力的全球科技创新中心、"一带一路" 建设的重要支撑、内地与港澳深度合作示范区、宜居宜业宜游的优质生活圈（段杰和陈萍，2019）。

作为粤港澳大湾区城市群的四大中心城市之一，深圳是粤港澳大湾区城市群不断发展，逐步建立成世界级城市群的中心力量。早在 2017 年，"深圳湾" 科技园区产业创新生态系统就正式发布，并树立了深圳 "一区多园" 模式及 "深圳湾" 科技园区产业创新生态系统的理念和内容，不断寻求未来科技园区产业生态开发运营的新模式。"深圳湾" 创新生态系统的有效运行主要依赖人才、资金、政策三个对象。

（1）人才是 "深圳湾" 创新生态系统运行的原动力

科技创新人才是科技创新的行为主体，是区域创新生态系统的原动力。深圳经济特区于 2010 年 10 月推出 "孔雀计划" 项目。"孔雀计划" 以 A 类、B 类、C 类人才的界定为基准，申请人专业成就、科研成果、技术水平达到世界一流水平的为 A 类人才，达到国际先进、国内顶尖水平的为 B 类人才，达到国内先进水平的为 C 类人才。其中，针对两院院士和杰出人才，奖励补贴标准为 600 万元；国家级领军人才和 A 类人才，奖励补贴标准为 300 万元；地方级领军人才和 B 类人才，奖励补贴标准为 200 万元；后备级人才和 C 类人才，奖励补贴标准为 160 万元。同时，对于引进的世界一流团队会给予最高 8000 万元的专项资助，并在创业启动、项目研发、政策配套、成果转化等方面支持海外高层次人才创新创业。截至 2017 年，深圳市发放各类人才补贴 54.5 亿元，其中，"孔雀计划" 经费达 8.56 亿元；截至 2018 年 3 月 31 日，深圳累计确认 "孔雀计划" 人才 3264 人。这些高层次的科技人才是 "深圳湾" 创新生态系统高效运行的关键和原动力。

（2）资金是维持 "深圳湾" 创新生态系统运行的核心动力

资金是社会生产不可或缺的投入要素，更是维持区域创新生态系统持续运作的核心资源。作为我国最早一批对外开放的经济特区之一，深圳经济特区在 20 世纪八九十年代是中国雄狮向外开放和经济发展的排头兵。如今，在我国经济整体增速放缓的情况下，深圳 2018 年 GDP 成功超越广州，位居广东省第一，全国第三。在2018年全球城市经济竞争力的榜单中，更是位居全国第一，全球第五；在2018年福布斯中国创新力最强的30个城市中，深圳位居全国第一；在财政收入、财力质量、上市企业市值总价等方面位居全国第一。深圳有雄厚的资金实力支持“深圳湾”创新生态系统的发展和壮大。

（3）政策支持是“深圳湾”创新生态系统发展的不竭动力

近些年来，深圳经济特区已经从世界规模最大的消费电子生产基地，成功转型为全世界最受瞩目的创新型城市。深圳经济特区的成功转型，主要依赖其以下三个显著特点：①深圳经济特区拥有世界级水平的电子产业供应链；②深圳经济特区具备集约高效的科研创新成果转化体系；③深圳经济特区政府对“深圳湾”创新生态系统不遗余力地进行打造，是其同世界其他创新城市相比的最大闪光点。深圳特区不仅通过“孔雀计划”吸引全世界高端人才，还借助各类创造性的管理机制，直接或间接地对成长期企业给予资助。此外，深圳通过“智慧城市”等政府项目的形式，开发出高科技产品的市场。为支持企业创新创业和科技创新，深圳政府出台《深圳市创客交流活动管理办法》《深圳市科技企业孵化器、众创空间管理办法》《深圳市基础研究项目管理办法》等科技创新相关政策和制度条例来支持企业和机构的创新创业、技术研究活动，为“深圳湾”创新生态系统不断完善和发展，进而成为我国科技创新生态系统区域引领者和带头者的目标保驾护航。

4.5.1.4 示例二：雄安新区创新生态系统

2017年4月21日，《河北雄安新区规划纲要》正式发布，批准设立雄安新区。雄安新区是分担北京非首都功能，探寻我国人口密集城市优化发展的新模式，对完善京津冀城市群的空间布局和城市结构、孵化创新驱动发展新动力，具有重大的现实意义和历史意义，是千年大计、国家大事。

2019年1月，国务院发布《国务院关于河北雄安新区总体规划（2018—2035年）的批复》。该规划明确凸显了未来雄安新区建设的三大重点：绿色低碳之城、国际一流的创新型城市和数字智能之城。雄安创新发展之城的建设、雄安新区创新生态系统的构建和完善，有以下几个影响因素。

（1）得天独厚的地理位置和战略定位

雄安新区，涉及河北省雄县、容城、安新三县及周边部分区域，地处北京、天津、保定腹地，区位优势明显、交通便捷通畅、生态环境优良、资源环境承载能力较强，现有开发程度较低，发展空间充裕，具备高起点、高标准开发建设的基本条件。

在国家战略层面，雄安新区的设立是由习近平总书记决策推荐的国家重大战略部署，被称为“千年大计、国家大事”，在我国 18 个国家级新区城市中，雄安新区是唯一一个由中共中央直接批复设立的，在战略上的地位可谓得天独厚。战略规划上，雄安新区除承接北京非首都功能外，还致力于建设成为世界先进的创新城市。因此，必须制定创新驱动发展规划方针，高起点布局高端高新产业，完善创新人才培育机制，汇聚国内外先进创新要素，完善雄安新区创新生态，构建实体经济、科学发展和技术创新、金融、人力资源共同发展的创新生态体系。建设世界先进的科技创新平台和科技教育基础设施，引进和培养创新企业，大力推进形成以企业为主体、市场为导向、产学研深度融合的科技创新生态体系，加速京津冀协同创新，促进军民融合创新，积极融入全球创新（辜胜阻等，2018）。

（2）资源配置和要素集聚能力强

雄安新区在构建创新生态系统的进程中，背后是中国强大的经济实力和综合国力的支持，雄安新区在资源配置和要素聚集方面的能力非常突出。雄安新区位于京津冀城市群腹地。京津冀城市群整体创新水平在全国处于领先地位，A+H 股上市公司市值 31.4 万亿元，占全国的 41.1%。同时，京津冀城市群共有以清华大学、北京大学引领的 270 余所高等院校，首都北京聚集了全国 1/3 的国家重点实验室和工程技术研究中心，有超过 2/3 的两院院士，为雄安新区进行创新活动提供丰厚的科技创新人才储备、技术和知识保障。企业作为创新活动的主要参与者，在区域创新生态系统的构建中占据重要地位。有 52 家福布斯 500 强公司坐落于京津冀城市群，发明专利总量达到 21.7 万余件，创新能力十分可观。雄安新区可以凭借北京国际领先的高端创新能力和人才资源，借助天津先进的现代化制造业的发展基础，加快自身创新生态系统的构建，进而促进京津冀城市群向世界级城市群迈进（刘娟和马学礼，2018；王日玥等，2017；陈伟和齐媛媛，2008；徐建中等，2011；章玲和周德群，2008；游光荣，2006）。

（3）生态环境优质，开发强度低

白洋淀是河北地区的第一大湖泊，其主体坐落于雄安新区境内，湖泊水系发达，众多支流汇聚于雄安，平均年蓄水量达 13.2 亿立方米，水资源丰富，可满足雄安新区的建设需要。新区雄县、容城县、安新县城及下辖乡镇、农村总面积为 1577 平方千米，其中多为农业用地，拆迁工作量小，可开发、适宜开发土地面积大，可塑性强，加上国家政策、战略及资源配置的倾斜，使得雄安新区拥有了高起点、高标准、高水平开发的有利条件。

4.5.2 国防科技创新生态系统

国防科技创新生态系统是指在国防科技领域，创新主体和创新环境构成的统一体系中，各要素之间相互影响、相互制约形成的动态平衡网络系统，其主要构成要素有创新主体、创新链条、创新资源、创新机制，影响国防科技创新生态系统的因素也有很多。

在国防科技创新生态系统中创新活动从投入到产出的五个阶段（需求产生—资源投入—研发产出—实际应用—进一步升级改造）中，都需要政府资源配置及制度的保障，所以将影响国防科技创新生态系统的因素分为基础支撑力、制度保障力、资源配置力、科技创新力、成果转化力。

4.5.2.1 基础支撑力

基础支撑力指事关国防科技创新生态系统建设的资源配置，主要包括在资源方面的投入，包括资金投入、人力投入、科学技术投入等。国防领域的科研机构及军工企业的各类创新活动都需要足够的资金支持，资金不足会影响国防科技创新生态系统的顺畅运行，造成科研项目的瘫痪。国防科技的资金投入主要包括政府财政投入和各类补贴。科技人员的投入是国防科技创新生态系统的关键。没有科技人员的参与，即使投入再多的资源都是毫无意义的。同时引进国外先进的科学技术，对先进技术进行学习与创新，也将影响我国国防科技创新生态系统的发展。

基于相关文献的研究，筛选出了以下五个因素：国防科技的科研人数、高等院校和科研机构的经费投入、先进国防硬件的采购投入、先进国防软件的采购投入、军工企业的科研补贴。一般来说，国防科技的科研人数投入直接影响着我国国防科技的发展，只有在国防科技的科研人员参与下，才可能产生科研成果，但是，二者并不成正比。在科研机构的经费投入数量有保障的前提条件下，才能为我国国防科技的研究提供各类先进科研器材硬件设备及软件设施，有助于推动国防科技的发展与进步。军工企业的科研补贴力度越大，就越能促进军工企业对于新科技的研发能力，从而促进我国国防的发展。上述三个因素，都是基于我国自身研究开发能力的投入，不仅如此，还可以借助外力，来推动我国国防科技的进步。先进国防装备的采购投入，可以引进国外一些先进技术，更重要的是可以在此基础上进一步对这些技术进行创新，加速我国国防创新生态系统的发展。

4.5.2.2 制度保障力

制度保障力，是指国家为实现国防科技进步、装备创新发展、国防工业核心能力建设的目标而制定和实施发展政策与法规的能力。国防科技创新生态系统的建立与国家安全利益密切相关，对于国家经济发展的基础要素有深远的影响。建立一个支撑国防科技创新生态系统发展的政策法规体系，在新时期发展与改革的当下，显得异常重要和紧迫。研究国防科技创新生态系统的发展政策、法规支持体系的价值取向，对于保持国防科技创新生态系统的正确发展方向、促进国防科技创新生态系统的发展有着重大的意义。

通过对国防科技创新生态系统的解读，在对于制度保障影响因素进行分析时，本研究仍然立足于国防科技创新生态系统中创新活动的从投入到产出的全过程，主要从国防补贴管理、国防科技项目管理、国防知识产权和利益分配管理、国防科技评价管理及奖励管理等方面政策的制定与执行出发，共选取了 10 个最具代表性的影响因素，具体如下：国防补贴政策法规完善程度、国防补贴政策法规执行力度、国防科技项目管理政策法规完善程度、国防科技项目管理政策法规执行力度、国防知识产权归属和利益分配政策法规完善程度、国防知识产权归属和利益分配政策法规执行力度、国防科技评价政策法规完善程度、国防科技评价政策法规执行力度、国防科技奖励政策法规完善程度、国防科技奖励政策法规执行力度。上述这些政策法规的制定，在一定程度上，对于国防科技创新生态系统的建设完善具有很强的保障力。政策法规越完善，在法律上越有利于国防科技创新生态系统的发展，同时这些政策法规的执行力度越大，也就越能推动国防科技创新生态系统的进步。

4.5.2.3　资源配置力

资源配置力是指对国防科技创新生态系统投入的资源进行合理配置的能力。从国防科技创新生态系统发展的角度来看，资源配置力是指通过调控等手段，将国防科技创新生态系统发展所需要的资源进行合理高效的规划，从而满足国防科技发展的需求。由于资源的有限性，要把有限的资源进行效益最大化，促进有限的资源对国防科技的发展起到最大的作用。因而资源配置力对国防科技创新生态系统的发展具有直接影响。

通过对资源配置力与国防科技创新生态系统的综合考量，从国防科技创新的投入到产出，以及资源配置的主体、客体等角度，共筛选了 6 个主要影响因素，分别是：国防科技资源配置机构的管理能力及运行效率、军事需求牵引的力度、国防资源投入比例的合理程度、国防资源的利用程度、国防资源的监管力度、对科研机构科技的利用程度。国防科技资源配置机构的管理能力及运行效率，直接影响着我国国防科技创新生态系统的发展，由于管理者自身的管理能力、水平，因所处环境的复杂多变性以及客观上存在的人的认知能力的有限性，导致对未来情况预测的差异，都会影响到国防科技资源的投向、投量及利用效率。一般运行效率指的是对信息的处理效率，信息都具有时效性，如果管理机构的运行效率低下，便会导致信息失效甚至误导管理者决策的方向，影响国防科技的发展。军事需求牵引的力度对于科技创新活动的需求产生具有一定的促进作用，进一步便推动了国防科技创新生态系统的发展。在一定的生产技术水平下，国防人力、物力、财力资源投入比例的合理程度，最优资源配置意味着各种科技资源要素必须按照特定的比例进行，某一方面偏少或偏多都不能达到科技资源配置的最优效率。同样，这些资源的利用程度越高，对国防科技的影响就越大。在进行资源配置时，政府要注意对于资源的监管力度，要保证各类资源都能落到实处，确保都用于国防科技建设中。科研机构科技的利用程度也直接影响着我国国防科技创新生态系统的进步与发展。

4.5.2.4　科技创新力

国防科技发展是衡量国家国防实力及国防现代化建设的重要标志。国防科技创新较一般的科技创新能力要求更高、技术要求更强。在政府和国家的领导下，高等院校、科研机构、军工企业及民营企业对国防科学技术进行系统化、规范化的研究，为国防科技创新生态系统的发展提供技术支持。所以，科技创新力直接影响着国家国防实力。从系统论的视角看，立足于高等院校介入、军民融合角度，从国防科技创新生态系统的创新产出进行影响因素分析，主要选择了6个影响因素，具体如下：国防类专业人才的培养数量、国防重点和特色学科与国防科技重点实验室数量、国防类科研项目的数量、国防类科技论文及专著的数量、国防类科技专利的数量、军民融合信息共享程度。

高等院校、科研机构、军工企业及民营企业对国防类专业人才培养的力度越大，人数越多，对于国防科技创新生态系统的发展越有利。国防重点和特色学科与国防科技重点实验室数量体现着国防科技创新实力的强弱。同时，每年国防类科研项目的数量越多，国防科技创新产出的可能性也就越大，所以也直接影响着国防实力。另外，国防类科技论文、专著及科技专利的数量，直接体现着国防科技创新能力，也在很大程度上影响着国防科技创新生态系统的发展。目前，在我国所提出的军民融合的大背景下，创新信息的共享程度直接影响着科技创新成果的产出，对于国防科技进步起着很大的作用。

4.5.2.5　成果转化力

国防科技成果转化即为国防科技成果在国防科技领域中的应用。国防科技成果转化可以为国防现代化建设提供技术支持，对国防科技工业的生产力发展水平的提高起到推进作用。科技成果转化是科研创新的目标与归宿，是实现国防科研与创新成果转化的一项整体协调运行的工程。

基于对科技创新力影响因素的分析，从国防科技成果的实际产出到进入市场所取得的效率角度出发，选取了以下 7 个主要影响因素：国防科技成果的实际使用率、国防科技成果的市场开发程度、国防科技成果开发费用占总费用的比例、国防科技产品的生产效率、国防科技产品取得的销售收入、国防科技对经济的贡献程度、国防科技产品的更新速度。

国防科技成果的实际使用率直接体现着国防科研成果转化的能力，使用率越高说明成果转化力越高。国防科技创新成果的市场开发程度越高，市场开发费用投入越多，国防科技成果的实际转化率越高。国防科技产品的生产效率直接影响着国防科技产品取得的经济效益，一定程度上也体现了国防科技创新成果转化力，推动着国防科技的发展与进步。另外，国防科技产品的更新速度越快，就能越快地投入生产，创造经济效益，也就越能促进我国国防科技创新生态系统的发展。

第 5 章 国防科技创新生态系统体系构建

在全球化与信息化的时代背景下，世界范围内的国防变革和科学技术的更新需要快速实现国家国防科学技术的发展。本章先从系统论的角度出发，依据国防科技创新体系的构建背景与构建原则构建出初选指标体系。由于初选指标可能出现指标冗余或依赖的情况，所以选用灰色关联分析进行指标约简，对国防科技创新生态指标体系进行了约简，排查冗余指标，构建最终的评价指标体系，由此实现进一步评价。

5.1 构建背景及原则

5.1.1 构建背景

国家要具备强大的科技实力和抵御外敌的能力，简单来说就是国防科技核心能力，这对当今世界各国都至关重要，稳定的国防建设是安邦定国的重要基础，国防科技核心能力已经成为现代化和国际优势的源泉。换言之，这种能力越强，则与国家防御能力相关的军备力量越强，国防安全效果也就越好；同时，国防科技核心能力的强大，对国家在国际上的话语权、国际地位有着正向的影响，也会为国家经济、文化的发展提供一个安全、稳定的外部环境。国家的领土不容侵犯，所以我国一直在完善国防建设，习近平总书记在 2012 年举行的中央军委常务会议上，展开对国家军事竞争领域和能力的讨论，认为军事领域是最具有创新能力和创新意识的领域。当今世界经济趋向全球化，信息技术不断发展，军事建设百花齐放，在这样的环境下，中国要抓住机会积极推动在军事方面的创新，建设具有中国特色的军事体系，从而在国际军事力量的竞争中掌握话语权。

在第 4 章对影响国防科技创新生态系统因素进行分析的基础上，本章从系统学的角度出发，构建出初选指标体系，因初选指标体系中可能存在指标冗余、指标交叉等情况，因此本书运用基于灰色关联分析（张恒巍等，2015）的指标约简算法（张朝阳等，2009）对初选指标体系进行约简，去除冗余指标，构建最终的评价指标体系，在此基础上，进一步建立评价模型。通过对国防科技创新生态系统进行系统的研究，建立一套科学的、合理的评价指标体系，对该系统进行综合评价分析，为国防科技创新生态系统的发展提供指导，同时提高我国国防科技创新能力。

5.1.2 构建原则

国家必须在科学合理的理论思想和方案的指导下，建立国防科技核心能力评价指标系统，评价指标体系的结果要精确，才能具备参考性，所以其设计必须合理。评价指标体系的建立要考虑多方因素，遵循科学合理的设计原则，这里列出了一些重要的原则。

5.1.2.1 科学性原则

为保障评价数据的精确性，不受主观因素影响，构建评价指标体系必须遵循科学性原则。评价的结果、准则与程序是否客观，都与评价指标体系设立是否科学有重要的联系。现代管理学中的管理理论和技术相关理论是较为科学的理论，具有很好的客观性与实践性，因而在国防科技核心能力评价指标体系的建立过程中，应积极融入现代化的管理理念，构建过程中既要反映出其内涵本质，又要关注各个内在变量与外在变量之间的关系。

5.1.2.2 系统性原则

国防科技是一个包括众多理论和方案的整体，与国防科技相互关联的要素很多，所以，在筛选指标时，要充分考虑国防科技与经济、政治、文化之间的联系，确保各个指标之间的独立性，保证选取指标的全面性，从而建立一个系统的、覆盖范围广的评价指标体系。指标的选取应以系统论为依据，符合系统性原则。评价指标应该能够全面反映评价对象的所有特征，应确保指标体系的完整性和有效性。此外，评价指标体系的各个指标之间应该是有层次的，关系密切而不混乱，必须能够全面展现国防科技创新生态系统日新月异的更迭历程。

5.1.2.3 可比性原则

选取的评价指标必须具有可比性，因为评价指标体系本身是一个对评价对象进行测评并打分的辅助工具，所以，评价指标系统在建立之初，必须保证指标的可比性才能真正发挥评价作用，可以采用相对统一性的设计方法或标准来选取指标，后续的评价也就可以相互比较。

5.1.2.4　可操作性原则

国防科技核心能力评价指标体系的设计不能过于复杂，必须具备明确的评价标准。所以，在筛选指标时，要确保所有使用的数据真实可查找，也要考虑实际信息是否能收集整理，评价过程要具有可操作性。选取准确的指标后，评价体系模型的建立需要从多个渠道获取相关数据资料，才能确保系统运转正常。最终建立的评价指标体系要能够准确地展现各个指标的情况，并且操作过程应该简单明了。因此，国防科技核心能力评价指标的筛选不但要有各个领域、各个层次的数据资料作为研究分析的前提，而且要保证数据的精确性，最终才能让评价系统正常运行。各个指标之间应该是互不干扰、相互独立的，也要确保每个指标都具有可操作性和评估价值。

5.1.2.5　定性和定量相结合原则

在对国防科技核心能力评价指标的选取上，应采用定性和定量相结合的原则，在评价指标时，定量与定性的方法是两种不同类型的方法，但都不可缺少。定性指标对发展趋势、具体情况等进行预测，这需要专业人员的参与，同时结合问卷调查法，给予定性指标一个客观的分数；定量指标则是反映一些真实客观的数据和数量。

5.1.2.6　客观性原则

客观性原则是保证国防科技创新生态系统评价结果准确性的首要前提，评价体系中的各个指标结果必须经过严密的计算和筛选，能够客观、全面地评价国防科技创新生态系统的发展情况。指标的筛选要有理有据，积极借鉴已有的研究成果和科学文献，同时合理运用实际调研中获得的资料。

5.2　初选指标体系的构建

5.2.1　指标筛选的具体步骤

根据5.1节提出的背景与原则，指标筛选的具体步骤如图5-1所示。

步骤1：理论准备。建立指标体系之前，第一步，寻找相关的文献，筛选出对评价对象影响较大的指标，根据评价要求，利用初步筛选出来的指标来建立评价标准。第二步，建立相对正确的指标评价体系。

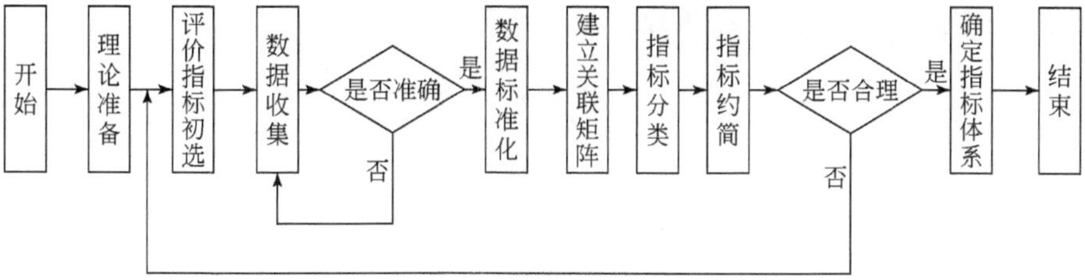

图 5-1　指标筛选的具体步骤

步骤 2：评价指标初选。指标体系可以通过系统分析法建立，由大到小、由粗及细、由细入精。但是对于系统而言，通常使用智力激励方法，即先找到指标评价的一个‘全集’，再经过指标的相关分析，寻找核心指标。

步骤 3：数据收集。综合实际系统的评价体系，经搜集整理以前的相关数据或以专家评分的方式尽可能寻找更多的实用数据。

步骤 4：数据标准化。由于收集到的数据量纲不一样，不能统一处理，所以，就必然需要对数据进行量纲、统一的标准化处理。

步骤 5：建立关联矩阵。将 n 个数据对象的 m 个特征数进行归一化处理，然后将结果代入式（5-1），可以得到相互关联矩阵 $\boldsymbol{A}$。

$$\xi_i(k)=\frac{\min_s\min_t |z_s(t)-z_0(t)|}{|z_0(t)-z_i(t)|+\rho\max_s\max_t |z_0(t)-z_i(t)|} \tag{5-1}$$

式中，$\xi_i(k)$ 为关联系数；$\min_s\min_t |z_s(t)-z_0(t)|$ 为指标值在相同样本下的差的最小值；$\max_s\max_t |z_0(t)-z_i(t)|$ 为指标值在相同样本下的差的最大值；ρ 是分辨系数，定义在（0，1）区间内，一般在应用中取值 0.5。

步骤 6：指标分类。通过 F 统计量的方式寻找最贴近的临界值 λ，然后通过不同的临界值 λ，来定义指标的最优分类。

步骤 7：指标约简。经过粗糙集属性约简的理论，对相关的指标进行优化并筛选。

5.2.2　初选指标体系构建

从系统学的角度出发，国防科技创新生态系统是一个复杂、演化、开放的系统。因此，应创建一套科学、合理、客观的评价指标系统，客观地对国防科技创新生态系统进行评价，正确看待我国国防科技发展现状，为我国国防科技的发展做出正确的选择。通过阅读相关文献，从基础支撑力、制度保障力、资源配置力、科技创新力、成果转化力五个方面，选取了 34 个初选指标，创建国防科技创新生态系统评价指标体系，共5个一级指标，34个二级指标，具体如表5-1所示。

表5-1　初选评价指标体系

目标层	一级指标	二级指标
国防科技创新生态系统	基础支撑力（B_1）	国防科技的科研人数（C_1）
		高等院校和科研机构的经费投入（C_2）
		先进国防硬件的采购投入（C_3）
		先进国防软件的采购投入（C_4）
		军工企业的科研补贴（C_5）
	制度保障力（B_2）	国防补贴政策法规完善程度（C_6）
		国防补贴政策法规执行力度（C_7）
		国防科技项目管理政策法规完善程度（C_8）
		国防科技项目管理政策法规执行力度（C_9）
		国防知识产权归属和利益分配政策法规完善程度（C_{10}）
		国防知识产权归属和利益分配政策法规执行力度（C_{11}）
		国防科技评价政策法规完善程度（C_{12}）
		国防科技评价政策法规执行力度（C_{13}）
		国防科技奖励政策法规完善程度（C_{14}）
		国防科技奖励政策法规执行力度（C_{15}）
	资源配置力（B_3）	国防科技资源配置机构的管理能力及运行效率（C_{16}）
		军事需求牵引的力度（C_{17}）
		国防资源投入比例的合理程度（C_{18}）
		国防资源的利用程度（C_{19}）
		国防资源的监管力度（C_{20}）
		对科研机构科技的利用程度（C_{21}）
	科技创新力（B_4）	国防类专业人才的培养数量（C_{22}）
		国防重点和特色学科与国防科技重点实验室数量（C_{23}）
		国防类科研项目的数量（C_{24}）
		国防类科技论文及专著的数量（C_{25}）
		国防类科技专利的数量（C_{26}）
		军民融合信息共享程度（C_{27}）
	成果转化力（B_5）	国防科技成果的实际使用率（C_{28}）
		国防科技成果的市场开发程度（C_{29}）
		国防科技成果开发费用占总费用的比例（C_{30}）
		国防科技产品的生产效率（C_{31}）
		国防科技产品取得的销售收入（C_{32}）
		国防科技对经济的贡献程度（C_{33}）
		国防科技产品的更新速度（C_{34}）

5.3 基于灰色关联分析构建评价指标体系

5.3.1 灰色关联分析基本理论

灰色系统理论表明，对每个子系统分别进行灰色关联度研究的理论，想要通过一些方法，去寻找系统中每个子系统、子因素相互之间的数值理论关系。所以，灰色关联度分析可以对一个系统的变化趋势进行量化的度量，比较适合动态的相关历程解析。

灰色关联分析方法可以有效地针对数据要求低、信息少的相关系统。它将各个因素的样本数据作为条件，用灰色关联度来描述各个因素对于研究对象的影响强弱、大小、次序等。如果两因素变化的趋势基本一致，那么它们的关联度较大，反之，关联度较小。因为灰色关联分析方法需要的样本数量不是很多，同时不用过多考虑有关数据的分布，并且计算相对简单，使用起来也非常方便，定量的分析结论通常基本符合定性的分析结论，所以在经济、农业、工业等领域都被普遍使用。

对系统与系统之间的相关因素，这些因素随着不同对象，或者时间而有所改变，从而因素间的关联性大小有所改变，而衡量关联性大小的度量，称为关联度。在系统进步历程里，如果因素之间变化态势一致，则同步变化的程度相对较高，或者说二者关联程度较高；反之，就比较低。所以，灰色关联分析方法是通过两个因素之间变化发展态势的相异程度、相似情况，来评价因素间相互关系程度的一种方案。

5.3.2 指标体系属性约减方法

属性约简是将信息系统的冗余去掉，但是不改变其表示系统的能力。利用属性约简的方法，可以有效地降低信息决策系统的维度，进而减少发现知识的计算成本，降低存储空间，提高发现有用知识的效率，最终利用最简属性即可得出决策判断，避免造成维数灾难性问题。粗糙集理论中属性约简的主要作用是找寻最优的属性子集替换原始的属性全集。最优的属性子集有两个特征，第一个特征是需要保存所有属性的分类能力，或者是提高属性分类的性能；第二个特征是确保没有多余属性，或者是删除不会改变信息决策系统分类性能的某些属性。简单来说，属性约简就是对系统进行分析后摒弃不必要的指标，获得最简特征指标集合。使用较多的降维方法有两种：主成分分析法和差别矩阵法，本节将介绍这两种方法的原理。

5.3.2.1 基于主成分分析的属性约简算法

主成分分析（童其慧，2002）的基本思想为：借用一个正交性质的变换，使与分量相关的原始的随机变量转变为与分量不相关的新变量。从代数角度看，即把原始变量上的协方差阵转变为对角阵；从几何角度看，即把原来的变量系统转换为一个新的正交系统，使指向样本点散布为最开的正交方向，进而使多维变量系统完成降维等操作。

一般情况下，认为关于一个域的知识表示为 n 维 N 个随机样本 $x \in R^n$，用来表示被提取的目标特征。没有类标识的训练数据集 $T=\{x^1,x^2,\cdots,x^N\}$ 可以表示为 $N\times n$ 数据特征矩阵 $\boldsymbol{X}=\{x^1,x^2,\cdots,x^N\}^{\mathrm{T}}$。$\boldsymbol{X}$ 的协方差阵 $\boldsymbol{R_X}$ 的特征向量按递减顺序排列为 $\lambda_1 \geqslant \lambda_2 \geqslant \cdots \lambda_n \geqslant 0$，相应的正交化特征向量为 e^1，e^2，…，e^n。那么最优线性转化为 $y=\hat{W}_{\mathrm{KLT}}x$，在这个表达式中，最优化转化 $\hat{W}_{\mathrm{KLT}}x=[e^1,e^2,\cdots,e^m]^{\mathrm{T}}$ 由初始协方差阵 $\boldsymbol{R_X}$ 的前 m 个正交化特征向量组成。主成分分析属性约减（樊晓平等，2009；张东娜和刘博，2008）的主要步骤如图 5-2 所示。

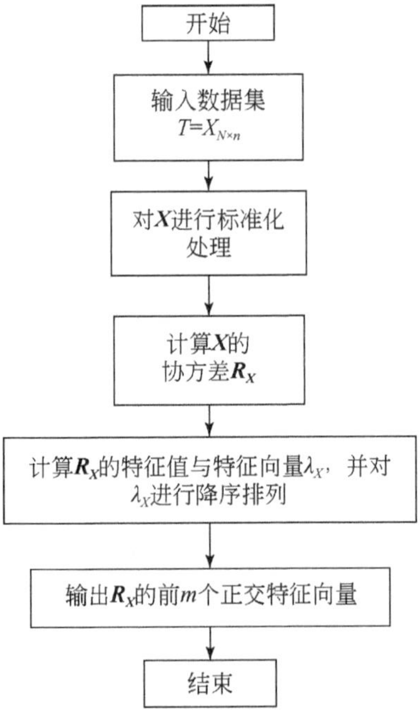

图 5-2　基于主成分分析的属性约减方法

步骤 1：从 T 中分离出 $N\times n$ 的 $\boldsymbol{X}$。

步骤 2：对 $\boldsymbol{X}$ 进行标准化处理。

步骤 3：计算 $\boldsymbol{X}$ 的协方差 $\boldsymbol{R}_X$。

步骤 4：计算 $\boldsymbol{R}_X$ 的特征值与特征向量 $\boldsymbol{\lambda}_X$，并对 $\boldsymbol{\lambda}_X$ 进行降序排列。

步骤 5：在主成分空间中用基于相关度概念的大小来选择约减维数 $m\leqslant n$。

步骤 6：输出 m 维的属性约简集 B。

5.3.2.2 基于差别矩阵的属性约简算法

差别矩阵也可以称为可辨识矩阵或者区分矩阵（邓大勇等，2017；周彤，2017），它是粗糙集中的核心研究理论之一。设 $S=(U,A,V,f)$ 为一个信息系统，其中 $A=C\cup D$，C 为条件属性集，D 为决策属性集，并且 $D\neq\Phi$。ind(C) 和 ind(D) 分别称为条件类和决策类。基于信息系统 S 的差别矩阵 $\boldsymbol{M}$ 是一个 $|U|\times|U|$ 矩阵，其中元素 m_{ij} 定义如下：

$$m_{ij}=\begin{cases}\{c\mid c\in P\wedge f(x_i,c)\neq f(x_j,c)\},(x_i,x_j)\notin \mathrm{ind}(Q)\\ \Phi(x_i,x_j)\in \mathrm{ind}(Q)\end{cases}\tag{5-2}$$

以差别矩阵为基础的属性约简算法的主要步骤如图 5-3 所示。

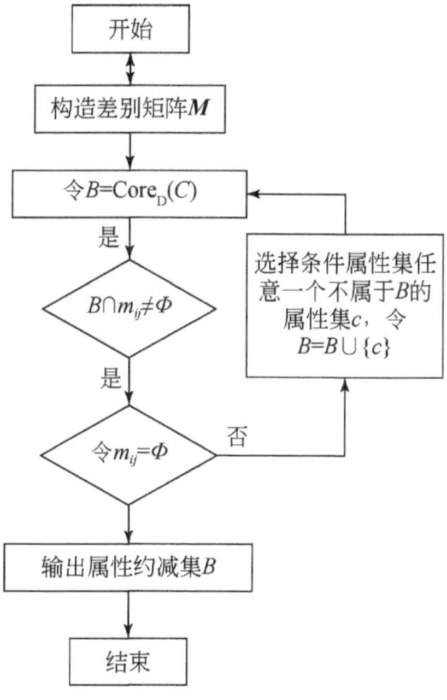

图 5-3 基于差别矩阵的属性约减方法

步骤 1：根据决策表 S 构造差别矩阵 $\boldsymbol{M}$。

步骤 2：$\boldsymbol{M}$ 中的所有元素为单个属性的构成相对核 $\mathrm{Core_D}(C)$，令 $B=\mathrm{Core_D}(C)$。

步骤 3：对于任意的 $m_{ij}\in\boldsymbol{M},i,j=1,2,\cdots,|U|$，如果 $B\cap m_{ij}\neq\Phi$，则置 $m_{ij}=\Phi$。

步骤 4：对于任意的 $m_{ij}\in\boldsymbol{M},i,j=1,2,\cdots,|U|$，如果所有的 $m_{ij}=\Phi$，那么转入步骤 6，否则转入步骤 5。

步骤 5：选择条件属性集任意一个不属于 B 的属性集 c，令 $B=B\cup\{c\}$，转入步骤 3。

步骤 6：算法结束，输出属性约减集 B。

5.3.3 基于灰色关联分析的属性约简方法

虽然粗糙集理论已经取得了很大的进步，但至今还没有公认高效的属性约减算法。本节拟利用灰色关联分析（邓大勇等，2017；周彤，2017）方法作为多指标的分析方法，根据各种不同指标样本数据变化趋势的相似程度来表示指标之间的关联程度与相似程度。由于影响国防科技创新生态系统的因素较多，为了使评价指标体系更加科学、合理，本研究运用基于灰色关联分析的属性约减方法（刘思峰等，2013），以期对初选指标体系进行约简，步骤如图 5-4 所示。

步骤 1：建立含有条件指标与决策指标的样本数据的决策数据表。

设决策表 $T=(U,Q,V,f)$，其中 $U=\{x_1,x_2,\cdots,x_m\}$ 为决策对象的非空的有限集合，Q 为指标的集合，V 为指标中值域的集合，f 体现了 $U\times Q\rightarrow V$ 的映射关系。$Q=C\cup D$，其中条件指标集合 $C=\{c_1,c_2,\cdots,c_n\}$ 包含 n 个指标，决策指标 D 一般只存在一个，用 d 来表示。

步骤 2：数据标准化：对所有指标进行归一化处理。

$$y_{ij}=\frac{x_{ij}-\max(x_{ij})}{\max(x_{ij})-\min(x_{ij})} \tag{5-3}$$

步骤 3：计算关联系数 $\xi_{jd}(k)$。

设决策表 $T=(U,Q,V,f)$，在样本 u_k 里面的条件指标 c_j 与决策指标 d 之间的关联系数 $\xi_{jd}(k)$ 可定义为

$$\xi_{jd}(k)=\frac{\min\limits_{j}\min\limits_{k}|d(k)-c_j(k)|+\rho\max\limits_{j}\max\limits_{k}|d(k)-c_j(k)|}{|d(k)-c_j(k)|+\rho\max\limits_{j}\max\limits_{k}|d(k)-c_j(k)|} \tag{5-4}$$

在上述公式中，以条件指标值和决策指标值在同样的样本的前提下，$\min\limits_{j}\min\limits_{k}|d(k)-c_j(k)|$ 为差的最小值，$\max\limits_{j}\max\limits_{k}|d(k)-c_j(k)|$ 为差的最大值。

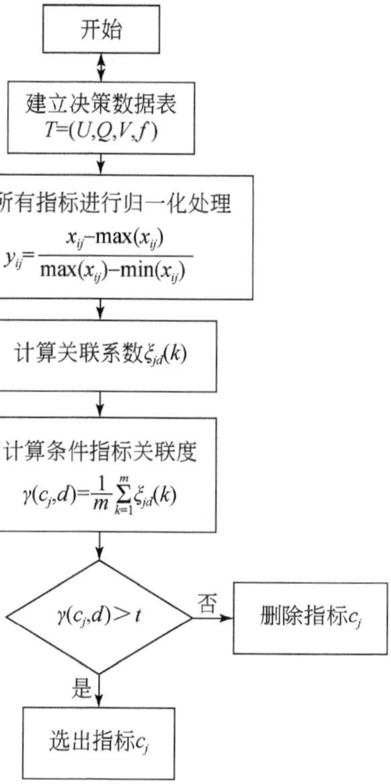

图 5-4　基于灰色关联分析的属性约减方法

$c_j(k)$是在第 k 个样本下产生的第 j 个条件指标值；$d(k)$为决策指标值；$j=1,2,\cdots,n$；$k=1,2,\cdots,m$。ρ 为定义在（0，1）的分辨系数，一般取值为 0.5。

对于 $\forall k$，有 $\xi_{jd}(k)=1$，即可以称 c_j 与 d 之间完全相关，可以说明决策指标 d 与条件指标 c_j 在所有样本中的值相等。如果 $\exists k$，当 $1\leqslant k\leqslant m$ 时，$\xi_{jd}(k)<1$ 成立，即可以说明 c_j 与 d 非完全相关，它们之间的相关程度可以广义权的距离表示为

$$e_{jd}=\sqrt[p]{\sum_{k=1}^{m}\left[w_{jk}(1-\xi_{jd}(k))\right]^{p}} \tag{5-5}$$

其中，依据样本中重要性的不同，可以将第 j 个条件指标值在第 k 个样本中的权重定义为 w_{jk}。取 $p=2$，利用欧氏距离。

步骤 4：计算条件指标关联度 $\gamma(c_j,d)$。

将条件指标 c_j 与决策指标 d 之间的灰色关联度简称为条件指标关联度 $\gamma(c_j,d)$。

$$\gamma(c_i,d)=1-e_{id}=1-\sqrt[p]{\sum_{k=1}^{m}\left[w_{ik}(1-\xi_{id}(k))\right]^{p}} \tag{5-6}$$

在本书的决策表约简算法中，令 $p=2$，设 w_j 为归一化的权重相同的向量，则上述公式可以简化为 $\gamma(c_j,d)=\frac{1}{m}\sum_{k=1}^{m}\xi_{jd}(k)$ 。

步骤 5：设置阈值 t，关联度高于阈值的指标被留下，关联度低于阈值的指标被删除。

5.4 构建国防科技创新生态系统评价指标体系

考虑到决策者在判断指标重要性时会产生模糊性，因此本书拟采用灰色关联分析法确立国防科技创新生态系统评价指标权重。根据上述方法对所初选指标进行筛选，因国防科技创新生态系统的发展起步晚，且数据不易获得，因此共邀请十位专家组成评价指标筛选的专家组，采用访问方式进行调查，为表现国防科技创新生态系统不同要素指标的重要程度，将评分设为百分制，对国防科技创新生态系统的 34 个初选指标要素及决策指标进行评价打分。

设决策指标 d 为国防科技产品所产生的效益，条件指标 c_j 为影响国防科技创新生态系统发展的重要因素，其中 $j=34$。设阈值 $t=0.4$，通过 Matlab 计算条件指标关联度 $\gamma(c_j,d)$，当决策指标与条件指标之间的关联度小于 0.4，即相关性较差时，将关联度不高的指标删除，最终得到 24 个具体指标，构建评价指标体系 $C=\{C_j\}$ 。

以基础支撑力为例，对基础支撑力的详细指标进行筛选，专家打分表如表 5-2 所示。

表 5-2　国防科技创新生态系统基础支撑力评价指标专家意见评分

专家	C_1	C_2	C_3	C_4	C_5
A_1	89	94	88	88	85
A_2	85	88	80	94	78
A_3	91	90	90	82	75
A_4	75	74	80	91	80
A_5	94	69	78	96	65
A_6	78	88	69	82	79
A_7	90	80	88	87	68
A_8	88	94	84	79	72
A_9	70	87	77	75	71
A_{10}	84	78	83	76	84

步骤 1：将上述数据进行标准化，结果如表 5-3 所示。

表 5-3　国防科技创新生态系统基础支撑力评价指标标准化结果

标准化	C_1	C_2	C_3	C_4	C_5
A_1	0.79	1.00	0.90	0.62	1.00
A_2	0.63	0.76	0.52	0.90	0.65
A_3	0.88	0.84	1.00	0.33	0.50
A_4	0.21	0.20	0.52	0.76	0.75
A_5	1.00	0.00	0.43	1.00	0.00
A_6	0.33	0.76	0.00	0.33	0.70
A_7	0.83	0.44	0.90	0.57	0.15
A_8	0.75	1.00	0.71	0.19	0.35
A_9	0.00	0.72	0.38	0.00	0.30
A_{10}	0.58	0.36	0.67	0.05	0.95

步骤 2：用 Matlab 计算关联系数 $\xi_{jd}(k)$，如表 5-4 所示。

表 5-4　国防科技创新生态系统基础支撑力各指标的关联系数

关联系数	C_1	C_2	C_3	C_4	C_5
A_1	0.54	0.72	0.49	0.87	0.38
A_2	0.40	0.59	0.35	0.79	0.26
A_3	0.49	0.68	0.45	0.87	0.34
A_4	0.53	0.70	0.49	0.84	0.38
A_5	0.47	0.69	0.42	0.93	0.30
A_6	0.50	0.69	0.46	0.86	0.35
A_7	0.50	0.67	0.46	0.83	0.35
A_8	0.53	0.70	0.49	0.84	0.38
A_9	0.40	0.58	0.36	0.76	0.26
A_{10}	0.53	0.72	0.49	0.88	0.37

步骤 3：计算基础支撑力条件指标关联度 $\gamma(c_j, d)$，结果如表 5-5 所示。

表 5-5　国防科技创新生态系统基础支撑力评价指标关联度

指标	C_1	C_2	C_3	C_4	C_5
关联度	0.49	0.67	0.44	0.85	0.34

将上述计算出的关联度与设定的阈值进行比较，剔除小于 0.4 的指标，即剔除指标 C_5，筛选了下列四个指标：国防科技的科研人数（C_1）、高等院校和科研机构的经费投入（C_2）、先进国防硬件的采购投入（C_3）、先进国防软件的采购投入（C_4）。

对制度保障力、资源配置力、科技创新力、成果转化力依次进行了指标筛选，最终选出了下列指标：国防补贴政策法规执行力度（C_5）、国防知识产权归属和利益分配政策法规完善程度（C_6）、国防科技奖励政策法规完善程度（C_7）、国防科技奖励政策法规执行力度（C_8）、国防科技资源配置机构的管理能力及运行效率（C_9）、军事需求牵引的力度（C_{10}）、国防资源投入比例的合理程度（C_{11}）、国防资源的利用程度（C_{12}）、国防资源的监管力度（C_{13}）、国防类专业人才的培养数量（C_{14}）、国防类科研项目的数量（C_{15}）、国防类科技论文及专著的数量（C_{16}）、国防类科技专利的数量（C_{17}）、军民融合信息共享程度（C_{18}）、国防科技成果的实际使用率（C_{19}）、国防科技成果开发费用占总费用的比例（C_{20}）、国防科技产品的生产效率（C_{21}）、国防科技产品取得的销售收入（C_{22}）、国防科技对经济的贡献程度（C_{23}）、国防科技产品的更新速度（C_{24}），经过灰色关联分析筛选后，共得到 5 个一级指标、24 个二级指标，构建了最终评价指标体系 $C=\{C_j\}$，如表 5-6 所示。

表 5-6　国防科技创新生态系统评价指标体系

目标层	一级指标	二级指标
国防科技创新生态系统	基础支撑力（B_1）	国防科技的科研人数（C_1）
		高等院校和科研机构的经费投入（C_2）
		先进国防硬件的采购投入（C_3）
		先进国防软件的采购投入（C_4）
	制度保障力（B_2）	国防补贴政策法规执行力度（C_5）
		国防知识产权归属和利益分配政策法规完善程度（C_6）
		国防科技奖励政策法规完善程度（C_7）
		国防科技奖励政策法规执行力度（C_8）
	资源配置力（B_3）	国防科技资源配置机构的管理能力及运行效率（C_9）
		军事需求牵引的力度（C_{10}）
		国防资源投入比例的合理程度（C_{11}）
		国防资源的利用程度（C_{12}）
		国防资源的监管力度（C_{13}）

续表

目标层	一级指标	二级指标
国防科技创新生态系统	科技创新力（B_4）	国防类专业人才的培养数量（C_{14}）
		国防类科研项目的数量（C_{15}）
		国防类科技论文及专著的数量（C_{16}）
		国防类科技专利的数量（C_{17}）
		军民融合信息共享程度（C_{18}）
	成果转化力（B_5）	国防科技成果的实际使用率（C_{19}）
		国防科技成果开发费用占总费用的比例（C_{20}）
		国防科技产品的生产效率（C_{21}）
		国防科技产品取得的销售收入（C_{22}）
		国防科技对经济的贡献程度（C_{23}）
		国防科技产品的更新速度（C_{24}）

第6章 基于模糊集理论及灰色理论的国防科技创新生态系统研究

基于第5章的指标体系，本章首先梳理与双层犹豫模糊语言术语集有关的基础理论及相关方法，进而详细构建 TOPSIS 方法的评价模型；其次梳理 ARIMA 预测模型、BP 神经网络预测模型及灰色预测模型三种时间序列预测模型，并根据基于双层犹豫模糊语言 TOPSIS 方法的评价结果，运用 DGM $(1, 1)_{atan}$模型对各指标的发展趋势进行仿真；最后从不同的视角研究对国防科技创新生态系统进行仿真后再评价的方式，探讨两种量化模式的分析结果的一致性。

6.1 多属性决策方法

6.1.1 多属性决策内涵

多属性决策，被大量运用于管理、技术和军事等诸多领域中，是决策科学中一个重要的研究方向（纪广月，2014）。20 世纪 50 年代，多属性决策问题被 Churchman 在研究企业投资问题时首次关注并利用简单的加权方法得到解决。在进行方案优选时，完全依赖精确数值的多属性决策理论、方法，这种方法一般被称为多属性决策。从 70 年代开始，经典多属性决策的发展进入了快车道，从此与其相关的理论与方法也渐渐地被完善。但是随着时代的不断发展，信息量开始爆炸式增长，决策的复杂性也在不断增加，现实中的决策问题在现有的决策理论条件下已经不能得到很好地解决。所以，在不确定环境下的多属性决策问题的科学研究逐渐被重视。

20 世纪 90 年代开始，人们研究的范围越来越广，随着电脑技术的发展，在粗糙理论和遗传算法等知识的基础上，相应的多属性决策问题开始被人们提了出来。1993 年，C. M Fonseca 结合遗传算法提出了相应的多属性决策问题。

属性决策指的是在已知的决策信息条件下，利用科学的方式方法，对已知的备选方案按照从优到劣的顺序进行排列，或者在有限的备选方案中选择出使得主方利益最大化的方案。属性决策一般包括以下三个部分。

1）获得决策信息。决策信息包含属性权重和属性值两方面。其中属性值有语言变量、实数和模糊数三种形式（在 6.2 节详细讨论模糊数与语言变量）。

2）采用集结算子对决策信息进行集结，获得方案的综合评价结果。常规的平均算子有几何和算术两种形式，然后分别在这两种形式下对平均算子进行不同方式的加权，如有序加权和组合加权，或者直接进行加权，最后得到大概 6 种常规的集结算子。

3）依据确定的原则，采用科学的决策方法对方案进行优劣排序，最终择优选取。

6.1.2 多属性决策方法简介

6.1.2.1 TOPSIS 方法简介

（1）TOPSIS 方法原理

为了解决一方决策者的多属性决策问题，中国台湾学者 Hwang 于 1981 年最先提出了一种逼近理想点的多属性决策方法——TOPSIS 方法，此经典的 TOPSIS 方法用来求解属性值为精确数且属性权重完全已知的多属性决策问题。该方法要求对实际要评价的对象与理想中的对象的接近程度进行排序，相对地评估各已知对象的优缺点（田民等，2008）。

TOPSIS 方法，又名优劣解距离方法，在处理多属性决策问题时，经常会用到这种方法。基本思想就是首先得出评定对象与最优解、最劣解之间的距离；其次根据得到的距离进行排序；最后决策者选择的应该是离正理想化最近、离负理想化最远的对象。其中，正理想化对象是指各评价指标值都为最优值，负理想化对象是指各评价指标值都为最劣值。

（2）TOPSIS 方法步骤

已知一个问题为多属性决策问题，并且给出了该问题的方案集 $X=\{x_1, x_2,\cdots,x_m\}$，属性值 $O=\{o_1,o_2,\cdots,o_m\}$，方案 $x_i(i=1,2,\cdots,m)$，属性值为 $a_{ij}(i=1,2,\cdots,m;j=1,2,\cdots,n)$。由所有的属性值构成的矩阵 $\boldsymbol{A}=(a_{ij})_{m\times n}$ 即为原始的决策矩阵：

$$\boldsymbol{A}=\begin{vmatrix} a_{11} & a_{12} & \cdots & a_{1n} \\ a_{21} & a_{22} & \cdots & a_{2n} \\ \vdots & \vdots & & \vdots \\ a_{m1} & a_{m2} & \cdots & a_{mn} \end{vmatrix} \tag{6-1}$$

TOPSIS 方法步骤包括以下 5 个方面。

步骤 1：决策矩阵规范化。

决策矩阵需要规范化是因为最初的决策矩阵属性集度量性质不同，因此可用式（6-1）计算出属性值 a_{ij} 规范化后的属性值 z_{ij}。

$$z_{ij}=\frac{a_{ij}}{\sqrt{\sum_{i=1}^{m}(a_{ij})^2}}\quad(i=1,2,\cdots,m;j=1,2,\cdots,n)$$

因此得到规范化处理后的决策矩阵 $\mathbf{Z}$。

$$\mathbf{Z}=\begin{vmatrix} z_{11} & z_{12} & \cdots & z_{1n} \\ z_{21} & z_{22} & \cdots & z_{2n} \\ \vdots & \vdots & & \vdots \\ z_{m1} & z_{m2} & \cdots & z_{mn} \end{vmatrix}\tag{6-2}$$

步骤 2：正负理想解的计算。

分别将正负理想解记作 z^+ 和 z^-，则其规范化的相应属性值分别表示为

正理想解（最优值）向量 $z^+=(z_1^+,z_2^+,\cdots,z_n^+)^{\mathrm{T}}$

负理想解（最劣值）向量 $z^-=(z_1^-,z_2^-,\cdots,z_n^-)^{\mathrm{T}}$

其中，$z_j^+=\max(z_{ij})$，$(i=1,2,\cdots,m)$；$z_j^-=\min(z_{ij})$，$(i=1,2,\cdots,m)$

步骤 3：分别得出各个方案与正负理想解的欧几里得距离 D_i^+ 和 D_i^-，见式（6-3）和式（6-4）。

$$D_i^+=\sqrt{\sum_{j=1}^{n}(z_{ij}-z_j^+)^2}\quad(i=1,2,\cdots,m)\tag{6-3}$$

$$D_i^-=\sqrt{\sum_{j=1}^{n}(z_{ij}-z_j^-)^2}\quad(i=1,2,\cdots,m)\tag{6-4}$$

步骤 4：得出各个方案与正理想解的接近度，见式（6-5）。

$$C_i=\frac{D_i^-}{D_i^++D_i^-}\quad(i=1,2,\cdots,m)\tag{6-5}$$

由常理可得，接近度 C_i 越大，其对应的方案 x_i 越好。

步骤 5：进行优劣排序。

将各方案的接近度 C_i 进行相对的优劣排序，最后得出最优的方案。

（3）TOPSIS 方法的不足及发展方向

随着多属性决策问题日益复杂化和决策者思维固有的模糊性，决策者越来越难用精确数来表达他们的模糊性、不确定性的偏好信息。因此，决策者通常采用模糊数及其拓展形式来描述他们的偏好。与此同时，指标权重的确定也是特别关键的，因为指标权重的确定会影响方案整体评价值的确定，而方案评价值的确定

又会影响方案的最终排序。然而，很多决策问题中的属性权重是人为事先给出的，不具有科学性和严谨性，所以经典 TOPSIS 方法在处理多属性决策问题时，往往会因为不能客观准确地表达决策信息出现一定的差错。因为经典的 TOPSIS 方法自身存在的不足会使得最终得出的评价结果不够合理，所以对该方法进行合理、有效的改进是必要的，目前已经有很多学者将 TOPSIS 方法拓展到各类不确定环境中，如三角或梯形模糊环境、犹豫模糊环境、直觉模糊环境、区间模糊环境等，为经典 TOPSIS 方法改进指明了方向。

6.1.2.2 PROMETHEE 方法

（1）PROMETHEE 方法原理

为描述两种决策在同一属性 C_j 下的优先程度，PROMETHEE 方法引入了优先函数，即利用优先函数的函数值大小，来判断两决策之间的优劣程度。为了不失一般性，PROMETHEE 方法（梁静国等，2006）针对每一个指标都定义了优先函数，函数的值域为 0 ~ 1。函数值越接近 0，说明两方案 A_i 和 A_k 之间的差异性越小；函数值为 0，可以认定两个方案 A_i 和 A_k 之间是没有差异的；函数值越接近 1，说明方案 A_i 的优先度越高于方案 A_k 的优先度；函数值为 1，说明方案 A_i 严格优于方案 A_k。

布詹斯（Brans）和文可（Vincke）根据实际情况，提出了以下 6 种形式的优先函数，每一种形式的优先函数都有各自的优缺点，所以在实际应用中，决策者要根据实际情况选最合适的优先函数作为判断准则。

常用准则（usual criterion）为

$$P(d)=\begin{cases}0 & d\leqslant 0\\1 & d>0\end{cases}$$

拟准则（quasi criterion）为

$$P(d)=\begin{cases}0 & d\leqslant q\\1 & d>q\end{cases}$$

线性准则（criterion with linear preference）为

$$P(d)=\begin{cases}d/q & d\leqslant q\\1 & d>q\end{cases}$$

分层准则（level criterion）为

$$P(d)=\begin{cases}0 & d\leqslant q\\1/2 & q<d\leqslant p\\1 & d>p\end{cases}$$

带区间的线性准则（criterion with linear preference and indifference area）为

$$P(d)=\begin{cases}0 & d\leqslant q\\(d-q)/(p-q) & q<d\leqslant p\\1 & d>p\end{cases}$$

高斯准则（Gaussian criterion）为

$$P(d)=\begin{cases}0 & d\leqslant 0\\1-e^{-d^2/2\sigma^2} & d>0\end{cases}$$

（2）PROMETHEE 方法步骤

步骤 1：计算优先指数。

设决策集为 $X=(x_{ij})_{mn}$，对于每一对决策 x_i，$x_j\in X$，当决策各属性的权重分别为 ω_j，$j=1,2,3,\cdots,n$ 时，定义其优先指数为

$$\Pi(x_i,x_k)=\frac{\sum_{j=1}^{n}\omega_j p_j(x_i,x_k)}{\sum_{j=1}^{n}\omega_j}$$

在具体的多属性决策问题中，一旦选定优先指数（判断准则），就能够求得 $p_j(x_i,x_k)$，并进而求得 $\Pi(x_i,x_k)$ 的值。

步骤 2：计算各个决策的流出、流入和净流。对每一个决策定义流出、流入和净流。

决策 x_i 的流出为

$$\varphi^+(x_i)=\sum_{x\in X}\Pi(x_i,x)$$

决策 x_i 的流入为

$$\varphi^-(x_i)=\sum_{x\in X}\Pi(x,x_i)$$

决策 x_i 的净流为

$$\varphi(x_i)=\varphi^+(x_i)-\varphi^-(x_i)$$

步骤 3：通过计算决策集 X 上各决策的净流，根据各对决策的净流大小，可确定决策间的级别关系，净流越大，方案越优，即

若 $\varphi(x_i)>\varphi(x_k)$，$x_i$ 的级别高于 x_k；

若 $\varphi(x_i)=\varphi(x_k)$，$x_i$ 与 x_k 的级别无差异。

6.1.2.3 VIKOR 排序法

（1）VIKOR 排序法原理

VIKOR 排序法（朱颢东和钟勇，2009）是 Opricovic 和 Tzeng 于 1998 年提出的，是一种折中的多属性决策方法，它追求的是群体效用最优化和个体遗憾最小

化，其决策原理如下：$L_{pj}=\{\sum_{i=1}^{n}[w_i(x_i^*-x_{ij})/(x_i^*-x_i^-)]^p\}^{1/p}$。其中，$w_i$ 为属性 C_i 的权重，x_i^* 和 x_i^- 分别为属性 C_i 的正负理想点。

（2）VIKOR 排序法步骤

步骤 1：计算正负理想解。

正理想解 $$\tilde{A}_i^+=[(\max_j x_{ij} \mid i\in I_1),(\min_j x_{ij} \mid i\in I_2)]\ \forall i \tag{6-6}$$

负理想解 $$\tilde{A}_i^-=[(\min_j x_{ij} \mid i\in I_1),(\max_j x_{ij} \mid i\in I_2)]\ \forall i \tag{6-7}$$

式中，x_{ij}表示在指标 $j=(1,2,\cdots,m)$ 下对方案 $i(i=1,2,\cdots,n)$ 的评价值；$\tilde{A}_i^+$ 表示方案 i 的指标的最大值；$\tilde{A}_i^-$ 表示方案 i 的指标的最小值；I_1 表示效益型指标；I_2 表示成本型指标。

步骤 2：根据式（6-8）、式（6-9）计算方案的 S_j、R_j 值。

$$S_j=\sum_{i=1}^{n}w_i d(\tilde{x}_i^+-\tilde{x}_{ij})/d(\tilde{x}_i^+-\tilde{x}_i^-)\ \forall j \tag{6-8}$$

$$R_j=\max w_i[d(\tilde{x}_i^+-\tilde{x}_{ij})/d(\tilde{x}_i^+-\tilde{x}_i^-)]\ \forall j \tag{6-9}$$

式中，S_j 表示方案评价值与正理想值之间的加权距离，即评价对象的群体效益，S_j 值越小，群体效益越大；R_j 表示方案评价值与负理想值之间的加权距离，即个体遗憾，R_j 值越小，个体遗憾越小；w_i代表各指标的权重。

步骤 3：计算方案的 Q_j 值。

$$Q_j=\lambda(S_j-S^+)/(S^--S^+)+(1-\lambda)(R_j-R^+)/(R^--R^+)\ \forall j \tag{6-10}$$

式中，Q_j 表示第 j 个方案的 VIKOR 的 Q 值；S^+表示方案评价值的群体最大效用，$S^+=\min S_j$；R^+表示方案评价值的个体最小遗憾，$R^+=\min R_j$；λ 表示最大群体效用权重，本书把 λ 设定为0.5，即根据赞同的情况制定决策，而不是根据多数人或少数人的赞同的情况作决定。

步骤 4：根据 Q_j 值对各方案进行排序，选择 Q_j 值大的方案为最优方案。

6.2 模糊集相关理论及模型构建

6.2.1 模糊集

经典集合表示的是一种清晰的、非此即彼的关系，一个元素与一个集合的关系只有绝对属于和绝对不属于两种可能，而模糊集合表示的是一种模糊的、亦此亦彼的关系，不是绝对属于或者绝对不属于某一个集合，而是属于或者不属于的一种程度。

6.2.1.1 经典集合理论

经典集合之所以表示的是一种确切的概念，是因为它本身具有确定性、互异性和无序性三个性质。元素与某一集合的关系，是具有确定性的，这种确定性一般用具体的函数来表示。例如，x 与集合 A 的特征函数见式（6-11）：

$$f_A(x)=\begin{cases}1, x\in A\\0, x\notin A\end{cases} \tag{6-11}$$

式中，$x\in X$，X 为论域，$A\subseteq X$。

可以从式（6-11）观察到，该特征函数只有 0 和 1 两个取值，而且论域中的元素与 A 的关系只有属于或者不属于，所以经典集合具有确定性，但是经典集合在描述概念模糊的事情时就具有明显的局限性。

6.2.1.2 模糊集理论

现实生活中的模糊概念非常普遍，如高和矮、胖和瘦、冷与热，每个人对这些概念的理解都有些不同。针对这种现象，美国控制专家扎德于 1965 年提出了模糊集理论，该理论被专门用来表达客观世界中普遍存在的模糊和不确定现象。模糊集理论的提出突破了经典集合理论 0 和 1 的约束，扩大了数学思维在实际生活中的应用，这是数学史上一个重要的标志，也为后来进一步发展模糊集理论打下了坚实的基础（周倜，2008）。

在模糊集中只含有隶属度一个参数，因此关于模糊集，扎德给出了如下定义。

定义 1 设有一个非空集合 X，则称 $A=\{\langle x, u_A(x)\rangle \mid x\in X\}$ 为集合 X 上的模糊集，其中 $u_A(x): X\to[0,1]$ 为模糊集 A 的隶属度，$u_A(x)\in[0,1]$ 是元素 x 对模糊集 A 的隶属度。X 上的全体模糊集记为 FS（X）。

所以，关于论域 X 上的一个元素 x 和一个模糊集 A，不可以单纯地表达为 $x\in A$ 或者 $x\notin A$，只能描述为 x 隶属 A 的程度是多少，则模糊集 A 由隶属度唯一得出。

模糊集应用模糊数学的隶属度原理实现定性向定量的转变，具体而言是采用量化的方式综合评价受到多种因素影响的事物。这种方法能够得到较为清晰的结果，并且具有较强的系统性，一般用于解决非确定性问题，尤其是模糊性强、难以量化的情况。事件的不确定性表现为其发生的随机性及事物自身带有的模糊性。为了描述这样一个具有不确定性的“中间状态”，模糊综合评价法应运而生。具体而言，首先要找出影响目标评价的关键指标因素，确定相应的集合，即建立模糊综合评价的指标；其次利用层次分析法或者专家经验法建立权重向量；再次通过建立适合的隶属函数来获得评价矩阵；最后按照模糊算子的运算法则将前面得到的模糊判断矩阵与相应的权重向量合成得到最终评价结果。

模糊综合评价法主要有以下突出的特性。

1）可量化模糊性资料。这种评价方法能够利用模糊数学原理处理具有不确定性的评价对象，将具有较大模糊性的资料量化以得到较为科学可靠的评价结果。

2）可准确地刻画评价对象。评价结果是一个向量，而不是一个点值，覆盖了大量的信息，不仅能够准确地描述评价对象，还能对其进行加工，得到参考信息。

6.2.1.3 双层犹豫模糊集

当面临决策问题时，决策者在对方案进行评价的过程中，经常会在几个值之间犹豫，此时通过经典的模糊集就没法得到准确的结果。因此，为了合适地表达集合中元素的隶属程度，Torra 等（2010）提出犹豫模糊集概念，用［0，1］的一组数值进行表示。这样专家在评价多属性决策问题的备选方案时比较容易达成一致意见。犹豫模糊集在广泛使用的过程中，也出现了多种表示形式：三角模糊数犹豫模糊集（TFHFS）、双层犹豫模糊集（DHFS）和区间值犹豫模糊集（IVHFS）等。

犹豫模糊集忽视了非隶属度的作用，它只能用一组值表示隶属度，因此也具有一定的局限性。为此 Rodrfguez 等（2012）提出了双层犹豫模糊集的概念，并且讨论了它的运算及一些性质。双层犹豫模糊集用［0，1］的一组数值来表示隶属度和非隶属度，这样就更加贴合实际地刻画了客观现实的模糊本质。

定义 2 X 为已知论域，则双层犹豫模糊集 D 的定义为

$$D=\{\langle x,h(x),g(x)\mid x\in X\rangle\}$$

其中 $h(x):X\to[0,1]$ 定义了元素对于集合 D 的隶属度，$g(x):X\to[0,1]$ 定义了元素对于集合 D 的非隶属度，而且关于所有的 $x\in X$，它的隶属函数与非隶属函数都符合式（6-12）：

$$0\leqslant\gamma,\eta\leqslant 1,0\leqslant\gamma^{+}+\eta^{+}\leqslant 1 \tag{6-12}$$

其中，$\gamma\in h(x)$，$\eta\in g(x)$，$\gamma^{+}\in h^{+}(x)=\cup_{\gamma\in h(x)}\max\{\gamma\}$，$\eta^{+}\in g^{+}(x)=\cup_{\mu\in g(x)}\max\{\eta\}$。双层犹豫模糊元素构成了双层犹豫模糊集，可表示为 $d(x)=[h(x),g(x)]$，也可简记为 $d=(h,g)$。当非隶属度消失时，双层犹豫模糊集会衰退为犹豫模糊集。

双层犹豫模糊集（王宏宇，2010；李丽娜，2013）具有以下性质。

性质一：令 $A_i=\{h_A,g_A\}(i=1,2)$ 为两个任意的双层犹豫模糊集。

$$s_A=\frac{1}{l_h}\sum_{\gamma\in h}\gamma-\frac{1}{l_g}$$

$\sum_{\mu\in g}\eta(i=1,2)$ 是 $A_i=(i=1,2)$ 的得分函数，$p_A=\frac{1}{l_h}\sum_{\gamma\in h}\gamma+\frac{1}{l_g}\sum_{\mu\in g}\eta(i=1,2)$ 是 $A_i=(i=1,2)$ 的精确函数，其中 l_h 和 l_g 分别是 h 和 g 中元素的个数。则

1）如果 $s_{A_1}>s_{A_2}$，则 A_1 优于 A_2，记为 $A_1>A_2$。

2）如果 $s_{A_1}=s_{A_2}$，则

如果 $p_{A_1}=p_{A_2}$，则 A_1 等价于 A_2，记为 $A_1\sim A_2$。

如果 $p_{A_1}>p_{A_2}$，则 A_1 优于 A_2，记为 $A_1>A_2$。

性质二：设 $X=\{x_1,x_2,\cdots,x_n,\}$ 为非空集合，在 X 上取两个 DHFS，分别为 A 和 B，此时 A 和 B 之间的距离 $d(A,B)$ 具有以下特性：

1）$0\leqslant d(A,B)\leqslant 1$；

2）$d(A,B)=0$ 当且仅当 $A=B$；

3）$d(A,B)=d(B,A)$；

4）另外随意取一个 DHFS，记为 C，如果 $A\subseteq B\subseteq C$，则 $d(A,B)\leqslant d(A,C)$ 和 $d(A,C)\leqslant d(B,C)$。

性质三：设 $X=\{x_1,x_2,\cdots,x_n,\}$ 为非空集合，在 X 上取两个 DHFS，分别为 A 和 B，此时 A 和 B 之间的相似度 $s(A,B)$ 具有以下特性：

1）$0\leqslant s(A,B)\leqslant 1$；

2）$s(A,B)=1$ 当且仅当 $A=B$；

3）$s(A,B)=s(B,A)$；

4）另外随意取一个 DHFS，记为 C，如果 $A\subseteq B\subseteq C$，则 $s(A,B)\geqslant s(A,C)$ 和 $s(A,C)\geqslant s(B,C)$。

所以，可认为相似度和距离是两个互异的概念，可以写成 $s(A,B)=1-d(A,B)$。

6.2.2 语言变量与不确定语言变量

在快速发展的社会中，决策环境越来越复杂，同时决策问题也逐渐增多。但是，人们的思维具有不确定性和局限性，当面对许多决策信息时，往往没有办法用精确的数值表示一些决策信息。换句话说，就是决策信息不能被合理地量化，而只能是定性的描述。例如，可以用“很差”、“差”、“一般”、“好”或者“很好”对某公司组织结构框架的合理性进行评估。其相比较于数值形

式，“差”、“一般”和“好”等语言表达更接近人们的观念和人们了解事物的方式。

6.2.2.1 语言变量

语言变量使决策者在决策过程中可以更加便利和直接地表达个人意见，是因为其是表达决策信息的强大工具。语言变量这一词的定义首先是由加利福尼亚大学伯克利分校电机工程与计算机科学系 L. A. Zadeh（扎德）教授提出的。如果可能的语言变量值用 s_i 表示，正整数用 t 表示，那么该语言术语集表示为 $S=\{s_i \mid i=0,1,\cdots,2t\}$。

例如，S 可以表示为 $S=\{s_0=$非常差$,s_1=$差$,s_2=$稍差$,s_3=$一般$,s_4=$稍好$,s_5=$好$,s_6=$非常好$\}$，其中语言术语集 S 包含七个语言变量，语言术语集 $S=\{s_i \mid i=0,1,\cdots,2t\}$ 应该满足以下特征。

1）有序性。$S_i>S_j$，$i>j$。

2）取负算子。假如 $i+j=2t$，那么 $S_i=\mathrm{NEG}(S_j)$。

3）最大算子。假如 $S_i \geqslant S_j$，那么 $\max(S_i,S_j)=S_i$。

4）最小算子。假如 $S_i \leqslant S_j$，那么 $\min(S_i,S_j)=S_i$。

为了方便地描述有关决策过程中越来越多的决策信息，Xu（2008）基于离散的语言术语集 S 提出了连续的语言术语集，也就是 $\bar{S}=\{s_\alpha \mid s_0 \leqslant s_\alpha \leqslant s_t,\alpha \in [0,t]\}$，$s_\alpha$ 为语言变量，其满足以上所有的语言变量特征。如果 $s_\alpha \in S$，那么称 s_α 为原始语言术语变量，否则称 s_α 为虚拟语言变量。

6.2.2.2 不确定语言变量

在语言变量 $\tilde{s}=[s_\alpha,s_\beta]$ 中，s_α 表示语言变量的下界，s_β 表示语言变量的上界，且 s_α、$s_\beta \in \bar{s}$，那么可以称 $\bar{s}$ 为不确定语言变量。

如果 $\bar{s}$ 是不确定语言变量集，将其中的任意三个不确定语言变量 $\tilde{s}=[s_\alpha,s_\beta]$、$\tilde{s}_1=[s_{\alpha 1},s_{\beta 1}]$、$\tilde{s}_2=[s_{\alpha 2},s_{\beta 2}]$考虑在内，那么其一般的运算定义如下。

1）$\tilde{s}_1 \oplus \tilde{s}_2=[s_{\alpha 1},s_{\beta 1}] \oplus [s_{\alpha 2},s_{\beta 2}]=[s_{\alpha 1+\alpha 2},s_{\beta 1+\beta 2}]$；

2）$\lambda\tilde{s}=\lambda[s_\alpha,s_\beta]=[\lambda s_\alpha,\lambda s_\beta]=[s_{\lambda\alpha},s_{\lambda\beta}]$，其中 $\lambda \in [0,1]$；

3）$\lambda(\tilde{s}_1 \oplus \tilde{s}_2)=(\lambda\tilde{s}_1 \oplus \lambda\tilde{s}_2)$；

4）$\tilde{s}_1 \oplus \tilde{s}_2=\tilde{s}_2 \oplus \tilde{s}_1$，其中 $\lambda \in [0,1]$；

5）$(\lambda_1+\lambda_2)\tilde{s}=\lambda_1\tilde{s} \oplus \lambda_2\tilde{s}$，其中 $\lambda_1,\lambda_2 \in [0,1]$。

6.2.3 双层次犹豫模糊语言术语集

对于模糊多属性决策的问题，相关研究者基于语言形式提供的决策信息进行了高度的评价。之后，又充分研究了包括服务业、工业等在内的多个范畴中与语言形式相关的多属性决策问题。通过研究的深入，有关的专业知识也变得越来越丰富。Lin 以语言术语集为基础，并将犹豫模糊集与其相结合，给出了犹豫模糊语言集一词的定义，其目的是描述相关人员在决策时的犹豫程度。

将不确定语言变量与双层犹豫模糊集相关知识相结合，从而产生了双层次犹豫模糊语言术语集。

定义 3 设语言术语集 $S=\{s_0,s_1,\cdots,s_g\}$，如果 H_S 为 S 的连续语言术语的集合，且 H_S 在 S 中是有限的、有序的，那么称 H_S 为 S 上的犹豫模糊语言术语集（HFLTS）（化党领等，1999）。

定义 4 设 $S_o=\{S_{t\langle O_k\rangle}\mid t=-\tau,\cdots,-1,0,1,\cdots,\tau;k=-\zeta,\cdots,-1,0,1,\cdots,\zeta\}$ 为一个双层语言术语集，如果 H_{S_o} 是 S_o 的双层语言术语的集合，且 H_{S_o} 在 S_o 中是有限的、有序的，那么称 H_{S_o} 是 S_o 的双层犹豫模糊语言术语集（DHHFLTS），用 X、H_{S_o} 数学表示为

$$H_{S_o}=\{\langle x_i,h_{S_o}(x_i)\rangle\mid x_i\in X\}$$

其中，h_{S_o} 是 S_o 的子集，表示为 $h_{S_o}(x_i)=\{s_{\varphi_l\langle O_{\phi_l}\rangle}(x_i)\mid s_{\varphi_l\langle O_{\phi_l}\rangle}\in S_o;l=1,2,\cdots,L;\phi_l=-\tau,\cdots,-1,0,1,\cdots,\tau;\varphi_l=-\zeta,\cdots,-1,0,1,\cdots,\zeta\}$。其中，$L$ 是 $h_{S_o}(x_i)$ 中双层语言术语的个数，每一个 $h_{S_o}(x_i)$ 中的 $s_{\phi_l\langle o_{\varphi_l}\rangle}(x_i)(l=1,2,\cdots,L)$ 是 S_o 的连续术语。$h_{S_o}(x_i)$ 表示语言变量 x_i 到 S_o 的可能程度。为方便起见，称 $h_{S_o}(x_i)$ 为双层犹豫模糊语言元素（DHHFLE），$\Phi\times\Psi$ 表示双层犹豫模糊语言元素的集合。

定义 5 设 $S_o=\{S_{t\langle O_k\rangle}\mid t=-\tau,\cdots,-1,0,1,\cdots,\tau;k=-\zeta,\cdots,-1,0,1,\cdots,\zeta\}$ 是一个双层语言术语集，$h_{S_o}=\{s_{\varphi_l\langle O_{\phi_l}\rangle}\mid s_{\varphi_l\langle O_{\phi_l}\rangle}\in S_o;\ l=1,2,\cdots,L;\ \phi_l=[-\tau,\tau];\ \phi_l=[-\zeta,\zeta]\}$ 是一个双层语言术语元素，$h_\gamma=\{\gamma_l\mid\gamma_l\in[0,1];l=1,2,\cdots,L\}$ 是一个犹豫模糊元素，隶属度 γ_l 和双层语言术语 $s_{\phi_l\langle o_{\varphi_l}\rangle}$ 的下标 $\phi_{l\langle o_{\varphi_l}\rangle}$ 表示与隶属度 γ_l 等价信息之间可以通过以下函数 f 和 f^{-1} 来转换（余少文，2013；赵娟等，2016），分别表示为

$$
f:[-\tau,\tau]\times[-\zeta,\zeta]\rightarrow[0,1],
$$

$$
f(\phi_l,\varphi_l)=\begin{cases}\dfrac{1}{\tau}\times\dfrac{\varphi_l+\zeta}{2\zeta}+\dfrac{\tau+\phi_l-1}{2\tau}=\dfrac{\varphi_l+(\tau+\phi_l)\zeta}{2\tau\zeta}=\gamma_l,-\tau+1\leqslant\phi_l\leqslant\tau-1\\ \dfrac{1}{2\tau}\times\dfrac{\varphi_l+\zeta}{\zeta}+\dfrac{\tau+\phi_l-1}{2\tau}=\dfrac{\varphi_l+(\tau+\phi_l)\zeta}{2\tau\zeta}=\gamma_l,\phi_l=\tau\\ \dfrac{1}{2\tau}\times\dfrac{\varphi_l}{\zeta}=\dfrac{\varphi_l}{2\tau\zeta}=\gamma_l,\phi_l=-\tau\end{cases}
\tag{6-13}
$$

$$
f^{-1}:[0,1]\rightarrow[-\tau,\tau]\times[-\zeta,\zeta],
$$

$$
f^{-1}(\gamma_l)=\begin{cases}-\tau\langle o_{\zeta([2\tau\gamma_l-\tau]-(2\tau\gamma_l-\tau))}\rangle=1-\tau\langle o_{\zeta([2\tau\gamma_l-\tau]-(2\tau\gamma_l-\tau)-1)}\rangle,-\tau\leqslant2\tau\gamma_l-\tau<1-\tau\\ [2\tau\gamma_l-\tau]\langle o_{\zeta(2\tau\gamma_l-\tau-[2\tau\gamma_l-\tau])}\rangle=[2\tau\gamma_l-\tau]-1\langle o_{\zeta(2\tau\gamma_l-\tau-[2\tau\gamma_l-\tau]+1)}\rangle,1-\tau\leqslant2\tau\gamma_l-\tau<0\\ [2\tau\gamma_l-\tau]\langle o_{\zeta(2\tau\gamma_l-\tau-[2\tau\gamma_l-\tau])}\rangle=[2\tau\gamma_l-\tau]+1\langle o_{\zeta(2\tau\gamma_l-\tau-[2\tau\gamma_l-\tau]-1)}\rangle,0<2\tau\gamma_l-\tau\leqslant\tau-1\\ \tau-1\langle o_{\zeta(2\tau\gamma_l-\tau-[2\tau\gamma_l-\tau])}\rangle=\tau\langle o_{\zeta(2\tau\gamma_l-\tau-[2\tau\gamma_l-\tau]-1)}\rangle,\tau-1<2\tau\gamma_l-\tau\leqslant\tau\end{cases}
\tag{6-14}
$$

式中，[ ] 代表取整，如[2.5]=2。

有关犹豫模糊语言元素 h_γ 与双层犹豫模糊语言元素 h_{S_o} 的转换函数 F 和 F^{-1} 为

$$
\begin{aligned}F:\Phi\times\Psi\rightarrow\Theta,F(h_{S_o})=F(\{s_{\phi_l\langle o_{\varphi_l}\rangle}\mid s_{\phi_l\langle o_{\varphi_l}\rangle}\in S_o;l=1,2,\cdots,L;\\ \phi_l\in[-\tau,\tau];\varphi_l\in[-\zeta,\zeta]\})=\{\gamma_l\mid\gamma_l=f(\phi_l,\varphi_l)\}=h_\gamma\end{aligned}
\tag{6-15}
$$

$$
\begin{aligned}F^{-1}:\Theta\rightarrow\Phi\times\Psi,F^{-1}(h_\gamma)=F^{-1}(\{\gamma_l\mid\gamma_l=[0,1];l=1,2,\cdots,L\})\\ =\{s_{\phi_l\langle o_{\varphi_l}\rangle}\mid\varphi_{l\langle o_{\varphi_l}\rangle}=f^{-1}(\gamma_l)\}=h_{S_o}\end{aligned}
\tag{6-16}
$$

1）假设 $\tau=\zeta=3$，令三个双层语言术语分别为 $s_{-3\langle o_2\rangle}$、$s_{1\langle o_1\rangle}$、$s_{3\langle o_0\rangle}$。计算结果如下，并在图 6-1 中表示：

当 $s_{-3\langle o_2\rangle}$ 时，$\phi_l=-3=-\tau$，所以 $F(s_{-3\langle o_2\rangle})=\{\gamma_l\mid\gamma_l=f(-3,2)\}=\dfrac{2}{2\times3\times3}=\dfrac{1}{9}$；

当 $s_{1\langle o_1\rangle}$ 时，$-2\leqslant\phi_l=1\leqslant2$，所以 $F(s_{1\langle o_1\rangle})=\{\gamma_l\mid\gamma_l=f(1,1)\}=\dfrac{1+(3+1)\times3}{2\times3\times3}=\dfrac{13}{18}$；

当 $s_{3\langle o_0\rangle}$ 时，$\phi_l=3=\tau$，所以 $F(s_{3\langle o_0\rangle})=\{\gamma_l\mid\gamma_l=f(3,0)\}=\dfrac{0+(3+3)\times3}{2\times3\times3}=\dfrac{18}{18}=1$。

2）令实数 $\gamma\in[0,1]$，$\tau=\zeta=3$，分别计算当 $\gamma=\dfrac{9}{10}$、$\gamma=\dfrac{5}{12}$、$\gamma=\dfrac{1}{10}$ 时，双层语言术语的描述。

当 $\gamma=\dfrac{9}{10}$ 时，$2\leqslant2\tau\gamma_l-\tau=\dfrac{12}{5}\leqslant3$，$[2\tau\gamma_l-\tau]=2$，$F^{-1}\left(\dfrac{9}{10}\right)=s_{2\langle o_{1.2}\rangle}=s_{3\langle o_{-1.8}\rangle}$；

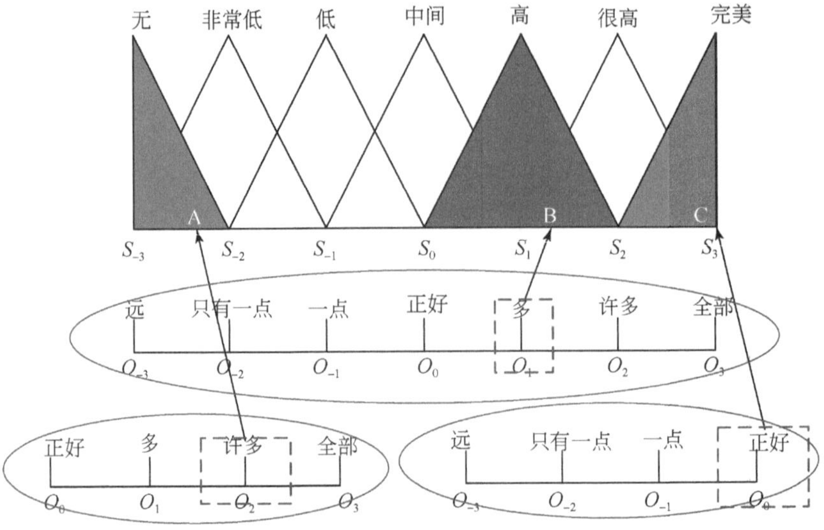

图 6-1　几个实例示意图

当 $\gamma=\frac{5}{12}$ 时，$-2\leqslant 2\tau\gamma_l-\tau=-\frac{1}{2}\leqslant 0$，$[2\tau\gamma_l-\tau]=0$，$F^{-1}\left(\frac{5}{12}\right)=s_{0\langle o_{-1.5}\rangle}=s_{-1\langle o_{1.5}\rangle}$；

当 $\gamma=\frac{1}{10}$ 时，$-2\leqslant 2\tau\gamma_l-\tau=-\frac{12}{5}\leqslant -3$，$[2\tau\gamma_l-\tau]=-2$，$F^{-1}\left(-\frac{12}{5}\right)=s_{-3\langle o_{1.2}\rangle}=$ $s_{-2\langle o_{-1.8}\rangle}$。

定义 6　设 $S_o=\{S_{t\langle O_k\rangle}\mid t=-\tau,\cdots,-1,0,1,\cdots,\tau;k=-\zeta,\cdots,-1,0,1,\cdots,\zeta\}$ 为一个双层语言术语集，$h_{S_o}=\{s_{\phi_l\langle o_{\varphi_l}\rangle}\mid s_{\phi_l\langle o_{\varphi_l}\rangle}\in S_o;l=1,2,\cdots,L;\phi_l=[-\tau,\tau];\varphi_l=[-\zeta,\zeta]\}$ 为一个双层语言术语元素，h_{S_o} 的期望值、方差如下：

$$E(h_{S_o})=\frac{1}{L}\sum_{l=1}^{L}F(s_{\phi_l\langle o_{\varphi_l}\rangle}) \tag{6-17}$$

$$v(h_{S_o})=\sqrt{\frac{1}{L}\sum_{l=1}^{L}\left(F(s_{\phi_l\langle o_{\varphi_l}\rangle})-E\right)^2} \tag{6-18}$$

6.2.4　基于双层犹豫模糊语言 TOPSIS 方法的评价模型构建

本节以前面提到的关于双层犹豫模糊语言术语集与 TOPSIS 多属性决策方法为基础，给出了以双层犹豫模糊语言的 TOPSIS 方法为基础的算法步骤（吕炎杰等，2015），为进一步的实证分析提供了理论依据。首先，用复杂的语言信息对一个多目标决策问题进行了一个简短的描述；其次，利用双层犹豫模糊语言的相关知识将其转换成一个实数，确定各方案的正、负理想点（廖虎昌等，2017）；再次，分别计算每个双层犹豫模糊语言元素和正、负理想点间的距离；最后，计算贴近度系数，贴近度系数越大，方案越优，给出排序。模型构建流程如图 6-2 所示。

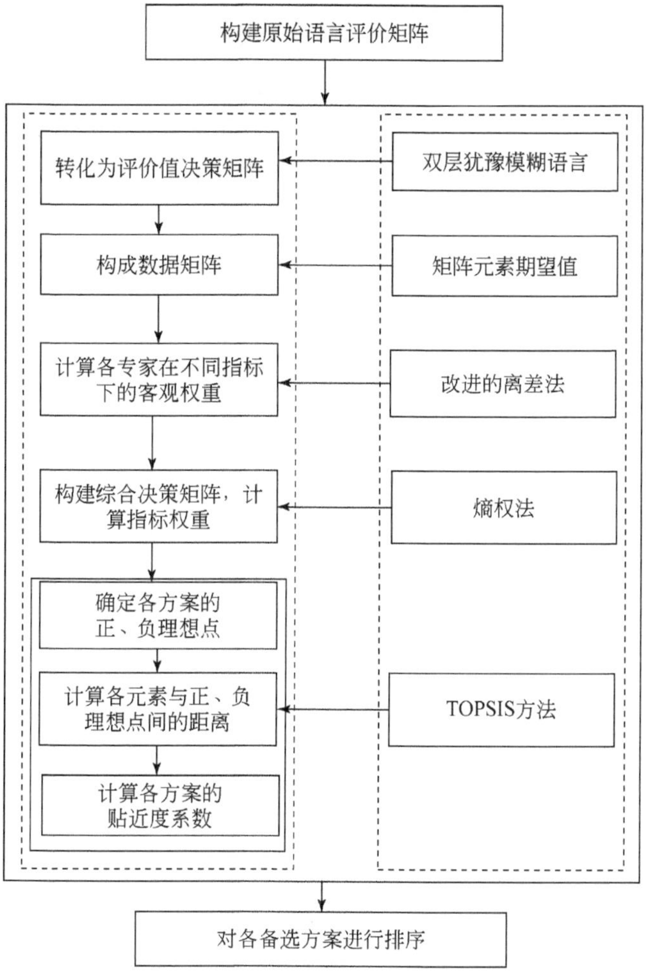

图 6-2　双层犹豫模糊语言 TOPSIS 方法的评价模型构建流程图

问题描述：设 $A=\{A_i\}$ $(i=1,2,\cdots,m)$ 为方案集，$C=\{C_j\}$ $(j=1,2,\cdots,n)$ 为指标集，用两个层次完全独立的语言术语集 $S=\{S_t \mid t=-\tau,\cdots,-1,0,1,\cdots,\tau\}$，$O=\{O_k \mid k=-\zeta,\cdots,-1,0,1,\cdots,\zeta\}$ 分别作为第一层次和第二层次语言术语集来进行语言表达，设共有 l 位专家 $D=\{D_k\}$ $(k=1,2,\cdots,l)$ 参与评价，a_{ij}^k 表示第 k 位专家对方案 A_i 在指标 C_j 下的评价值。

该方法主要分为以下几步。

步骤 1：将 l 位专家给出的原始的语言评估信息转换成双层犹豫模糊语言元

素 $h_{S_o}=\{s_{\varphi_l\langle o_{\phi_l}\rangle}\mid s_{\varphi_l\langle o_{\phi_l}\rangle}\in S_o\}$，构成 l 个决策矩阵 $\boldsymbol{B}_l=(b_{ij})_{mn}$；利用式（6-17）计算上述决策矩阵元素 h_{S_o} 的期望值，构成 l 个指标数据矩阵 $\boldsymbol{E}_l=(e_{ij})_{mn}$（冯向前等，2016）。

步骤 2：基于改进的离差法，确定各专家分别在每个指标下的客观权重。

离差法，即在某个指标（或专家）下各方案的评价值离差越大，则得到的指标的权重越大，反之即越小。但是该方法存在一定的局限性，若各评价值相同，即离差为 0 时，则被赋予的权重为 0，显然不合理，为了能够更加灵活地处理离差对权重大小的影响，引入一调节函数进行改进，具体如下所示：

$$\bar{\omega}_j(D_k)=\frac{\sum_{i=1}^{m}f(\gamma_i^k)\times(\gamma_i^k)^2}{\sum_{k=1}^{l}\sum_{i=1}^{m}f(\gamma_i^k)\times(\gamma_i^k)^2} \tag{6-19}$$

其中 $\gamma_i^k=\dfrac{a_{ij}^k}{\sum_{i=1}^{m}a_{ij}^k}$，$f(\gamma_i^k)$ 是关于 γ_i^k 的单调增函数，若不特殊指明，则 $f(\gamma_i^k)=\gamma_i^k$。

$$\bar{\omega}_j(D_k)=\frac{\sum_{i=1}^{m}(\gamma_i^k)^3}{\sum_{k=1}^{l}\sum_{i=1}^{m}(\gamma_i^k)^3} \tag{6-20}$$

步骤 3：综合各专家在方案 A_i 指标 C_j 下的评价值，记为 $X=(x_{ij})_{mn}$。

步骤 4：用熵值法计算指标 $C=\{C_j\}$ 的权重 ω_j。

当要判断各指标的权重时，可用指标信息熵为依据。信息熵在信息论中可以判断某个系统的混乱水平。在一个指标矩阵 $\boldsymbol{X}$ 中，该项指标的数据差异性愈小，那么指标的信息熵越大，指标权重也就越小；否则，指标权重越大。有关熵值权重的计算过程如下（Rodriguez et al.，2012）。

1）标准化处理待决策方案的指标数据矩阵 $\boldsymbol{X}$，可用功效系数法，可得

$$Y_{ij}=\frac{x_{ij}-x_{\min(j)}}{x_{\max(j)}-x_{\min(j)}}\alpha+(1-\alpha) \tag{6-21}$$

其中，$x_{\max(j)}=\max(x_{1j},x_{2j},\cdots,x_{nj})$，$x_{\min(j)}=\min(x_{1j},x_{2j},\cdots,x_{nj})$，功效系数 $\alpha\in(0,1)$，功效规模的界限取决于功效系数的取值，一般取 $\alpha=0.9$。

2）计算指标熵值。如果取 e_j 是第 j 个指标的熵值，那么可得关于该指标的熵值计算公式为

$$e_j=\frac{1}{(\ln m)\sum_{i=1}^{m}Y_{ij}}\left[\left(\ln\sum_{i=1}^{m}Y_{ij}\right)\sum_{i=1}^{m}Y_{ij}-\sum_{i=1}^{m}Y_{ij}\ln Y_{ij}\right] \tag{6-22}$$

3）计算指标权重。如果取 w_j 是第 j 个指标的权重，那么可得权重计算公式为

$$w_j = \frac{1 - e_j}{\sum_{j=1}^{n}(1 - e_j)} \tag{6-23}$$

步骤 5：根据指标数据矩阵 $\boldsymbol{X} = (x_{ij})_{mn}$ 来确定所有方案的正、负理想点 R^+、R^-（Xu and Zhao，2016）：

$$R^+ = (h^+_{S_{o_1}}, h^+_{S_{o_2}}, \cdots, h^+_{S_{o_j}}), R^- = (h^-_{S_{o_1}}, h^-_{S_{o_2}}, \cdots, h^-_{S_{o_j}})。$$

步骤 6：计算双层犹豫模糊语言元素 h_{S_o} 与正、负理想点之间的距离（Gou et al.，2017），公式分别为

$$D(R_i, R^+) = \sum_{j=1}^{n} \omega_j \sqrt{\frac{1}{L_{ij}} \sum_{l=1}^{L_{ij}} [F(h_{S_{o_{ij}}}) - F(h^+_{S_{o_j}})]^2} \tag{6-24}$$

$$D(R_i, R^-) = \sum_{j=1}^{n} \omega_j \sqrt{\frac{1}{L_{ij}} \sum_{l=1}^{L_{ij}} [F(h_{S_{o_{ij}}}) - F(h^-_{S_{o_j}})]^2} \tag{6-25}$$

式中，$R_i = (h_{S_{o_{i1}}}, h_{S_{o_{i2}}}, \cdots, h_{S_{o_{in}}})$；$h_{S_{o_{ij}}}$ 表示第 i 个方案的第 j 个指标的双层犹豫模糊语言元素；L_{ij} 表示 $h_{S_{o_{ij}}}$ 中双层语言术语的数量。

步骤 7：计算每一个方案的贴近度系数 $T(R_i)$，$D(R_i, R^+)$ 越小，方案越优；$D(R_i, R^-)$ 越大，方案越优。根据贴近度系数进行排序，$T(R_i)$ 越大，方案越优（刘勇等，2015）。

$$T(R_i) = \frac{D(R_i, R^-)}{D_{\max}(R_i, R^-)} - \frac{D(R_i, R^+)}{D_{\min}(R_i, R^+)} \tag{6-26}$$

6.3 时间序列预测模型概述

支持向量机、ARIMA 模型、神经网络模型与一些组合预测模型是时间序列预测的常用方法，时间序列的分析和预测可以为决策者提供参考。ARIMA 模型适合于拟合线性特征时间序列；而神经网络模型因为拥有良好的学习性能，所以可以有效地拟合非线性序列。但是，这些预测模型是在大量的原始数据上建立的，原始数据较少时无法实现有效的预测。DGM（1，1）模型一般多用于小样本、中短期的预测，该模型预测结果趋势一般是齐次指数增长，是因为累加生成算子没有考虑影响数据序列发展走势的因素，即数据振荡，这一局限性使 DGM（1，1）模型不能应用于序列分析与预测（雷勋平和邱广华，2016），因为其本身存在随机振动的特征。通过定性分析可以得出影响国防科技创新生态系统的重

要因素并不具有齐次指数增长的趋势，因此本研究对原始序列数据，经过变化之后，运用 DGM（1，1）模型来分析国防科技创新生态系统的变化，其是以均值像反正切函数变权累加为依据，该模型因为具有时变的特征，所以随机振荡的数据序列存在较高的模拟精度（王坚强和吴佳亭，2015；闫书丽等，2013；Bottani and Rizzi，2013）。

6.3.1 ARIMA 模型

6.3.1.1 ARIMA 模型内涵

ARIMA 模型由 Box 和 Jenkins 提出，自提出以来早已被相关研究人员和广大使用者认为是对时间序列分析、预测产生革命性影响的数据处理模型。ARIMA 模型是一种线性回归模型，可用线性回归对误差序列与时序数据进行预测，从而得到平稳的时序数据的未来数值。但是，现实生活中尤其是社会属性较强的时序数据往往都是具有时变性的非平稳数据，而且随着经济社会的飞速发展，其非线性的成分和属性越来越突出。面对此类时序数据，若要运用 ARIMA 模型就必须首先对数据进行平稳性处理，常规的办法是先观察其时序图，再通过差分处理其显著的上升或下降的趋势，通过对数变换或 BOX-COX 幂变换处理时序的异方差性质，反复分析处理直到获取平稳的时序数据为止。实际应用中，最常用到的就是通过 ADF 单位根检验来判断时序数据的平稳性。

通过观察某一现象分析其随着时间变化所呈现出来的变化是时间序列分析的主要任务，随着时间的变化而变化。在社会实践的多个领域中都会出现类似的这种数列，它不仅仅可以展现某现象随时间变化发展的动态趋势，还可以对该现象的发展走向与未来的前景趋势做出预测，ARIMA 模型是时间序列数据的分析模型之一，在分析时间相关的序列时具有很大的优势。

6.3.1.2 ARIMA 模型预测步骤

建立 ARIMA 模型的前提是保证数列是平稳的，可以通过取对数或者差分使不平稳的序列变得平稳，然后对处理后的序列进行 ARMA(p,q)拟合。ARIMA 模型建模流程如图 6-3 所示。

（1）数据预处理

1）白噪声检验。首先对原始数据进行白噪声检验，如果检查结果是白噪声序列，则说明该序列是纯随机序列，没有规律可言，也就没有继续分析的价值。

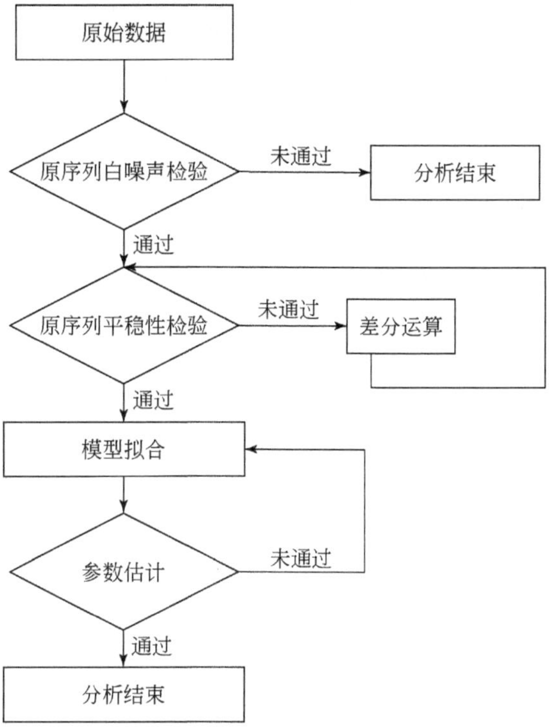

图 6-3　ARIMA 模型建模流程图

2）平稳性检验。为了可以顺利建立模型，必须要对其平稳性进行检验，一般从自相关系数图与时序图着手。单位根检验方法是常用的判断方法，在实际判断中可以将直观判断和统计方法判断相结合，直观上可以用时序图和相关系数函数图对序列的平稳性进行判断，之后再使用统计方法进行单位根检验，达到更准确的效果。

（2）模型拟合

研究者总结了 ARMA(p,q)、AR(p)与 MA(q)过程的偏自相关函数（PACF）与自相关函数（ACF）的规律。根据平稳后序列的 PACF 和 ACF 特征，匹配 ARIMA 模型识别的相关理论经验，判断较为适合的模型参数，从而挑选出最合适的模型形式和滞后阶数，随之进行参数估计。一般会提出多个备选模型，再通过进一步的检验和判断，从而确定最优模型。

1）AR(p)模型。如果序列第 t 期受到 $t-p$ 期的取值影响并且与 ε_t，$t=t$，$t+1$，$t+2$，…，p 有关与 $t-1$ 期的无关，其形式为

$$X_t=\phi_1 X_{t-1}+\phi_2 X_{t-2}+\cdots+\phi_p X_{t-p}+\varepsilon_t$$

式中，ϕ_1，ϕ_2，…，ϕ_p 为 AR(p)模型系数；ε_t 指白噪声。

2）MA(q)模型。如果与过去时间值无关，只与过去时间的波动有关则称为移动平均模型。其形式为

$$X_t=\varepsilon_t-\theta_1\varepsilon_{t-1}-\cdots-\theta_n\varepsilon_{t-n}$$

式中，θ_1，θ_2，…，θ_n 为移动平均系数；$\{\varepsilon_t\}$为随机序列。

3）ARMA(p,q)模型。如果序列$\{X_t\}$的当前值与本身过去值和前项波动项都有关，不但包括本身滞后项还包括过去的波动项，则其模型结构为

$$X_t=\phi_1X_{t-1}+\phi_2X_{t-2}+\cdots+\phi_pX_{t-p}+\varepsilon_t-\theta_1\varepsilon_{t-1}-\cdots-\theta_n\varepsilon_{t-n}$$

式中，ϕ_1，ϕ_2，…，ϕ_p 为自回归系数；θ_1，θ_2，…，θ_n 为移动平均系数。

对于一个平稳序列，我们可以直接运用前面三种模型，但在生活中大部分的序列为非平稳序列，对于非平稳序列建模常用自回归求和移动平均模型——ARMA(p,q)模型。

4）ARIMA(p,d,q)模型。如果非平稳序列$\{X_t\}$满足以下条件，则该序列符合 ARIMA(p,d,q)模型。

$$\begin{cases}\{\Phi(B)\Delta^dX_t=\Theta(B)\varepsilon_t\\E(\varepsilon_t)=0,\mathrm{var}(\varepsilon_t)=\sigma_\varepsilon^2,E(\varepsilon_t\varepsilon_s)=0,s\neq t\\E(X_t)=0,\forall s<t\end{cases}$$

式中，$\Delta^d=(1-B)^d$；$\Phi(B)=1-\phi_1B-\cdots-\phi_1B^p$；$\Theta(B)=1-\theta_1B-\cdots-\phi_\alpha B^q$；$d$ 表示差分次数。

（3）参数估计

通过模型识别判断合适的模型后，就可通过软件确定模型的参数。ARIMA 模型检验方法通常包括平稳可逆性检验、参数显著性检验及残差的纯随机性检验。根据各种建模分析结果，得到最优方程模型，据此进行预测研究，判断原序列的未来走向和发展。

6.3.2 BP 神经网络预测模型

BP 神经网络就是仿照生物大脑来处理信息的一种计算机技术，随着机器学习理论与技术不断发展，人们对其运行原理有了更深入的了解，神经网络模型也得到发展，逐渐被运用到各个领域。BP 神经网络可学习不完善的图形与数据并做出决策，也可以进行各种问题预测分析。1986 年 Rumelhart 和 McClelland 提出多层网络的反向传播学习算法（即 BP 算法），该网络对非线性系统具有强大的自适应性。

6.3.2.1 BP 神经网络基本结构及理论

神经网络主要有分层式和相互链接两种类型。分层式神经网络具有并行分布

处理、非线性处理及自学习和适应等特点。基于其非线性处理功能这一特点，本节选择分层式神经网络结构。神经网络最小的结构单元就是神经元，层与层之间由神经元并列连接。所以了解神经网络结构就必须先了解神经元，人工神经元结构如图 6-4 所示。

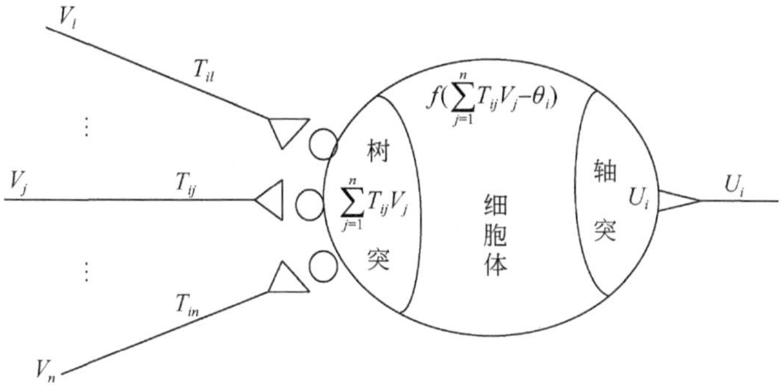

图 6-4　人工神经元结构

其中，$V_1,V_2,\cdots,V_n$ 为输入；U_i 为该神经元的输出；T_{ij} 为外面神经元与该神经元的连接强度（即权）；θ 为阈值；f（X）为该神经元的作用函数。

样本经过输入层输入样本，根据层与层之间不同的权值对样本进行加权求和，经过激活函数进行处理后输出。一个完整的神经网络结构由层与层之间的多个神经元组成。

一个完整的 BP 神经网络学习包含两个过程。网络首先经过输入层到达隐含层，随后再到达输出层进行正向传播，当传播结束后给出网络输出值与观察值之间的误差。误差超出先前规定的误差时，网络进行第二部分逆向传播，使希望输出值与网络输出值之间的误差达到最小，误差信息通过输出层输出值与期望输出值误差平方调整，来优化各个层之间的权值和阈值。BP 神经网络流程如图 6-5 所示。

6.3.2.2　BP 神经网络的优势及不足

（1）BP 神经网络的优势

1）非线性映射能力：BP 神经网络实现的是从输入到输出的映射过程，三层神经网络可以以任意精度逼近任意非线性连续函数，特别适合解决内部机制复杂的问题。

2）自学习和自适应能力：BP 神经网络通过不断训练，自动学习提取出输入和输出数据间的关系，并且自适应地调节权重。

3）泛化和容错能力：泛化能力是在设计模式分类器时，在考虑对所需分类

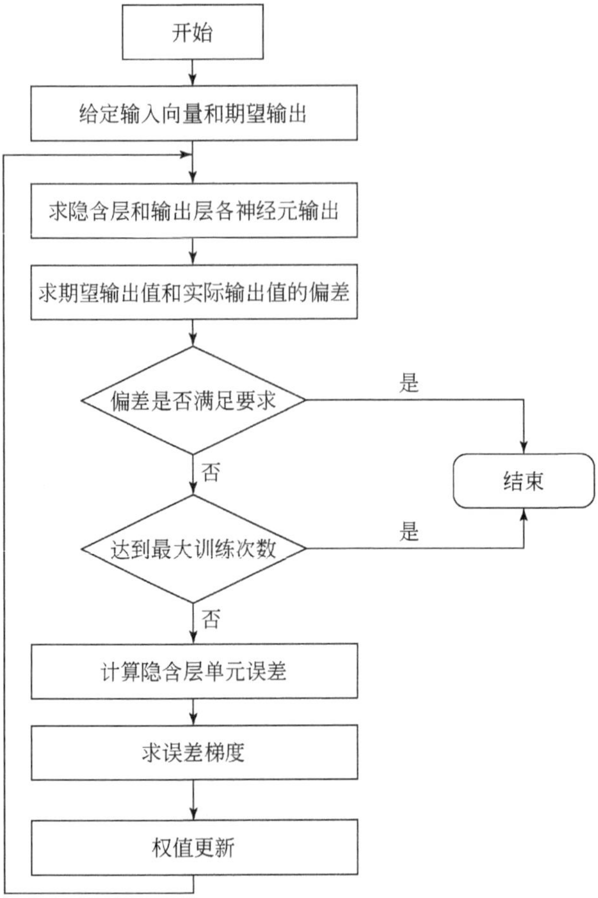

图 6-5　BP 神经网络流程图

对象进行正确分类的同时，也要考虑网络经过训练后，能否对没有出现过的模式进行正确的分类。容错能力则是 BP 神经网络在其局部或部分神经元遭到破坏后会对最终训练结果不会造成太大的影响。

（2）BP 神经网络的不足

1）在“局部搜索”中运用的一种原始方法就是 BP 神经网络，它很好地处理了在序列中不能解决的非线性的难题，但它最大的缺点就是它传播时是局部逐步更新的，这种更新方式容易使网络落入局部极值。

2）网络隐含层的选择目前还没有确认的方法，在实际运用中根据经验或反复试验确定隐含层单元数。其中，应用最多的是隐含层、输入层、输出层节点数的计算。

3）关于如何选取合适的网络结构方法，到目前为止没有成熟的理论。如果构建的网络结构复杂，会出现学习效率差和拟合过度的情况；如果构建网络结构简单，又会造成网络结果的不收敛。

6.3.3 灰色预测模型

灰色系统理论的创立源于 20 世纪 80 年代，其是由英国科学家 W. R. Ashby 定义的黑箱概念演化而来。邓聚龙教授于 1981 年在上海举办的中-美控制系统会议上汇报关于“含未知数系统的控制问题”的学术报告，首次使用“灰色系统”一词。邓聚龙教授于 20 世纪 90 年代发表的“灰色系统的控制问题”等有关灰色系统的数十篇论文，使得相关理论越来越完善并定义了灰色系统的概念。

所谓灰色系统就是说部分信息是不可被探测的、未知的，部分信息是可被了解的、公开的，未知和已知无确定的关联。灰色系统是以“少数据建模”为主要特征，重点对“外延明确，内涵不明确”的对象进行探讨。不同对象的灰度相比灰色系统来说是不相同的，是因为其具有广泛性和相对性。从现实角度来讲，生活中简单的白色系统或黑色系统并不是很常见，大部分的问题属于灰色系统。

灰色预测模型对于灰色系统来说是着重研讨的方面。关系不确定、信息不完整的系统是灰色预测模型重点研究的对象。灰色预测模型首先通过对系统组成进行相关分析，明确发展因素之间的差异程度，随后生成并处理原始数据，产生规律性比较强的新数据序列，之后构造相应的微分方程模型。当然，该模型需要进一步具体化，因为其仍是笼统的数学模型，从而最终制定出最优模型。灰色数列是指离散的数据，存在于原始数据中。建立在灰色数据序列上的模型为灰色模型（grey model，GM），其是灰色系统理论的中心部分，GM（1，N）、GM（1，1）模型是经常用到的灰色模型。灰色模型可对系统内部的活动规则进行探索，并揭示有关内部的关联信息，其连通了实际状况与相关理论，且可准确地掌握系统的发展趋势。

6.3.3.1 灰色预测的类型

1）灰色时间序列预测：灰色模型的构建是基于时间角度的，其目的是反映与估计所预测群体数据出现指定特征的时间点或者将来某个时间点展现出来的特征。

2）畸变预测：其目的是预先估计灰色模型预测中出现异常值的时间点。

3）系统预测：系统具有特殊的行为指标，基于此给出相关的灰色预测模型，从而对各个变量间的关系进行评估。

4）拓扑预测：首先根据给出的原始数据做出一条曲线，随后寻找并整合某固定值出现的所有时间点，从而构建数学模型，对某固定值所出现的时间点进行预测。

6.3.3.2 灰色预测中算子生成方法

均值生成、累加生成、累减生成是经常用到的序列算子生成方法。灰色系统模型在建立之前，在灰色系统中，能获得的信息非常有限，且不易发现内部规律，因此需要一些处理，减弱序列的随机性，使得一般规律可以显现。

（1）累加生成（AGO）

通过逐次累加原始序列数据可获得新的生成列，即为累加生成算子，令原始序列 $X^{(0)}=\{x^{(0)}(1),x^{(0)}(2),\cdots,x^{(0)}(n)\}$，规定 $X^{(1)}$ 是 $X^{(0)}$ 的1-AGO的序列，进行一次累加，并记为

$$X^{(1)}=1\text{-AGO}X^{(0)}$$

当且仅当

$$X^{(1)}=\{x^{(1)}(1),x^{(1)}(2),\cdots,x^{(1)}(n)\}$$

并满足

$$x^{(1)}(k)=\sum_{m=1}^{k}x^{(0)}(m)$$

类似的有 r 次累加生成

$$x^{(r)}(k)=\sum_{m=1}^{k}x^{(r-1)}(m)$$

（2）均值生成（MEAN）

通过对彼此邻近的两个数计算平均值从而生成新序列的过程即为均值生成。均值生成可以构建标准的新序列，还可用来构建模型，其主要对由于系统的客观原因引起的数据缺失与跳变产生的问题给出处理方法，并对数据的空缺信息进行填充操作。

（3）级比生成

级比生成算子也可对原始数列数据缺失的问题给出处理方法，其与上述的均值生成相类似。但是两者也有不同之处，其不同表现在填补的缺失数据项的位置不同，级比生成作用于数列两端点，而均值生成作用于中间数据项。

6.3.3.3 灰色预测系统的检验方法

后验差检验法、平均相对误差检验法、指数值差异值检验法、残差检验法与关联度检验法是经常用到的检验方法。其中普遍应用的是后验差检验法与残差检验法两种检验方法。构建后的模型可用以上方法进行统计检验，从而确定模型的

等级与拟合精度。比较常用的是后验差检验法和平均相对误差检验，介绍如下。

（1）后验差检验

记后验差比值为 C，其计算值为 $C=\frac{S_2}{S_1}$。

记小误差概率为 P，其计算值为 $P=\{ \mid \varepsilon^{(0)}-\bar{\varepsilon}^{(0)} \mid <0.6745S_1 \}$。

注意：小误差概率应服从标准正态分布，让误差概率落在 25% ~75% 的区域。由正态分布表可知，对应为 25% 和 75% 的值分别为-0.6745 和 0.6745，故系数为 0.6745。

（2）平均相对误差检验

记平均相对误差为 Δ，其计算值为

$$\Delta = \frac{1}{n}\sum_{k=1}^{n}\left|\frac{x^{(0)}(k) - \hat{x}^{(0)}(k)}{x^{(0)}(k)}\right|, k = 1,2,\cdots,n$$

6.4 基于 DGM（1，1）$_{\text{atan}}$的仿真模型构建

本节将 6.3 节的最终评价指标体系的评价结果作为原始数据序列，进而运用 DGM（1，1）$_{\text{atan}}$模型对各指标的发展趋势进行仿真，为我国国防科技创新生态系统的发展提供对策及建议。

6.4.1 累加生成算子

定义 7 数据序列 $X^0=\{x^0(1),x^0(2),\cdots,x^0(n)\}$，对于 $\forall k=2,3,\cdots,n$，

1）若 $x^0(k)-x^0(k-1)>0$，则称 X^0 为单调增长序列；

2）若 $x^0(k)-x^0(k-1)<0$，则称 X^0 为单调减小序列；

3）若 $\exists k,k^* \in \{2,3,\cdots,n\}$，使 $x^0(k)-x^0(k-1)>0, x^0(k^*)-x^0(k^*-1)<0$，则称 X^0 为随机振荡序列（Zhang and Yu，2012；Xu and Zhang，2013）。

定义 8 设原始非负序列 $X^0=\{x^0(1),x^0(2),\cdots,x^0(n)\}$，$D^1$ 为序列算子（张颖和高倩倩，2015；李翀和谢秀萍，2017）。

$$X^0D^1=\{x^0(1)d^1,x^0(2)d^1,\cdots,x^0(n)d^1\}$$

其中，$x^0(k)d^1 = \sum_{i=1}^{k}x^0(i), k = 1,2,\cdots,n$。称 D^1 为 X^0 的一次累加生成算子，记为 1-AGO；称 r 阶算子 D^r 为 X^0 的 r 次累加生成算子，记为 r-AGO，

$$X^0D^1=X^1=\{x^1(1),x^1(2),\cdots,x^1(n)\}$$

$$X^{r-1}D^r=X^r=\{x^r(1),x^r(2),\cdots,x^r(n)\}$$

其中，$x^r(k) = \sum_{i=1}^{k}x^{r-1}(i), k = 1,2,\cdots,n$。

6.4.2 反正切函数权值累加算子

定义 9 设非负数据序列 $X^0=\{x^0(1),x^0(2),\cdots,x^0(n)\}$，$\bar{X}^0=\frac{1}{n}\sum_{i=1}^{n}x^0(i)$，则称 $\varphi^0(k)=\frac{x^0(k-1)}{\bar{X}^0},k=2,3,\cdots,n+1$，为序列 X^0 的均值像，构成均值像序列 $\varphi^0=\{\varphi^0(2),\varphi^0(3),\cdots,\varphi^0(n+1)\}$。

定义 10 设非负序列 $X^0=\{x^0(1),x^0(2),\cdots,x^0(n)\}$，$W^1$ 为一阶累加生成序列算子，$X_w^1=X^0W^1=\{x^0(1)w^1,x^0(2)w^1,\cdots,x^0(n)w^1\}$，

$$x^0(k)w^1=x_w^1(k)=\sum_{i=1}^{k}\left\{\frac{2}{\pi}\arctan[\varphi^0(i)]\cdot x^0(i)\right\},k=1,2,\cdots,n$$

其中，$\varphi^0(1)=1$；$\varphi^0(i),i=2,3,\cdots,n+1$ 为序列 X^0 的均值像。称 W^1 为 X^0 的反正切函数权值一阶累加生成算子，记为1-WAGO；称 r 阶算子 W^r 为 X^0 的 r 次反正切函数权值累加生成算子，记为 r-WAGO。

$$X_w^r=X^{r-1}W^r=\{x^{r-1}(1)w^r,x^{r-1}(2)w^r,\cdots,x^{r-1}(n)w^r\},$$

$$x^{r-1}(k)w^r=x_w^r(k)=\sum_{i=1}^{k}\left\{\frac{2}{\pi}\arctan[\varphi^{r-1}(i)]\cdot x_w^{r-1}(i)\right\},k=1,2,\cdots,n。$$

其中 $\varphi^{r-1}(k)=\frac{x_w^{r-1}(k-1)}{X^{r-1}},k=2,3,\cdots,n+1;\bar{X}^{r-1}=\frac{1}{n}\sum_{i=1}^{n}x_w^{r-1}(i)$。

性质 反正切函数权值累加序列算子是单调递增序列。

证明：设非负序列 $X^0=\{x^0(1),x^0(2),\cdots,x^0(n)\}$，$W^1$ 为一阶累加生成序列算子，$X_w^1=X^0W^1=\{x^0(1)w^1,x^0(2)w^1,\cdots,x^0(n)w^1\}$。

其中，

$$x^0(k)w^1=x_w^1(k)=\sum_{i=1}^{k}\left\{\frac{2}{\pi}\arctan[\varphi^0(i)]\cdot x^0(i)\right\},k=1,2,\cdots,n$$

$$x^0(k+1)w^1=x_w^1(k+1)=\sum_{i=1}^{k+1}\left\{\frac{2}{\pi}\arctan[\varphi^0(i)]\cdot x^0(i)\right\},k=1,2,\cdots,n$$

上述两式相减得

$$\begin{aligned}x_w^1(k+1)-x_w^1(k)&=\sum_{i=1}^{k+1}\left\{\frac{2}{\pi}\arctan[\varphi^0(i)]\cdot x^0(i)\right\}-\sum_{i=1}^{k}\left\{\frac{2}{\pi}\arctan[\varphi^0(i)]\cdot x^0(i)\right\}\\&=\frac{2}{\pi}\arctan[\varphi^0(k+1)]x^0(k+1)>0\end{aligned}$$

所以，X_w^1 为单调递增序列。

6.4.3 模型构建

设非负数据序列 $X^0=\{x^0(1),x^0(2),\cdots,x^0(n)\}$，其中 $x^0(k)>0,k=1,2,\cdots,n$，建模流程如图 6-6 所示。

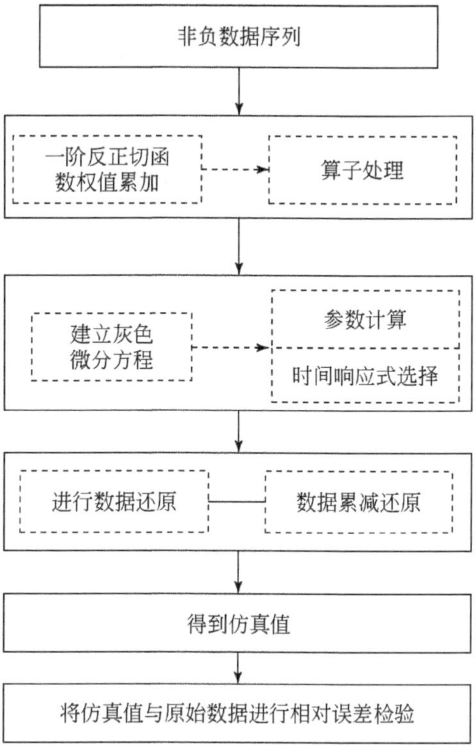

图 6-6　DGM（1，1）$_{\mathrm{atan}}$的仿真模型构建流程图

步骤 1：对序列 X^0 进行一阶反正切函数权值累加，W^1 为一阶累加生成序列算子，得到

$$X_{\mathrm{w}}^1=X^0W^1=\{x^0(1)w^1,x^0(2)w^1,\cdots,x^0(n)w^1\}$$

$$x^0(k)w^1=x_{\mathrm{w}}^1(k)=\sum_{i=1}^{k}\left\{\frac{2}{\pi}\arctan[\varphi^0(i)]\cdot x^0(i)\right\},k=1,2,\cdots,n$$

式中，$\varphi^0(1)=1$；$\varphi^0(i),i=2,3,\cdots,n+1$ 为序列 X^0 的均值像。

步骤 2：建立灰色微分方程（王丰效，2017；杨芬等，2013）。

$$\hat{x}_{\mathrm{w}}^1(k+1)=\beta_1\hat{x}_{\mathrm{w}}^1(k)+\beta_2$$

参数 β_1 和 β_2 的最小二乘估计 $\hat{\beta}=[\beta_1,\beta_2]^{\mathrm{T}}$ 为

$$\hat{\beta}=(B^{\mathrm{T}}B)^{-1}B^{\mathrm{T}}Y$$

式中，$Y=\begin{bmatrix} x_{\mathrm{w}}^{1}(2) \\ x_{\mathrm{w}}^{1}(3) \\ \vdots \\ x_{\mathrm{w}}^{1}(n) \end{bmatrix}$；$B=\begin{bmatrix} x_{\mathrm{w}}^{1}(1) & 1 \\ x_{\mathrm{w}}^{1}(2) & 1 \\ \vdots & \vdots \\ x_{\mathrm{w}}^{1}(n-1) & 1 \end{bmatrix}$。

步骤3：取 $\hat{x}_{\mathrm{w}}^{1}(1)=x^{0}(1)$，上述灰色微分方程的时间响应式（杜小伟，2011；曾波和刘思峰，2011）为

$$\hat{x}_{\mathrm{w}}^{1}(k+1)=\left(x^{0}(1)-\frac{\beta_2}{1-\beta_1}\right)\beta_1^{k}+\frac{\beta_2}{1-\beta_1},k=1,2,\cdots,n-1$$

$$\hat{x}_{\mathrm{w}}^{1}(k+1)-\hat{x}_{\mathrm{w}}^{1}(k)=\frac{2}{\pi}\arctan[\hat{\varphi}^{0}(k+1)\cdot\hat{x}^{0}(k+1)],k=1,2,\cdots,n-1$$

步骤4：还原数据，对序列 $\hat{X}^{0}=(\hat{x}^{0}(1),\hat{x}^{0}(2),\cdots,\hat{x}^{0}(n))$ 进行还原（崔立志，2010；徐宁，2015）。

当模型用于模拟时，即 $k=1,2,\cdots,n-1$ 时

$$\hat{x}^{0}(k+1)=\frac{[(\beta_1-1)\cdot x^{0}(1)+\beta_2]\beta_1^{k-1}}{\frac{2}{\pi}\arctan[\hat{\varphi}^{0}(k+1)]}$$

式中，$\hat{\varphi}^{0}(k+1)=\varphi^{0}(k+1)=\dfrac{x^{0}(k)}{\bar{X}^{0}}$。

当模型用于仿真时，即 $i=1,2,\cdots$ 时

$$\hat{x}^{0}(n+i)=\frac{[(\beta_1-1)\cdot x^{0}(1)+\beta_2]\beta_1^{n+i-2}}{\frac{2}{\pi}\arctan[\hat{\varphi}^{0}(n+i)]}$$

式中，$\hat{\varphi}^{0}(n+i)=\dfrac{\hat{x}^{0}(n+i-1)}{\bar{X}^{0}}$。

步骤5：计算还原数据 $\hat{x}^{0}$ 与原始数据 x^{0} 的相对误差 δ。相对误差 δ 指的是测量所造成的绝对误差 $x^{0}-\hat{x}^{0}$ 与被测量（约定）真值 x^{0} 之比乘以100%所得的数值，以百分数表示。一般来说，相对误差更能反映测量的可信程度（Chen and Sun，2017）。

$$\delta=\frac{x^{0}-\hat{x}^{0}}{x^{0}}\times100\%$$

在相对误差 δ 的基础上，计算出平均相对误差 $\bar{\delta}$。

6.5 国防科技创新生态系统案例分析

本节首先根据国防科技创新生态系统的影响因素，构建了初选指标体系；其次运用基于灰色关联分析的指标约简算法对初选指标体系进行筛选，得到最终评价指标体系；最终构建了基于双层犹豫模糊语言 TOPSIS 方法的评价模型，以及基于反正切函数权值累加算子的 DGM（1，1）仿真模型，并对这两种模型相关知识做了简要介绍。

6.5.1 基于双层犹豫模糊语言 TOPSIS 方法的评价案例分析

在国防科技创新生态系统评价指标体系的基础上，本节运用基于双层犹豫模糊语言 TOPSIS 方法对我国国防科技创新生态系统 2011 ~ 2018 年的发展情况进行评价，利用 Matlab 工具编程实现以下步骤的计算。

步骤 1：令

$$S=\{s_{-3}=\text{无},s_{-2}=\text{非常差},s_{-1}=\text{差},s_0=\text{正好},s_1=\text{好},s_2=\text{非常好},s_3=\text{完美}\}$$

$$O=\begin{cases}\{o_0=\text{正好},o_1=\text{一点},o_2=\text{只有一点},o_3=\text{远}\},t=-3\\ \{o_{-3}=\text{全部},o_{-2}=\text{许多},o_{-1}=\text{多},o_0=\text{正好},o_1=\text{一点},o_2=\text{只有一点},o_3=\text{远}\},-3<t<0\\ \{o_{-3}=\text{远},o_{-2}=\text{只有一点},o_{-1}=\text{一点},o_0=\text{正好},o_1=\text{多},o_2=\text{许多},o_3=\text{全部}\},0\leqslant t<3\\ \{o_{-3}=\text{远},o_{-2}=\text{只有一点},o_{-1}=\text{一点},o_0=\text{正好}\},t=3\end{cases}$$

分别作为第一层次和第二层次语言术语集，用这两层语言术语集来进行语言表达，受邀的 10 位专家根据普通的语言资料对我国国防科技创新生态系统的每一个评价指标进行评价，表 6-1 表示专家 1 所给出的 2011 ~ 2018 年我国国防科技创新生态系统基础支撑力各要素指标的原始语言评价信息，其余几位专家也给出了相应的评价信息。

表 6-1　专家 1 给出的 2011 ~ 2018 年基础支撑力各要素指标的原始语言评价信息

年份	C_1	C_2	C_3	C_4
2011	中等和良好之间	非常非常差和非常中等之间	非常中等和非常好之间	极差和中等之间
2012	非常好和恰到好处之间	非常差和很好之间	好很多	正好中等

续表

年份	C_1	C_2	C_3	C_4
2013	适当的中等和适当的良好之间	非常好和恰到好处之间	一点点差和很好之间	非常好和完美之间
2014	非常非常好	中等和中等之间	非常非常差和非常好之间	好和正好之间
2015	恰好中间和非常好之间	有点好	非常中等和恰到好处之间	完全中等
2016	恰到好处	恰到好处和恰到好处之间	只有一点点非常好和只有一点点完美之间	非常差和一点好之间
2017	中等和良好之间	很好	中等程度之间	非常好之间
2018	正好中间和完全良好之间	正好中等	有点好	恰好非常好和只有一点完美之间

将上述10位专家给出的原始语言评价信息转换成双层犹豫模糊语言元素 $h_{S_o}=\{s_{\varphi_l\langle o_{\phi_l}\rangle}\mid s_{\varphi_l\langle o_{\phi_l}\rangle}\in S_o\}$，构成10个决策矩阵 $\boldsymbol{B}_l=(b_{ij})_{mn}$，表6-2表示专家1所给出的2011～2018年我国国防科技创新生态系统基础支撑力各要素指标的评价值构成的决策矩阵，其余几位专家给出的相应的评价信息也转换成了相应的决策矩阵。

表6-2　专家1给出的2011～2018年基础支撑力各要素指标评价值构成的决策矩阵

年份	C_1	C_2	C_3	C_4
2011	$\{s_{0\langle o_{-2}\rangle},\ s_{1\langle o_1\rangle}\}$	$\{s_{-2\langle o_{-2}\rangle},\ s_{-1},\ s_{0\langle o_2\rangle}\}$	$\{s_{0\langle o_2\rangle},\ s_{1\langle o_2\rangle}\}$	$\{s_{-1\langle o_{-2}\rangle},\ s_{0\langle o_{-2}\rangle}\}$
2012	$\{s_{2\langle o_1\rangle},\ s_{3\langle o_0\rangle}\}$	$\{s_{-1\langle o_{-2}\rangle},\ s_0,\ s_{1\langle o_1\rangle}\}$	$\{s_{1\langle o_1\rangle}\}$	$\{s_{0\langle o_0\rangle}\}$
2013	$\{s_{0\langle o_0\rangle},\ s_{1\langle o_0\rangle}\}$	$\{s_{1\langle o_2\rangle},\ s_2,\ s_{3\langle o_0\rangle}\}$	$\{s_{-1\langle o_1\rangle},\ s_0,\ s_{1\langle o_1\rangle}\}$	$\{s_{1\langle o_2\rangle},\ s_2,\ s_{3\langle o_{-1}\rangle}\}$
2014	$\{s_{2\langle o_2\rangle}\}$	$\{s_{-1\langle o_2\rangle},\ s_{0\langle o_0\rangle}\}$	$\{s_{-2\langle o_{-2}\rangle},\ s_{-1},\ s_0,\ s_{1\langle o_2\rangle}\}$	$\{s_{1\langle o_1\rangle},\ s_{2\langle o_0\rangle}\}$
2015	$\{s_{0\langle o_0\rangle},\ s_1,\ s_{2\langle o_1\rangle}\}$	$\{s_{1\langle o_{-1}\rangle}\}$	$\{s_{0\langle o_2\rangle},\ s_1,\ s_{2\langle o_0\rangle}\}$	$\{s_{0\langle o_3\rangle}\}$
2016	$\{s_{1\langle o_0\rangle}\}$	$\{s_{1\langle o_0\rangle},\ s_{2\langle o_0\rangle}\}$	$\{s_{2\langle o_{-2}\rangle},\ s_{3\langle o_{-2}\rangle}\}$	$\{s_{-1\langle o_{-2}\rangle},\ s_0,\ s_{1\langle o_{-1}\rangle}\}$
2017	$\{s_{0\langle o_{-2}\rangle},\ s_{1\langle o_1\rangle}\}$	$\{s_{2\langle o_1\rangle}\}$	$\{s_{-1\langle o_2\rangle},\ s_{0\langle o_1\rangle}\}$	$\{s_{1\langle o_1\rangle},\ s_{2\langle o_2\rangle}\}$
2018	$\{s_{0\langle o_0\rangle},\ s_{1\langle o_3\rangle}\}$	$\{s_{0\langle o_0\rangle}\}$	$\{s_{1\langle o_{-1}\rangle}\}$	$\{s_{2\langle o_0\rangle},\ s_{3\langle o_{-2}\rangle}\}$

计算上述决策矩阵元素 h_{S_o} 的期望值，构成5个指标数据矩阵 $\boldsymbol{E}_l=(e_{ij})_{mn}$，表6-3表示专家1所给出的2011～2018年我国国防科技创新生态系统基础支撑力各要素指标评价值构成的数据矩阵。

表 6-3 专家 1 给出的 2011 ~ 2018 年基础支撑力各要素指标评价值构成的数据矩阵

年份	C_1	C_2	C_3	C_4
2011	0. 5657	0. 3333	0. 6389	0. 3990
2012	0. 9286	0. 4747	0. 7222	0. 5000
2013	0. 5833	0. 8796	0. 5486	0. 8556
2014	0. 9444	0. 4352	0. 4167	0. 7619
2015	0. 6914	0. 6111	0. 7130	0. 6667
2016	0. 6667	0. 7500	0. 8611	0. 4259
2017	0. 5657	0. 8889	0. 4524	0. 7963
2018	0. 6364	0. 5000	0. 6111	0. 8981

步骤 2：基于改进的离差法，确定所邀请的 10 位专家 $D=\{D_k\}$ $(k=1,2,\cdots,10)$ 在每个指标下的客观权重，表 6-4 表示 10 位专家在国防科技创新生态系统的各要素指标下的客观权重。

表 6-4 10 位专家在国防科技创新生态系统的各要素指标下的客观权重

指标	D_1	D_2	D_3	D_4	D_5	D_6	D_7	D_8	D_9	D_{10}
C_1	0. 0830	0. 1072	0. 0918	0. 1366	0. 0862	0. 0858	0. 1032	0. 1061	0. 0845	0. 1155
C_2	0. 0822	0. 1010	0. 1318	0. 1015	0. 1326	0. 0865	0. 1064	0. 0820	0. 0973	0. 0787
C_3	0. 0848	0. 1191	0. 1009	0. 0950	0. 1152	0. 0885	0. 0975	0. 1111	0. 0878	0. 1002
C_4	0. 0763	0. 1709	0. 0749	0. 0681	0. 1020	0. 0860	0. 0998	0. 0763	0. 1478	0. 0980
C_5	0. 1011	0. 1297	0. 1096	0. 0797	0. 1038	0. 1015	0. 0972	0. 0843	0. 1155	0. 0776
C_6	0. 1220	0. 0903	0. 0788	0. 0940	0. 1055	0. 0981	0. 1269	0. 0769	0. 0989	0. 1085
C_7	0. 0883	0. 1312	0. 0708	0. 1739	0. 0767	0. 1192	0. 0655	0. 1041	0. 0778	0. 0925
C_8	0. 1935	0. 0793	0. 0709	0. 1320	0. 0804	0. 0906	0. 0969	0. 0763	0. 0678	0. 1123
C_9	0. 0651	0. 1537	0. 1103	0. 0881	0. 0812	0. 1174	0. 0992	0. 0997	0. 1020	0. 0832
C_{10}	0. 0997	0. 0735	0. 0875	0. 1045	0. 0862	0. 1194	0. 1004	0. 1127	0. 1095	0. 1065
C_{11}	0. 0754	0. 1602	0. 0990	0. 0971	0. 1078	0. 0868	0. 1158	0. 0791	0. 0737	0. 1051
C_{12}	0. 0739	0. 1163	0. 1000	0. 1078	0. 0977	0. 1071	0. 1567	0. 0862	0. 0841	0. 0703
C_{13}	0. 0870	0. 1335	0. 1001	0. 1342	0. 1125	0. 0891	0. 0889	0. 0871	0. 0933	0. 0744
C_{14}	0. 1517	0. 0834	0. 0725	0. 1117	0. 0899	0. 0830	0. 0741	0. 1259	0. 0948	0. 1130

续表

指标	D_1	D_2	D_3	D_4	D_5	D_6	D_7	D_8	D_9	D_{10}
C_{15}	0. 1285	0. 0841	0. 0948	0. 1045	0. 1304	0. 0853	0. 0915	0. 0889	0. 0961	0. 0958
C_{16}	0. 0881	0. 1178	0. 1048	0. 1207	0. 0745	0. 0708	0. 1265	0. 0986	0. 0803	0. 1180
C_{17}	0. 1466	0. 0980	0. 1001	0. 0940	0. 1024	0. 0669	0. 1134	0. 1062	0. 0829	0. 0894
C_{18}	0. 1229	0. 1173	0. 0841	0. 0818	0. 1606	0. 1060	0. 0907	0. 0887	0. 0826	0. 0654
C_{19}	0. 1173	0. 1010	0. 0870	0. 1021	0. 1102	0. 0940	0. 0953	0. 1102	0. 0939	0. 0892
C_{20}	0. 1255	0. 1334	0. 0768	0. 1288	0. 0964	0. 0866	0. 1039	0. 0816	0. 0806	0. 0864
C_{21}	0. 0754	0. 0973	0. 1041	0. 1061	0. 0924	0. 1298	0. 0820	0. 1126	0. 0859	0. 1145
C_{22}	0. 1009	0. 1046	0. 0658	0. 1119	0. 1467	0. 0836	0. 0753	0. 1061	0. 0912	0. 1140
C_{23}	0. 0955	0. 1065	0. 0945	0. 0980	0. 1338	0. 0767	0. 0849	0. 0902	0. 1189	0. 1009
C_{24}	0. 0803	0. 0849	0. 0727	0. 1382	0. 1139	0. 0960	0. 1091	0. 0899	0. 1397	0. 0753

步骤3：综合10位专家在2011～2018年我国国防科技创新生态系统各要素指标 C_j 下的评价值，记为 $\boldsymbol{X}=(x_{ij})_{mn}$，如表6-5所示。

表6-5　10位专家在2011～2018年我国国防科技创新生态系统各要素指标下的评价值

指标	2011年	2012年	2013年	2014年	2015年	2016年	2017年	2018年
C_1	0. 5901	0. 6494	0. 5970	0. 4847	0. 6417	0. 4241	0. 5320	0. 6129
C_2	0. 5698	0. 6013	0. 5682	0. 4743	0. 6102	0. 6083	0. 4794	0. 4334
C_3	0. 5048	0. 6291	0. 5624	0. 5618	0. 6156	0. 4474	0. 5651	0. 6468
C_4	0. 4339	0. 3976	0. 4747	0. 5449	0. 4961	0. 5617	0. 5781	0. 4809
C_5	0. 4849	0. 4850	0. 2894	0. 5070	0. 5566	0. 5294	0. 6427	0. 6214
C_6	0. 5074	0. 5253	0. 5724	0. 5763	0. 5085	0. 4235	0. 5430	0. 5625
C_7	0. 4991	0. 4851	0. 5811	0. 4606	0. 5553	0. 5040	0. 4688	0. 2938
C_8	0. 3376	0. 3924	0. 5063	0. 4449	0. 4035	0. 4265	0. 6003	0. 5127
C_9	0. 3581	0. 4672	0. 6331	0. 5587	0. 5012	0. 5313	0. 5459	0. 3840
C_{10}	0. 4369	0. 5653	0. 4793	0. 6253	0. 4429	0. 3866	0. 5211	0. 4455
C_{11}	0. 4932	0. 4980	0. 5465	0. 5282	0. 3757	0. 4254	0. 5500	0. 5751
C_{12}	0. 4717	0. 5338	0. 6161	0. 4798	0. 4114	0. 5048	0. 5416	0. 5112
C_{13}	0. 4064	0. 4899	0. 6021	0. 5076	0. 5614	0. 4787	0. 4893	0. 6207
C_{14}	0. 3961	0. 4786	0. 4941	0. 4842	0. 5616	0. 5107	0. 5390	0. 4461
C_{15}	0. 4858	0. 4516	0. 5155	0. 5636	0. 5284	0. 5889	0. 4620	0. 3293

续表

指标	2011 年	2012 年	2013 年	2014 年	2015 年	2016 年	2017 年	2018 年
C_{16}	0. 3697	0. 5203	0. 6126	0. 5332	0. 5571	0. 5880	0. 4084	0. 5074
C_{17}	0. 4896	0. 5463	0. 6505	0. 4199	0. 4332	0. 4632	0. 4120	0. 5065
C_{18}	0. 6021	0. 4280	0. 3322	0. 4279	0. 5140	0. 5112	0. 4541	0. 5777
C_{19}	0. 4531	0. 4491	0. 4769	0. 4502	0. 6112	0. 5886	0. 5813	0. 4298
C_{20}	0. 5003	0. 4601	0. 3542	0. 6808	0. 6035	0. 5512	0. 4882	0. 6014
C_{21}	0. 5553	0. 4703	0. 5421	0. 4190	0. 4843	0. 5702	0. 4459	0. 5814
C_{22}	0. 4921	0. 4201	0. 4390	0. 5299	0. 3329	0. 5332	0. 5549	0. 4472
C_{23}	0. 5295	0. 4015	0. 4308	0. 4790	0. 5461	0. 5056	0. 4432	0. 5215
C_{24}	0. 4034	0. 5267	0. 3340	0. 5556	0. 4422	0. 4865	0. 4526	0. 5231

步骤 4：在综合国防科技创新生态系统各要素指标评价值的基础上，进一步运用熵值法计算各要素指标 $C=\{C_j\}$ 的权重 ω_j，计算结果如表 6-6 所示。

表 6-6　基于熵值法确定的我国国防科技创新生态系统各要素指标的权重

权重	C_1	C_2	C_3	C_4	C_5	C_6	C_7	C_8
ω	0. 0375	0. 0470	0. 0358	0. 0429	0. 0292	0. 0301	0. 0277	0. 0455
权重	C_9	C_{10}	C_{11}	C_{12}	C_{13}	C_{14}	C_{15}	C_{16}
ω	0. 0455	0. 0500	0. 0364	0. 0361	0. 0397	0. 0347	0. 0305	0. 0406
权重	C_{17}	C_{18}	C_{19}	C_{20}	C_{21}	C_{22}	C_{23}	C_{24}
ω	0. 0713	0. 0375	0. 0818	0. 0355	0. 0495	0. 0344	0. 0452	0. 0355

步骤 5：根据我国国防科技创新生态系统的指标数据矩阵 $\boldsymbol{X}=(x_{ij})_{mn}$，确定 2011～2018 年我国国防科技创新生态系统各要素指标的正理想点 R^+ 与负理想点 R^-，如表 6-7、表 6-8 所示。

表 6-7　2011～2018 年我国国防科技创新生态系统各要素指标的正理想点

正理想点	C_1	C_2	C_3	C_4	C_5	C_6	C_7	C_8
R^+	0. 6494	0. 6102	0. 6468	0. 5781	0. 6427	0. 5763	0. 5811	0. 6003
正理想点	C_9	C_{10}	C_{11}	C_{12}	C_{13}	C_{14}	C_{15}	C_{16}
R^+	0. 6331	0. 6253	0. 5751	0. 6161	0. 6207	0. 5616	0. 5889	0. 6126
正理想点	C_{17}	C_{18}	C_{19}	C_{20}	C_{21}	C_{22}	C_{23}	C_{24}
R^+	0. 6505	0. 6021	0. 6112	0. 6808	0. 5814	0. 5549	0. 5461	0. 5556

表 6-8　2011～2018 年我国国防科技创新生态系统各要素指标的负理想点

负理想点	C_1	C_2	C_3	C_4	C_5	C_6	C_7	C_8
R^-	0.4241	0.4334	0.4474	0.3976	0.2894	0.4235	0.2938	0.3376
负理想点	C_9	C_{10}	C_{11}	C_{12}	C_{13}	C_{14}	C_{15}	C_{16}
R^-	0.3581	0.3866	0.3757	0.4114	0.4064	0.3961	0.3293	0.3697
负理想点	C_{17}	C_{18}	C_{19}	C_{20}	C_{21}	C_{22}	C_{23}	C_{24}
R^-	0.4120	0.3322	0.4298	0.3542	0.4190	0.3329	0.4015	0.3340

步骤 6：计算我国国防科技创新生态系统各指标要素所对应的双层犹豫模糊语言元素 h_{S_o} 与正、负理想点之间的距离，计算结果如表 6-9 所示。

表 6-9　各指标要素对应的双层犹豫模糊语言元素与正、负理想点之间的距离

年份	$D(R_i,R^+)$	$D(R_i,R^+)$排序	$D(R_i,R^-)$	$D(R_i,R^-)$排序
2011	0.0238	8	0.0128	8
2012	0.0162	5	0.0159	7
2013	0.0173	6	0.0241	1
2014	0.0148	3	0.0217	3
2015	0.0147	2	0.0224	2
2016	0.0152	4	0.0209	6
2017	0.0140	1	0.0217	3
2018	0.0173	7	0.0217	3

步骤 7：计算 2011～2018 年我国国防科技创新生态系统的贴近度系数 $T(R_i)$，计算结果及排序结果如表 6-10 所示。

表 6-10　2011～2018 年我国国防科技创新生态系统的贴近度系数及排序结果

年份	$T(R_i)$	$T(R_i)$排序
2011	−1.1725	8
2012	−0.4990	7
2013	−0.2346	5
2014	−0.1613	3
2015	−0.1247	2
2016	−0.2173	4
2017	−0.1013	1
2018	−0.3361	6

通过运用基于双层犹豫模糊语言术语的 TOPSIS 方法对 2011 ~2018 年我国国防科技创新生态系统的发展情况进行评价，并计算各年我国国防科技创新生态系统的贴近度系数，$T(R_i)$越大，则说明该年我国国防科技创新生态系统发展越好。实证结果显示：2017 年我国国防科技创新生态系统的贴近度系数为-0. 1013，是这 8 年中贴近度系数最大的，也是发展最好的。2011 年我国国防科技创新生态系统的贴近度系数为-1. 1725，是这 8 年中贴近度系数最小的，说明 2011 年我国国防科技创新生态系统发展较差。

6. 5. 2 基于 DGM （1，1）$_{atan}$的评价结果仿真研究

在构建国防科技创新生态系统评价指标体系及评价、仿真模型的基础上，本节主要利用我国国防科技创新生态系统的发展对这两种模型分别进行实证研究，从而对结果进行对比分析。

在构建国防科技创新生态系统评价指标的基础上，首先基于双层犹豫模糊语言术语的 TOPSIS 方法对我国国防科技创新生态系统 2011 ~2018 年的发展进行评价，其次进一步运用 DGM （1，1）$_{atan}$ （Iqelan，2017；Ye et al.，2017，2018；Zeng et al.，2010；Yang et al.，2017）模型对 2019 年我国国防科技创新生态系统的发展状况进行模拟仿真。

国防科技创新生态系统的发展具有相对的随机性，在现有研究的基础上，从优化累加生成算子角度出发，设计出基于均值像的反正切函数，在新算子基础上建立了 DGM （1，1）$_{atan}$的仿真模型，能较好地拟合具有随机振荡特征的数据序列。根据 2011 ~ 2018 年我国国防科技创新生态系统的评价结果，运用基于 DGM （1，1）$_{atan}$的仿真模型，对 2019 年我国国防科技创新生态系统的发展趋势进行模拟仿真。

经过上述计算，得出 2011 ~2018 年我国国防科技创新生态系统的贴近度系数 $T(R_i)=\{-1.1725,-0.4990,-0.2346,-0.1613,-0.1247,-0.2173,-0.1013,-0.3361\}$，DGM （1，1）$_{atan}$模型所适用的原始数据序列必须是非负的，因此需对贴近度系数进行正向化处理。

$$x'_{ij}=-x_{ij}$$

上述线性变化不会改变指标值的分布规律，经正向化处理后，得到的非负原始数据序列为 $X^0=\{1.1725,0.4990,0.2346,0.1613,0.1247,0.2173,0.1013,0.3361\}$，利用 Matlab 工具编程实现以下步骤的计算。图 6-7 表示该原始数据序列的散点折线图。

步骤 1：国防科技创新生态系统的评价值原始数据序列 X^0 的均值像序列为

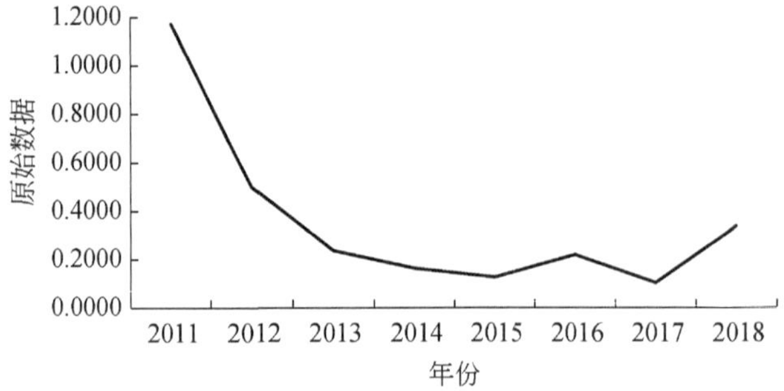

图 6-7　原始数据序列的散点折线图

$\varphi^0=\{3.2949, 1.4023, 0.6593, 0.4533, 0.3504, 0.6107, 0.2847, 0.9445\}$。

对该原始数据序列进行一阶反正切函数权值累加，W^1 为一阶累加生成序列算子，得

$X_w^1=X^0W^1=\{0.5863, 0.9916, 1.1337, 1.1936, 1.2274, 1.2740, 1.3093, 1.3687\}$

累加后的序列呈现明显单调递增规律。

步骤 2：对国防科技创新生态系统的评价值，建立灰色微分方程，经最小二乘法计算得到，$\beta=\{0.4792, 0.6859\}$，所以

$$\hat{x}_w^1(k+1)=0.4792\hat{x}_w^1(k)+0.6859$$

步骤 3：取 $\hat{x}_w^1(1)=x^0(1)=1.1725$，计算得到上述灰色微分方程的时间响应式，具体如表 6-11 所示。

$$\hat{x}_w^1(k+1)=\left(1.1725-\frac{0.6859}{1-0.4792}\right)\times0.4792^k+\frac{0.6859}{1-0.4792}, k=1,2,\cdots,7$$

表 6-11　国防科技创新生态系统评价值序列时间响应式

$\hat{x}_w^1$ (1)	$\hat{x}_w^1$ (2)	$\hat{x}_w^1$ (3)	$\hat{x}_w^1$ (4)	$\hat{x}_w^1$ (5)	$\hat{x}_w^1$ (6)	$\hat{x}_w^1$ (7)	$\hat{x}_w^1$ (8)
1.1725	1.2477	1.2837	1.3010	1.3093	1.3132	1.3151	1.3161

步骤 4：对国防科技创新生态系统评价值原始数据序列进行还原，还原得到序列 $\hat{X}^0=[\hat{x}^0(1), \hat{x}^0(2), \cdots, \hat{x}^0(n)]$，对 2011～2018 年我国国防科技创新生态系统评价值进行模拟，并对 2019 年国防科技创新生态系统的发展进行仿真。表 6-12 表示 DGM（1，1）$_{atan}$模型对 2011～2019 年我国国防科技创新生态系统评价值的模拟值/仿真值及相对误差。

表 6-12　2011 ~ 2019 年国防科技创新生态系统的模拟值/仿真值及相对误差

年份	原始数据	模拟值/仿真值	相对误差（%）
2011	1. 1725	1. 1725	0. 00
2012	0. 4990	0. 4726	5. 30
2013	0. 2346	0. 2495	6. 34
2014	0. 1613	0. 1765	2. 98
2015	0. 1247	0. 1305	4. 71
2016	0. 2173	0. 1985	0. 54
2017	0. 1013	0. 1104	13. 02
2018	0. 3361	0. 3216	4. 33
2019	—	0. 1029	—
平均拟合相对误差	—	—	5. 98

图 6-8 表示 2011 ~ 2018 年国防科技创新生态系统评价值原始数据及模拟值的散点折线图。

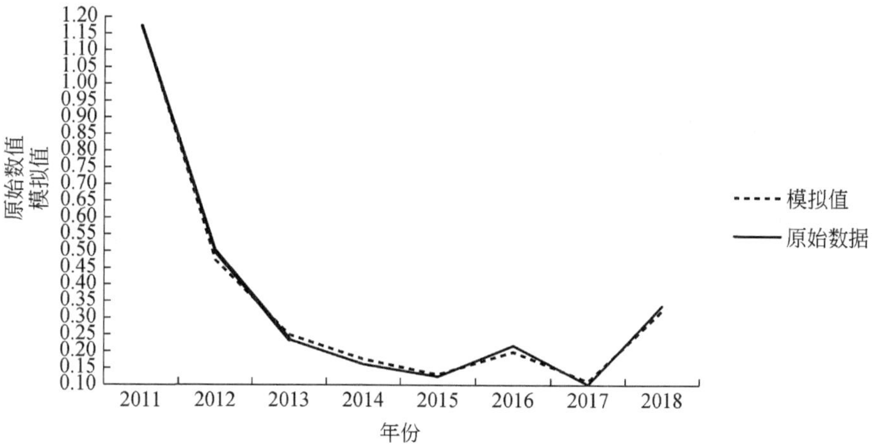

图 6-8　2011 ~ 2018 年国防科技创新生态系统评价值原始数据及模拟值的散点折线图

从图 6-8 中可以看出，原始数据与模拟值的拟合程度较好，当原始数据出现突然的减小或增大时，DGM（1，1）$_{atan}$模型模拟值折线图与原始数据保持一致变化，接近原始数据值。平均拟合相对误差为 5. 98%，误差值较小，说明该模型的拟合程度较好。

根据 2011 ~ 2019 年国防科技创新生态系统的模拟值/仿真值 $X = \{1.1725, 0.4726, 0.2495, 0.1765, 0.1305, 0.1985, 0.1104, 0.3216, 0.1029\}$，对贴近度系数进行还原。

$$x'_{ij} = -x_{ij}$$

还原后的 2011 ~ 2019 年国防科技创新生态系统的贴近度系数及排序结果如表 6-13 所示。

表 6-13 还原后的 2011 ~ 2019 年国防科技创新生态系统的贴近度系数及排序结果

年份	$T(R_i)$	排序
2011	−1. 1725	9
2012	−0. 4726	8
2013	−0. 2495	6
2014	−0. 1765	4
2015	−0. 1305	3
2016	−0. 1985	5
2017	−0. 1104	2
2018	−0. 3216	7
2019	−0. 1029	1

还原后的 2011 ~ 2018 年的贴近度系数与仿真前原始的贴近度系数对比，排序结果一致，说明模拟结果与原始数据拟合度较好。而且可以发现进行仿真得到的 2019 年我国国防科技创新生态系统的贴近度系数最大，排序为 1，是这 9 年中发展最好的。

6. 5. 3 基于 DGM (1, 1)$_{\text{atan}}$的国防科技创新生态系统模型案例分析

首先，根据 2011 ~ 2018 年我国国防科技创新生态系统评价指标体系各指标的数据矩阵，用 DGM (1, 1)$_{\text{atan}}$方法对 2011 ~ 2019 年各指标的发展做出模拟及仿真，进而运用 TOPSIS 方法对各指标模拟值/仿真值进行评价，将评价结果与上述仿真结果进行对比，从而验证仿真结果的可信度。

依据 2011 ~ 2018 年我国国防科技创新生态系统各指标评价值，本节将运用 DGM (1, 1)$_{\text{atan}}$模型对 2011 ~ 2019 年我国国防科技创新生态系统各要素指标值进行模拟及仿真，利用 Matlab 工具编程实现以下步骤的计算。

以国防科技创新生态系统中基础支撑力下的国防科技的科研人数 (C_1) 为例，进行详细分析。

在表 6-5 中，通过双层犹豫模糊语言术语，得出 2011 ~ 2018 年我国国防科技创新生态系统中基础支撑力下的国防科技的科研人数 (C_1) 指标值 X^0 =

{0.5901, 0.6494, 0.5970, 0.4847, 0.6417, 0.4241, 0.5320, 0.6129}，利用 Matlab 工具编程实现以下步骤的计算。图 6-9 表示该原始数据序列的散点折线图。

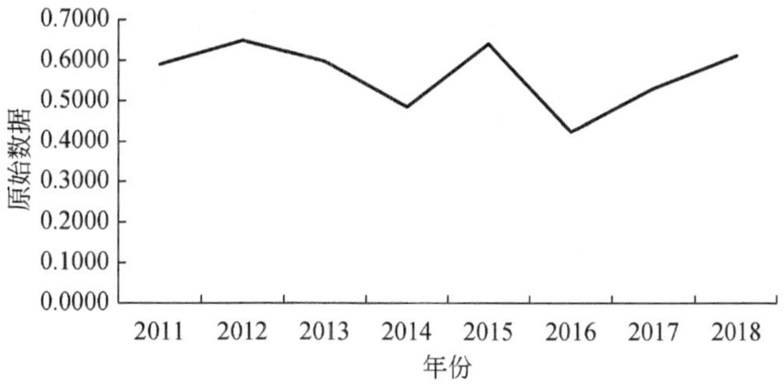

图 6-9　国防科技的科研人数指标原始数据序列的散点折线图

步骤 1：国防科技创新生态系统基础支撑力下的国防科技的科研人数（C_1）指标值原始数据序列 X^0 的均值像序列为

$\varphi^0=\{1.0417, 1.1464, 1.0539, 0.8556, 1.1328, 0.7486, 0.9391, 1.0819\}$。

对该原始数据序列进行一阶反正切函数权值累加，W^1 为一阶累加生成序列算子，得

$X_w^1=X^0W^1=\{0.2951, 0.6282, 0.9526, 1.2030, 1.4921, 1.7210, 1.9386, 2.2328\}$

累加后的序列呈现明显单调递增规律。

步骤 2：对国防科技创新生态系统的评价值，建立灰色微分方程，经最小二乘法计算得到，$\beta=\{0.9508, 0.3347\}$，所以

$$\hat{x}_w^1(k+1)=0.9508\hat{x}_w^1(k)+0.3347$$

步骤 3：取 $\hat{x}_w^1(1)=x^0(1)=0.5901$，计算得到上述灰色微分方程的时间响应式，具体如表 6-14 所示。

$$\hat{x}_w^1(k+1)=\left(0.5901-\frac{0.3347}{1-0.9508}\right)\times 0.9508^k+\frac{0.3347}{1-0.9508}, k=1,2,\cdots,7$$

表 6-14　国防科技的科研人数（C_1）序列时间响应式

$\hat{x}_w^1$（1）	$\hat{x}_w^1$（2）	$\hat{x}_w^1$（3）	$\hat{x}_w^1$（4）	$\hat{x}_w^1$（5）	$\hat{x}_w^1$（6）	$\hat{x}_w^1$（7）	$\hat{x}_w^1$（8）
0.5901	0.8957	1.1864	1.4627	1.7254	1.9751	2.2126	2.4384

步骤 4：对国防科技的科研人数（C_1）的指标原始数据序列进行还原，还原得到序列 $\hat{X}^0=[\hat{x}^0(1), \hat{x}^0(2), \cdots, \hat{x}^0(n)]$，对 2011 ~ 2019 年我国国防科技创新生态系统的国防科技的科研人数（C_1）指标值进行模拟及仿真。DGM（1，1）$_{\text{atan}}$模

型对2011～2019年国防科技的科研人数（C_1）指标值的模拟值/仿真值及相对误差如表6-15所示。

表6-15　2011～2019年国防科技的科研人数（C_1）指标值的模拟值/仿真值及相对误差

年份	原始数据	模拟值/仿真值	相对误差（%）
2011	0.5901	0.5901	0.00
2012	0.6494	0.6158	5.17
2013	0.5970	0.5148	7.07
2014	0.4847	0.6331	6.19
2015	0.6417	0.5504	1.35
2016	0.4241	0.4129	2.64
2017	0.5320	0.5548	2.16
2018	0.6129	0.5205	10.20
2019	—	0.5466	—
平均拟合相对误差	—	—	4.35

2011～2018年国防科技的科研人数（C_1）的指标原始数据及模拟值的散点折线图如图6-10所示。

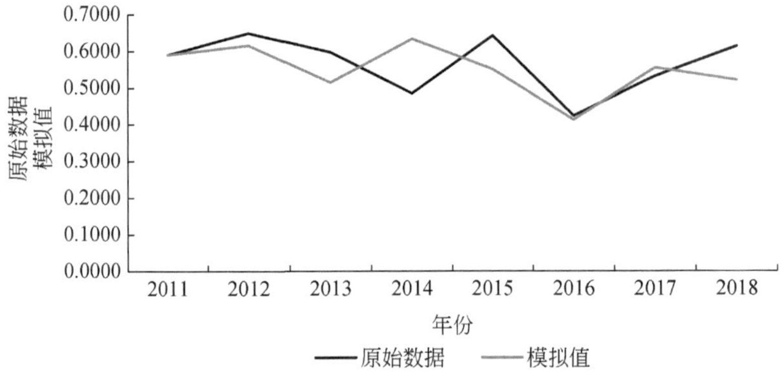

图6-10　2011～2018年国防科技的科研人数（C_1）的指标原始数据及模拟值的散点折线图

从图6-10中可以看出，2011～2018年国防科技的科研人数（C_1）指标原始数据与模拟值的拟合程度较好，当原始数据出现突然的减小或增大时，DGM（1，1）$_{atan}$模型模拟值折线图保持与原始数据相同的变化，并变得更接近原始数据值。平均拟合相对误差为4.35%，误差值较小，说明该模型的拟合程度较好。

同理，对国防科技创新生态系统的其他23个指标值，运用DGM（1，1）$_{atan}$

模型得到 2011 ~ 2019 年各指标的模拟值/仿真值及平均相对误差（表 6-16）。

表 6-16　2011 ~ 2019 年各指标的模拟/仿真值及平均相对误差

指标	2011 年	2012 年	2013 年	2014 年	2015 年	2016 年	2017 年	2018 年	2019 年	平均相对误差（%）
C_1	0. 5901	0. 6158	0. 5148	0. 6331	0. 5504	0. 4129	0. 5548	0. 5205	0. 5466	4. 35
C_2	0. 5698	0. 5811	0. 4828	0. 5936	0. 4585	0. 5670	0. 5381	0. 4476	0. 4944	4. 04
C_3	0. 5048	0. 6229	0. 5679	0. 5623	0. 6428	0. 4257	0. 5355	0. 5835	0. 5513	3. 03
C_4	0. 4339	0. 3868	0. 5185	0. 5059	0. 5881	0. 5702	0. 5008	0. 5622	0. 5695	5. 20
C_5	0. 4849	0. 4584	0. 4900	0. 5886	0. 6403	0. 5282	0. 3733	0. 6330	0. 5787	6. 05
C_6	0. 5074	0. 5577	0. 5002	0. 4900	0. 5835	0. 4212	0. 5364	0. 5312	0. 4127	4. 47
C_7	0. 4991	0. 5389	0. 4422	0. 4825	0. 3057	0. 5074	0. 5698	0. 4090	0. 4738	5. 95
C_8	0. 3376	0. 3766	0. 4239	0. 4363	0. 5262	0. 4722	0. 4621	0. 5958	0. 4612	4. 96
C_9	0. 3581	0. 4729	0. 5263	0. 4855	0. 3799	0. 5144	0. 6521	0. 4920	0. 4758	3. 41
C_{10}	0. 4369	0. 5835	0. 5817	0. 4101	0. 3978	0. 4032	0. 4745	0. 5081	0. 4550	4. 51
C_{11}	0. 4932	0. 4968	0. 5349	0. 4240	0. 5608	0. 4070	0. 5131	0. 5451	0. 4847	3. 53
C_{12}	0. 4717	0. 5593	0. 4574	0. 4729	0. 4577	0. 5306	0. 6070	0. 5273	0. 5008	5. 51
C_{13}	0. 4064	0. 5078	0. 4772	0. 5383	0. 5786	0. 5136	0. 6334	0. 4777	0. 5293	4. 43
C_{14}	0. 3961	0. 4518	0. 4988	0. 5176	0. 5009	0. 4844	0. 4969	0. 5254	0. 4448	4. 62
C_{15}	0. 4858	0. 4831	0. 5912	0. 5054	0. 3818	0. 5627	0. 5469	0. 4547	0. 4584	5. 54
C_{16}	0. 3697	0. 4923	0. 4969	0. 5482	0. 5251	0. 5857	0. 6356	0. 4117	0. 4507	2. 78
C_{17}	0. 4896	0. 5665	0. 4133	0. 4572	0. 5046	0. 4543	0. 5911	0. 4028	0. 4801	3. 06
C_{18}	0. 6021	0. 4318	0. 4027	0. 5309	0. 6069	0. 4997	0. 3728	0. 4312	0. 5403	4. 33
C_{19}	0. 4531	0. 4560	0. 4362	0. 5837	0. 4706	0. 6056	0. 5331	0. 5609	0. 5641	4. 60
C_{20}	0. 5003	0. 4917	0. 6954	0. 5729	0. 5677	0. 5308	0. 4061	0. 4883	0. 6597	4. 76
C_{21}	0. 5553	0. 4560	0. 4525	0. 5062	0. 5693	0. 5181	0. 5120	0. 4729	0. 4885	4. 80
C_{22}	0. 4921	0. 4175	0. 4826	0. 3447	0. 4821	0. 5618	0. 4495	0. 5460	0. 5434	3. 78
C_{23}	0. 5295	0. 4186	0. 5093	0. 5103	0. 5679	0. 4872	0. 4580	0. 4553	0. 5028	4. 84
C_{24}	0. 4034	0. 4988	0. 5791	0. 4237	0. 5193	0. 5001	0. 3444	0. 4832	0. 4896	3. 39

从表 6-16 可以看出，国防科技创新生态系统的 24 个指标的模拟值与原始数据序列之间的平均相对误差均小于 7%，拟合效果较好。

根据 DGM（1，1）$_{atan}$模型对 2011 ~ 2019 年我国国防科技创新生态系统的 24 个指标进行模拟、仿真，利用 TOPSIS 评价模型，对国防科技创新生态系统的发展进行评价。

步骤 1：在 2011 ~ 2019 年国防科技创新生态系统各要素指标模拟值/仿真值

的基础上，进一步运用熵值法计算各要素指标 $C=\{C_j\}$ 的权重 ω_j，计算结果如表 6-17 所示。

表 6-17　基于熵值法确定的各指标模拟仿真值权重

权重	C_1	C_2	C_3	C_4	C_5	C_6	C_7	C_8
ω	0.0271	0.0527	0.0284	0.0335	0.0341	0.0431	0.0272	0.0384
权重	C_9	C_{10}	C_{11}	C_{12}	C_{13}	C_{14}	C_{15}	C_{16}
ω	0.0406	0.0745	0.0391	0.0723	0.0324	0.0297	0.0324	0.0393
权重	C_{17}	C_{18}	C_{19}	C_{20}	C_{21}	C_{22}	C_{23}	C_{24}
ω	0.0518	0.0506	0.0595	0.0381	0.0570	0.0306	0.0352	0.0324

步骤 2：根据 2011～2019 年我国国防科技创新生态系统指标的模拟值及仿真值，确定 2011～2019 年我国国防科技创新生态系统各要素指标的正理想点 R^+ 与负理想点 R^-，如表 6-18、表 6-19 所示。

表 6-18　2011～2019 年我国国防科技创新生态系统各要素指标的正理想点

正理想点	C_1	C_2	C_3	C_4	C_5	C_6	C_7	C_8
R^+	0.6331	0.5936	0.6428	0.5881	0.6403	0.5835	0.5698	0.5958
正理想点	C_9	C_{10}	C_{11}	C_{12}	C_{13}	C_{14}	C_{15}	C_{16}
R^+	0.6521	0.5835	0.5608	0.607	0.6334	0.5254	0.5912	0.6356
正理想点	C_{17}	C_{18}	C_{19}	C_{20}	C_{21}	C_{22}	C_{23}	C_{24}
R^+	0.5911	0.6069	0.6056	0.6954	0.5693	0.5618	0.5679	0.5791

表 6-19　2011～2019 年我国国防科技创新生态系统各要素指标的负理想点

负理想点	C_1	C_2	C_3	C_4	C_5	C_6	C_7	C_8
R^-	0.4129	0.4476	0.4257	0.3868	0.3733	0.4127	0.3057	0.3376
负理想点	C_9	C_{10}	C_{11}	C_{12}	C_{13}	C_{14}	C_{15}	C_{16}
R^-	0.3581	0.3978	0.4070	0.4574	0.4064	0.3961	0.3818	0.3697
负理想点	C_{17}	C_{18}	C_{19}	C_{20}	C_{21}	C_{22}	C_{23}	C_{24}
R^-	0.4028	0.3728	0.4362	0.4061	0.4525	0.3447	0.4186	0.3444

步骤 3：根据模拟/仿真值，计算我国国防生态科技创新系统各指标要素所对应的双层犹豫模糊语言元素 h_{S_o} 与正、负理想点之间的距离，计算结果如表 6-20 所示。

表 6-20　各指标要素对应的模拟值及仿真值与正、负理想点之间的距离

年份	$D(R_i,R^+)$	$D(R_i,R^+)$排序	$D(R_i,R^-)$	$D(R_i,R^-)$排序
2011	0.0217	9	0.0097	9
2012	0.0148	8	0.0142	8
2013	0.0144	6	0.0153	6
2014	0.0141	4	0.0163	4
2015	0.0133	3	0.0184	3
2016	0.0143	5	0.0158	5
2017	0.0127	2	0.0190	2
2018	0.0145	7	0.0147	7
2019	0.0111	1	0.0196	1

步骤 4：计算 2011～2019 年我国国防科技创新生态系统的贴近度系数 $T(R_i)$，计算结果及排序结果如表 6-21 所示。

表 6-21　2011～2019 年我国国防科技创新生态系统的贴近度系数及排序结果

年份	$T(R_i)$	排序
2011	-1.4561	9
2012	-0.6036	8
2013	-0.4868	6
2014	-0.4060	4
2015	-0.3665	3
2016	-0.4162	5
2017	-0.2833	2
2018	-0.5193	7
2019	-0.2570	1

经过 TOPSIS 模型评价分析，2011～2019 年的国防科技创新生态系统的发展情况排序如下：2019 年>2017 年>2015 年>2014 年>2016 年>2013 年>2018 年>2012 年>2011 年。2019 年的国防科技创新生态系统发展最好，贴近度系数为-0.2570；2011 年的发展水平较差，贴近度系数为-1.4561。

6.6　两种模式对比分析

本节使用先评价后仿真和先仿真后评价两种模式进行分析。

1）先评价后仿真模式。先用双层犹豫模糊语言 TOPSIS 模型评估 2011～2019 年国防科技创新生态系统的发展，然后使用 DGM（1，1）$_{atan}$模型对 2011～2019 年的评估结果进行模拟和仿真，并获得 2011～2019 年我国国防科技创新生态系统的发展概况。

2）先仿真后评价模式。先用 DGM（1，1）$_{atan}$模型对 2011～2019 年的各指标值进行模拟及仿真，得出 2011～2019 年各指标的模拟值、仿真值，然后运用 TOPSIS 模型对 2011～2019 年的模拟值及仿真值进行评价研究，得出 2011～2019 年国防科技创新生态系统的发展趋势。表 6-22 表示本研究中所使用的两种模式所得出的贴近度系数结果的对比。

表 6-22　两种研究模式贴近度系数对比分析

年份	先评价后仿真模式		先仿真后评价模式	
	$T(R_i)$	排名	$T(R_i)$	排名
2011	−1.1725	9	−1.4561	9
2012	−0.4726	8	−0.6036	8
2013	−0.2495	6	−0.4868	6
2014	−0.1765	4	−0.4060	4
2015	−0.1305	3	−0.3665	3
2016	−0.1985	5	−0.4162	5
2017	−0.1104	2	−0.2833	2
2018	−0.3216	7	−0.5193	7
2019	−0.1029	1	−0.2570	1

根据表 6-22 分析，无论先运用评价模型，还是仿真模型，贴近度系数的排序结果都趋于一致，表明 2019 年的国防科技创新生态系统的发展是这 9 年中最好的。同时也进一步说明了基于双层犹豫模糊语言 TOPSIS 方法及 DGM（1，1）$_{atan}$模型的可靠性与准确性。

本节在上述模型构建的基础上，分别运用了先评价后仿真、先仿真后评价两种模式，对国防科技创新生态系统进行了实证研究。实证结果表明，在这两种模式下，2011～2019 年国防科技创新生态系统的发展状况一致，说明基于双层犹豫模糊语言 TOPSIS 评价模型及 DGM（1，1）$_{atan}$模型的结果具有一定的可信度。根据国防科技创新生态系统中各评价指标的权重，可以得到各评价指标对国防科技创新生态系统的影响程度，找出我国国防科技创新生态系统存在的不足之处，从而针对重要的评价指标进行一系列的改进与调整，实现国防科技创新生态系统的整体发展。

综合以上两种模式下的实证结果分析，国防科技创新生态系统中的 24 个要素指标的权重大于 0.0450 的有以下几个：高等院校和科研机构的经费投入、国防科技奖励政策法规执行力度、国防科技资源配置机构的管理能力及运行效率、军事需求牵引的力度、国防资源的利用程度、国防类科技专利的数量、军民融合信息共享程度、国防科技成果的实际使用率、国防科技产品的生产效率、国防科技对经济的贡献程度。相对于其他指标，这 10 个指标较为重要，对国防科技创新生态系统的影响较大，其中一级指标资源配置力、科技创新力及成果转化力三者中重要指标较多，基础支撑力及制度保障力指标相对较少，但是这二者又对资源配置力、科技创新力及成果转化力有影响，所以这五个一级指标都应该得到重视。

第7章 人工智能和大数据背景下的国防科技创新生态系统研究

在第5～6章国防科技创新生态系统评价的基础上，本章结合系统论思想应用人工智能和大数据背景下的相关战略性、前瞻性、颠覆性技术构建国防科技资源开发框架，进一步设计基于Apriori算法的国防科技创新生态系统指标关联规则挖掘仿真过程。

7.1 人工智能和大数据的主要原理、背景及应用案例

人类文明的诞生是地球进化过程中的奇迹。人类进化的历史最远可追溯至600万～700万年前，并且除了在外形方面发生的变化外，伴随着第一次工业革命的开始，人类的脑容量逐渐增大。以蒸汽动力为主要动力驱动的第一次工业革命很好地解放了人类的双手，使得整个社会往大机器时代的方向发展。而第二次工业革命则是利用较为先进的电力来促进生产力的提升。第三次工业革命一改之前利用传统工具作为社会发展动力的面貌，整体开始往先进计算机技术的方向发展。在2017年6月之前，由美国劳伦斯·利弗莫尔国家实验室研发的Sequoia是运行速度最快的计算机设备，其每秒完成1.6亿次的运算效率在第三次工业革命中发挥着不容小觑的作用。

伴随着科学技术的高度发展，在今天对世界的认知和改造的过程中更加倾向于用定量化的数据和指标来支撑其论点的可行性和合理性，从而得到战略性的、科学性的决策支持。而前人则往往凭借经验主义进行主观的决策定论，缺乏统计学的数据支撑。大数据出现后开始了在海量的资源信息中提取、整合及处理有效信息的过程。基于数据的三种分类（包括结构化数据、半结构化数据及非结构化数据），智能互联网和计算机技术的爆发式发展很大程度上使得结构化数据的高效和批量处理成为可能。与此同时，云计算和社交网络的广泛应用使得半结构化、非结构化数据的分析、处理技术水平也得到大幅提升。在这些新技术和新处理模式的有效支撑下，海量的数据基于其批量性和多样性的特点将成为具有更强决策力和高增长率的信息资源，从而创造出处理更加高速且有价值的现代化资源。

7.1.1 人工智能的原理、背景及应用场景

人工智能是一门新兴的边缘性和综合性并重的新兴学科，同时也是基于计算机学科和建模思想所构成的人类思想的智能化应用型研究，研究如何使机器能够从人类思维角度更加敏捷地认识问题和解决问题。人工智能研究的要点，就是如何让机器更具有人的思维与决策能力，从而能够胜任一些通常需要人类智能才能完成的复杂工作。这是人工智能急需研究的关键性问题之一。

7.1.1.1 人工智能的概念及起源

人工智能的关键概念在于“智能”二字，从不同角度出发，在韦氏词典、牛津词典及科学界等对“智能”的含义中都有着完全不同的理解准则。韦氏词典中对智能的理解强调的是在不同的外部环境下的各种相对应的适应性行为和一种高度的综合能力；牛津词典中对智能的理解则是观察、认知、分析、处理及学习的系统性能力；而在科学界中对智能的含义的理解则是在一定应用场景要求下的消息获取、信息处理及知识所形成的一种集中化策略。通过对智能的狭义及广义的定义和理解可知，人工智能是人赋予“机器”的一种智能化行为，其重点在于利用“集大成 得智慧”的策略解决问题并实现既定目标或超越预期所求目标的能力。

现代意义上的人工智能与人工智能初期的研究重点和发展目标有着极大的差别，今天的人工智能是一门全新的集成化的技术科学形式，是一种人机结合思想的落地和延伸，其主要的目标是实现人类智慧和机器智能的系统性结合及应用。

人工智能在普遍意义上被认为是计算机科学技术的最为前沿性和综合性的科技领域。首先，计算机系统是实现所有人工智能系统的必要的硬件平台；其次，很多计算机软件的运行基础也是利用前沿的人工智能技术，如专家系统、人机博弈等的实现。由此也可以推知，人工智能不仅仅只是与计算机软件等同，而是应该包括比计算机更为广泛的硬件和通信支撑。早在17世纪前就有类似智能机器的思想被帕斯卡和莱布尼茨首次提出，而发展到19世纪时由巴贝奇所提出的“思维定律”一定程度上帮助人工智能开始落地。在此思想的指导下，巴贝奇自主设计了一台计算机器，这一硬件的雏形落地为人工智能的前期发展奠定了战略层面的基础。而后电子计算机的出现才真正意义上为人工智能的后期研究做出了突出的学术贡献（董惠雯等，2016）。

7.1.1.2 人工智能的发展阶段

1956 年 6 月，针对智能化的人工系统的构建问题，各个领域的专家学者齐聚美国达特茅斯进行此问题的深入探究，包括管理学、数学、心理学、脑认知学、信息论、控制论、神经心理学及计算机学科领域等的研究者。在本次研讨会议中，开始将使用计算机智能来解决人类智慧才能应对的现实问题作为会议研究的重点，这也就标志着人类历史上的关于人工智能的第一次会议的圆满举办。从那时至今，人工智能的主要研究方向和发展重点也有着一定的改变和侧重，但总体而言主要包含符号主义、联结主义及行为主义三个部分（崔雍浩等，2019）。其出现时间先后如图 7-1 所示。

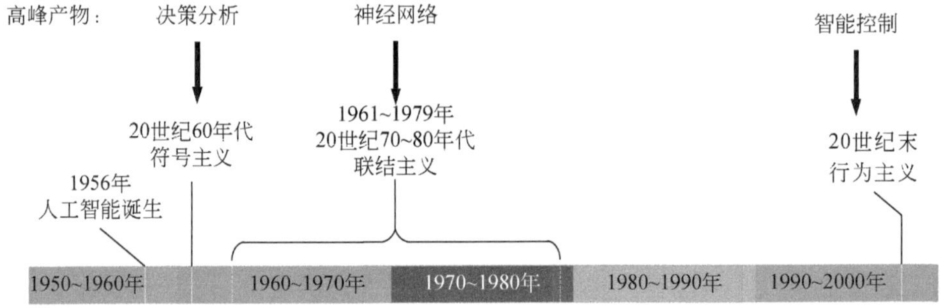

图 7-1 人工智能的发展过程

符号主义，顾名思义，也就是说其主要工作就是充分运用物理符号进行智能行为模拟，无论是在人工智能发展的早期阶段还是人工智能后期发展的应用产物等方面，都存在着符号主义的应用场景，包括问题求解、数学运算、专家系统及智能决策分析等过程，尽管在发展的历史沿革中取得了一定的学术成果，但是可以分析得出，在知识提取、知识表示及情感表达等方面，符号主义还存在着很大的缺陷。

为弥补行为主义中的形象思维表示所存在的缺陷，发展了以神经网络为代表的联结主义。神经网络技术的开始和发展都建立在计算机硬件实现的基础之上，主要包含人工神经网络模型和反向传播模型。其内部运行机制主要包括人工的神经元模型、权值比例、激励函数及训练算法等。神经网络技术的应用还可以在人类视觉感知和常识理解等场景下得到充分体现，其并行分布和非线性的特点使其可以更好地应对处理大批量的离散抽象的数学模型。激励函数由人工神经网络中的节点表示，可以很好地表示一种特定的输出函数，而两个节点之间的连接可以看作权重的大小。另外，不同节点的激励函数和权重决定了神经网络的连接方式的根本性差异。

以智能控制与智能机器人为代表意义的行为主义一定程度上对控制论在人工智能发展过程中扮演了重要角色，早在 20 世纪 40 ~ 50 年代，控制论思想一定程度上反映且指导了当时社会绝大多数人的行为。国外有维纳（Wiener）和麦克洛克（McCulloch）等人提出的控制论和自组织系统，国内有钱学森等人提出的工程控制论的思想，都一定程度上影响了人类社会、社会经济及国防建设的方方面面。控制论是以早期神经系统的工作机理为主要的思想基础，从而进行的信息理论、逻辑计算以及控制理论等多种理论支持的集成和综合。行为主义早期的研究重点即是对人类在控制过程中所反映的智能行为进行模拟和实现，主要包括自组织和自学习的控制过程。当发展到 20 世纪 60 ~ 70 年代，伴随着行为主义的控制论思想使人工智能得到了一定的发展，专家学者将目光开始转向智能控制和智能机器人的研究。通过一大批相关领域专家坚持不懈的研究，终于在 80 年代诞生了智能机器人。行为主义是 20 世纪末才以人工智能新学派的面孔出现的，引起了许多人的兴趣。这一学派的象征性发明是六足行走机器人，它被推崇为基于感知-动作模拟的全新的“控制系统”。

7.1.1.3 人工智能的研究方法

从符号主义、联结主义和行为主义这三个学派可以看出，人工智能的基本技术与这三大主义有着密不可分的联系。由此，现代人工智能的研究方法主要分为三类：第一类是由物理符号系统假设和有限合理性原理组成的“经典人工智能”，即符号主义学派衍生出来的研究方法；第二类是一种基于“感知-动作”型控制系统的人工智能学派，即行为主义学派衍生出来的研究方法；第三类是近年形成的以网络连接为基础的一种方法，即联结主义学派衍生出来的研究方法。这三种方法都是基于不同的基础科学领域的出发点进行融合研究，从而支持整个人工智能课题的发展。但由于人工智能实际应用的场景非常广阔，当代人工智能已不能单纯地从这三个主义的研究方法来概括。计算机是将人工智能的应用场景进行落地的重要平台和硬件基础，这也就是说人工智能领域的发展与计算机技术的演变有着密不可分的关系，当然除了计算机学科的支持，人工智能领域要想得到长足的发展就离不开心理学、控制论、自动化、仿生学、语言学和哲学等多种学科的协调统一。与此同时，人工智能学科研究的内容也包罗万象，包括机器学习、自然语言处理、计算机视觉、知识表示及图像处理等方方面面。具体人工智能研究方法的演变过程如图 7-2 所示。

目前，人工智能研究的诸多问题都存在较大的争论，究其原因在于缺乏正规的范式指导。在人工智能出现到发展以来仍然有很多重要的问题没有得到实质性解决，包括人类仿生学的研究与人工智能发展的深层联系、从神经方面模拟人工

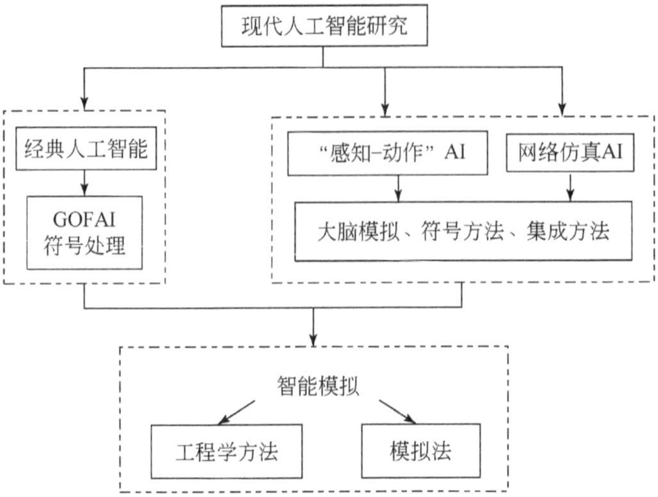

图 7-2　人工智能研究方法的演变过程

智能的必要性及智能行为用简单原则描述的可行性等。

当代人工智能的研究方法大致可分为以下几种。

（1）大脑模拟——控制论和计算神经科学（张钹，2019）

20 世纪 40～50 年代，一大批专家学者致力于探究神经病学、信息论及控制论三者之间的内在关联性，在此过程中还不乏有很多初步智能的落地，如格雷沃特的 TURTLES 和 JOHNSHOPKINSBEAST。这些研究者还经常在普林斯顿大学和英国的 RATIO 俱乐部举行技术协会会议。尽管在 80 年代这一原理又被一些人提起，但是不可否认地是在它发展到 1960 年左右，大部分人已经放弃这个方法。

（2）符号处理——GOFAI

20 世纪 50 年代左右，伴随着数字计算机的成功研制，越来越多的学者将目光转向探索应用简化的符号来处理人类智能的可行性，并且不同的科研院有着其不同的侧重的研究方向。约翰豪兰将卡内基梅隆大学、麻省理工学院及斯坦福大学的研究方法统称为 GOFAI。当符号方法发展到 60 年代初期时，相较于控制论和神经网络的发展，其在模拟人类高级思考方面已经有很成熟的研究定论。同时基于符号方法的日趋成熟的发展模式，研究者们将进一步的目标确立为运用符号方法解决人工智能的深层问题。

认知模拟经济学家赫伯特·西蒙和艾伦·纽厄尔为人工智能领域发展做出的突出贡献在于其尝试将利用形式化的直观方式来研究人类问题的解决思路，在此过程中成功创造了认知科学和运筹学等作为今后人工智能发展的基本数学原理。与此同时，他们开创了运用心理学实验来模拟解决人工智能方法这一必然程序，这一原创性的研究也在20世纪80年代达到一种发展的顶峰时期。与其研究重点不同的是，约翰·麦卡锡认为机器不需用形式化的方式模拟人类的思想，而应该将研究的本质放在尝试找到抽象推理的层面，并且弱化人们在算法使用方面的同一性。他在斯坦福大学的实验室中将研究重点放到基于形式化的逻辑思维方式来处理人类智能问题方面，其中包括知识表示和机器学习的方方面面。与此同时，爱丁堡大学同样注重逻辑方法的应用研究。由于在20世纪70年代初期出现了大容量内存计算机的知识形式，研究者们致力于将三种方法并行开发成一种应用场景，这也一定程度上象征着"知识革命"的开始。

（3）子符号法

由于在20世纪80年代符号人工智能的发展到了一定的瓶颈期，很多人开始对符号系统产生怀疑，认为很难从真正意义上对人类的认知过程进行全方位的模仿，重点在机器学习和模式识别领域的层面。因此越来越多的相关学者致力于将研究重点放到子符号方法在人工智能领域的探索方面。

相关领域的研究者发起了"由下向上"的理论研究过程，包括从接口AGENT到嵌入环境，从行为主义到新式人工智能机器人等，一大批学者开始否定符号人工智能，而开始研究机器人的运动方式和求生手段等的综合性问题。其工作重点转向早期控制论研究者的观点，同时提出了控制理论在人工智能领域研究的必要性。这一观点类似于认知科学领域中的表征感知论点：更高层级的智能类型则需要更为复杂的表征方式。80年代中戴维·鲁梅尔哈特等再次提出神经网络和联结主义的定义，其隶属于计算智能学科的领域研究，与模糊控制和进化算法等雷同。

（4）统计学法

当人工智能发展到20世纪90年代左右，研究界衍生出运用复杂的数学工具来解决特定类型的数学问题的理念，当然其作为一种可测量的实现方法一定程度上奠定了人工智能成功的数学基础。与此同时，许多共用的数学语言也同样适用于已有学科方向的研究，包括运筹学和经济学等。斯图亚特·罗素和彼得·诺维格指出这些进步一定程度上可以与"革命"和"NEATS"的成功相提并论。当然在此过程中也不乏存在批评的声音，这些人指出所实现的技术过于模式化地解决特定的问题，一定程度上未从长远的角度验证人工智能是否能够长期发展或实现其原本的目标。

（5）集成方法

智能AGENT的重点在于其智能性，通俗地讲就是利用自身对外在环境的感知从而做出相适应的行为以达成既定目的的一种智能系统。因其解决特定问题和复杂问题的差异性，智能AGENT系统也存在简单化和复杂化两种范式，是两种使得研究者们可以对已有问题的难度进行正确审视后的一种简化选择。

首先，在针对特定问题利用智能 AGENT 可以解决的问题方法包括对符号方法、逻辑方法或者是子符号神经网络方法的简单化选择。与此同时，范式也为研究者提供了更为多样的选择通道，包括决策论和经济学等的知识，以充分保证该领域与其他领域能够相互联通的一个可行基础。直到20世纪90年代智能 AGENT 范式才日趋完善并得到了大众的广泛认可，并且 AGENT 的体系结构也得到了一定的功能扩充和优化，从而实现在一个系统中便可以实现包含符号和子符号的多智能系统。

（6）智能模拟

机器智能基于视、听、触等思维方式的模拟在现实生活中也包含了各种各样的应用场景，如指纹识别、人脸识别、视网膜识别、掌纹识别、专家系统、信息感应、逻辑思维模式等一系列辩证处理的智能模拟应用。

针对以上多种类型的智能模拟的形式，基于计算机来成功实现的方法主要有两种，其中一种是以计算机为平台根据编程来实现智能效果，另一种则是根据仿真模拟的方式来达成研究目的。首先，计算机编程的方式相对而言比较成熟，被称为工程学方法，也就是说将人与动物自身机体运行的方法模式进行弱化，从而充分发挥计算机编程的自主效用，如文字识别技术和人机下棋博弈等技术都成功实现应用；其次，以遗传算法和神经网络为代表的模拟算法相较于工程学方法来说较为复杂，其运行机制不仅需要根据人和动物运行的方法选择类似的仿生学方法，同时还比较注重方法使用后的真实效用。遗传算法主要是将生物的遗传-进化机制作为模拟的主要方向从而实现智能效果，而人工神经网络的研究重点则是根据人脑神经的运作活动模式进行相适应的模拟选择，两种方法虽然在模拟机制上有所不同，但总体而言都是实现高效的智能模拟的良好途径。

人工编程方式由于其程序逻辑模式既定，且存在编译、调试以及后期 BUG 跟踪和测试的各个环节的协调统一，因此其适用于相对简单的逻辑模式，一旦在应用场景较为复杂或者模拟角色的形象抽象、数量繁多的情况下就显得力不从心。而模拟方法的最大优势就在于对一个未知的角色设计而言，它可以从零到一式地反复学习和训练，从而通过不断地修正程序和吸取教训就能够渐渐适应一种运行模式，尽管仿生学的模拟方式在解决问题的初期不免难度系数比较高，但是伴随着对程序的逐渐优化在处理复杂的系统工程问题时就会更加的省时省力（何晓露，2018）。

7.1.1.4 人工智能主要分支方向和原理

人工智能诞生于20世纪50年代，是一门集各领域精粹达到理想智能的综合性学科，同时也是针对机器智能的发展模式进行深入探究的技术性学科。如图 7-3 所示，人工智能发展至今，已经有多项瞩目的成就，主要包括自然语言处理、知识表示、专家系统、人工神经网络及机器人学五大类内容。并且每一个领域的内容在研究方向上的侧重点也有所不同，主要体现有：自然语言处理就是针对目前人类交流模式中出现的诸多问题进行探析；知识表示则充分利用计算智能的优势来弥补知识处理的模块化缺陷；专家系统顾名思义，就是将自有的专家知识与计算机系统集成的一种智能优化组合；人工神经网络即是站在仿生学的高度，利用脑认知等思想模拟人类大脑的思维活动模式而形成的智能系统；机器人学根据机器人伴随环境是否变化，主要分为固定机器人和可移动机器人两类。

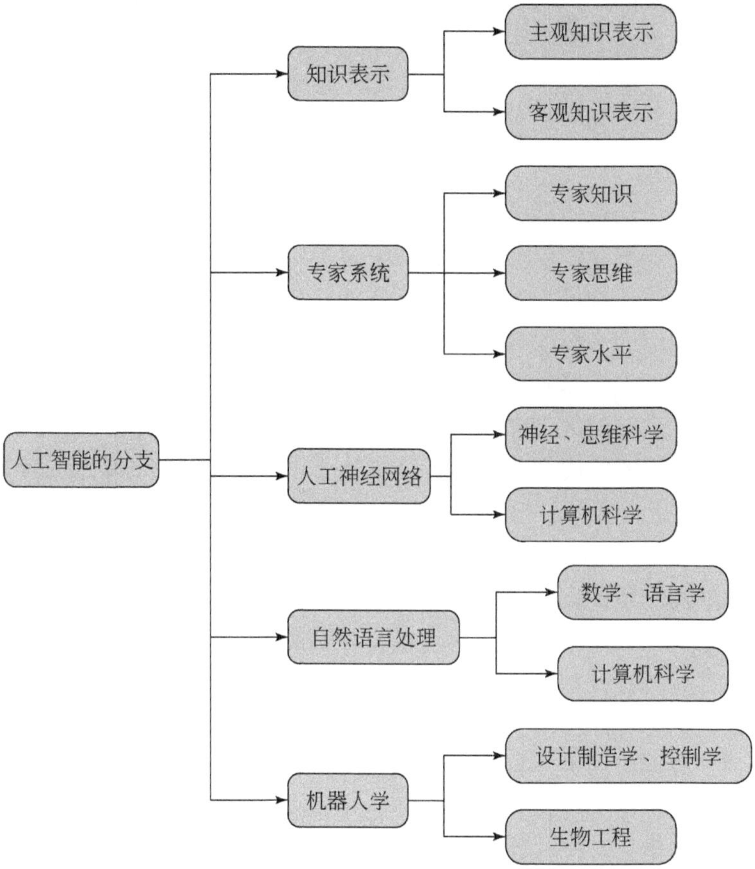

图 7-3　人工智能的分支领域

（1）知识表示

知识表示是指把知识因子及元知识等要素相连接，从而在认识知识、理解知识及分析知识的过程中保证获取的便捷性。要想把知识进行系统化的组织和集成，其基本的方式就是对知识的表示。知识表示有主观知识表示和客观知识表示两种。

知识的获得历经消息获取、信息提炼和信息推理三个步骤，同时也是人类对自然世界从外部感知和内在规律优化组合的系统。在专家系统模块，知识的含义相较于我们对知识的广义认知有着根本性的差异，其重点研究由结构化的方式来表示的知识概念，一定程度上规定了知识的范畴，也就是说只有对知识的内涵经过一定的改造才能真正意义上成为专家系统层面的知识。

在知识表示与运作能力中的知识一般有如下几类：①通过对外部世界出现的抽象概念总结而来的知识集合；②除了现实世界描述的静态物质，还包括从对象发生的行为状态等动态因素中综合的信息；③发展过程的描述，即在行为状态发生的基础上，还包含由因果关系和条件变化导致的知识内容；④元知识，即关于知识的知识，如包含知识的利用、知识的组合及知识的评价等具体过程。

（2）专家系统

人工智能应用领域中唯一一个不需要以计算能力制胜的重要部分便是专家系统。专家系统可以被看作以专门知识经验为主要基础，以知识表示与知识推理技术为主要手段，通过领域专家进行模拟解决复杂问题的一类智能程序系统。因此专家系统可以理解为知识库与推理机的组合体，专家系统的构成要素需要包括领域专家级知识、模拟专家思维以及达到专家级水平三个方面。人工智能的系统研究离不开对专家系统的详细探讨，通过深入分析专家系统，在一定程度上能够实现基础理论研究向实际应用的飞跃，以及从通用论证策略讨论到专业知识应用的突破。

（3）人工神经网络

从信息处理的角度出发来看，人工神经网络是一种能够概述人脑的神经元网络，通过创建模型或是采用多样的连接方法进而形成不同的网络，自 1980 年以来一直是人工智能领域的研究重点。将众多节点或神经元进行连接进而组成一类操作模型可被视为神经网络。随着对人工神经网络的深入研究，它已经成功解决了模式识别、智能机器人、自动控制、生物学、医学、经济学等领域在现代计算机上难以解决的许多问题，并且显示出良好的智能性。

人工神经网络中神经元处理单元一般可对不同对象进行抽象表示。网络中处理单元包括输入单元、输出单元及隐藏单元三种类型。其中输入单元能够及时接收到来自外界的信号与数据，输出单元能够及时输出所处理的结果，而隐藏单元是处于输入单元和输出单元之间的单元，属于隐藏操作，系统无法从外部查看。各个神经元之间的连接权重能够在一定程度上快速反映各个单元之间连接程度的强弱，其连接程度所展现的信号与数据能够反映在网络处理单元的连接关系中。人工神经网络是非可编程的大脑式自适应信息处理器，主要的核心思想是能够采用网络转换或动态行为方式从而获得并行分布式信息，并对信息进行处理，同时模仿不同层次的人脑神经系统的信息处理模块，它是一门涉及许多领域的跨学科科学。

（4）自然语言处理

自然语言处理就是对各种语言理论和使用规则进行研究，进而使人与计算机两个对象之间可以通过自然语言进行有效的交流。自然语言处理是一门综合了语言学、计算机科学和数学的科学。该领域的研究将涉及人们日常使用的自然语言，因此它与语言学研究紧密相关，但仍存在特殊差异。自然语言处理是可以有效实现自然语言交流的计算机系统的开发，是计算机科学的一部分。自然语言处理（NLP）是计算机科学、人工智能和语言学的一个领域，致力于计算机与人类（自然）语言之间的交互。现代自然语言处理算法基于机器学习，尤其是统计机器学习。机器学习范例不同于通常的语言处理，语音处理任务的实现通常直接涉及大量规则代码。

许多不同类别的机器学习算法已应用于自然语言处理任务。这些算法的输入是从输入数据中生成的大量“功能”。某些最早使用的算法是一个通用系统，基于附加的实际权重为每个输入元素做出基于软件的概率决策。此类模型的优势在于可以表达许多不同的可能答案，而不仅仅是得到一个既定的答案，且具有一定的灵活性，这是大型系统不可或缺的一部分。

（5）机器人学

机器人学又被称为机器人技术学，其作为一种集设计、制造与应用于一体的处理机器人的科学，主要是对机器人控制器及其与待处理对象之间的联系进行深入研究。20 世纪 60 年代，工业自动化与计算机技术的发展带领机器人的生产与应用已经达到批量生产的目标。对机器人技术的深入研究在一定基础上促进了人工智能思想的前进与发展，通过创建某些世界状态模型或对世界状态变化过程进行详细描述，并将机器人技术灵活运用于人工智能领域的研究中是当前最为重要的事。对机器人运动计划的创建、监视和实施等主题的研究都会刺激领域研究的发展。机器人学研究是一门比较综合性的课题类别，在研究过程中除了对机械手与步行机构进行分析与探讨之外，还应对机器视觉、机器触觉和机器听觉等信感技术，以及机器人语言和智能控制软件进行系统研究。

7.1.1.5 人工智能的应用场景

从 20 世纪 50 年代，人工智能出现之际，人工智能就已成为神经生理学、数学、心理学、信息论和计算机科学等多领域的融合，直到目前为止，人工智能都建立在自然科学、社会科学和技术科学三项学科交叉之上，具体涉及的学科或领域包括哲学、语言学、心理学、生物学、神经科学、信息论、概率论、不定性论、仿生学、系统工程、社会结构学、数理逻辑、医学等学科，如图7-4所示。

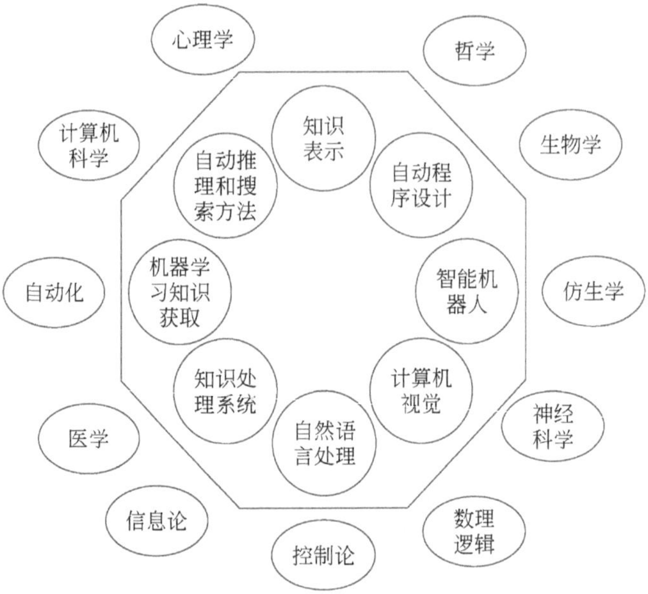

图7-4　人工智能的交叉学科和应用领域

（1）场景一：从人工智能辅助医疗到人工智能预防医疗

基于新一代人工智能技术的医疗机器人的出现当前已经可以完成智能病史采集、病例分析诊断、输出诊疗建议和诊后智能随访的全过程。下一步智慧医疗的发展方向是“治未病”，人工智能系统会在感知分析个人生活、学习、工作实时大数据的基础上，结合本人的既往病史、特征基因图谱等全生命周期大数据及生活工作环境变化数据，智能分析预测该生物个体高风险患病和健康意外发生的可能性，从而给出精准的预防医疗建议方案。基于人工智能技术的纳米机器人可以进入人的体内随时感知人的各种生理数据，结合云端的智能医疗大脑分析，实时对危险和意外进行预测和提醒，并在授权范围内实施辅助医疗。

（2）场景二：体贴入微的人工智能管家

在法律和伦理道德允许的框架范围内，公民可以定制个性化人工智能管家，满足个人生活、工作、娱乐各方面的个性化需求。需要特别指出的是，虽然机器人不可能拥有和人类一样的情感，但在物联网和新一代传感器的支持下，随着核心算法的不断发展和突破，机器人将逐步具备包括自主学习、语义理解、逻辑推理等能力的认知智能。届时机器人完全可以在感知、认知、学习、理解和归纳推理的基础上，采用高阶复杂算法不断模拟人类情感，逼近人类的感知阈值。

(3) 场景三：云端融合的智慧交通

当前的L4级别的无人驾驶（面向特定场景下的高度自动化驾驶，在无须人协助的情况下由出发地驶向目的地）车辆已经开始商用上路，业界公认L5级别的无人驾驶（全工况下的无人驾驶，车辆可以在任何道路环境下实现全面自动驾驶）技术将在五年内实现商用。随着5G的普及和完善，基于泛在高质通信网，无人驾驶领域将实现公用/个人交通工具、交通环境物联网和交通超脑系统的深度融合，端点交通工具的运动路由、运动参数将由云端交通超脑统一加权调度，确保全系统最优。

(4) 场景四：前馈管理的智慧执法

在人工智能辅助办案、辅助审理、辅助判案的基础上，通过对案件大数据和涉案人员个性化大数据的关联分析，归纳总结违法犯罪的内在机理和演进模型，得出有效的前馈管理方案书和路线图，将使得提前消除形成违法犯罪动机和事实的关键因素成为可能。在不远的将来，人类将能部分实现违法犯罪的前馈管理，智慧执法的重点将前移到犯罪预防环节。

(5) 场景五：H2F的智慧工厂

业界公认的电子商务发展趋势是C2F（面向消费者订单的个性化生产），目前部分品牌家电和汽车厂商已经得以实现。客户可以在网站或手机APP上定制自己的个性化产品，如门板印刷有本人结婚照的冰箱或者四个不同颜色座位的汽车。C2F的下一个发展阶段是H2F，H是Humanity（人性）的缩写。人工智能系统将在面向客户有效需求进行智能化和个性化生产先进模式的基础上，深入分析理解客户消费大数据，探索实现面向公民生命树“明天树叶”潜在人性需求的智慧生产。届时，“吾之所欲，君之所产”将升级为“君之所产，吾之所欲”。

(6) 场景六：人类语言全联通计划

目前人类使用的自然语言多达60种以上，各种语言间仍存在着沟通障碍，小语种的使用人群很难凭借着自己的语种优势站上国际交流的舞台，他们的发声能力和语种有着脱不开的关系。现代语言翻译凭借人工智能技术的应用优势发明出了功能强大的翻译机。2019年5月21日新产品年度发布会上，科大讯飞股份有限公司发布了功能强大的新版讯飞翻译机，支持大部分语种语言翻译、方言翻译、拍照翻译、离线翻译、行业术语翻译，此外还支持英语口语互动学习评测、10天待机、0.5秒闪译、全网通、高灵敏度降噪麦克风阵列等强大功能。排除世界政治格局的影响，民间的交流和互动的范围日渐扩大。基于这项技术在各个国家企业的应用及流通，以及结合各个国家政府间的合作，将在未来得以实现人类语言联通的计划。人工智能实现了智能语音及语言技术系统的应用，能够使具有不同文化背景、不同语种的人们在同一个平台上沟通，让人类文明更加文明，真正为实现人类命运共同体做出贡献。

7.1.2 大数据的基本原理、关键技术及应用案例

7.1.2.1 大数据的背景、定义和关键技术

目前的科研领域中，大量和交叉类型的数据正在改变人们发现和解决问题的基本方式。通过不使用模型和假设而输入大量数据，仅使用简单的统计分析方法就可以找到高性能的计算机，并且可以找到用某些常规科学方法难以获得的规则和结论。

在图灵奖获得者吉姆·格雷（Jim Gray）提出的数据密集型科学研究的第四种范式——以数据为中心，通过数据的相关性探究事物原理，千年发展的科学模型正受到大规模复杂数据对事物原理研究的相关性的驱动和影响。

（1）大数据的背景及定义

数据作为反映事物本质的量化特征，随着社会的进步和人类的文明发展，其数量不断增多，质量不断优化。工业革命后，数据增长更为迅速。近年来，随着互联网的发展，数据规模和数据种类呈井喷式增长。规模如此庞大、数据类型不断趋向非结构化的数据资源，促进数据分析和处理技术的不断改进和提高。大数据工程、大数据技术、大数据科学和大数据应用已迅速成为信息科学的重要焦点，并在政府和经济学界引起了广泛关注。研究机构 Gartner 给出了这样的定义：大数据是海量、高速增长且多样化的信息资源，需要新的处理模型来改善决策力、洞察力和流程优化能力。互联网数据中心有对大数据更为量化的定义：大数据通常包括两种或更多种数据格式。它不仅能够收集超过 100TB 的数据，并且能够进行实时的高速数据流，或者从小数据开始，但是数据每年以 60% 的速度增长。

（2）大数据的基本特征和核心问题

大数据共有四个基本特征：数据规模大、数据种类多、数据处理速度快、数据价值密度低。上述特征使得大数据不同于只强调数据量的“海量数据”，其不仅强调数据的规模量，同时还强调数据的复杂形式及数据的快速及时效特性、数据分析处理与挖掘特性等，在一定程度上具有大数据的信息获得能力这一巨大优势。

1）数据规模大。大数据最为基本的属性在于“大”，其指数据量大。互联

网的广泛应用、传感器的广泛使用使得数据激增。以前，受限于数据收集、采样和分析的技术，通常会从整体数据中抽取部分具有代表性的数据进行分析。然而，这种方法不够精确，有时会得出与正确结论完全相反的结论。目前有对所有数据进行分析处理，所得出结论的趋势，其细节会给出更多事物的细致属性。

2）数据种类多。大数据最重要的特性是数据的类型，其种类繁多且复杂多样。随着互联网和传感器的兴起，半结构化和非结构化数据迅速增多，总量占 75% 以上，半结构化与非结构化数据的增长速度达到了非结构化数据增长的 10 ~ 50 倍。虽然数据数量庞大，但通常是结构化数据。结构化数据是对事物进行单向抽象的结果，这些数据适用于人工处理、计算机存储、处理和询问等情况，可忽略某些不必考虑的细节，从而提取有用的信息。为了处理这一类的结构化数据，可以首先对数据的相关属性特征及数据本身的含义进行分析，通过构造表结构的形式进行数据属性表示，然后以表格的形式存储数据。新的数据也以同样的方式依据属性存储在适合的位置上，然而运算速度与储存空间都会对数据处理能力产生限制性。非结构化数据的结构属性与结构化数据相比仍存在不同之处，无法用统一的表结构存储管理，因此在记录非结构化数据的数值时还需要对数据结构进行存储。

在半结构化数据和非结构化数据激增的当代，大数据与大数据技术的发展要求需要人们重新认识到大量含有细节信息的非结构化数据的重要性，在一定程度上着重强调小众化与体验化。因此，传统数据的处理方式相比大数据来说面临着更大的挑战。

3）数据处理速度快。大数据的处理技术与传统海量数据处理技术存在较大的不同，受到数据本身特性的影响，大数据的处理需要更加快速有效。

第一，数据本身呈井喷式增长。随着互联网和各类传感器的广泛投入使用，数据呈井喷式增长，海量的数据处理更加要求处理方式的完善与处理速度的提升，进而提高海量数据的有效利用率，最后为解决问题、决策建议提供好的指导。

第二，数据在互联网中是流动的，必须进行实时、有效的处理，否则将会失去数据所存在的意义。

第三，数据流量不稳定，可能会受各种不可预料的因素的影响，具有很强的时效性。大数据以数据流的形式产生、快速流动、迅速消失，可能会在某些特定时段激增，具有很强的涌现性。

第四，用户对数据的响应十分敏感。从用户体验的心理学分析，瞬间（3 秒）是用户可以等待容忍的最长时间。如果响应时间超过 3 秒，用户就会失去兴趣。

4）数据价值密度低。由于大数据时代广泛重视应用非结构化数据与半结构化数据，对数据的采样和抽象都能够对所有数据和信息进行全方位的呈现，尽管其中包含着大量没有意义甚至是错误的信息。而结构化数据依据特定的应用，对事物进行了相应的采样、抽象、归纳处理等。因此，相比结构化数据，非结构化数据和半结构化数据有效的信息相对偏少，信息有效与否是相对的，而且数据价值也是相对的。

（3）大数据技术应攻克的核心关键

大数据的处理技术与传统海量数据处理流程有异曲同工之处，大致流程包括获取有用的、相关的数据；对数据进行聚合以便于储存、分析与查询数据；分析数据时强调数据的相关性及通过适合的形式对数据分析的结果进行直观展示。

1）获取有用的、相关的数据。大数据技术处理对象即为数据，技术处理的第一步便是对数据进行分析。然而，面对规模巨大、种类繁多且复杂多变的数据，其分析也存在着一定的难度，所分析的数据对象的优劣程度也会对分析结果产生一定的影响。有一些观点认为，面对如此大规模的数据可以忽略数据质量的重要性，直接分析即可，但实际并非如此，若对数据本身质量没有要求且不加以约束，不仅会增加数据分析的工作量，同时也会误将不相干的、错误的数据引入系统进行分析，进而对数据分析结果产生不良影响。

数据获取技术的出现与进步促进了大数据这一新兴事物的发展，大数据的分析应该加强对数据获取重要性的认识。如果可以运用较为简单的算法就可以对大量的数据进行处理，并得到相应的结果，那么最大的困难便被转移至有效数据的获取上。研究证明，数据产生的技术主要阶段包括三个：被动→主动→自动。由于需要分析特定的问题，人们采用采样、抽象等方式对早期的数据进行记录，后来随着互联网技术的进步与社交网络多元化的发展，更多的人更习惯在网络上传播与发布信息。随着传感器技术的进步与多领域化的应用，在网络中融入传感器技术能够时刻自动获取数据。

在数据的实际应用过程中，并不是数据规模越大越有利于获得良好的结果，而应是获取更加正确且详尽的数据，能够在一定程度上更加详细地描述事物的属性，同时也能够使得数据包含更加有用、更加全面的信息。对于原始数据，必须从数据中提取有效信息并以某种形式进行汇总。而对于结构化数据来说，此类工作相对简单。大数据通常是非结构化数据，其数据非常复杂。必须根据特定应用程序的要求从数据中提取相关的有效数据，并尝试消除可能影响评估的错误和不相关的数据。

2）数据分析。只有通过分析特定应用程序的数据并将其转换为有用的结果，才能真正发挥大数据的作用。数据非常普遍，大数据分析的重中之重是从数据中提取与精炼出知识，并对非结构化数据进行有效处理。数据的快速生成与更新，在一定程度上对非结构化数据的分析与处理起到了阻碍作用，而大数据的价值由从海量数据中获取的信息所决定。从互联网数据中心统计结果可看出：对 2012 年进行标记和分析时，总数据的 23% 是有效数据，但是实质上只存在 3% 的有效数据得到了标记，其余 20% 潜在有效数据却被丢失了。大数据中的一种核心技术是由多种数据类型所构成的异构数据集交叉分析技术，该技术对大数据的发展起到了至关重要的作用。

大数据的重要用途是使用大量数据来操作分析事物之间的关联性，进而达到预测事物发展的目的。大数据与仅记录过去、或被关注程度和易于报告的传统数据不同，大数据不像传统数据具有静态性特征，而是拥有更新性与流动性等特点。它们不仅捕捉了过去的发展情况，还能够在一定基础上反映未来的发展形势。传统的、规模较小的数据量在一定程度上对发现问题有束缚作用，然而通过不断积累数据，现在可以使用简单的统计方法来确定数据的相关性及事物的规律，以此来指导决策。

3）数据显示。数据显示是对分析后的数据结果通过直接可见或直接可读等形式进行输出，用户以此获得相关信息。在传统的结构化数据中，数据显示的方式一般被广泛应用的有数据值显示、数据表显示及各类统计图显示等。然而运用大数据技术对种类繁多、比例复杂、难以执行大量的数据表和混沌图的非结构化数据进行处理，不能进行直观的数据显示可能会误导用户。

在传统的数据表示中，用户可以通过图表和数据轻松地与计算机进行交互。由于数据的复杂性，用三维表示法表示的数据通常很难定位和交互。然而，动作捕捉技术能够获取用户的操作，将用户连接到数据，以便用户可以理解数据。数据显示的目的是为用户提供准确方便的有效信息，可以根据具体的应用需求选择显示方式。

4）实时处理数据的能力。大数据需要充分且迅速地从大量复杂数据中捕获有意义数据的关联性，并找到相应的规律。数据的实时计算需求是大数据与传统计算技术之间的主要区别之一。通常传统的数据处理应用程序一般情况下可接受的运行时间为 1 ~ 2 天。大数据应用程序中的大部分情况下都需要在 1 秒内立即获得结果，否则处理结果将过时且无效。批处理模式通常是先保存后处理，该模式通常不能完全满足要求，因此必须对数据进行流处理。随着这些数据的价值随着时间的推移而降低，对数据的分析与处理就需要对其实时性进行严格要求，因此大规模、多样性和复杂的结构数据使得大数据的实时处理成为一个巨大的挑战。

数据的实时处理需要实时收集的数据，实时的数据分析和实时的数据处理，任何环节的缓慢都会影响系统的实时性能。随着互联网和各种传感器正在迅速普及，实时获取数据变得不再那么困难。大规模复杂数据的实时分析是系统的一大难题，同样也是大数据领域的核心问题，数据的实时再现一般在视觉计算领域能够实现。

7.1.2.2 大数据的应用场景

大数据的应用场景（包括跨行业的大数据处理和分析应用）专注于用户需求（韩子莹，2019）。通过解决大数据应用领域中不同行业的挑战并确定突破的方式，如图 7-5 所示，从以下内容重点介绍潜在的大数据应用场景。

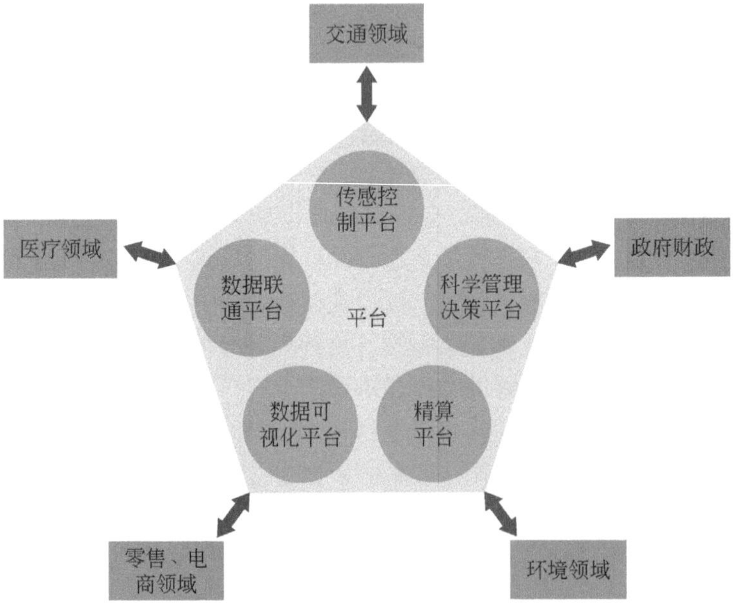

图 7-5 应用场景涉及领域及数据平台

(1) 场景一：医疗大数据看病更高效

医疗行业有大量病例、病理报告、医疗研究计划、药物报告等，因此在医疗行业使用大数据分析能够给医疗行业的发展提供坚实的技术支撑。如果可以收集和使用此类数据，将能够极大地帮助医生和患者。当前人类面临的细菌、病毒和肿瘤细胞的数量和多样性正在不断发展，如果依据事实可以诊断出该疾病，那么该疾病的诊断和治疗计划的定制将是最困难的。未来将能够使用大数据平台捕获不同的病例和治疗方法及患者的基本特征，并创建疾病特征数据库。当基因技术变得更加成熟时，可以根据患者的遗传序列特征对其进行分类，并为医疗行业建立患者分类数据库。

当医生诊断患者时，可以根据患者的疾病特征、检测报告、化验报告及疾病数据库等，以帮助患者快速诊断疾病。在制定治疗计划时，医生可以根据患者的遗传序列特征选择具有相似基因、年龄、种族和身体状况的有效治疗计划，并制定适合于更多类似患者的治疗计划。同时，医生获取到患者的各类数据，也有助于制药行业生产更有效的制药产品和医疗器械产品。大数据分析在医疗行业中的应用仍在继续，但是这些数据不全是开放的，没有办法进行大规模的应用。因此，需要收集这些数据并将其集成到统一的大数据平台中，以造福人类健康。

(2) 场景二：零售大数据最懂消费者

在零售行业中大数据应用程序可分为两类：一类是零售商了解客户的偏好和趋势，可以准确地销售商品并降低营销成本；另一类是基于客户购买的产品，向客户提供可以购买的其他产品及扩大销售的范畴。此外，零售商可以通过大数据技术预测未来时期内消费者的消费行为趋势，这对热销产品的购买管理和淡季产品的加工具有积极的影响。零售行业所统计的消费者数据对于产品制造商而言非常有价值，在一定程度上有助于零售商有效利用资源并最大化地减少产能过剩。同时零售商未来所面临的挑战不再仅是零供求之间的关系，而是捕捉消费者需求进而有效整合供应链以满足消费者需求的能力。无论是国际零售巨头还是本地零售品牌都要承受微薄的利润率所带来的压力，需要考虑如何运用新技术并赢得客户，从而使消费者获得更好的体验。

想象这样一个场景：客户在地铁里等待列车，在地铁通道的墙上挂着零售商的巨型数字屏幕广告。他可以自由浏览自己感兴趣的产品信息，并使用移动电话搜索订单以查找感兴趣或可能会购买的商品。在客户搜索到感兴趣的商品并最终购买该商品之后，经销商已经了解了客户的偏好和个人数据，因此会根据需要交付商品并将其交付到客户的家中。将来客户无须进行任何购买动作，由于客户先前的购买行为会产生大数据，即使客户和公司从未见面，您喜欢的产品已交付您的手中。

(3) 场景三：电子商务大数据精准营销法宝

电子商务行业领域中除了进行大数据精准营销之外，电子商务平台可以根据消费者的消费习惯为消费者提前进行商品备货，也会根据消费者的浏览偏好为消费者推送相应的商品信息。电子商务平台通过便利店进行货物中转，并且力求做到在消费者下单十五分钟内将货物送上门，以此来提高消费者的消费满意度。基于消费者消费习惯所产生的数据，利用大数据进行分析、评价与预测之后，阿里巴巴的菜鸟驿站便宣称能够在二十四小时之内完成中国境内的送货，同时京东宣传将会在十五分钟之内完成送货上门。

电子商务可以使用其交易和现金流量数据向其生态系统中的交易者提供基于

现金流量的小额信贷。随着电子商务数据变得更加集中、数据量变得足够大、且数据类型众多，未来电子商务数据应用程序将有更多想象空间，包括趋势预测、消费者趋势、区域消费特征、消费者消费习惯和相关性消费者行为、消费者关注点等。在大数据分析盛行的今天，电子商务消费报告将有助于品牌公司的产品设计、生产公司的库存管理与计划生产、物流公司的资源分配、生产数据提供商的能力等，从而实现精细化的社会化生产。

（4）场景四：交通大数据畅通出行

人们的出行离不开交通，近年来中国的智能交通方式发展日渐完善，许多智能技术手段现已在国际上处于较为领先的水平。然而在智能交通发展较热的今天，仍然存在着交通问题与交通困境。从不同城市的发展情况来看，对于智能交通的价值认知、利用仍然不够彻底，未能发挥其最大效用；智能交通发展过程中由于交通信息收集与处理受到了许多限制，各种管理系统中可用的大量数据无法得到充分利用、共享和有效分析，交通状况的预测能力也相对较弱。尽管不同地方在设计概念和输入方面存在差异，但智能交通智能水平不足，处理交通问题并不高效，使得目前所研究出的先进技术设备无法完全投入使用。除此之外，智能交通的发展还需要进行大量的投资。

目前各行业领域已经基本实现了数字化，然而数字化与数据收集并不能混淆，也不能同一而论，部分行业并没有实质上实现数字化要求，只是单一地提高对数据的采集、存储和应用能力，并不能达到数字化的标准。大数据时代的到来将不可避免地带来解决问题的巨大机遇，为了更好地理解并捕获宏观状况，需要关注相关关系而不是因果关系，因此在处理大量非结构化数据的过程中，将不可避免地会对所有内容进行数字化，并最终实现管理的便捷性和效率的提升。

当前交通运输中大数据应用主要包括以下两个方面：一方面是大数据传感器数据在车辆交通拥挤程度中的应用，需要进行合理的道路规划；另一方面，大数据可用于实现实时信号分配并提高现有的线路运行能力。科学合理的信号灯安排能够使现有道路的通行能力至少提高约 30%。美国政府根据特定区域的交通事故信息添加了交通灯，使得交通事故率至少降低了一半。基于大数据的机场着陆在一定程度上使得航班管理效率得到了大幅提高，航空公司可以使用大数据来提高可视性并降低运营成本。铁路上使用大数据能够有效地组织旅客和货运列车，在一定基础上提高效率并有效降低成本。

（5）场景五：环保大数据对抗 $PM_{2.5}$

2012 年北京遭遇特大暴雨，一天内平均降雨量为 164 毫米，是北京 60 年来最大的暴雨。来势凶猛的暴雨极大地影响了公众的生活。实际上最重要的是，气象部门要及时且准确地发出警告，并与其他运营商合作及时向北京市民发送此类警告数据信息。这一场暴雨揭露了管理工作中的空白，而且促使业界开始讨论与大数据的结合。传统上与天气有关的产业是农业、林业和水上运输，然而今天气象学已成为 21 世纪的社会发展资源，可支持及满足各行各业用户需求的量身定制的服务。大数据技术将显著提高天气预报的准确性和有效性、及时性，并帮助人们意识到龙卷风等重大自然灾害的轨迹和脆弱性级别。天气预报的准确性和预报时间的延长将对农业的生产产生积极影响。

近几年来中国许多城市都出现了雾霾天气，空气污染严重。随着 $PM_{2.5}$ 对公众健康的危害越来越为人所熟知，人们对于雾霾的防治愈加重视起来。由此看来，环保大数据对于人们的日常生活有着重要的影响，依靠大数据分析城市空气污染指数显得越来越重要。然而，获取空气污染相应的数据却并不容易，首先应考虑到的是数据的来源。例如，高耗能、高污染、高排放等企业是否如实反馈数据？统计结果是否真实可靠？向全社会公布的数据是否翔实且有据可循？其次应重视数据分析与挖掘技术，这些技术能够顺利应用等，这些数据获取的前提便是数据公开。

（6）场景六：舌尖上的安全——食品大数据

近几年出现的各种食品安全问题引起了广大消费者的关注，让大众消费者对食品安全产生了担忧，食品安全直接关系到人民的生活质量和国家社会安全。国内的进口食品数量大幅增加，直接牵扯到婴幼儿安全的奶粉是进口食品的主力，其中的主要原因就是食品安全问题。随着人类体征的发展和环境不断的恶化，人们需要的营养物质与传统需求有着很大的变化，但是人体对所需营养的吸收效果往往由于食品中过多的添加剂等而大打折扣。显然，传统的食品监管手段难以满足复杂的食品监管需求。从一次又一次出现的食品安全问题来看，食品监管是食品安全相关部门难以解决的棘手问题。那么大数据在其中如何发挥技术优势呢？通过每种每类食品大量数据的收集，将有效数据进行聚合形成数据长尾，从而进行产品跟踪和反馈，实现产品监管的同时完成食品监管这一操作。在大数据的“眼睛”里，可以迅速捕捉到监管信息中的举报与投诉，国家食品数据还可以监管到难以监管的乡村和城市死角，对不法加工厂进行锁定，从而降低执法难度和管理成本。与此同时，除了锁定“黑作坊”和“黑心商贩”之外，大数据还可以从医疗领域的一线数据发现人们疾病发展的趋势，判断致病原因是否与食品安全有关，为食品供应和营养补给提出建议，根据数据降低不安全食品的供应，从而减少对人群的危害。目前，医疗领域的大数据服务已经实现了个人数据医疗库的建立，也可以通过用户自主操作来线上看病治病，这一前段技术的进一步的发展便是为个人提供营养食品供给及个人营养计划。通过大数据技术对食品的监管，为政府提供了不安全食品厂商的信息及不安全的食品信息，从而帮助政府出台更为严格的食品监管政策，提高人们食品安全意识。

也有专业人士认为食品安全不仅仅是供应问题，食品监管牵扯到从食物原材料到上餐桌的整个过程，而食品监管只能检测到其中的一个环节，并不能进行全过程的动态监管。但是，大数据技术可以实现对于每一个环节的优化。未来是否会进行食品安全平台的建设，还需要有关食品安全监管的各个部门进行技术需求阐述及大数据开发领域专家共同开发研究。总之，大数据不仅能带来社会商业价值，还对社会生产环节做出贡献。随着相关计算机技术的成熟和大数据技术的发展，如何提取食品监管的有效数据，从而进行动态监管以满足食品安全监管要求是食品大数据目前需要科研技术攻关的挑战。通过挖掘数据潜在的价值，发挥数据的力量，可以为食品安全提供保障。

(7) 场景七：政府调控和财政支出大数据令其有条不紊

政府可以使用大数据技术来了解不同地区的经济发展、不同行业的演变、消费者支出和产品销售情况。通过对大数据进行分析和处理，有助于政府科学合理地调控宏观经济状况、平衡各部门的发展，提高社会生产效率。与此同时，大数据还能够在此基础上大力助推政府有效监督土地资源、水资源、矿产资源、能源资源等。在大数据技术的支撑下，政府可以更加有效地管理支出，实现预算支出透明化，从而提高政府信誉。

近些年来大数据技术带给政府的不仅仅是效率的提升、决策的科学化和管理的精细化，更重要的是对数据治理和科学管理意识的改变。大数据将帮助政府在各个方面实现效率的提升和管理的精细化，国家运作效率的提高、科学客观的决策及合理透明的预算将大大增强国家的综合实力，并成为国家的竞争优势。大数据使一个国家和一个社会的利益将具有巨大的想象空间。

7.2 人工智能和大数据背景下的国防科技创新

在 7.1 节中我们介绍了人工智能和大数据的主要原理、关键技术等方面的创新，这些目前可以实现的技术应用说明了人工智能及大数据在国防领域结合的优越性和可行性。下面将通过人工智能及大数据在国防科技中的创新现状研究，分析人工智能及大数据在国防军事领域应用中可能碰到的问题，并给出相应的问题解决途径及发展趋势。

7.2.1 人工智能背景下的国防科技创新

当前，人工智能技术和信息数量的增长都处于初期爆发阶段，电子信息分析及管理智能等智能化竞争愈演愈烈，国防相关领域的人工智能技术的革新速度成为提高军事能力和赢在未来战争起跑线的重要因素。国外军事强国纷纷布局人工智能国防战略，通过逐步升级人工智能在军事科技作战方面的应用，实现了武器装备水平、战略系统智能、战备力量强化等方面的效果。通过研究国外主要国家人工智能战略布局及人工智能国防科技实用现状，提出对我国加强人工智能国防领域实战的对策和建议（王哲，2019）。

人工智能技术的灵活运用是使科技革新迅速和产业规模性巨变的重要战略手段，其发展对经济腾飞、社会发展、产业发达、国际政治布局等方面具有重大而深远的影响。据预测，到 2030 年，人工智能将推动全球 GDP 增长 14%，对全球经济贡献将高达 13 万亿美元，纵观历史，给人类带来如此巨大的颠覆性影响的科学技术发明还有 19 世纪的蒸汽机、20 世纪的工业机器人等。

世界军事强国为了维持在全球的军事核心地位，各个国家的国防研究都认为人工智能技术的转化与应用能力将是未来国防实力的代表性指标。其研究目标都是通过不断加强人工智能与军事国防领域的结合，发明先进武器装备、无人系统、智能作战分析和指挥战略决策指导等技术，将这些技术投入使用、提升实战演练或训练的高效率，从而使国家军事力量升级，起到维护国家安全和彰显国家综合实力的作用。各个国家相关新式智能技术层出不穷，智能化战士概念的出现说明军事技术智能化的竞争已然拉开了序幕。2018 年 7 月，美陆军参谋长提出人工智能将对军事行动产生根本性影响，可能改变未来战争的状态。

伴随人工智能及大数据技术的普及和发展，机器学习、知识图谱等相关人工智能的概念逐渐被大众接受，这些概念的相关技术与各个领域的融合也达到了理想状态，无论是从技术研发角度还是实际应用角度都取得了相应的成果。这些现状说明，人工智能即将广泛应用于国防军事领域，无人战场、机器人士兵等现代化武器将一一研发为作战工具。这场有关人工智能的军事力量革命，可能成为继火药发明、核武器研发后的第三次军事革命，使军事力量等级从国家性战略对峙到改变国家军事作战潜力，从而彻底改变军事战争方式（王雪诚，2017）。

7.2.1.1 各个国家人工智能国防科技创新现状

如今，世界主要军事强国都在研发仅由智能化武器装备或机器战士等智能军事组成的武装力量。在不久的将来，战争形势不再拘泥于传统的规模战争，战场也不再仅仅是真枪实弹的战场，军事人工智能系统的开发能够使战争的武力升级，也是未来维护国际和平的重要技术手段。为了维持在全球的军事核心地位，国外主要军事强国普遍把人工智能视为维持全球军事霸主地位的核心技术，并重点加强人工智能在国防领域的应用。

（1）美国国防人工智能发展现状

2016年，美国国防相关委员会发布了两个有关人工智能的重要战略文件——*Prepare for the future of artificial intelligence* 和 *National Artificial Intelligence Research and Development Strategic Planning*，这两个战略文件的发布标志着人工智能技术的发展已经被提升到了国家战略的层面，为美国人工智能相关领域的发展奠定了政策基础并提供了发展蓝图。2017年3月，美国的一份研究报告以未来新兴科技发展趋势为主题，分析了未来20年中最值得关注的几十项先进技术的应用前景（王天尧和吴素彬，2019），其中就包括了物联网、大数据、人工智能等新兴技术的发展现状和未来应用预测。这些相关新兴研发的技术都将成为美国国家综合实力增强的核心科技基础，也是美国在未来战场上与其他国家谈判交易的科技砝码。

美国于2007年开始探索人工智能在军事领域的应用，美国国防高级研究计划局启动了“深绿计划”，这项计划提高了美军军事指挥的决策速度和质量。2010年前后五年，美国成立了大量有关军事智能化技术的研究项目组，其研究技术的内容包括平面化数据、三维化数据到计算机语言等不同类型数据的自主采用，数据库信息的自主获取、智能数据挖掘等方面。这些新技术的研发满足了一系列先进情报系统升级的需求，已经足够支撑智能化情报系统的运行。由此可见，美国的下一步研究计划就是从军事装备智能升级入手，强化巩固其世界军事强国的核心地位。2016年美国启动了一系列有关人工智能军事装备的研究项目。关键技术领域包括具有自主学习能力的机器、人机协作、先进有人/无人作战编组等。从国防预算来看，人工智能已经成为美国的最优先投资领域，在2017年国防预算中，有120亿~150亿美元用于人工智能和自动武器的研发。此外，美国还利用人工智能预测内乱、军事冲突。美国国防部2019年2月12日公布《2018年国防部人工智能战略摘要》，其中分析了美国国防部在人工智能领域面临的战略形势，强调了该战略旨在保持美国的军事战略地位，这将促进美国的安全和繁荣。

人工智能已经成为美国增强其全球主导地位的重要战略支持。人工智能技术已将机器带入战场，与以前的军事装备相比，新的人工智能武器将具有无与伦比的速度和准确性，同时还可以减少战争中的人员伤亡和损失。美国将人工智能作为其战略的核心，作为其应对未来潜在威胁的筹码和巩固全球军事强国地位的利器，并将人工智能的独立技术和先进的智能武器视为支持未来几十年美国制止破坏性行为的关键。

（2）其他国家国防人工智能发展现状

俄罗斯、印度也高度重视国防科技人工智能化的应用。俄罗斯总统普京表示，谁能成为人工智能技术军事化的先驱者，谁将成为世界军事的统治核心。俄罗斯国防部成立的先进技术研究基金会强调发展图像识别、语音识别、军事系统自主控制及武器耐久信息反馈网络等人工智能技术。2017 年，俄罗斯发布了有关国家武器未来发展的纲要，这份文件分析了目前俄罗斯武器进化过程，并指出智能化武器装备是未来装备实力竞争的核心。这些武器的应用建设方向，主要包括地对空防御机制、电子网络系统破解战、无人机监察、机器人指挥等建设方向。2018 年，俄罗斯国防部开展了“机器人技术设计师”竞赛，该竞赛特别关注大数据技术、机器视觉和机械制造，旨在开发人工智能。2018 年 2 月，印度国防部成立了由 17 人组成的“人工智能工作组”，旨在将人工智能充分用到军事领域，着手开发用于未来战争的人工智能动力武器和监视系统，以提高印度的防御和进攻作战能力。其重点研究方向包括人工智能模拟演习、电子信息安全网络建立、空中领域安全及自主智能武器管理系统等。

7.2.1.2 军事人工智能在中国的应用与思考

通过分析美国、俄罗斯及印度等国的人工智能的军事应用现状，可以发现世界科技的发展正在实现新的突破，各个国家间激烈的科技发展竞争也将带来新的世界发展格局（李慧丽，2019）。这些新技术向军事领域转变的速度也将影响一个国家在世界综合实力排名中的地位。人工智能技术的研发和应用的重要作用，对于我国发展的重要性也是不言而喻的。因此，了解世界国防发展趋势，加紧研发人工智能技术使其顺应我国发展实际要求，提升我国在世界中的军事地位，科学应对未来战争形式的转变，是我国国防军事领域发展的当务之急。我国人工智能国防的发展趋势如表 7-1 所示。

表 7-1 我国人工智能国防的发展趋势

要素	发展趋势
趋势感知	人工智能技术应用，迅速认知军事发展态势
战争识别	军事指挥识别、军事装备识别、作战方式识别
基准标准	建立人工智能应用范式、设定准入条例、建立测试平台
安全防护	技术复制成本低、漏洞大、突发行为和复杂环境、目标设置错误与人机交互影响

（1）军事智能发展趋势的感知

每个国家对于战争的理解程度是国家间对抗的重要内容，由于各个国家对于军事的理解不同，发展方式不同，其强化及训练方式千差万别，如何通过自主自有的方式提升综合实力是每个国家都要研究的重要问题。中国目前在军事信息化变革中顺势强化了技术的感知性，对于人和武器之间的关系研究更加客观，将技术转化为装备的流程更加精简和迅速，军队科技管理和决策的容错能力达到了应有的高度。从以往的军事变革历史中可以发现，军事技术的历次革新都具有原发性、基础支撑性。谁能顺应技术的变革，谁能够将最新技术的转变应用于国防建设，谁就能掌握世界战争规则的话语权，站在世界军事的最高点。

现如今，人工智能在神经网络、遗传算法等先进技术方面的最新研发成果，对于军队信息化发展具有重要的实际意义。不能准确把握战争的发展方向、迅速判断战争发展趋势、把握军事科技发展的方向，不仅会导致技术落后，更会使得国家安全等级降低。想要做战争的主体就必须先做技术的主人，除了对于最前端技术的敏感认知之外，更要有自主研发技术的能力，在洞悉战争演变发展的同时，也应从人工智能角度进行战争思维和行动控制，实现真正的智能化军事发展。

这些应用性强大的颠覆性技术将美国原就强悍的威慑能力又提升到了一个新的层次。借鉴美国的人工智能应用效果，中国除了发展信息化技术，更要求新研发技术具有传统力量不具有的颠覆能力，同时还需将人工智能技术应用于国防科技的各个方面，这对中国国防事业的发展具有重大战略意义和实践意义。例如，技术研发中的国防军事四库一体的智能决策支持系统为决策提供帮助，该系统在实际军事指挥行动中的应用，在压缩军队指挥时间、实施实时战略调控等方面将发挥重要作用。随着军事变革的加速和系统控制理论的丰富，充分应用这些人工智能对类似的作战技术不断优化和更新，可逐渐实现多领域联合指挥控制，抢占未来战争的先机。

（2）人工智能战争属性识别

军事智能情报是军事信息技术的延续和升级，已经成为推动战争变化的强大技术力量，为信息战的逐步深入发展做出了贡献。军事技术和战争属性的发展关键是要充分渗透敌方军事情报领域，并将得到的信息转变为战争力量。人工智能具有思想控制和行动控制的双重控制能力，这些思想和行动的控制可以渗透到军事指挥和决策、军事行动和对部队的控制中。或直接使用“智能炸弹”攻击敌人的信息网络，破坏信息战斗意愿或为军队提供实时情报。各个军队系统正在尝试使用诸如机器学习和迁移培训之类的智能算法来解决对抗环境中对目标的自我意识，协助指挥人员快速定位并识别目标，判断威胁等级，并智能地控制机械化和信息设备。用“智慧运营”代替“信息驱动”，以发挥最大的作战运营效率。具体来说智能识别战争属性包括以下三个方面。

1）军事指挥方式的智能识别。指挥作战系统是战场控制的核心，是战争制胜的关键，指挥作战方式的智能化控制克服了人性的弱点，提高了指令和决策的准确性。除了自我指挥的智能化之外，识别对方的控制指挥方式，利用其判断和改造自身的指控算法与流程也是我国指控系统技术需要攻破的技术难关。

2）军事装备的智能识别。军事装备智能是使用各种无人武器来创建无人战斗的智能系统。将人和机器组成一个战斗单元，并利用机器的速度和力量更好地做出判断，从而提高识别的速度和准确性。通过提高军事装备智能识别的全面性，对对方所使用的智能化武器进行精准打击。

3）作战方式的智能识别。从寻找目标到评估威胁，从捕获和摧毁目标到实施效果评估，均不需要人为参与。此外，还可以利用脑认知科学和心理学对目标进行重要个体打击或控制，并借助模拟思维方式等手段描绘思想和认知规律，以进行意识形态控制。

（3）人工智能基准标准的完善

人工智能的应用存在着一定的统一标准基准确定的困难，这对于人工智能在军事领域的应用无疑是极其危险的。制定标准的主要目的还是技术准入和技术兼容速度的提升。这是评估智能战争水平的可靠依据和最为基础的技术支撑。

1）统一人工智能的应用范式。范式标准包括人工智能的耐久性，可以连续使用以保障技术改进能够满足核心任务的兼容性要求，以及应用的规范、准则或功能，并且保证技术的可靠安全。

2）设定人工智能技术准入条例。由测试和评估为评判基准，遵守量化标准来制定评估准则。通过技术标记的方法对使用过的技术进行分类评估，可以促进人工智能技术的加速运用；通过数据标记的方法对有科研开发需要的技术进行总结归类，判断并提高人工智能技术的应用效果。为了使技术转化更加规范，有必要设定一定的技术准入指标和有效测试。这些指标和测试能够为人工智能技术的管理和开发提供评估参考并增强技术应用的安全及合理性。

3）建立人工智能测试平台。研究人员（林晶等，2019）可以使用实际操作数据在真实的测试环境中进行建模和实验。军事平台里有大量的敏感数据，必须创建一个具有保密性和高安全级别的测试环境。军事人工智能测试平台的建立还可以为相关研究人员提供独一无二的研究机会，来验证人工智能模型的有效性和实用性。

（4）军事人工智能的安全防护

从基本的人工智能技术特点可以发现，人工智能在军事方面的应用在把人从战场上解放出来、减少军事训练成本、节省军费维护支出等方面都有很好的效果。而且，技术网络流程并不会像人一样感觉到疲惫，也不会受到感情等主观因素影响，这就大大减少了人的失误对整个系统的影响，会更准确快速地完成军事任务。但是人工智能技术也存在着一定的安全隐患。主要隐患有以下三点。

1）技术复制成本低、漏洞大。由于人工智能技术在开发制作方面的基本技术并不难获取，一旦被恐怖集团掌握后果不堪设想。一些极端国家也较为容易获取核心原理和技术，可能会导致进一步的军事扩张，其带来的威胁也不容小觑。只要是技术就存在漏洞，漏洞的修补往往根据技术革新速度的快慢来发展，无法彻底排除针对系统漏洞的黑客攻击或程序篡改而导致人工智能武器错误行动等的可能性，其后果不堪设想。

2）突发行为和复杂环境。对设定训练规则之后再进行机器学习的人工智能系统来说，系统的学习行为在很多情况下是无监管的状态。在这种环境下，很难对系统的学习行为和学习内容进行管理，也很难对系统学习后的效果进行预测。在很多特殊的军事状态下，人工智能需要完成的任务都是不能够被仔细审查的，其处于的复杂工作环境也是无法被预知的，如果在预先思考和设计程序时未将所有情况考虑完善，那人工智能系统的失误会影响到整个战争乃至政治局势。

3）目标误设与人机交互。人类目标有时很难与人工智能的机器指令相匹配，所以人工智能设定的系统目标并不是最终目标。在人机交互的情况下，人工智能很容易受到人类的影响，其系统安全性也会大打折扣。

上述对存在问题的描述可能并不全面，但是也说明了人工智能技术应用的同时还存在着大量的安全问题。要改善人工智能的应用环境和系统安全性，可从改进系统的完善性、技术流程透明化、信任纽带建立、新技术验证及防御辅助安全系统等入手，使人工智能最终可以进行自主防卫及安全改进，从而确保人工智能应用的价值达到应用的理想效果。

人工智能的诞生与发展是20世纪最伟大的科学成就之一，也是21世纪引领未来发展的主导学科之一。面对目前所有国家都面临的这几个军事应用中的问题，我国如何实现“弯道超车”，打破固化思维，促进人工智能技术的应用和转化，加快推进军事变革对于我国日后在世界国防军事领域地位的提升具有重大而深远的战略意义（任恒娜，2019）。在智能战争时代即将来临的当代，中国要把握人工智能发展的趋势、识别智能战争的属性、完善人工智能的标准、确保人工智能的安全应用，才能突破关键核心技术，提前把握未来战争的控制权。人工智能技术的发展不仅仅是一个系统或一个领域的发展，而是整个技术群的有机结合与技术群统一基准的发展与建立。确保人工智能技术在军事领域的安全与协调发展，也是军事人工智能的重要课题。

7.2.2 大数据背景下的国防科技创新

军事数据化管理是国防科技工业系统建设的又一重要话题领域。当前，能够应用到大数据的军事活动包括指挥作战系统、装备管理建设、情报收集分析及军事训练管理等方面。本节将对于大数据应用的背景及应用中存在的问题加以探讨研究，为我国国防大数据的未来发展提供一定的解决思路。

7.2.2.1 国防军事大数据相关背景

现代军事的管理不能离开数据的管理与应用，信息化时代的到来使现代战争呈现出的作战手段、作战空间及作战形式都发生了翻天覆地的变化，对于信息数据的掌控已经不亚于传统制空权、制海权等“兵家必争之地”。大数据的发展给国防信息化建设提出了新的课题，国防大数据是人工智能网络建设的“原材料”，各种数据形式和数据结构是未来战争的“沃土”，伴随相关技术的发展和战略政策的不断革新，国防大数据也成为各国国防军事发展的重中之重（周韧和屈波，2016）。

2019 年 9 月第二届军事大数据论坛在京召开，为深入贯彻习近平总书记作出的“推动实施国家大数据战略”的决策部署，加快军事智能化发展，我军上下已经开始积极行动，军事大数据的创新必将激发前所未有的数据活力，挖掘数据潜力，叠加数据增长效应，开启未来军事制胜之门。随着大数据技术与应用的发展，军事大数据已突破过去军事数据的概念范畴，成为以海量军事数据资源为基础、以数据智能处理分析技术为核心、以军事领域广泛应用需求为牵引的一系列活动的统称。大数据对国防军事的影响具体包括以下几点。

（1）大数据对战争形态的影响

相关国防数据的指数型增长，不仅可以从中分析出目前军事力量的增长，还可以发现一定的军事发展规律。数据的处理和组织能力的发展直接反映了军事情报分析研究能力的高低。大数据相关技术的提升与军事渗透能够彻底改变军事组织能力，进而改变兵力和武器数量。未来战争的形态将是信息引导和精确打击的局部网络战争形式。

（2）武器装备升级

通过对现有武器装备相关数据的收集和挖掘，可以分析某类武器具有的杀伤力和容错率及需要改进的装备需求，从而研发更有自主能力的武器装备，提升作战能力。不仅如此，大数据的应用还可以为武器自动化管理和科学装备保养提出准确有效的参考意见，延长武器使用寿命。

（3）军事需求分析

基于数据的分析与融合，对于军队的管理可以精确到每一个士兵所需资源，各个部门的不同数据面向不同的军用需求进行整合分析。通过对不同数据来源的有效数据进行分析，获取准确的需求报告。

7.2.2.2 大数据在军事领域内的应用发展情况

大数据在军事领域内的应用（王玉璇，2018）和发展主要体现在以下几个方面，如表7-2所示。

表7-2 军事领域内大数据的应用情况

方向	应用内容
作战控制	大量数据的存储、数据计算、情报管理分析、网络防御以及数据可视化等，实时反馈预测
装备管理	装备数据管理分析及装备性能改造设计
情报分析	数据管理便捷，处理速度提升，且能发现情报源中人工无法发现的规律
军队训练	可以具体到每个军人的训练方式及个人习惯
破坏工作	协助相关指挥中心快速制定作战部署，进行精准打击和高效抓捕，减少人员牺牲

（1）作战控制方面

目前全领域合作作战已经成为新式战争的主要形式，包括数理信息领域、认知智能网络领域、社会协作领域等各个方面。其中，来自社会协作领域的数据尤为庞杂，这些数据具有数量大、种类多、结构多和膨胀速度快等大数据特征。大数据技术的发展为作战控制与指挥带来了新的挑战与机遇。在多领域联合作战的过程中，会产生大量有关数据计算及存储、情报分析、网络防御及数据可视化等方面的问题。能否高效提取数据或海量情报就成为评判一个作战控制系统是否有效的核心问题。解决这些相关技术问题可以有效预测和反馈战场的变化，即能够提升作战控制系统的作战指挥能力。

（2）装备管理方面

大数据的应用可以辅助相应的装备数据管理分析和先进装备设计。首先，通过建立已有武器的数据管理档案，构成装备数据库，其中将装备进行海、陆、空等领域分类，包括相关武器的型号、数量、装备状态、养护周期等，方便数据的随时提取；其次，由于数据内容的庞杂，不同装备的信息存储于不同的管理系统中，想要将各个管理系统融合使用，提升数据取用的效率，还需要进行综合数据仓库的管理流程设计，使数据提取规范化；最后，通过装备数据发展的规律，找到每种武器装备存在的缺点进行分析改进，推进先进装备的应用，针对存在问题进行研发或补给，使改进或新研发武器具有独创性。这一系列武器管理与设计的过程离不开大数据的应用，这也给武器装备建设带来了极大挑战。

（3）情报分析方面

传统情报分析的主要工作包括情报的收集、整理、编写及应用。在大数据广泛应用之前，情报分析工作主要以人的经验为主导，其处理速度缓慢且失误率高。大数据技术的应用，不仅方便了数据管理，提高了数据处理速度，而且还能获得人工在情报源中找不到的规律。军方获取的大量数据通过高性能计算机进行数据关联分析，从而发现更有价值的情报信息。利用军事大数据技术，将情报分析工作的对象进一步扩展，收集情报的手段更加智能，情报整理及管理的方式更加科学，情报编写的速度更快。情报系统的工作从传统的高风险高代价转化为技术手段的竞赛，这也提高了情报工作者工作的安全性，情报工作的研究模式将发生前所未有的改变。总之，大数据技术的应用从各个方面提高了军事情报相关工作的质量及效率。

(4) 军队训练方面

军队训练的改革、模式设计、战斗力的生成都离不开大数据技术的应用。利用大数据技术，科学化训练流程与方式，对军队训练中军人的训练成绩、动作细节等相关数据的跟踪对比分析，可以具体到每个军人的训练方式及个人习惯，提出更加详尽科学的训练建议。这些应用有助于推进军事训练的革新及军队整体素质的整改，为军队的整体化管理和军事训练指导的科学化提出建议。军事大数据技术的应用对于保障和支撑军事训练具有很强的实践意义。

(5) 破坏工作方面

破坏工作是指武装警察部队进行非正式战争的军事行动，是国泰民安的重要保障。当前大数据在破坏工作中的应用主要是作为行动依据、进行行动分析这些重要环节，通过数据库构建和联络平台的整合，分析出破坏组织的活动规律；通过数据可视化和聚类分析，挖掘分析出破坏组织的联络网。这有助于有关的反恐指挥中心迅速进行行动部署，进行准确商务打击与有效的逮捕，并减少人员伤亡。由于大数据的特殊性和重要性，其数据库及数据网络就需要更强的安全和反黑客技术防御，这也是未来大数据开发应用的核心。

7.2.2.3 国防大数据面临的问题及解决方法

大数据技术在许多领域的应用中已经证明了其存在的功能优势，由于国防及军事领域数据的特殊性，大数据技术在该领域的应用也出现了一些需要解决的问题。

(1) 安全问题

安全性对于国防和军事信息系统而言无疑是最重要的，而栅格化的信息网络环境与常规信息服务平台不同，国防网络要求安全认证机制及数据的安全性和可靠性，即需要一个专用军事大数据平台。一个以安全访问为前提且拥有动态灵活访问机制的战场大数据平台才能够符合战场突发性要求。其解决方法有：①采用严格的审查机制。基于严格的审查机制，对有关人员进行主观检查，并及时进行教育和科学培训，客观地限制隐患，确保内部安全，防止人为事故的发生。②建立科学、具体的安全评估体系。根据军事领域的特定安全要求，确保物理区域、网络等各个方面的安全。通过结合 BP 神经网络的特性，在其基础上设计并使用安全评估指标作为神经网络模型的输入样本，通过训练规划指标权重和科学的模型评价手段，客观评估信息服务的安全性，为安全设计提供可靠的依据。③研发可靠的保密工具。通过改进加密手段、身份认证、防火墙技术和其他基本安全性措施，使用数据追溯、信息流控制、差异化隐私、电子标记分析等智能技术来研发机密保护工具和信息加密系统。

(2) 速度问题

战场变化迅速，在军事大数据平台上产生的数据量庞大。因此，分析和处理的进度能否与实时变化保持同步是直接面临的问题。这里所说的速度包括：①数据获取的速度。军事大数据主要来源于北斗卫星系统传输、传感器获取、智能网络发现和 RFID 捕获。因此，就需要集中精力研究和解决分布式数据爬取、高速数据全映射和自然语言处理等技术存在的问题，并改进智能军事信息资源搜索技术，通过提高智能识别及信息获取的速度，以适应大数据传输和识别的要求。②资源整合的速度。平台收集的数据非常复杂，包括大规模结构化、半结构化和非结构化数据。基于图像、音频和视频的非结构化数据具有其自身的特征和模式，不利于数据融合。因此，有必要在自然语言处理和可视化方面取得技术突破，并通过开发基本数据标准和增强动态扩展技术来提高转换和集成非结构化数据的能力，从而加快数据融合的整体速度。③资源挖掘的速度。数据挖掘是用于大数据的关键技术，并且是具有许多技术方法和分类的非常复杂的计算过程。数据挖掘算法、预测分析、语义引擎和其他技术方面的突破非常重要。尤其是在指挥控制系统中，战场形势瞬息万变，对实时数据分析的需求非常高，分布式云计算平台无法跟上实时性能，需要更多的实时性能。

(3) 存储问题

军事信息资源的快速膨胀对军事大数据平台的存储能力和管理能力提出了新的要求，如何建立一种能够快速匹配数据增长速度的数据存储系统，是各个国家都需要进行科学研究的问题。具体来说有以下三个途径：①数据库优化。由于数据库是数据存储的最基本工具，优化数据库结构及数据库设计是为大数据平台设置先进数据存储管理的最直接方法。通过优化检索结构和查询算法，扩大数据仓库可承载数据量，来加速数据提取的速度，是进行数据存储优化的基本方法，也是优化国防大数据存储的基本途径。②采用数据分布架构。所谓分布架构就是通过分类数据存储管理来优化多维度数据的分类发掘，分布式体系结构是国防大数据平台的核心数据管理结构。通过分布式架构管理和连接云数据中的各种基本单元，高效处理大量突发数据增长。③动态数据交换方式。通过动态规划和分布式数据架构的结合，具有数据访问权限的用户均可以快速访问数据管理中心，并针对个人需求来建立和设计个人数据库，以便随时调用数据。这种动态数据交换方式是对分布式结构最优化的补充，以应对军事方面难以预见的数据操作。

（4）人力和财政问题

数据库等技术的维护是需要大量人才支撑和财政投资的，如何培养有关数据及计算机学科的核心技术人才，激发创新潜能从而补充科研人员队伍；如何提高资金流转及投入效率，减少不必要的财政损失是国防大数据建设需要面对的现实问题。具体来说有以下三个途径：①人才培养与训练。计算机及大数据相关学科知识体系复杂，培养一个既有技术又有军职的核心人才需要花费大量时间和金钱。应针对有潜力的技术人群或军职人员进行重点训练和追踪，缩短培养周期，制定培养方案。②合理使用资源。尽管军事大数据平台的维护代价比一般大数据平台高，但由于其非一般的使用价值，其使用的预算与资源不能节省或减少，这就需要对所使用的资源进行充分合理的计划，尽可能地减少浪费和损失。③数据自动可视化技术。大数据平台的操作是直接面对使用用户而设计的，如何将资源使用情况快速且简洁地呈现给用户是相关数据学科专家需要共同解决的问题。设定多角度的应用端数据检视操作，提高平台透明性也是提高军事大数据平台发展质量和管理决策清晰度的必不可少的技术支撑，发挥侧面监督作用来应对人力财力不足的现状。

7.3 国防科技人工智能数据挖掘技术应用

由 7.1 节与 7.2 节的分析可知，人工智能和大数据的应用难以分割，人们往往提到大数据就会联想到人工智能，而未来国防科技资源的开发及平台系统设计都离不开二者的结合。本节从现有的大数据技术及国防资源处理方面存在的问题入手，描绘了一个未来大数据及人工智能技术相结合的资源开发框架，并通过 Apriori 算法技术实证于国防科技创新生态系统的指标筛选来说明该框架中技术的先进性和便捷性。

7.3.1 基于人工智能大数据的国防科技资源开发框架

7.3.1.1 国防科技资源处理存在的问题

国防科技资源主要包括国防科技信息资源和国防科技数据资源两个部分。国防科技信息数据资源的形式不一、数据及信息来源场景复杂、发现领域多样化，就要求将国防科技数据信息资源应用落到实处。目前，有关国防科技资源处理存在三个方面的问题，一是需要处理的信息数据资源获取渠道复杂；二是所处理信息种类繁多，数据类型从结构化到非结构化数据模式没有统一模式；三是数据信息资源的应用没有统一标准或流程。这就需要大量的技术突破及准入流程的优化等一系列的框架优化问题（李向阳，2018）。

随着大数据处理技术和人工智能技术的发展，互联网就成为优秀数据资源聚集的宝库，网络信息的重要性变得不言而喻。将互联网作为国防科技资源机构的重要数据及信息来源是丰富数据信息资源的重要手段。与已有的相关研究成果形式相比，网络信息的类型多样且松散，数据域与信息域的结合使数据信息数量更加巨大、更新更为快速，这就要求数据信息清洗的手段更加先进。通过人工智能及大数据技术的应用，开发更为便捷的数据清洗及关联方式，为进一步的数据信息资源构建奠定良好的基础。目前，大数据方向可用技术包括数据挖掘、数据库建立等手段对已有信息与数据进行核心分析从而提取数据信息价值；人工智能方向可用技术包括神经网络、遗传算法、聚类分析等手段对已有信息与数据进行分类或关联。进一步的研究将面向于智能数据信息提取，将人从整个互联网信息数据的攫取流程中解放出来，从而提高数据质量，规范数据信息应用等后续使用效果（钱旭等，2018）。

与传统的数据库相比，目前可应用的数据数量成指数级增长，在信息数据资源爆炸的今天，数据类型的分类是提高数据采集效率的重中之重。面临的问题主要包括三个，一是数据的自动分类，需要对数据信息进行多角度分类，提升数据揭示程度；二是数据仓库的分类，如何以内容追踪定位数据的出处及分类依据，是目前技术没有细化到的层次；三是算法分类的实践，虽然目前算法研究分类丰富，但在类别区分上存在没有统一的算法分类标准、算法分类样本不能均衡等情况，这就需要对已有算法进行反复的实验调优及改进，影响数据开发的速度。

总之，互联网是很好的信息及数据来源和采集途径，但是对于国防数据信息采集具有很大的难度，由于国防数据及信息的特殊性，往往所得到的资料复杂，且数量庞大。这些存在的问题对国防科技大数据的开发产生了一定的阻碍作用。

7.3.1.2 人工智能大数据的国防科技资源开发总体框架

国防科技资源的开发涉及数据、技术和应用等许多方面，是一个整体系统性工程，需要进行全面的把控和协调。通常，国防科技资源的开发和利用是基于原始数据接入的，如互联网信息、专业科技信息数据库和内部科技信息等。通过构建平台来实现数据的研究分析及服务功能。构建人工智能大数据的国防科技资源开发总框架可以为提高国防科技资源的科学利用效率提供参考。其开发框架如图 7-6 所示。

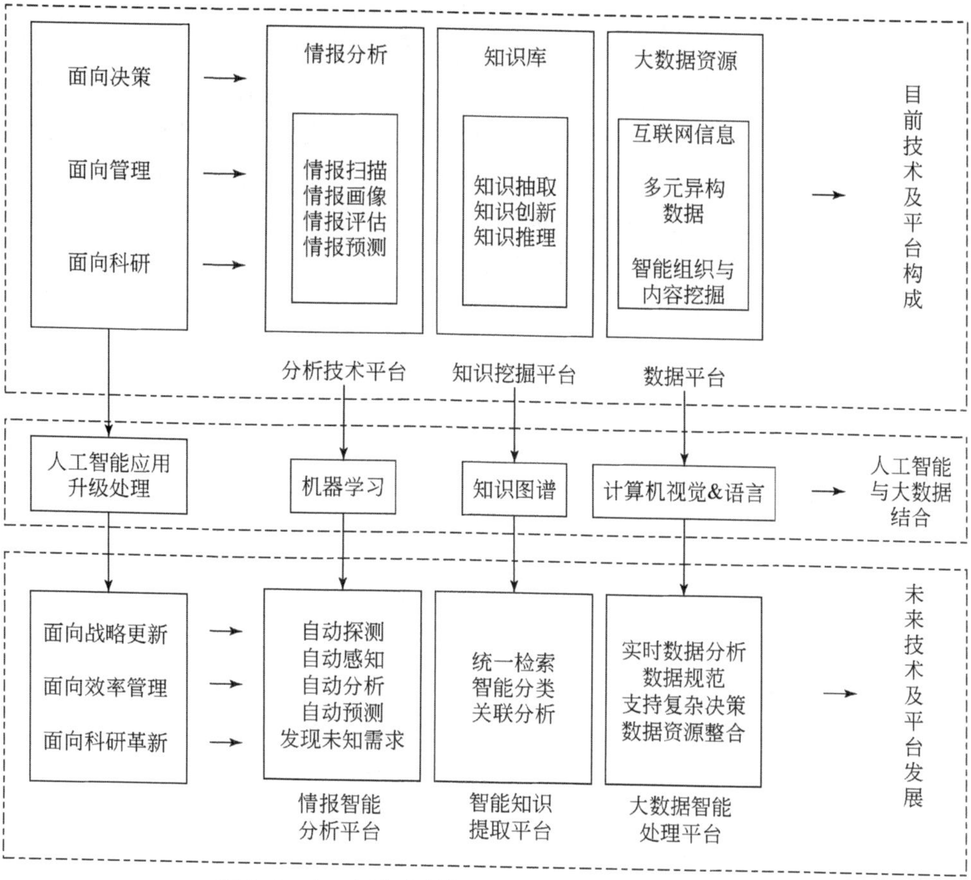

图 7-6　人工智能大数据的国防科技资源开发框架图

国防科技资源开发的基本框架主要包括基于情报分析的分析技术平台、基于知识库的知识挖掘平台、基于大数据资源的数据平台。其中分析技术平台主要进行以情报扫描、情报画像、情报评估及情报预测等为主的情报工作；知识挖掘平台通过知识抽取、知识创新及知识推理等手段进行知识处理；数据平台是以多种结构数据和经过处理的互联网信息通过一定的规则进行关联后的“散片式”数据仓库。这三大平台及平台资源是目前国防科技资源开发的结构构成。

大数据资源是国防科学技术资源开发和使用大数据的基础。无论情报分析系统、知识挖掘系统和数据系统如何，其数据源都包括与国防技术有关的集成数据资源和各种组织规范。庞大的数据库元数据涵盖了国防技术相关组织在各个时间的人员、项目、技术、装备等各种情报对象的基本情况和发展数据，是国防数据处理的原始资料。目前，国防科技数据信息系统能处理的数据多数来源于互联网，数据结构不一致的多元异构数据与其他数据形式并存，智能组织与内容挖掘方面还停留于低效人工智能系统的处理。这些无法直观获取的数据对于国防科技创新生态系统数据平台的应用效率造成了一定程度上的阻碍。这些存在的问题，是未来人工智能的发展方向。通过更加完善的人工智能技术，对数据进行优化，构建大数据智能处理平台，实现数据实时分析，对数据进行规范化或视觉化处理。该平台的构建将支持快速复杂的管理决策和大量数据的资源整合。

国防科技情报研究的对象以知识结点组织为基础单元的形式存在，并通过知识结点进行属性关联和情报网络构建。这些知识结点和组织构成了错综复杂相互关联的知识情报网络，如何从大量数据及结点中准确提取有价值的信息并找出深度情报关联就成为智能情报分析技术需要重点突破的课题。当前，发展的核心技术包括自主信息评估、智能网络生成军情报告和人工智能情报预测。但是，建立情报分析平台有更高的要求。结合人工智能技术，未来的情报分析平台可以基于现有数据信息完成一系列情报分析的决策和预测过程，查找人们无法观察到的更准确的信息。目前，人工智能大数据的结合能实现情报提取和信息关联，想要实现自主探测、自主感知、自主预测等高度智能化的情报分析还需要结合控制工程领域、自动化领域等先进机器制造行业进行实体平台综合建设。

知识库的构建主要是依据知识内容抽取、知识结构更新等功能来实现一个知识成果资源平台的构建，以及对已有知识进行有效管理和提取的过程。面向国防科技战略制定及科研技术攻关等应用，要求知识库具有提供需要信息及系统生成知识报告的能力。基于大数据技术、知识挖掘平台已可以完成对于知识资源的主要关系分析、发展动向刻画、生成相关信息报告等由应用端发出的指令。但是，其技术的成熟性、创新性和全局性还有待提高。理想的知识挖掘平台还应该具有对一类知识多个维度量化、预测知识前景等更具体的智能技术分析。结合人工智能技术知识图谱的应用，未来智能知识提取平台将具有统一信息范式的检索功能、智能知识分类及知识信息关联分析网络生成等高级功能，这意味着国防生态系统中的知识流通水平将达到前所未有的高度。

国防科技资源的利用是建设国防科技创新生态系统的关键，人工智能是国防科技资源大数据开发需要技术突破的核心。国防科技资源大数据开发是大数据技术或人工智能技术在国防科技创新生态系统中的应用，涉及一系列特色领域及科研技术攻关的问题，需要站在多学科多领域交叉融合的角度，开展长期的实践和理论应用。以上仅是本书从系统论及科技生态系统的角度出发而提供的一个人工智能与大数据结合的未来框架，具体的技术开发和理论应用，还需要更多的人来完善与实现。

7.3.2 基于 Apriori 算法的国防科技创新生态系统指标的关联规则挖掘

此节我们介绍有关人工智能数据分析平台信息网络建立中的一种关联分析方法，利用该方法可以得出关键因素间的关联规则或者两件事件之间的关联。例如，C 语言课程优秀的同学，在学习“数据结构”时为优秀的可能性达 88%，那么就可以通过强化 C 语言的学习来提高教学效果。如果我们能使用 Apriori 算法挖掘出国防科技创新系统指标间的关联规则，就可以根据这些规则的关联关系对整个系统的创新能力进行系统性的把控，有效提升国防科技创新能力。

7.3.2.1 Apriori 算法原理

Apriori 算法是一种用于在交易数据库上频繁进行项目集挖掘和关联规则学习的算法。它通过识别数据库中频繁出现的单个项目并将它们根据关联规则扩展到越来越大的项目集（只要这些项目集在数据库中足够频繁地出现）来揭示项目间存在的规律。由 Apriori 算法确定的频繁项目集可用于确定分析对象数据库总体趋势的关联规则。Apriori 算法将发现关联规则的过程分为两个步骤：第一步通过迭代，检索出事务数据库中的所有频繁项集，即支持度不低于用户设定的阈值的项集；第二步利用频繁项集构造出满足用户最小信任度的规则。其中，挖掘或识别出所有频繁项集是该算法的核心，占整个计算量的大部分。Apriori 算法是常用的用于挖掘出数据关联规则的算法，它用来找出数据值中频繁出现的数据集合，找出这些集合有助于人们做出决策。例如，在常见的超市购物数据集，或者电商的网购数据集中，如果我们找到了频繁出现的数据集，那么对于超市，我们可以优化产品的位置摆放，对于电商，我们可以优化商品所在的仓库位置，实现节约成本、增加经济效益的目的。

7.3.2.2 Apriori 算法思想及流程

Apriori 算法的目标是找到一个大量集合中的频繁集合。这里有两个含义。首先，我们需要找到符合支持标准的频繁数量；其次，我们需要找到与标准数量匹配的频繁数量。那么，Apriori 算法如何执行元素的挖掘呢？Apriori 算法是一种迭代方法，首先找到候选的 1 个对象集和相应的支持级别，通过除去支持级别以下的 1 个项目集，以获得公共的 1 个项目集。其次除去低于支持水平的 2 个频繁元素，再使用 2 个元素和的候选集，以得到具有频繁的二项式值的真实集，直到无法找到具有频繁的 k+1 个元素的集合为止。算法的相应过程第 A 个迭代过程包括扫描以支持候选集对频繁 i 元素的支持，以及裁剪以获取 i 项集和创建连接的频繁候选者的真实频率。最终得到真正频繁 i 项集和连接生成候选频繁 i+1 项集。

Apriori 算法的具体算法流程如图 7-7 所示。

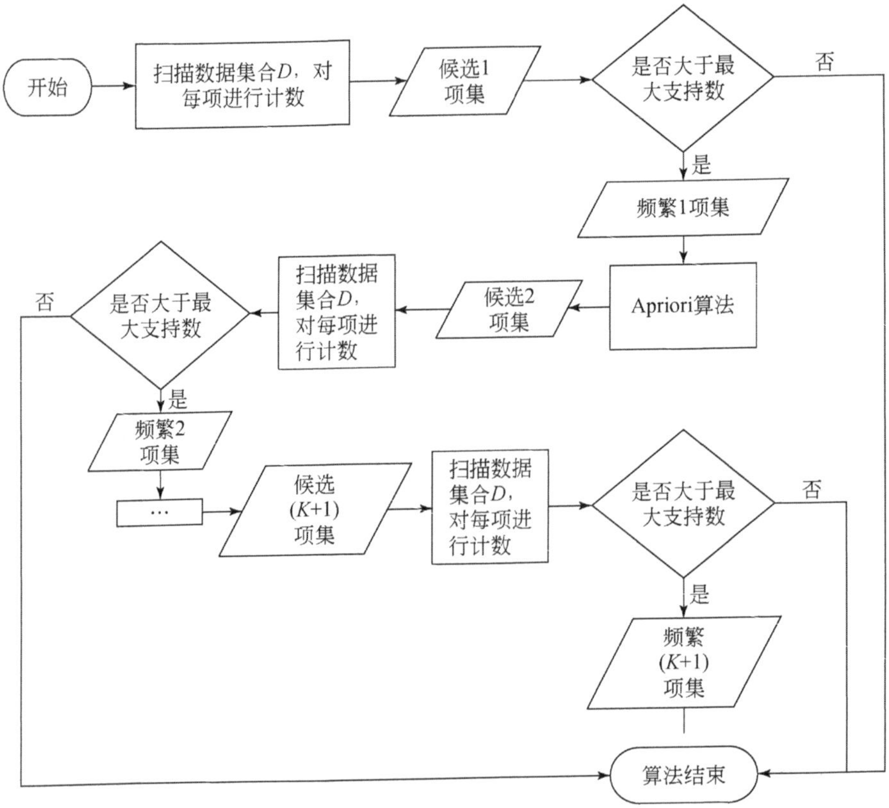

图 7-7　算法流程图

7.3.2.3　Apriori 算法应用

Apriori 算法是一种挖掘关联规则的频繁项集算法，现如今已被应用于各个领域。该算法通过分析和挖掘数据的相关性，提取出对决策过程中具有重要参考价值的信息。

（1）商业分析

Apriori 算法可以应用于消费市场的价格分析中，通过数据挖掘和关联性分析可以迅速得出各种核心产品的价格间关系、根据销量分析出客户喜好，对于商人来说能够得到各种商品的销量和喜好就可以针对不同客户策划不同的推销手段从而增加收入扩大利润。对于股票（董晓芳和刘晓楠，2019）、房地产销售以及商品零售业（周佳慧，2019），数据关联分析可以提供的信息价值远远超过了为其付出的成本。

（2）网络安全

Apriori 算法可以应用于网络安全防护中，类似的有网络入侵检测、网络广告拦截等。通过算法训练和机器学习可以发现计算机用户的异常操作及特殊行为模式，当计算机端发出的指令与通常训练模式不符时，关联算法通过算法流程可以分析出操作中存在的异常从而提出网络被入侵的建议或启用防护指令（马文亭，2019）。不仅如此，Apriori 算法还能准确锁定入侵者，提高用户端防火墙的检测性。

（3）高校管理

Apriori 算法可以应用于高校管理中，面向学生管理方面（张鸿雁，2019）除了学籍关联、学生信息调取这些基础关联操作之外，还可以应用于学校财务处理系统。结合不同应用场景，Apriori 算法还可以结合动态矩阵进行改进，使其具有处理问题的特性。例如，在贫困生贷款发放方面，针对 Apriori 算法缺少的动态处理方式结合布尔矩阵对资助个体进行存储，用逐层递增的思想来动态分配资源，然后进行寻找频繁集等后续流程，挖掘资助规则帮助学校减轻贫困助学工作的负担。

（4）通信领域

Apriori 算法广泛应用于移动通信领域，大多面向智能终端的移动通信运营商及 APP 增值业务，算法流程中的关联规则可以挖掘各种增值业务间联结关系和 APP 的使用频数信息（石少民，2019）。通信产业的增值业务逐渐丰富，业务形式多样，品牌营销手段创新，各品牌间合作频繁是通信产业的发展趋势。Apriori 算法主要应用于用户行为特征及需求分析以求间接发掘市场动态，通过发掘各增值业务的关联规则进行市场规律预测，从而更好地指导运营商和 APP 开发商的管理决策与增值商品设计。

7.3.2.4 基于 Apriori 算法的国防科技创新系统指标模型建立

在国防科技创新生态系统中，创新主体、创新链条必然是相互影响的，其共同构成了一个完整闭环的开放复杂的国防科技创新系统。在经过灰色关联分析的指标约简算法筛选之后，得到 5 个一级指标、24 个二级指标，最终构建评价指标体系 $C=\{C_j\}$，如表 5-6 所示。

由表 5-6 可知，一级指标基础支撑力中的“高等院校和科研机构的经费投入”指标会影响到一级指标“科技创新力”下的“国防类专业人才培养数量”

指标；而一级指标基础支撑力中的“高等院校和科研机构的经费投入”指标和一级指标“资源配置力”下的“国防资源投入比例的合理程度”指标会影响到“成果转化力”指标下的“国防科技产品的生产效率”指标。

利用关联分析可以得出某个指标与某个指标间的关系，或者是某几个指标和某个指标、某个指标和某几个指标，以及某几个指标和某几个指标间的关系。对指导我们进行国防科技创新生态系统的建设大有裨益，最大程度上以系统和还原后内部指标间的关联关系两种角度进行国防科技创新生态系统创新水平的提升。

相较于第6章提到的基于双层犹豫模糊语言TOPSIS方法的评价模型筛选的国防科技创新系统指标之间的关联分析，Apriori关联分析可以得到关联规则的前一项和后一项的具体构成结构，其前后项可以为单个指标也可以为多个指标；关联规则挖掘的重点是前后项组合出现的频率满足最小支持度及置信度区间的要求。

Apriori关联分析可以得出在国防科技创新生态系统中一个指标关联的多种组合及组合间的关联规则。关联规则表达形式为$X\Rightarrow Y$；其中X为前项，Y为后项。其含义为：X代表的一级指标集合和Y代表的一级指标集合在收集的案例数据集中同时表现优秀的概率比较高，即满足支持度指标；并且在X代表的一级指标的集合出现的条件下，Y代表的一级指标的集合同时表现优秀的概率比较高，即满足置信度指标。

令$I=\{Q_1,Q_2,\cdots,Q_u\}$为五个一级指标构成的集合，$T=\{t_1,t_2,\cdots,t_n\}$为所有人员案例的集合。T中任何案例具有的一级指标的集合Q_i都是I的子集，若案例具有的一级指标的集合Q_i包含k个I中的项，则称Q_i为k项集。定义$\delta(x)$为案例集T中包含案例具有优秀的商的集合X的案例数，数学上表示为$\delta(x)=|\{Q_i|X\subseteq Q_i,Q_i\in T\}|$，其中符号“‖”表示集合中元素的个数。$\delta(X\cup Y)$为案例集$T$中同时包含案例具有优秀的商的集合$X$和$Y$的案例数。对于任何案例具有优秀的商的集合$X$，$Y\subseteq I$，$X\cap Y=\varnothing$，定义以下三个指标，反映$X$和$Y$之间关联的紧密程度。

$$\text{支持度 support}(X\to Y)=\frac{\delta(X\cup Y)}{\delta(T)}$$

$$\text{置信度 confidence}(X\to Y)=\frac{\delta(X\cup Y)}{\delta(X)}$$

$$\text{提升度 lift}(X\to Y)=\frac{\text{confidence}(X\to Y)}{\text{support}(Y)}$$

由此可见，关联规则$X\to Y$的支持度就是案例集中同时包含X，Y的案例数占总案例数的比例。关联规则$X\to Y$的置信度则表示在案例集中包含案例的一级指标的集合X时，同时包含案例的一级指标的集合Y的条件概率。提升度表示案例的

一级指标的集合 X 的出现对案例具有的优秀的一级指标的集合 Y 的出现有多大的影响。提升度越大表明 X 和 Y 之间正相关性越强，显然需要挖掘提升度大于 1 的关联规则。一个案例具有的优秀的一级指标的集合 X，如果满足 $\text{support}(X) \geqslant \text{min supp}$，则项集 X 称为频繁项集，否则为非频繁项集。

五个一级指标之间的关联规则挖掘过程分为两个步骤：①根据最小支持度找出数据集中所有的频繁项目集；②在频繁模式挖掘产生的频繁项集基础上，根据最小置信度产生关联规则。

将样本集合的 D 个指标作为底层属性指标 $t_d^n(d=1\sim D)$，由多个 t_d^n 合成商，作为高层语义要素指标 $Q_u^n(u=1\sim U)$。通过线性集成感知器得到高层语义指标。

其中 $U=5$，也就是目前采用 5 个一级指标来衡量，根据文献查找，暂设：$w_1=w_2=\cdots=w_r=1$，不同的商的底层属性指标个数 u 不同。如果 $Q_u^n \geqslant 4$，即该案例在该商方面表现良好，则 $Q_i \in I_j(i=1\sim 5, j=1\sim n)$，$Q_i=i$；否则，$Q_i \notin I_j(i=1\sim 5, j=1\sim n)$。其中，$i=1\sim 5$，分别代表基础支撑力、制度保障力、资源配置力、科技创新力、成果转化力。为全面挖掘这 5 个一级指标之间的联系，分别在不同的置信度和支持度下挖掘这 5 个一级指标间的关联规则。

仿真 1：最小支持度为 60%，最小置信度为 80%。

仿真 2：最小支持度为 50%，最小置信度为 90%。

仿真 3：最小支持度为 50%，最小置信度为 85%。

以仿真 1 为例，经过算法仿真后所得结果及分析如下。

仿真 1：设置最小支持度为 40%，最小置信度为 90%。仿真结果如图 7-8 所示。

```
-------------------关联规则-------------------
R1:            2==〉3
R2:            4==〉6
R3:            5==〉6
R4:            5==〉7
R5:            2, 4==〉6
R6:            3, 4==〉6
R7:            4, 7==〉6
----------------------------------------------
```

图 7-8　仿真 1 的关联规则提取结果

相较于第 6 章的基于双层犹豫模糊语言 TOPSIS 方法的评价模型筛选的国防科技创新生态系统指标之间的关联分析，Apriori 关联分析略有不同，但总体上却是相近的。

一级指标中基础支撑力下的“科研机构院校的经费投入”可以影响到“科

技创新力”下的“国防科技专业人才培养数量”；而“科研机构院校的经费投入”和“资源配置力”下的“国防资源投入比例的合理程度”可以影响到“成果转化力”下的“国防科技产品的生产效率”。

总之，在信息时代先进的人工智能和大数据背景下的国防科技创新生态系统如何演化，如何具备高水平、自主可学习的系统创新力是值得探讨的。在人工智能、大数据背景下，首先以还原论思想为指导对系统中的各要素进行研究，通过整体论思想进行系统整体框架的研究，然后利用基于 Apriori 算法的关联规则进行挖掘，最后对评价指标体系采用定量分析的方法，挖掘指标间一对一、一对多、多对多、多对一的关联关系，便于以更加微观还原的角度，通过微观层面的指标对国防科技创新生态系统的创新能力进行把控和提升。

第 8 章 国防科技创新生态系统智能化实证分析——智慧军营建设

本章从系统工程的实现角度出发，以构建智慧军营系统为例，进行国防科技创新生态系统智能化实证分析。首先介绍了 WSR（物理-事理-人理）方法论，详细探讨了该方法的产生、发展过程、主要内容、工作流程及主要原则；其次在 WSR 方法论的指导下对智慧军营系统进行了详细设计，重点构建了科学的评价方法模型以期评估智慧军营建设的效果，为智慧军营建设提出指导意见，有针对性地完善智慧军营建设。

8.1 WSR 方法论

8.1.1 WSR 方法的简介

8.1.1.1 WSR 的产生和发展

20 世纪 70 年代末，从钱学森与李跃滋教授的通信中看出，在探索系统复杂性时，人们已经开始重视在解决系统复杂问题时“人理”的重要性，随着研究的深入，中国学者提出了带有中国传统哲学思维的方法论——基于“人理”认知的 WSR 方法论。

1994 年，中国科学院运筹学和系统工程专家顾基发教授和美国朱志昌博士提出了 WSR 系统方法论，即有机结合物理-事理-人理来解决复杂问题（顾基发和唐锡晋，2006）。WSR 方法论认为，应该“懂物理，明事理，通人理”，虽然硬系统和软系统理论方法表面看起来结构比较清晰并分析可行，但是忽略了人理的功能，效果不尽如人意。传统分析方法只适合解决结构化问题和机械可还原问题，现实中非结构及病态结构的问题光靠“软”方法和“硬”方法是不能解决的。面对大量社会、经济、环境等问题时，尤其要考虑人的要素，这是因为人的要素是不可忽视的，人的要素使得整个系统变得复杂化，有时还会上升为主要因素。

8.1.1.2 WSR方法论的内容

WSR系统方法论涉及物理、事理和人理。物理指涉及物质运动的机理，包括狭义的物理、生物、天文地理等。以自然科学角度解答“物”的本质，研究对象真实并客观存在的，如研究物体自由落体的万有引力定律、双螺旋体携带的遗传密码、核反应生电。事理指做事的道理，使用运筹学及管理学学科的知识来安排筹划问题中涉及的设备、材料及人员等，如美国的阿波罗计划、构建核电站和公司的设计与选址等。目前大学设置的很多专业都可以用于解决事理问题，如系统工程、管理科学与工程、运筹学及控制理论等，人们认为运筹学今后会向事理学发展。人理指做人的道理，在实际生活中，做任何事都离不开人，人理以人文社会科学的角度来回答怎样把事情做得更好。一件事情做得好坏与否也需要人的判断，所以系统的实践离不开人的要素。人理的作用可以体现在三观、宗教信仰和文化习俗等方面，特别是在人处理“事”和“物”的一些看法上，表现为如何感知事物、解决事物、接受新事物的能力。人理可以更好地激发人的创造力，使人做事更有激情，最终可以更好地开发人的智慧。同时，人理对物理和事理也有一定的影响。

系统实践活动是物质世界、系统组织和人的动态统一，因此在现实实践活动中，应该同时考虑物理、事理和人理的相互作用，即可获得对观察对象的全面认知，以便选取合适的对策。课堂教育只教授基础知识，只有理解知识，并且不断实践才能形成“新知”或“见地”。善于运用自身知识并且能在不断实践中开发新知识的人称为知人（knower），这类人能够利用自己掌握的知识更好地造福人类，并且不断深入实践丰富自己的知识储备，认知新事物，这是一个迭代的过程。物理、事理、人理的主要内容如表8-1所示。

表8-1　物理、事理、人理的主要内容

项目	物理	事理	人理
对象与内容	客观物质世界法则、规则	组织、系统管理和做事的道理	人、群体、关系、为人处世的道理
焦点	功能分析（是什么?）	逻辑分析（怎样做?）	人文分析（最好怎么做？可能是?）
原则	诚实：追求真理	协调：追求效率	讲人性、和谐；追求成效
所需知识	自然科学	管理科学、系统科学	人文知识、行为科学、心理学

在系统实践过程中，物理、事理和人理相互协调，缺一不可。如果只重视物理和事理，很可能达不到整体目标甚至偏离目标方向，因为一旦缺乏了人的要

素，做事就缺乏沟通与交流，整个过程变得机械化，很难有突破性的创新；如果只重视人理，则同样达不到目标，如某个管理平台的建设等事先不进行充分的市场调查，仅凭技术人员开发建设是不能够成功的。WSR 系统方法论的精髓是“懂物理、明事理、通人理”，一个人通情达理才是对 WSR 系统方法论的成功诠释。

8.1.2 WSR 方法的工作过程及主要原则

8.1.2.1 WSR 方法的工作过程

WSR 系统方法论虽然简易，但是具体实践方法随着观察对象及对象所在领域的变动而灵活变通（张彩江和孙东川，2001）。WSR 系统方法论的工作过程如图 8-1 所示。

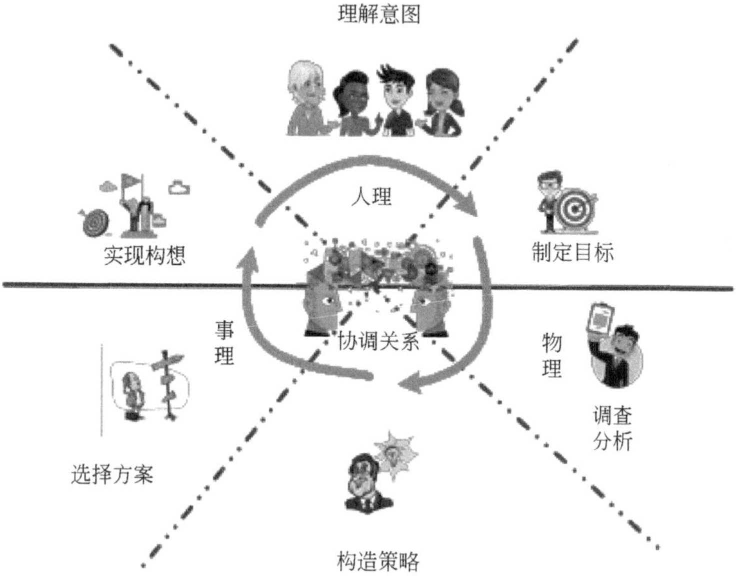

图 8-1 WSR 方法的工作过程

WSR 方法的一般工作过程如下。

（1）理解意图

实践者在和用户沟通过程中，依据自身以往的经验对用户进行仔细观察，在摸清用户的真实意图后，便可对用户形成大致的主观原型，并提出基本假设。

（2）制定目标

在对所考察对象的意图有了一定了解之后，充分构想整个实践活动，并初步确立实践目标。

(3) 调查分析

在理解意图并明确实践目标之后，将为即将开始的实践活动进行实地调研、问卷调查等各种调查相结合的调查工作。由于人力、物力、财力及思维能力等的限制，调查不可能是地毯式、无限细节的调查，而是集中主要力量重点攻克最具有价值的信息和资源，将前期已有的概念模型具体细化为详细的方法策略。

(4) 构造策略

在进行了有效而充分的调研的基础上，对大量信息去粗取精，将脑海中的目标结合开放复杂巨系统的实际情况形成极具可行性的实践操作和具体的方案，给出基于成本预算、时间规划、人类资源等各方面相关资源的构造策略。

(5) 选择方案

在经过调查给出策略的基础上，将概念模型变现为详细方法策略的基础上，将多个关于实践的构造策略提供给客户，让客户基于自身情况选出最合适的实践方案。

(6) 协调关系

在和用户的沟通过程中，要充分地进行良性互动，对目前科技无法达到的实践、用户提出的不切实际的需求进行合理的选择与保留，全程与客户进行有效的沟通，使方案能够在不断改变、不断修正的情况下继续实施。协调关系不仅仅是协调局部人员关系，而是协调全程的物理、事理和人理的关系；协调人理中的意图、状态、目标、策略等之间的关系；协调实践过程中的投入、产出与所获成效的关系。整个协调过程都需要由人来完成，协调方法根据协调对象不同而不同。

(7) 实现构想

在所有步骤都不断进行的情况下，推进项目的实践活动有条不紊、坚定地执行下去。

8.1.2.2 WSR方法的主要原则

(1) 综合原则

运用者希望各方人员积极参与决策，汲取各方的意见，取其精华，弃其糟粕，将知识进行综合，对观察对象提出假设。

(2) 参与原则

在实践活动中，很多用户把项目委托给项目组后，便放手不管；或者有的项目组接到项目以后，了解情况以后便去闭门造车，导致项目最终都以失败告终。因此委托人及项目小组都需要参与，或者是不同人员及小组之间建立良好的沟通关系，这样方便理解互相的意图，确立目标，选取策略，避免走歪路。

（3）可操作原则

在选用方法时需要考虑方法的可行性，根据实际情况，最终能够让用户有办法操作。要同时考虑表面可行性和整个实践活动的可行性，如策略方案是否可操作，最终结果是否为用户所用，可用程度多大，一定要设计出友好的人机界面。很多时候开发方只是用户演示操作过程，并无深入交流，导致项目结题后，开发方撤出，用户方的很多问题未得到解决。

（4）迭代原则

人的认知过程是不断迭代、不断学习的过程，在选取目标—制定策略—实施结果的过程中能够体现实践者的自主认知能力、决策能力、主观能力及对冲突矛盾的处理能力等。故使用 WSR 方法是个不断迭代的过程，每个实践阶段不可能同时对物理、事理、人理三方面进行均衡处理，侧重抑或不同。在遇到极其复杂的问题没有先行经验时，不可能洞察一切，但实践人员必须事先考虑周全，做好面对突发情况的防御准备，需要不断“摸石头过河”。

8.2 智慧军营系统设计

8.2.1 智慧军营系统构建

智慧军营起源于 2008 年提出的“智慧地球”这一愿景，但目前对于智慧军营没有明确定义（许劲松和闫斌，2014）。现有的物联网技术突破了计算机网络原型，为智慧军营的建设奠定了良好的技术基础。“智慧地球”是指运用先进信息技术打造智慧世界架构，将物联网信息技术延伸到社会各个层面。物联网技术的飞速发展，为我国军事变革提供了良好的契机，推动了军队信息化建设。由此便引出了智慧军营的概念，即运用人工智能、物联网等新一代智能技术，系统地规划智慧军营架构，更好地管理军营，提高军营管理水平，保障军区人员及基础设施安全，使战斗力模式发生转变，推动部队建设由机械化向现代化、信息化转变。

智慧军营综合利用人工智能、云计算、物联网、移动互联、卫星定位、数据挖掘等技术，形成自上而下的网络体系，建设具备较为完善的感知、认知、学习、成长、创新、决策、调控能力和行为意识的一种全新的现代化军营（刘同勋和宋广源，2019）。本节把智慧军营作为一个复杂巨系统，以提升军营管理水平为目标，提出智慧军营的架构设计思路和应用研究内容，为军营的全面建设和军队战斗力的提升提供指导，并利用熵权法对智慧军营架构应用进行评估，依据评价结果不断进行改善提高。

8.2.1.1 智慧军营建设基本思想

智慧军营是一个典型的复杂巨系统，应该使用系统方法论进行研究，即人机结合，人网结合。以人为主进行信息、知识的融合技术。构建智慧军营建设本身也是个复杂的系统工程，利用物联网技术对军营进行综合智能管理，目标是实现以人为本的自动化管理，将现代物联网技术与军队业务相融合，提高军营运作效率，保障营区基本生活。军营的综合统一管理可作为部队首长日常管理和战略决策的依据。

在具体实践时，即智慧军营建设过程中就可以采用 WSR 方法。WSR 系统方法论统筹考虑物、事、人，是处理复杂问题的有力工具。早在 20 世纪 90 年代，中国学者便将传统哲学思维引入 WSR 方法论，在观察分析问题，尤其是处理复杂问题时，便会体现出 WSR 方法论的独特性。国外学者把 WSR、TOP、TSI 三者列为整合系统方法。

8.2.1.2 智慧军营基本架构构建

本章运用 WSR 系统方法论，确立智慧军营建设的评价指标，构建智慧军营的指标体系，如图 8-2 所示。该系统分别从物理、事理、人理三方面对智慧军营进行审视，物理涉及智慧军营建设中物的方面，感知层、网络层和数据层都属于物理层，主要涉及基础设施、技术体系、网络建设等；事理涉及智慧军营建设中事理的方面，服务层和应用层归属于事理层，主要涉及部队备战、施训、管理、政治工作、营区保障等；人理指智慧军营建设过程中人与人间的关系，人理层也可称为界面层，包含专家指导、用户体验、用户界面、人间协调、知识管理等方面，它可以根据各个部队所要构建的不同类型的智慧军营进行调整，十分灵活（鞠岩等，2017）。

（1）物理层建设架构

智慧军营的物理层指标表示建设智慧军营的基础设施和技术体系，属于“硬”要素，是建设智慧军营的基础条件。

a）感知层

智慧军营系统架构的感知层面负责军营内部信息的采集和汇聚。基础技术主要包括传感器和控制器技术，以及短距离传输技术两大部分。传感网技术主要有 ZigBee、Wi-Fi 及蓝牙等；感知设备主要有 RFID、卫星定位设备、视频采集设备、红外、条形码、二维码及激光设备等。感知层的接入能力对智慧军营的实现起着基础性作用，整个架构的实现都依赖于感知信息的准确获取。感知层架构如图 8-3 所示。

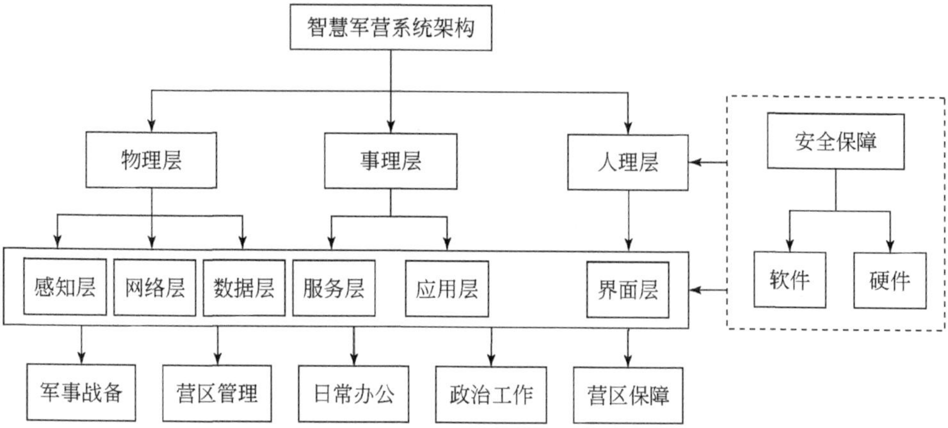

图 8-2　智慧军营系统架构设计

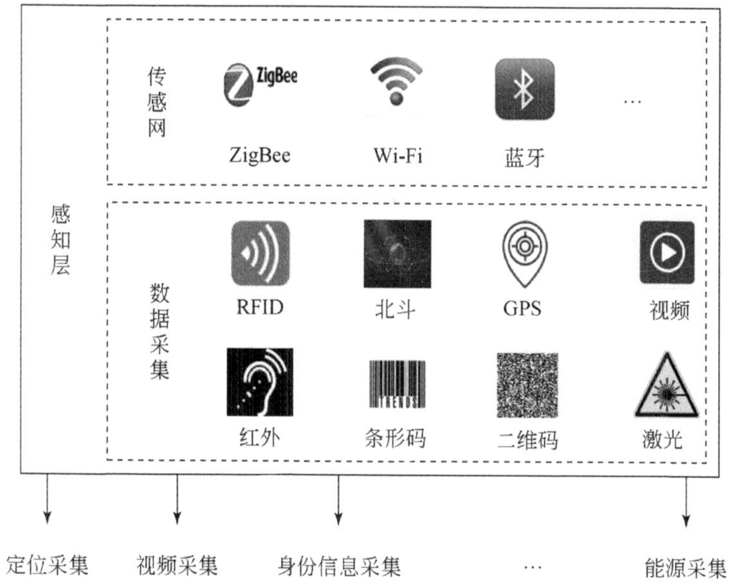

图 8-3　感知层架构

b）网络层

智慧军营系统架构网络层是基于现代通信网和互联网技术建立起来的，涉及的关键技术有现代通信技术（PSTN 技术、4G/5G 移动通信技术、宽带技术、Wi-Fi 等），以及终端技术（连接传感网、通信网的网关设备），为智慧军营终端建设提供通信能力的通信模块。泛在的网络能力不仅使得军区人员能随时随地获得想要的服务，更重要的是通过有线与无线技术的结合，以及多种网络技术的协同，为军区人员提供智能选择接入网络的模式。网络层架构如图 8-4 所示。

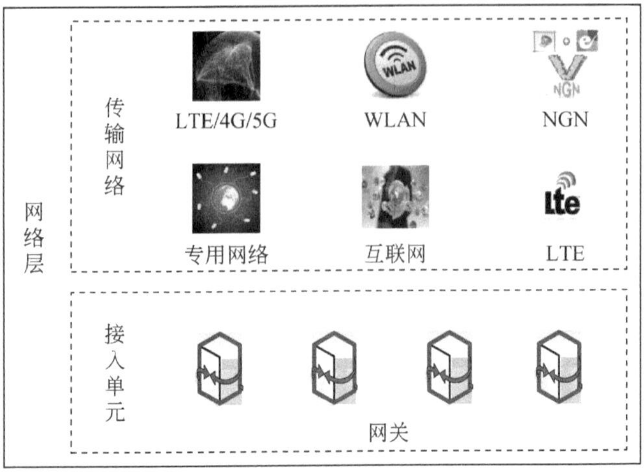

图 8-4　网络层架构

c）数据层

数据层是整个智慧军营系统架构的数据中心，包括决策支持数据库、应急处理数据库、军事信息数据库、车辆信息数据库、人员信息数据库、基础设施数据库、安全信息数据库及后勤保障数据库等。数据层架构如图 8-5 所示。

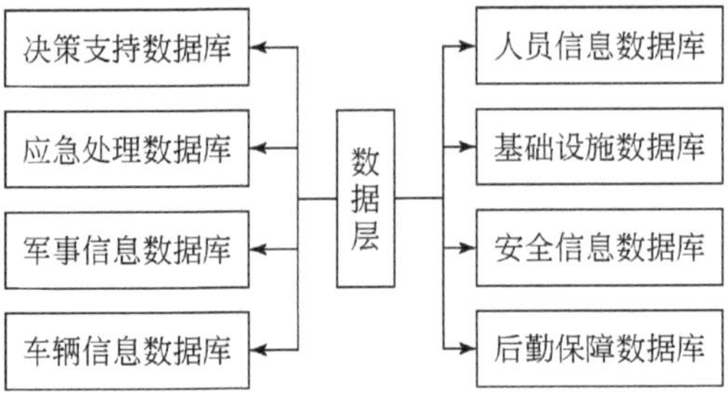

图 8-5　数据层架构

在构建物理层时，所用到的主要技术及所需实现的主要功能如下。

1）传感器技术。以智能传感器技术为基础，构建起智慧训练场、全方位演习场、教育管理系统、车辆信息管理系统、设备维护系统、人员管理系统、采购系统、物资保障系统等信息系统的跨平台协作、多手段控制的综合智能指挥信息系统，形成纵横贯通、信息共享的数字架构，实现值勤、指挥、政工、管理、保障的智能管控。

2）物联网技术。利用物联网技术，提升武器装备的管理保障效能。这将实现对武器装备仓库的无人值守，对其性能和环境进行实时监测，对温湿度、灰尘量完成自动调节。建成远程维修系统，在远离修理所的情况下依然能做到对武器装备的及时检修。

3）云技术。建立云平台，方便官兵随时上传和下载，实现在线编辑和浏览。建立以理论基础、战术动作、演练要求、案例分析为主要内容的、区分岗位层次的、分门别类成系统的综合性资料库。构建思想教育资料库，将新兵入伍教育、法规制度教育、强军目标教育等各类政治教育进行归纳分类，并加入评优评先制度，定期评选优秀官兵，奖罚分明。积极探索官兵的思想疏导的新方法，做好官兵的心理思想建设。

4）数据智能处理。通过数据智能分析，对军营感知层的传感器数据进行智能采集与智能处理，为首长决策提供数据支撑；同时通过综合组网，各个营区间便可实现信息共享。通过视频会议、电子邮件、营区广播、短信提醒等方式，将所需信息快速、保密地传达到相应人员，并及时将基层一线情况及时反馈。

（2）事理层

智慧军营建设的事理层包括服务层和应用层，是指智慧军营需要实现的具体功能，为军营的管理决策提供有力的参考，让军营实现智能化管理。

a）服务层

服务层包含了系统所需的全部公共组件，并为智慧军营的建设提供数据服务支撑，涉及开发服务、数据服务、监控服务、整合服务、辅助决策服务、云服务引擎、位置服务、医疗服务、感知分发服务及集成应用服务等。服务层架构如图 8-6 所示。

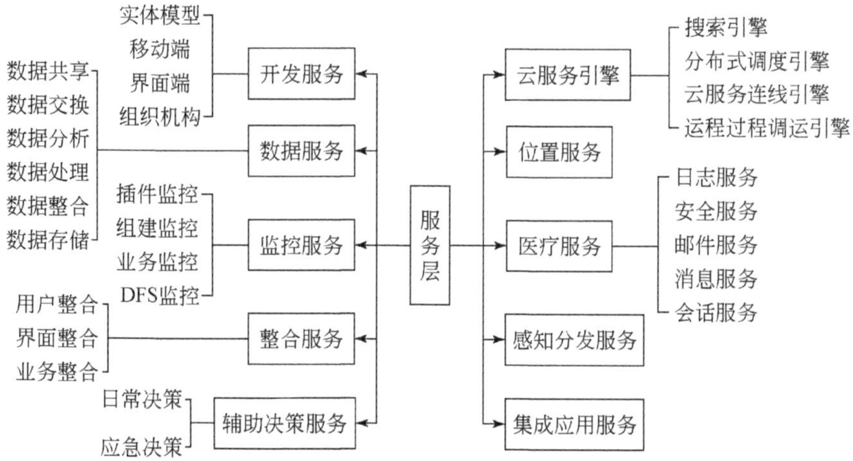

图 8-6　服务层架构

b）应用层

智慧军营的应用层包括支撑平台和应用服务两个部分，支撑平台的功能是实现不同部门、不同系统间的信息交互。采用云计算、数据挖掘等技术对军营采集的数据信息进行处理，提取并整合有用信息，为智慧军营结构建设打下坚实的服务基础。丰富的应用是智慧军营系统设计的最终目标，根据需求，平台可以接入军事战备、营区管理、日常办公、政治工作、营区保障等应用功能，应用层架构如图 8-7 所示。

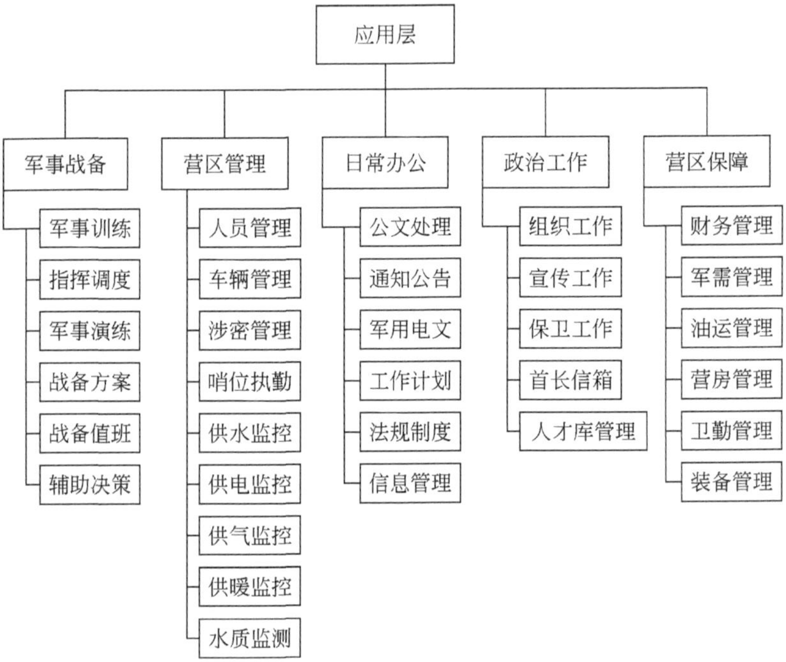

图 8-7　应用层架构

在构建事理层时，所需实现的主要功能如下。

1）信息化备战。采用射频标签或二维条码技术及配备手持式识读器，快速检查任务分队战备物资的携带情况，从而缩短战备行动的准备时间。使用单兵无线个人手持定位终端和视频终端，准确确定人员位置，实时掌控行动的进展情况。远程可视通话系统可实现对人员、车辆的全程跟踪和动态管控。

2）网络化施训。建设慕课平台，官兵的学习训练在慕课平台上进行答疑解惑，实现全军远程教学授课；建设信息化网络化教学训练平台，把模拟系统、替代终端和实装灵活结合，把网络训练向官兵编组作业、要素演练和模拟实操演习拓展；完善模拟训练建设，使模拟训练更加智能化、精准化，能够准确模拟实战情况，进而提高军队实战能力。将演习活动和诸兵种训练结合，基于信息系统规范的指挥流程，由单一兵种训练转向诸多兵种相结合的联合训练。

3）智能化管理。建立智能门禁，对进入营区的人员、车辆分类识别，提高营门安全系数；研制智能腕表，实时掌握哨兵位置；安装智能监控系统，全天候监控营门营区；并在重要部位安装红外栅栏传感器，当有非法入侵时，触发传感系统，对监控室发出警报。在大型教育、集会等场所设置无线射频识读器，通过对人员的无线射频标签的感应，对人员到课率和参训率等情况自动统计分析。保密会议通过设置手机信号屏蔽仪，实现对会议内容的技术保护。

4）多样化政工。设立集图书阅览区、影视 KTV 区、网络充电区、棋牌娱乐区、体育竞技区等多功能于一体的数字化俱乐部，方便官兵学习充电、休闲娱乐。加强政工网的建设，丰富信息含量，增加数据流量，打造集学习、娱乐、交流、检索功能于一体的信息平台，并且要为基层创造条件，提高政工互联网的利用率，将教育、学习、管理、训练内容纳入网络中来组织实施。

5）综合化保障。在营区部署控制器和识读器，对供水、供电、供暖等设施设备进行信息化改造，实现智能管控。将人员的身份识别认证信息制成卡片式无线射频标签，不仅可以对人员出入营门进行身份识别，也可作为在军营食堂、超市和图书馆等服务性场所付费的凭证。采用射频标签和条码相结合的方式，对部队各种用途的仓库进行自动化的仓储管理。

6）自动化办公。无纸化办公，公文在线下达，数据在线采集，办公日志自动生成；会议简化，实现网络会议、在线视频汇报；拓展成集日常办公系统、公文处理系统、通信系统、档案资料检索系统、维护管理系统等于一体的集成系统，提高办公效率。

（3）人理层

智慧军营的建设必须突出人-机交互功能，人是决策执行者和使用者，也是系统中的一部分，因此界面层也可称为人理层。智慧军营为军队人员服务，同时也需要人员管理和维护，所以军队人员是最能直接感受军队建设好坏的人。界面层的基本架构如图 8-8 所示。

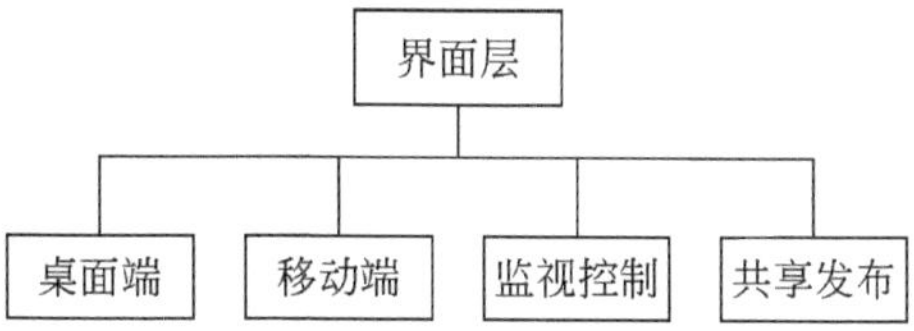

图 8-8 界面层的基本架构

界面层主要包括桌面端、移动端、监视控制和共享发布四个方面。基于 Web

的客户端和基于非 Web 的客户端可以一起操纵整个平台的业务逻辑，基于 Web 的客户端主要作为企业 Web 的浏览器，而基于非 Web 的客户端则是独立的，能够完成基于 Web 客户端无法完成的任务。

1）专家指导。聘请专家对智慧军营建设提供方案，结合领导意见及建设施工方意见，对智慧军营建设的前期规划进行总体布局，建设过程中不断与专家进行磋商。

2）用户体验。使用友好的用户界面，增强官兵对智慧军营的交互体验感，带来使用感受的全新升级。

3）人间协调。智慧军营建设过程中，有多部门参与其中，需进行部门协调；建设过程中，也存在与上下级协调、沟通的问题，需要引起重视，避免重复建设；注重建与用协调及军地共建。

4）知识管理。以知识管理的理念引领官兵在智慧军营建设的整个过程中实现知识共享、知识传递和自愿合作。

（4）安全保障

安全保障是整个智慧军营系统架构设计的最重要环节。安全保障工作的好坏直接决定了智慧军营系统架构应用是否顺利，智慧军营管理系统需要从软件数据安全保障和硬件安全体系保障两个方面来保证系统的运行安全。安全保障架构如图 8-9 所示。

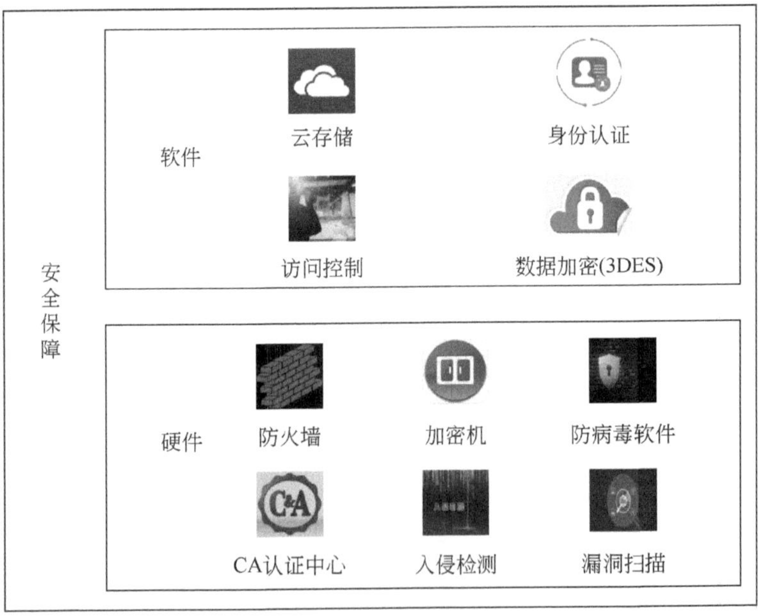

图 8-9　安全保障架构

a）软件保障

软件保障包括云存储、身份认证、访问控制及数据加密（3DES）等方面，身份认证技术是通过人员身份认证（用户账号、USB KEY+）的方式来访问系统以确认操作者身份，可以避免终端设备身份假冒事件的发生。

为防止软件系统被不法分子非法复制，目前比较普遍的安全手段是对软件进行加密处理。通过用户身份认证来访问系统，人员身份认证后，根据安全技术对用户进行访问控制，如什么身份的人可以做什么，什么级别的人可以使用哪个功能，使得用户整个访问过程能够清晰透明。这样既可以实现办公文件的内部安全流转及共享，也能防止文件脱离平台后外泄传播，可以大大提高内部数据的安全性，保障智慧军营平台建设的安全。

b）硬件保障

硬件安全体系保障可以通过防火墙、加密机、防病毒软件、CA 认证中心、入侵检测及漏洞扫描等设备进行防护。加强网络防火墙，提高计算机网络的防御能力，阻止外部网络访问或入侵内部网络，保护数据隐私，保护计算机网络的安全，扩大入侵检测技术的投入与应用。

8.2.2 智慧军营系统应用及评价

科学合理的评价可以对智慧军营的建设起到反馈和控制作用，从而使智慧军营建设工程成为一个闭环系统，因此智慧军营系统构建的好坏，需要用科学的方法进行评价。设 $D=\{D_1,D_2,\cdots,D_k\}$ 为专家群组集；$C=\{C_1,C_2,\cdots,C_n\}$ 为决策准则集；$\omega=(\omega_1,\omega_2,\cdots,\omega_n)$ 为相应于各准则的权重向量，$0\leqslant\omega_j\leqslant1$ 且 $\sum_{j=1}^{n}\omega_j=1$。决策矩阵 $\boldsymbol{X}=[x_{ij}]_{m\times n}$，其中 x_{ij} 为第 i 个专家在第 j 个指标下的评分。

步骤 1：选取 k 位领域专家组成专家群组集，将各专家在各个准则 C_j 下的评估值构成决策矩阵 $\boldsymbol{X}=[x_{ij}]_{m\times n}$（$i=1$，2，…，$m$；$j=1$，2，…，$n$）。

步骤 2：基于熵值法，计算各决策者在每个准则下的客观权重。

熵概念是 Shannon（1948）提出的一种通信的数学理论。熵评估某一消息的预期信息内容。熵思想（Bekkera and Aldrich，2011；Chan and Eisenstat，2015）可以被有效地应用于决策问题过程中，因为它度量了数据集之间存在的对比，并将平均内在信息传递给决策者。基于步骤 1 中各军队体验人员的决策矩阵，通过以下步骤求得各指标属性权重。

1）对待决策方案的指标数据矩阵 $\boldsymbol{X}$ 进行标准化处理，公式为

$$p_{ij}=\frac{x_{ij}}{\sum_{i=1}^{m}x_{ij}} \tag{8-1}$$

2）计算指标熵值，公式为

$$E_j=-k\sum_{i=1}^{m}p_{ij}\mathrm{Ln}p_{ij},\text{其中},k=\frac{1}{\mathrm{Ln}(m)} \tag{8-2}$$

3）计算指标权重，公式为

$$\omega_j=\frac{1-E_j}{\sum_{j=1}^{n}(1-E_j)} \tag{8-3}$$

在此基础上，获得各决策者在各准则下的客观权重 $\omega_k=(\omega_1^k,\omega_2^k,\cdots,\omega_n^k)$。

步骤3：当指标 j 的权重 ω_j 最小时，则该指标需要进行改进。

8.2.3 智慧军营实证分析

智慧军营的实现必须依靠军队人员的实践并不停地改善，丰富的应用才是智慧军营系统架构设计的最终目标。本节把智慧军营系统架构应用到A地区的军营，通过熵权法求得各指标权重（评价指标如表8-2所示），进而筛选出权重较低的指标，不断地改善提高，最终实现真正的智慧军营。

表8-2 智慧军营系统架构评价指标

目标层	WSR	指标层
智慧军营建设	物理层	传感网络建设 C_1
		数据采集设备 C_2
		传输网络建设 C_3
		网关设备 C_4
		决策支持数据库 C_5
		应急处理数据库 C_6
		军事信息数据库 C_7
		车辆信息数据库 C_8
		人员信息数据库 C_9
		基础设施数据库 C_{10}
		安全信息数据库 C_{11}
		后勤保障数据库 C_{12}

续表

目标层	WSR	指标层
智慧军营建设	事理层	开发服务 C_{13}
		数据服务 C_{14}
		监控服务 C_{15}
		整合服务 C_{16}
		辅助决策服务 C_{17}
		云服务引擎 C_{18}
		位置服务 C_{19}
		医疗服务 C_{20}
		感知分发服务 C_{21}
		集成应用服务 C_{22}
		军事战备 C_{23}
		营区管理 C_{24}
		日常办公 C_{25}
		政治工作 C_{26}
		营区保障 C_{27}
	人理层	桌面端 C_{28}
		移动端 C_{29}
		监视控制 C_{30}
		共享发布 C_{31}

步骤 1：邀请 10 位领域专家，对智慧军营建设指标进行评价，构成评价矩阵，如表 8-3 所示。

表 8-3　10 位专家在智慧军营建设评价指标下的评价值

指标	D_1	D_2	D_3	D_4	D_5	D_6	D_7	D_8	D_9	D_{10}
C_1	8	9. 3	7. 2	7. 5	7. 9	8. 5	8. 2	7. 9	7. 3	8
C_2	7. 5	8. 1	6. 9	6. 8	7. 1	7. 5	7. 9	8. 2	8	7. 6
C_3	7	6. 5	8. 1	7. 9	8. 2	7. 5	8. 5	6. 9	6. 8	7. 2
C_4	8	8. 2	7. 9	7. 8	8. 5	9	8. 6	8. 3	8. 8	7. 9
C_5	10	9. 1	8. 9	9. 2	8. 8	9. 5	8. 5	8. 5	8. 3	8. 9
C_6	9. 1	8	8. 2	8. 4	8. 5	8. 7	7. 9	8. 5	9	8. 9
C_7	7. 8	8	7. 5	8. 9	8. 4	8	7. 8	8. 9	8. 1	8

续表

指标	D_1	D_2	D_3	D_4	D_5	D_6	D_7	D_8	D_9	D_{10}
C_8	8.5	8.1	8.2	8.5	8.5	8.8	7.5	7.3	8	8.1
C_9	6.9	7	6.8	7.3	7.2	7.1	7.6	7.9	7.9	8
C_{10}	8.3	8.1	7.7	7.2	8.5	8.6	8.1	7.9	7.5	8
C_{11}	7.5	7.9	7.9	8	8.1	6.9	7.3	7.7	8	7.5
C_{12}	9.1	9.3	10	9	8.9	8.7	8.8	8.8	9	8.9
C_{13}	8	8.5	7.9	8.1	8.3	8.5	8	7.9	8	8
C_{14}	7.6	8	7.7	7.8	8	8.5	7.9	8.6	8.6	8
C_{15}	8.8	8.7	8.8	8.5	8	8	7.9	8.1	8	8.2
C_{16}	8.9	9	9	10	8.8	8.9	8.9	8.5	9.5	9.6
C_{17}	8.5	8.5	8	7.8	7.7	8.3	8.1	7.9	8	8.2
C_{18}	6.9	7.2	7	6.8	7.5	7.5	7.3	7.8	7.9	7.7
C_{19}	8.9	8.8	8.9	9	10	9.2	9	9.1	9.5	9
C_{20}	8.5	8	8.3	7.9	8.1	8.3	8.5	8.6	8	8.2
C_{21}	8	8	8.3	8.5	7.9	7.8	7.5	7.5	8	8
C_{22}	8.8	8.9	8.5	9	9.1	9	9.5	10	8.9	9
C_{23}	8.5	8.5	8.7	8	8.2	8.4	8	9	8.5	8.8
C_{24}	8.5	8.7	8.8	9	8.9	8.9	10	8.7	9	9.5
C_{25}	8	8	8	8.5	9	10	8.8	8.9	8.4	8
C_{26}	8.1	8.2	8	8.5	8.4	8.3	8.9	8.9	8.5	8.7
C_{27}	8.5	8.3	8.5	8.4	8.8	9	9	9	10	8.8
C_{28}	8	8	8	8	8.5	8.5	8.2	8.9	8.9	9
C_{29}	8.6	8.7	8.7	8.5	9	9	8.8	8.6	8.8	8.5
C_{30}	8.5	8.5	8.6	9	9	9	9.1	8.8	8.9	8.9
C_{31}	9	9	8.8	8.5	8.7	8.9	9	8.3	8.5	10

步骤 2：利用熵权法求得各指标的客观权重，具体步骤如下。

1）首先将 10 位专家的评价值矩阵根据式（8-1）进行标准化处理，得到标准化评价值矩阵，如表 8-4 所示。

表 8-4　标准化评价矩阵

指标	D_1	D_2	D_3	D_4	D_5	D_6	D_7	D_8	D_9	D_{10}
C_1	0.38	1.00	0.00	0.14	0.33	0.62	0.48	0.33	0.05	0.38

续表

指标	D_1	D_2	D_3	D_4	D_5	D_6	D_7	D_8	D_9	D_{10}
C_2	0. 50	0. 93	0. 07	0. 00	0. 21	0. 50	0. 79	1. 00	0. 86	0. 57
C_3	0. 25	0. 00	0. 80	0. 70	0. 85	0. 50	1. 00	0. 20	0. 15	0. 35
C_4	0. 17	0. 33	0. 08	0. 00	0. 58	1. 00	0. 67	0. 42	0. 83	0. 08
C_5	1. 00	0. 47	0. 35	0. 53	0. 29	0. 71	0. 12	0. 12	0. 00	0. 35
C_6	1. 00	0. 08	0. 25	0. 42	0. 50	0. 67	0. 00	0. 50	0. 92	0. 83
C_7	0. 21	0. 36	0. 00	1. 00	0. 64	0. 36	0. 21	1. 00	0. 43	0. 36
C_8	0. 80	0. 53	0. 60	0. 80	0. 80	1. 00	0. 13	0. 00	0. 47	0. 53
C_9	0. 08	0. 17	0. 00	0. 42	0. 33	0. 25	0. 67	0. 92	0. 92	1. 00
C_{10}	0. 79	0. 64	0. 36	0. 00	0. 93	1. 00	0. 64	0. 50	0. 21	0. 57
C_{11}	0. 50	0. 83	0. 83	0. 92	1. 00	0. 00	0. 33	0. 67	0. 92	0. 50
C_{12}	0. 31	0. 46	1. 00	0. 23	0. 15	0. 00	0. 08	0. 08	0. 23	0. 15
C_{13}	0. 17	1. 00	0. 00	0. 33	0. 67	1. 00	0. 17	0. 00	0. 17	0. 17
C_{14}	0. 00	0. 40	0. 10	0. 20	0. 40	0. 90	0. 30	1. 00	1. 00	0. 40
C_{15}	1. 00	0. 89	1. 00	0. 67	0. 11	0. 11	0. 00	0. 22	0. 11	0. 33
C_{16}	0. 27	0. 33	0. 33	1. 00	0. 20	0. 27	0. 27	0. 00	0. 67	0. 73
C_{17}	1. 00	1. 00	0. 38	0. 13	0. 00	0. 75	0. 50	0. 25	0. 38	0. 62
C_{18}	0. 09	0. 36	0. 18	0. 00	0. 64	0. 64	0. 45	0. 91	1. 00	0. 82
C_{19}	0. 08	0. 00	0. 08	0. 17	1. 00	0. 33	0. 17	0. 25	0. 58	0. 17
C_{20}	0. 86	0. 14	0. 57	0. 00	0. 29	0. 57	0. 86	1. 00	0. 14	0. 43
C_{21}	0. 50	0. 50	0. 80	1. 00	0. 40	0. 30	0. 00	0. 00	0. 50	0. 50
C_{22}	0. 20	0. 27	0. 00	0. 33	0. 40	0. 33	0. 67	1. 00	0. 27	0. 33
C_{23}	0. 50	0. 50	0. 70	0. 00	0. 20	0. 40	0. 00	1. 00	0. 50	0. 80
C_{24}	0. 00	0. 13	0. 20	0. 33	0. 27	0. 27	1. 00	0. 13	0. 33	0. 67
C_{25}	0. 00	0. 00	0. 00	0. 25	0. 50	1. 00	0. 40	0. 45	0. 20	0. 00
C_{26}	0. 11	0. 22	0. 00	0. 56	0. 44	0. 33	1. 00	1. 00	0. 56	0. 78
C_{27}	0. 12	0. 00	0. 12	0. 06	0. 29	0. 41	0. 41	0. 41	1. 00	0. 29
C_{28}	0. 00	0. 00	0. 00	0. 00	0. 50	0. 50	0. 20	0. 90	0. 90	1. 00
C_{29}	0. 20	0. 40	0. 40	0. 00	1. 00	1. 00	0. 60	0. 20	0. 60	0. 00
C_{30}	0. 00	0. 00	0. 17	0. 83	0. 83	0. 83	1. 00	0. 50	0. 67	0. 67
C_{31}	0. 41	0. 41	0. 29	0. 12	0. 24	0. 35	0. 41	0. 00	0. 12	1. 00

2）根据式（8-2），计算各指标的信息熵，如表 8-5 所示。

表 8-5　各指标的信息熵

信息熵	C_1	C_2	C_3	C_4	C_5	C_6	C_7	C_8	C_9	C_{10}	C_{11}
E_j	0. 87	0. 89	0. 88	0. 85	0. 88	0. 89	0. 89	0. 92	0. 86	0. 92	0. 93
信息熵	C_{12}	C_{13}	C_{14}	C_{15}	C_{16}	C_{17}	C_{18}	C_{19}	C_{20}	C_{21}	C_{22}
E_j	0. 81	0. 78	0. 87	0. 82	0. 89	0. 89	0. 88	0. 81	0. 88	0. 87	0. 90
信息熵	C_{23}	C_{24}	C_{25}	C_{26}	C_{27}	C_{28}	C_{29}	C_{30}	C_{31}		
E_j	0. 87	0. 86	0. 72	0. 89	0. 84	0. 73	0. 84	0. 87	0. 87		

3）根据式（8-3）可得各指标的客观权重，如表 8-6 所示。

表 8-6　各指标的客观权重

权重	C_1	C_2	C_3	C_4	C_5	C_6	C_7	C_8	C_9	C_{10}	C_{11}
ω_j	0. 03	0. 03	0. 03	0. 04	0. 03	0. 03	0. 03	0. 02	0. 03	0. 02	0. 02
权重	C_{12}	C_{13}	C_{14}	C_{15}	C_{16}	C_{17}	C_{18}	C_{19}	C_{20}	C_{21}	C_{22}
ω_j	0. 04	0. 05	0. 03	0. 04	0. 03	0. 03	0. 03	0. 04	0. 03	0. 03	0. 02
权重	C_{23}	C_{24}	C_{25}	C_{26}	C_{27}	C_{28}	C_{29}	C_{30}	C_{31}		
ω_j	0. 03	0. 03	0. 07	0. 03	0. 04	0. 06	0. 04	0. 03	0. 03		

步骤 3：将各指标权重进行排序，结果如下。

$\omega_{25}>\omega_{28}>\omega_{13}>\omega_4=\omega_{12}=\omega_{15}=\omega_{19}=\omega_{27}=\omega_{29}>\omega_1=\omega_2=\omega_3=\omega_5=\omega_6=\omega_7=\omega_9=\omega_{14}=\omega_{16}=\omega_{17}=\omega_{18}=\omega_{20}=\omega_{21}=\omega_{23}=\omega_{24}=\omega_{26}=\omega_{30}=\omega_{31}>\omega_8=\omega_{10}=\omega_{11}=\omega_{22}$，由此排序结果可以看出该智慧军营构建合理，但 $\omega_8=\omega_{10}=\omega_{11}=\omega_{22}=0.02$ 权重最低，所以需要改进加强物理层的车辆信息数据库、安全信息数据库、基础设施数据库构建，以及集成应用服务的建设情况。此评价结果是由 10 名领域专家综合评价完成，继而运用熵权法求得了各指标的客观权重，使得整个评价结果更加科学客观、可信度高，所以此方法可用于智慧军营系统的评价。依据定量的评价结果可以有效地分析出智慧军营系统建设的不足，从而采取有针对性的策略改善智慧军营系统的建设。

8. 2. 4　智慧军营应有的功能特征

智慧军营最终要建设成为一个智能化、信息化的综合管理平台，消除营区各单位之间的种种障碍，实现各部门间信息共享互通，实现营区统一管理，形成保障部门与被保障部门一体化的保障体系，实现营区安防工作更加智能化、高效化，达到提高营区管理水平、增强军队作战能力、提升营区保障力的目的。智慧军营应具备以下功能特征。

（1）智能感知的综合信息管理平台

运用物联网技术使营区形成互联互通环境，为营区人员、基础设备及训练场所等提供精细化管理，建立个性化、定制化、智能化的综合信息管理平台。智慧军营的综合信息管理平台涵盖了所有营区人员的档案资料、基础设施设备、门禁管理、进出人员管理、出入车辆管理、营区供水供电供暖管理、考勤管理、监控管理、日常办公及绩效考评等具体内容，对营区日常工作实现规范化和精准化管理。

（2）人机互动的战备训练环境

通过定位系统（GPS、北斗及 GLONASS）及视频监控设备等技术，对人员、车辆、设施设备等要素进行全面的监控跟踪，根据实时状态实行动态调控；通过采集设备采集数据，实现军事训练读取“无人化”、考核评定“精准化”、胜负裁定“直观化”；利用大数据、云计算及数据挖掘等技术的综合运用，建立军事训练模拟场景及虚拟战斗场景。

（3）互联互通的协作环境

在安全网络的前提下，实现军内上下级间、部门间、官兵间纵向沟通，各军地间横向沟通，军区内部上下协作，信息互通共享，使军营内部及不同军营间互联互通，形成全网协作机制。

第 9 章 国防科技创新生态系统智能决策支持系统原型设计

国防科技创新生态系统的研究，其本身是对复杂网络和复杂开放巨系统的研究。国防科技创新生态系统的智能决策也是建立在对网络要素等相关系统概念的理解之上，结合计算机仿真及智能决策支持系统（IDSS）本身具有的结构特点，进行理论设计与验证。本章通过研究钱学森复杂开放巨系统的思想、大成智慧体系及七库一体的 IDSS 平台，设计清晰系统的国防科技创新生态系统决策框架，针对该决策系统中国防科技创新人才决策支持子系统的重要性，详细地给出具体的国防科技创新人才决策支持系统（GKCRIDSS）数据模型知识库的原型设计。

9.1 钱学森的复杂开放巨系统

9.1.1 复杂开放巨系统与钱学森大成智慧体系

9.1.1.1 复杂巨系统

复杂巨系统中的子系统数量巨大，导致其间相互作用颇为复杂，甚至出现多层次相互作用的子系统，如生物系统、生态系统、人体系统等。它们的主要特点在于层次增多，相互关系复杂，即使能掌握少数系统的相互关系，也并不能完全掌握这些系统的发展规律。开放复杂巨系统当前没有统一的定论，对于复杂巨系统的研究方法，很多人简单认为把简单系统和简单巨系统的处理方法应用到开放复杂巨系统中；实则不然，任何方法都有其适用范围和局限性，生搬硬套、应用不当则会导致结果适得其反。例如，运筹学中的博弈论是从理论框架上研究社会系统的一个很好的工具，但是当今博弈论的水平和所取得的成就远远不能解决社会系统的复杂问题。原因在于博弈论过分简化了人类的社会性、复杂性、心理和行为的不确定性，使复杂巨系统问题变成了简单的巨系统或简单的系统问题，这也是应用系统动力学和自组织理论无法成功研究开放复杂巨型系统的原因。实践证明，定性与定量相结合的方法是唯一能有效处理开放复杂巨系统（包括社会系统）

的方法，此方法是从社会系统、人体系统和地理系统三个复杂巨系统不断实践中提炼出来的：①社会系统。成百上千的变量通过定性与定量相结合的方法描述社会经济、文化、政治等系统的研究与应用。②人体系统。该系统将中西医结合进行综合研究。③地理系统。该系统综合探讨生态系统、环境规划等。

通过以上的研究和应用，结合科学理论、先前的经验和专家自身的判断能力，做出假设或猜想，这些假设通常是定性理解，不能被严谨的科学方法证明。事实上，经验数据及不计其数的参数数据和模型可以用来检验其真实性，然而任何模型方法都必须依据系统实践来选取，经过定量计算、迭代对比，得出结果。最终结果是我们目前阶段所能理解的形式，这就从定性问题上升到定量问题。

综上所述，定性与定量结合的方法就是把决策专家、原始决策数据和各种智能技术结合起来，并且将各学科理论知识和决策者自身经验相融合，这三者本身也构成了一个系统。此方法最大的优势在于充分发挥了系统的整体综合优势。

9.1.1.2 复杂开放巨系统

特殊的复杂巨系统，即社会系统，其以人为系统主体，包括由人制造出来的各种智能化设备机器等。在这类系统中，“开放”和“复杂”被赋予了新的含义，“开放”所指的是与外界有能量、信息和物质等的交换，确切地说是：①系统及其子系统都与外界产生各种交换；②系统中的各子系统通过不断地学习获取知识。由于人的主观意识，子系统之间的关系呈现复杂性和易变性。一个独立的人是一个复杂巨系统，而社会则是由多个复杂巨系统组成的一个巨系统。人要靠精神财富和不断实践来客观认识世界，此时只有充分运用自身知识才能最大限度地认识世界。如今，人类已经可以创造各种智能机器，人和这些机器同时作为系统中的子系统互相协作，已经是迄今为止最复杂的系统了，系统的复杂性可以通过复杂系统中子系统的种类和知识程度来衡量，这类系统的复杂性概括为：①系统的子系统间有多种通信方式；②子系统种类繁多且都有其定性模型；③获取知识方式多种多样，知识表达方式也不同；④子系统随着系统的演变而演变，导致系统结构不断变化。

9.1.1.3 钱学森大成智慧体系总体架构

20 世纪 40 年代，钱学森作为航空航天领域最杰出的代表之一，认为科学技术是人类认识和改造客观世界的整个知识体系，并提出用系统科学原理及方法来分析并解决各领域现实问题。在系统科学思想引领下构建“从定性到定量的综合集成研讨厅体系”，打造“以信息空间智界为载体的人机结合、人网结合、以人为主的大成智慧体系架构”是解决领域系统工程问题的根本和唯一方法，其架构如图 9-1 及图 9-2 所示。该架构从马克思主义哲学的认识论出发，将中国传统认

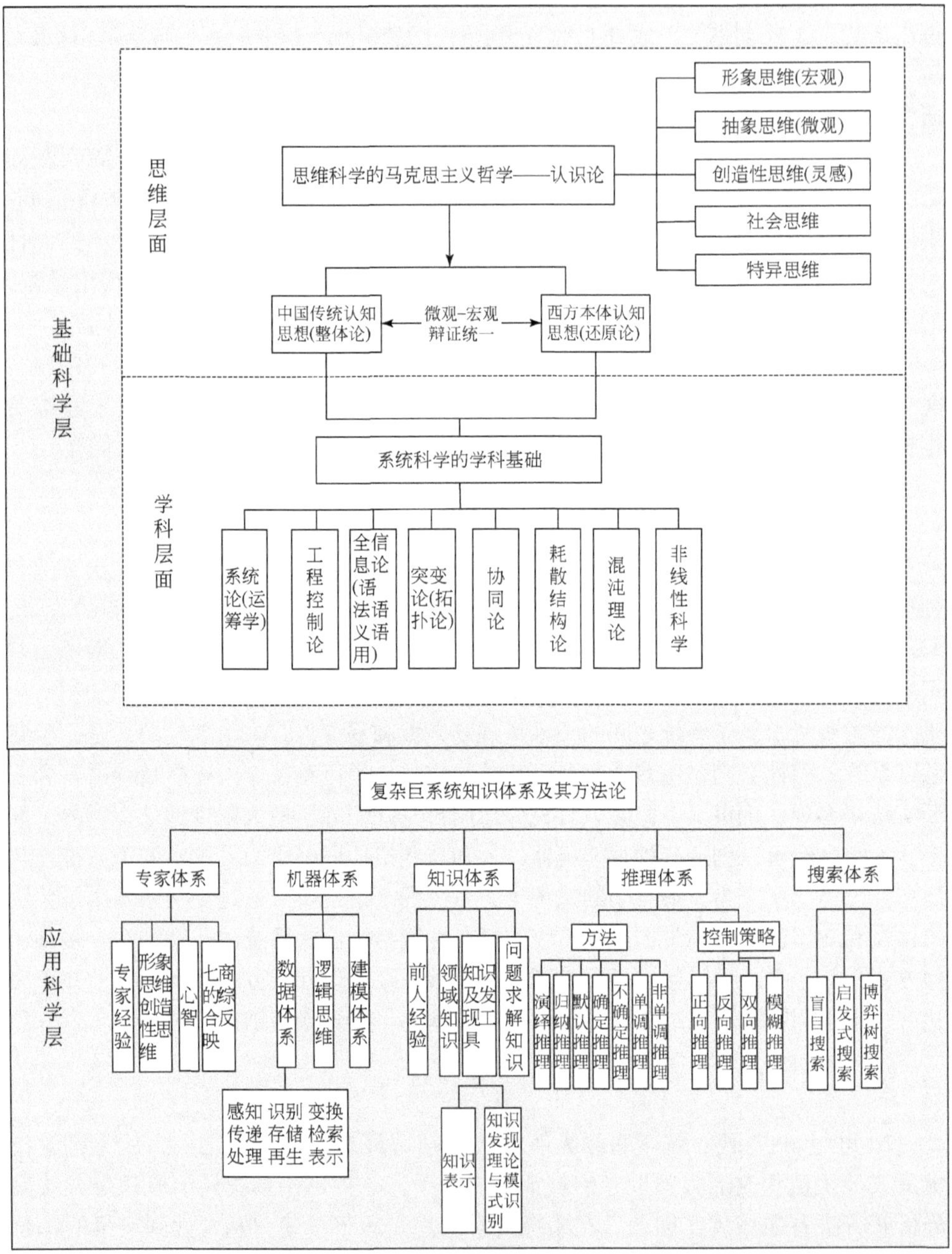

图 9-1　基于信息空间智界的人机结合、人网结合、以人为主的大成智慧体系（一）

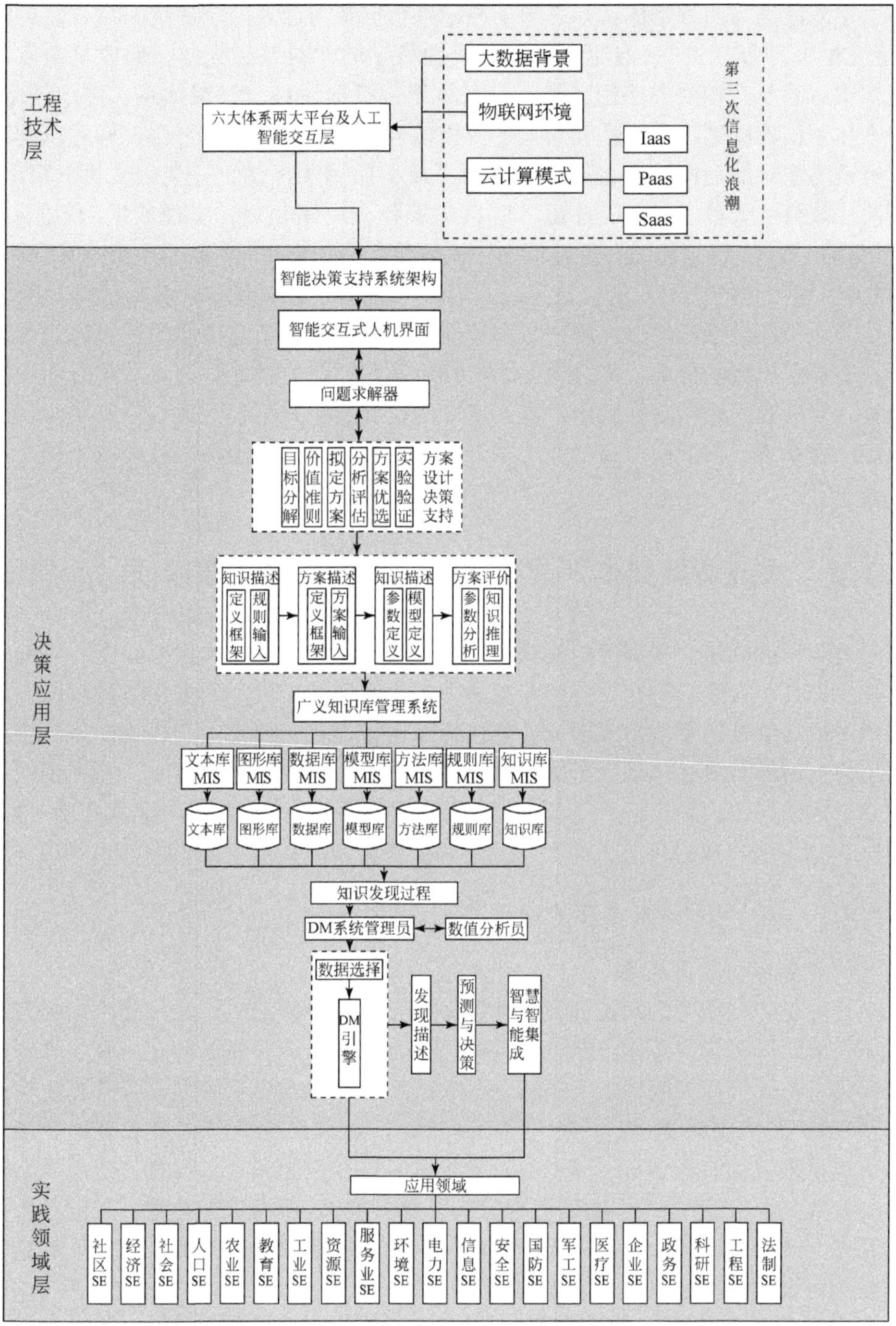

图 9-2　基于信息空间智界的人机结合、人网结合、以人为主的大成智慧体系（二）

知思想整体论与西方本体认知思想还原论进行宏观与微观的辩证统一结合，遵循“老三论”、“新三论”、混沌理论与非线性科学的学科基础支撑，形成复杂巨系统知识体系及其相关方法论，涉及专家体系、机器体系、知识体系、推理体系、搜索体系，构成集六大体系和两大平台相结合的人工智能交互平台，构建以问题求解链为主导的七库一体智能决策支持系统，应用于经济、社会、文化、军事、政治、教育、人口、资源、环境、信息化等各个应用领域，实现数据-信息-知识-策略-智能-智慧的综合提升，加快机械化-工业化-数字化-信息化-网络化-智能化-智慧化的快速发展。该系统具有综合优势、整体优势、智能优势，它可以整合人类的思维成果、经验智慧和智能数据，有机地结合机器的逻辑思维优势和人类形象思维的优势，创造出比人类和机器更智能的智能系统。从多方面、多目标、多准则实现从定性到定量再到定性的螺旋式上升过程，可实现跨层级、跨地域、跨系统、跨部门、跨行业的综合集成，推动政治、经济、社会、工程产业全面提升。

9.1.2 大成智慧架构下国防科技创新生态系统集成研讨厅建设

改革开放以来，我国对空间战略、空间政策、空间法律的重视程度和研究水平逐步提高，智库机构在支持产业发展中的作用更加突出。推进国防科技的发展是我国战略规划的重要组成部分，现代智库作为重要的智力生产机构，是一个国家思想创新的源泉，也是一个国家软实力和国际话语权的重要标志，利用现代智库建设国防科技创新生态系统集成研讨厅，充分利用钱学森智库“集大成 得智慧”定性定量集成思想，可为我国国防科技事业领域提供决策支撑。

9.1.2.1 钱学森智库与大成智慧体系

（1）钱学森智库概念

智库是一种新型的知识创新和智慧集成模式，是专门从事开发性研究的高端政策咨询研究机构或集体智慧整合机构，具有高度创造性和能动性。钱学森智库是以信息空间智界为载体的人机结合、人网结合、以人为主的大成智慧思想构成的基础科学-应用科学-工程技术-决策应用-实践领域为一体的集成智库。该智库可以将异机构、异学科、异专业、异领域的机器智能和人工智慧的知识及资源进行有效整合，通过“集大成 得智慧”充分凝聚人-机智能与智慧，为世界各国的军事、政治、经济、文化等不同领域的重大问题提供精准决策意见并采取定性定量相结合的方法选出最优解决方案。

（2）钱学森智库与大成智慧体系的关系

钱学森大成智慧体系作为钱学森智库的核心元素，在钱学森现代科学技术体系指导下，服务于国防科技创新生态系统集成研讨厅的六大体系和两大平台建设，可以支撑国防科技决策，衍生出一批新的业态和产业，形成支撑国防科技发展的“根与魂”。钱学森智库与大成智慧体系关系如图 9-3 所示。

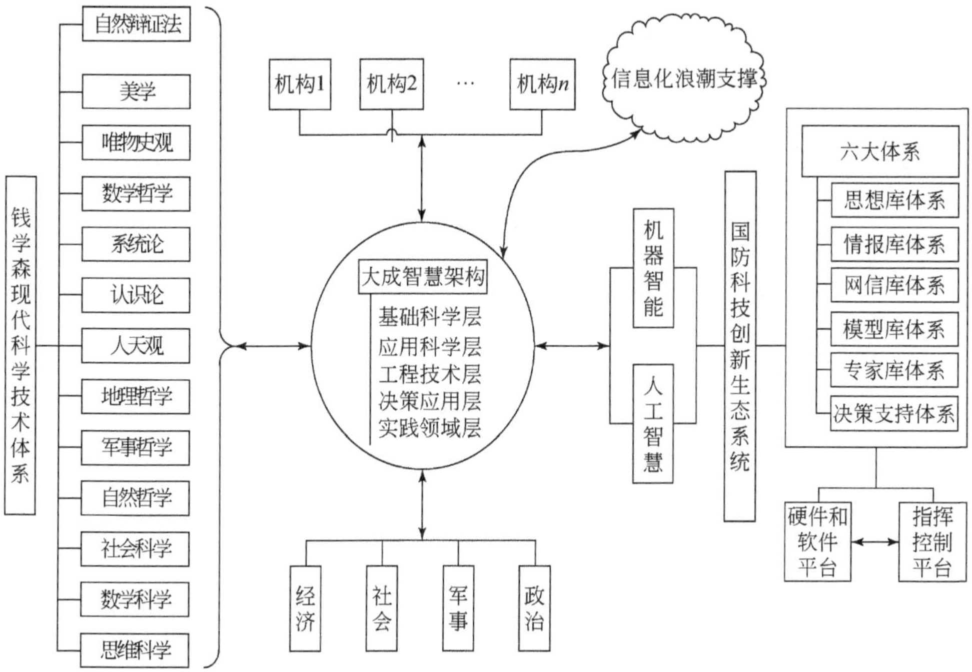

图 9-3　钱学森智库与大成智慧体系的关系

9.1.2.2　国防科技创新生态系统集成研讨厅建设

钱学森综合集成研讨厅在大成智慧体系架构支撑下由六大体系和两大平台组成，各体系各部分之间相互支撑，通过航天大数据循环实现整个系统的健康稳定运行。

思想库体系。思想库体系是指导钱学森智库运行的最高思想战线和方法论的集成，将现实问题提升至哲学高度，即从哲学到理论、从理论到技术、从技术到工程、从工程到产业的体系问题。为解决航天领域内部开放复杂巨系统问题，推动航天工程系统、航天政策系统、航天经济及社会系统等的最优化综合，提供了基本的思想论及方法论支撑。

情报库体系。情报库体系是航天主体感知外部环境变化的数据收集、存储和控制、施效系统，通过构建涵盖航天发展方方面面的海量数据仓库，搭建“数据驱动，模型响应”的信息集成控制一体化平台，形成从数据到分析、数据到设计、数据到研发、数据到决策的全生命周期情报服务，包括情报获取、数据挖掘、知识发现、仿真推演、效能评估，最终为实施决策服务。

网信库体系。网信库体系以地面网络为依托，以天机网络为拓展，采用统一的技术架构、统一的技术体制、统一的标准协议，由天基、互联网和移动通信网互联互通组成。主要目标是互联网与物联网工程进行相连，通过信息的传递、共享、收集，最优化地进行信息融合，为综合决策提供支撑，使钱学森智库具有智慧动态获取的能力。

模型库体系。模型库体系是针对航天系统的复杂性问题，在利用统一建模技术分析、构成解决航天某领域系统复杂性问题的定量化研究方法。模型库体系的建立，使得对航天结构化问题、半结构化问题及非结构化复杂问题可以进行模型重构与调用，针对各子系统特点与现实环境，进行模型的自动生成方案与求解策略，从而实现钱学森智库对复杂问题的定量化分析。

专家库体系。专家库体系是通过汇集领域专家或机器专家的经验知识及存储模式，对知识表示与存储、知识搜索与推理、知识表达与可视化等进行智能处理。专家库体系将搭建平台，使不同领域专家针对同一问题从不同学科及专业角度进行分析和设计，达到专家知识融合与集成的效果，将科学技术的前沿理论和方法应用于解决航天内部现实问题，同时为现实问题的解决提供智慧对接。

决策支持体系。决策支持体系是根据数据、模型和知识，以人机交互的方式构建非结构化决策的七库一体（模型库、知识库、数据库、方法库、规则库、图形库、文本库）软硬件交互平台，来辅助决策者进行决策，为决策者提供分析解决问题的最佳方案，同时可使用各种分析工具提高决策的准确性，真正实现科学辅助决策。

硬件和软件平台。构建航天领域内系统及应用软件、管理及应用服务器、数据服务器、磁盘阵列、多媒体计算机等系统，提供 VDC 服务、云主机服务、云磁盘服务、云计算服务及应用部署服务，为智库运行提供高速、有效、持续稳定的计算服务，最终打造钱学森智库运行的数据流通道。

指挥控制平台。建立支持航天军民融合的指挥控制平台，用于钱学森智库从数据的采集传输、知识挖掘、专家指导、最优调度、综合决策等运行过程，打造全方位决策指挥控制平台，最终打造钱学森智库运行的控制流通道。六大体系与两大平台的逻辑关系如图 9-4 所示。

在大数据背景、物联网环境、云计算模式的信息化浪潮下，中国航天致力服务于经济社会发展，必将为培育新需求、创造新供给、引领经济新常态发挥关键作用。加强钱学森智库建设是中国建设国防科技强国的必然要求，是维护国家战略安全的迫切需求，同时也是中国发展空间外交事业的内在动力。我们应该充分

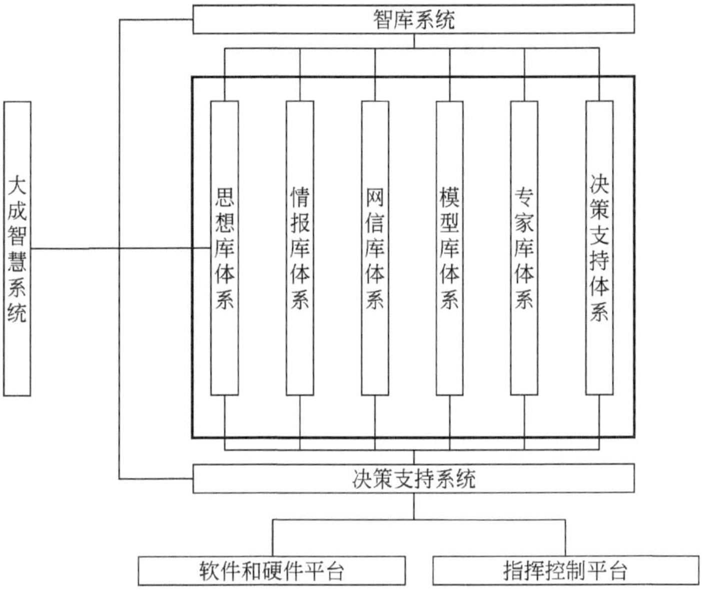

图 9-4　六大体系与两大平台关系示意图

凝聚共识，增强责任感、使命感，抓住这一历史机遇，加快推动新型钱学森智库建设，共同开创中国国防科技的智库时代。

9.2　国防科技创新生态系统七库一体的 IDSS 平台

9.2.1　科学决策流程

9.2.1.1　决策的内涵及分类

“决策”一词的英语表述为 decision making，意思就是做出决定或选择。时至今日，关于决策概念的界定众说纷纭，仍然没有统一的观点。大体上可以分为以下三种：第一种是一般性的理解，将决策视为过程，这个过程具有四个环节，分别是提出问题、设定目标、设计方案及选择方案。第二种可以看作狭义的界定，将决策视为从多个替代行动计划中做出的最终选择，这是决策者的最终决定。第三种可以看作对决策的最狭义理解。假设在紧急情况下，决策是不确定的条件。这样的事件是史无前例的，并且没有可遵守的规则和定律，不得已选择冒险，换句话说，只有冒险才是决定。

根据采用的方法，决策可以分为两种：一种是经验决策，另一种是科学决策。根据目标的重要程度，决策可以分为两种：一种是战略决策，另一种是战术决策。根据目标的性质，可以将其分为常规和非常规类型。根据决策的目的，可以将其分为消耗最少资源、以最高时效完成任务的最优决策，以及消耗资源和时空水平方面优势不突出但最符合当下大多数人的利益的最满意决策。根据决策的条件和结果，可以将其分为确定决策和不确定决策。目标可以有一个也可以有多个，目标为一个时称为单目标决策，目标为两个或以上时称为多目标决策。针对不确定决策可以继续详细分类，如马尔可夫决策就是不确定决策之一。

决策是管理者职能，由领导者执行。决策贯穿于科技管理或经营管理等各种活动。科学地进行决策是保证社会、政治、经济、文化、科技、教育、卫生等事业顺利发展的重要条件，也是判断领导水平的重要指标。

为进行管理，就要进行一系列的决策。决策自古有之，随着时代的演变，我们所认知的决策是一种经验决策，它来源于人们对日常生活经验的总结和归纳。社会生产力不断推动着科学技术的发展，社会组织层次增加，规模扩大，在这种社会状况下企业或项目的领导人依靠经验决策就可能出现工作上的失误。由此可知，经验决策不适合当下的社会发展和组织进步，所以科学决策逐渐取而代之。

9.2.1.2 科学决策的内涵、特点及科学决策流程

科学决策又称理性决策。它是指依据科学决策理论，运用理性、科学的思维方法与各种分析方法，使决策活动流程按照程序进行，并使之符合客观和实际的结果。科学决策相比于经验决策，是一种更加高级的决策方法。现代人类社会中人们经常运用的就是这两种决策形式，其中科学决策是主要决策方法。科学决策可以分为以下三个方面：实施程序、采用技术、正确决断。现代科学决策依靠两方面的努力共同完成：一是咨询公司的专家对其进行详细的计算和分析；二是相关人员使用决策支持系统来进一步分析和验证。

科学决策有四个最为明显的特征：①决策体制和运动机制具有科学性。决策系统中各子系统既具有相对独立性，又能够密切联系，有机配合。②依照科学的决策程序。决策一般都经过发现问题、确定目标、调查研究、拟订方案、分析评估、选优决断、试验反馈、修正追踪等步骤。③特别重视“智库”工作人员在决策中的作用。④运用现代科学的技术和方法。

科学决策程序一般可以分为八个阶段：①发现问题；②确定目标；③价值准则；④拟制方案；⑤分析评估；⑥方案选优；⑦试验验证；⑧普遍实施。

领导者并不需要去做程序中的所有决策，大部分工作可委托咨询机构的专家

们去完成。领导者的职责是遵循科学决策流程，以及积极主动地调动专家们的积极性，使专家们更高质量地完成工作。其中，确定目标、价值准则和方案选优则是领导者必须亲自过问的。

科学决策程序中各阶段的说明如下。

（1）发现问题

所有决策工作都是从发现问题开始的，根据既定的目标积极地收集和整理情报，建立数据库，进行比较，找出与实际存在的差距。发现问题并不容易，确认问题更是十分严肃的事情，需要从实际出发，实事求是地进行具体分析。决策者基本要经过三个过程才能发现真实的差距，即全面利用找到的信息、调查、进一步分析情况。发现差距后即能确认问题及其发展趋势和解决的意义。

（2）确定目标

确定目标在整个决策的开端，具有十分重要的意义。如果目标是错误的，那么结果也可能是错误的。所谓目标，就是在某个条件下，通过预测得到的预期结果。开端是目标，终点也是目标。所以目标必须明确合理，需要区分必须实现的目标和根据需要预期内可能将要实现的目标。目标有三个特点：①可以形成对未来成果的期望；②可以指定目标开始和结束的时间；③可以确定责任。

科学化调查将帮助决策者发现差距，确认问题。现代调查沿袭过去那种几个人开调查会的方式已经无效了。因为这种调查往往不得要领，或为一两个权威人士所左右，甚至成为迎合领导意图的一种形式。因此，现代决策创造了各种调查方法，如经常用于生活中的随机取样法。利用这些方法来排除各种因素的干扰，提高调查的科学价值。调查后还要分析研究，分析现状是为了预测未来。预测既是定性判断，也是对事件发生概率的定量分析和估计。因此，现代预测已经成为一门专门学科，专家们也研究出了许多行之有效的预测方法。据不完全统计，目前有 120 多种，其中最常用的有德尔菲法、回归分析法、趋势外推法等十多种。

（3）价值准则

价值准则就是落实目标，作为以后评价和选择方案的基本判据。它包括三方面的内容：①将目标分为多个层次的确定价值指标。这些指标的实现程度是对决策达到程度的度量。价值指标通常分为三种：社会价值、经济价值及学术价值，三者不可偏废。每类价值指标又可分解成若干项，每项又可分成若干条等，构成一个价值系统。②规定了价值指标的首要和次要，紧迫性和相互冲突时的选择原则。在大多数情况下，很难同时达到整个价值体系的目标。因此，做出“令人满意的决定”非常重要。没有主次、缓急和取舍原则，是达不到目标的，而原则失当，就会背离决策目标，则是十分有害的。③表明这些指标的实现受到约束，任何决策都是一定环境下的决策，不能是任意的。倘若忽略限制因素，即使目标和价值指标正确无误，结果也会适得其反。制约因素主要包括各种资源条件、决策权范围和时限。

环境分析是一种具有说服力的制定准则的手段。这里不仅要掌握充分的背景资料，包括问题产生的来龙去脉、同类问题的历史情况和现状，而且要有正确的指导思想。

（4）拟制方案

拟制方案主要是为了探索完成目标的有效途径。解决任何一个问题，都存在多种途径。有必要做出各种替代方案，以此来找到一种具有实施条件并可以保证达到决策目标的可行方案。因此，制定可行方案的过程就是发现和探索、消除、补充、修订和选择的过程。方案制定者要勇于设想、拥有创新意识，同时要细心周全地思考问题。

在拟制多种方案中，要广泛地运用智囊技术。智囊技术很多，就国外目前常用的有头脑风暴法、对演法、戈登法等。头脑风暴法有助于在不怀偏见目的倾听方式中了解和学习到决策活动所需要的方式和技能。这种方法在探索新想法和创意建议时常见且有效。通常，运用头脑风暴法比其他方式更加有效。对演法利用对立面的博弈进行。针对同一目标，不同人会给出不同方案，为了得到最满意的方案，对立的小组会各自开展辩论，进行互相攻击以揭露对方方案的不足之处；或预先模拟一个方案，从各个角度去设置对立面来暴露可能的缺点。通过这种方法得以尽量模拟方案执行过程中可能发生的问题，从而使方案不断接近最令人满意和切合实际情况的状态。这种方法在进行竞争型决策时尤其重要。创造思维对技术的发展有重大意义。所以，思维方法的创造性方面发展也包括在人才技术中。

（5）分析评估

分析性评价是建立各程序的数学模型或物理模型，并求得各模型的解，对各模型的结果进行评价。在这个阶段，树决策、矩阵决策、统计决策、模糊决策等决策方法依靠两种武器进行分析与评价，即可行性分析和决策技术。这两种方法不仅科学地表达了各种方案的利弊，而且还试图对各种决策方法进行比较。

（6）方案选优

选择一个计划是一个决定。这是一个非常复杂的任务，权衡利弊的各种选择，然后选择一个或集成到一个。决策是领导者的权利和行为。由于最终的选择不一定是对每个具体指标的最佳选择，往往有利于得出几个主要指标，也有利于考虑其他指标。决策理论在这种情况下就显示出了重要作用。决断理论首先是正确处理专家与领导者的关系。现代决策必须由专家从事各项决策工作，但他们是在领导者委任和指导下参与决策，决不能代替领导者决策。领导者永远是决策的主体，一个好的决策者会利用专家的助力自主地做出更加明智的决策。

（7）试验验证

在挑选合适程序的过程中，首先要进行部分模拟测试来检验程序是否能够可靠且稳定地运行，通常我们称之为“试点”，这是一个科学的步骤。所测试的点必须具有全局形势下的一些代表性特征，并严格参考决策方案执行。同时，有必要有一个通用的“对照组”，“实验组”与“对照组”在相同的条件下进行模拟测试。通过比较二者的测试结果，进而得出科学的结论。若模拟测试取得成功，即可进入全面推广和实施阶段。反之，一定要反馈回去对决策进行修正。可以将决策过程本身理解为一个复杂随机函数，它随着影响因素的变化而变化并且随着时空变量而变化，为了能客观地反映决策合理与否的效果，还需要对决策做可靠性的评估和分析。

关于可靠性的概念可以这样来总结。在预先安排的条件下和在特定的条件下，在期望的时间内完成确定任务的可能性，我们称为可靠性，一般用“概率”来表示。其中“失效率”是相当重要的标志。“失效”与“可靠”是作为一对矛盾的两方面出现的，必须了解失效的原因和规律。事物可能由于各种原因失效，但其中失效的规律却具有某种共性。参照相关理论，通过对实施过程的研究，失效的全过程一般可分三个阶段：早期失效、偶然失效和耗损失效。有些情况下的条例或事物失效率高，却并不一定说明不合理，切忌因此而轻易地做出重大的改变。了解了这一点，决策者应该在对条例等规则性的文件做出必要的修正的同时，要坚持执行下去。偶然失效是指开始实施时可能遇到阻力，但是在运行一段时间后开始步入正轨。此时，条例充分发挥着它的有效功能，但在后续很长时间里主观条件和客观条件都发生变化后，条例开始不适合当下环境，可以将这种现象理解为“老化”，它又进入了耗损失效阶段，这时需要新的政策取而代之。由于在图像上像一个浴盆，所以形象地称之为“浴盆曲线”。当然，可靠性分析的内容不止于“浴盆规律”，其他如运用“容错技术”“冗余技术”等来提高决策的可靠性，也是十分重要的。

（8）普遍实施

这是决策程序所有环节中的最终阶段。经过前一阶段的测试，预选出的程序的可靠性程度通常很高。但是，在程序执行的过程中仍可能出现与期望目标偏离的各种各样的情况。因此，反馈工作十分重要，这就需要跟踪调查的方法。它至少要具备三方面的要求：①制定规章制度；②运用规章制度来分析评价实施情况；③及时指出需要改正的地方，避免偏差过大。如果条件发生重大变化，以至需要更换目标时，那就必须进行“追踪决策”。

以上就是科学决策程序的八个阶段。应该注意的是，不能教条地理解和对待这个程序，它只是一般的行动指南。在具体情况下允许各段有所交叉，同时在不同的决策中，省略某个阶段也是允许的。

9.2.2 国防科技创新系统 IDSS 七库定义

9.2.2.1 数据库

数据库系统是一个由各个部分高度组成的整体。这些组成部分分别为数据库、数据库管理系统、用户和计算机系统。数据库具有独立性、最小冗余度、统一的数据管理、完善的数据控制功能等特点。在决策支持系统中，信息流最开始的出发点是客观事物，转变之后抽象成客观的信息，这些信息的集合汇聚到数据库进行管理，通过控制决策系统，最后反馈处理信息，回归到对客观事物的控制。上述循环过程涉及三个世界：客观世界、观念世界和数据世界。客观世界是我们所了解的客观事物融合的世界，所以它是信息来源，即本源；设计数据库的过程是在参考客观现象的基础上进行的，所以客观世界是数据库涉及的开端；数据库的开发目的是更好地管理信息，动态地分析客观变化，最终更好地控制客观事物，所以数据库是服务于客观世界的。观念世界是作为实体的事物在人们心中的主观映象。观念世界中实体模型和数据模型具有密切的联系，实体是数据的来源，受数据影响。数据世界是观念世界中各种各样形式的信息的数据表达，客观世界中的事物及其联系，在数据世界中用数据模型描述。

在决策支持系统中，数据库设计一般由辅助数据库组成，这个辅助数据库是二级数据库，它由数据所取部件按照功能结构连接，如图 9-5 所示。

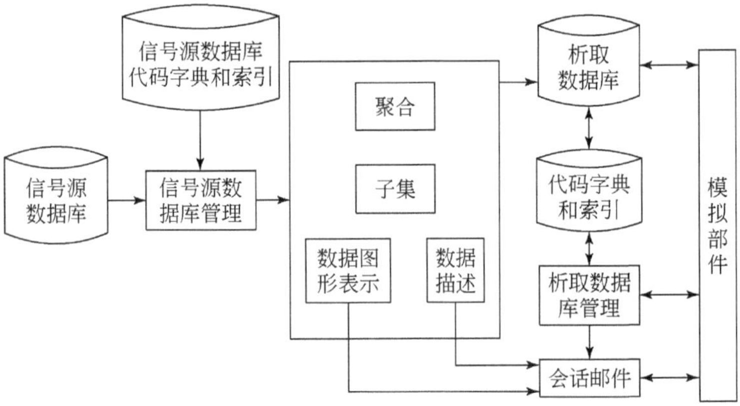

图 9-5　决策支持系统数据库设计

在图 9-5 中，源数据库是大型的，它的存储容量能够达到数百万字节，甚至数亿字节，一般情况下逻辑文件会有各种各样的格式。

源数据库的数据库管理系统及相关的代码字典与相关内容的索引是数据提取组件的首要部分。这些组件具有四个数据提取操作，分别是数据描述、子集、聚合及显示，这些操作最基本的特点是能够连接到用户。源数据库文件的表达方式为数据描述语言。站在用户的角度上来看，有两种数据描述非常重要，即数据子集和聚合操作。用户在收集源数据库子集的后续操作中需要计算数据项目，并且这些新的项目应使用子集、存储子集或者新的数据。从源数据库中选择字段或某些特定的文件，进行子集操作并允许算术和逻辑决策。聚合操作的功能包括对字段求和、计算、连接等。聚合和子集操作需要格式转换，因为文件有不同的格式。通常，源数据库中的数据需要转换数据类型格式，这些格式一般是由聚合和子集语言提供的。

经过聚合和子集产生一个使用决策支持系统的析取数据库。数据显示操作是数据提取中的一部分，而决策支持系统会话组件用于数据提取的显示操作。为了支持决策支持系统，提取数据库及索引数据管理系统。数据提取结合了数据库管理系统的功能（如询问、保护、后援）。数据提取具有析取数据库的作用。它反映了决策支持系统数据管理的要求，即减少数据、细目的变化等级，减少信号源的分类，减少决策支持系统部件接口，减少对用户接口的分类，使用数据抽取的决策支持系统实现在各种计算机结构上。

在小型计算机上，数据的定义、聚合和子集可以作为一个独立的系统，用于为决策支持系统生成分离数据库。数据提取组件通常是资源分时共享的。提取数据库存储在本地系统中，而源数据库保存在中央计算机或“共享文件”系统中。可以看出，建立一个决策支持系统的过程里，数据库管理系统既作为一个必要条件又作为一个充分条件。

9.2.2.2 模型库

模型库系统是智能决策支持系统的重要组成部分，具有核心地位。模型库系统负责建立决策模型，通过帮助决策者解决问题、检查备选计划及加强预测能力等一系列手段来使管理者的决策行为更加切合实际、有理有据。模型库、模型库管理系统及模型字典共同组成了模型库系统。

其中许多计算机的程序及各种模型的模块构成了模型库，模型库的类型包括：①通用模型库。这种模型库里的模型建立均是用户自主编制，模型库系统只提供高级语言和专用语句对其进行串联。这些模型的求解法则大多是已设定或已有的系统算法。②专用模型库。针对一些专属领域或专属决策者习惯进行设计的模型库，用户端可以直接引用设定模型，这些模型的求解法则也是固定不可变的，比起通用模型库省略了模型创建的过程。③智能模型库。省略了通用模型库用户建立模型的过程，比专用模型库更具灵活性，用户只需针对不同的问题进行陈述，智能模型库便可以调用元模型及问题识别器自动分析问题特性，从而实现模型处理的整个流程。模型库管理系统是对模型的建立、运行和维护进行集中控制的系统，一般模型库系统的功能包括四个部分：①建立和维护模型模块，模型算法的建立与保存、定期更新模型存储、对于原有经典模型的新陈代谢。②提供调用模型的语言工具和执行模块的组合及运行。③与数据库联结，实现模型的输入、输出和中间结果存取的自动化；与智能数据库的联结，实现智能化数据模型管理。④模型库系统与方法库的联结可以实现目标抓取、方法适用性及灵敏度分析和模拟仿真智能等。模型字典是模型及模型模块的详细说明，是模型库及模型管理系统赖以生存的基本，用户和系统分析员可用以查询模型库的内容和基本模型信息的调用。

9.2.2.3 方法库

方法库为决策支持系统的模型求解过程提供了多种方法支持，它包含常用的数学算法和应用，是随着决策支持系统的发展而从模型库中分离出来的。方法库管理系统的主要功能是对方法进行增加、删除、查询和检索，也可根据不同决策者的需求选取合适的方法来建立方法库。如何将程序和数据结合起来是这个过程的难点，增强程序与数据表达方式的适应性和灵活性是解决这个问题的关键。方法库、方法库管理系统及方法库字典共同构成了方法库系统。

方法库的功能包括方法存储、命名、分类、存储和调用，其通用性和灵活性较强，可根据模型库中模型字典的不同算法进行实时调整，方法库管理系统是集中控制方法模块的软件系统，它利用方法库中的方法进行合成、分析、执行、衔接及保护，是方法库进行应用的系统及基础。方法库系统的设计包括两部分：基本子系统和用户子系统，基本子系统存放方法库字典和调用规则，用户子系统进行个性化调用服务及方法选取操作。方法库字典中存放与方法本身有关的信息，如方法的分类信息、方法功能、方法的使用范围等。方法库字典的作用包括方法程序登录、提供系统所必需的信息，便于建立方法库与数据库之间的衔接等。

9.2.2.4 知识库

知识库系统通过使用原先存储的知识来解释新输入数据，从而验证它的功能。知识库系统的主要功能有知识表示、知识利用、知识获取。知识库系统的构造如图 9-6 所示。

知识库是数据库系统逐渐完善的产物，它能够加强数据库模型在语义表达方面的弱势，使得数据库具有一定的推理能力，在语义发展的同时已经提出许多在原有模型库基础上更抽象的概念模型，提高了数据库系统的应用广泛性。在未来发展中，知识库对模型库的补充作用将与人工智能进行对接，使得模型库系统可

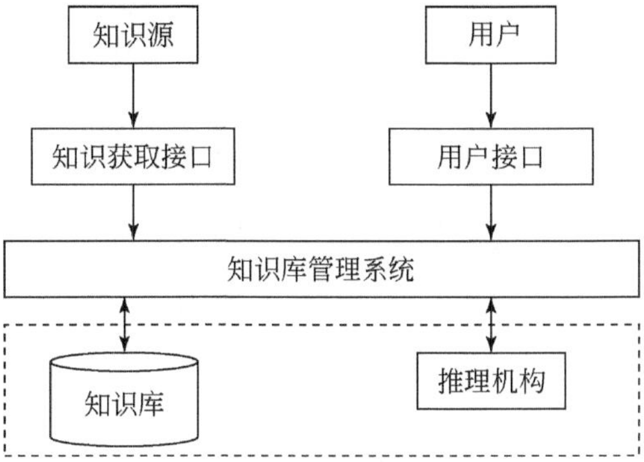

图 9-6　知识库系统

以完成行为甚至智力控制等问题，即智能建立知识库来指挥模型库的调用。在这个意义上，各种语言的处理将人工智能与数据库系统联结在一起，就是知识库系统未来研究与开发的方向。

9.2.2.5　规则库

模糊控制是模糊逻辑控制的简称，其相关学科包括模糊集合理论、模糊变量、模糊推理及计算机数字控制等。模糊控制从属于智能控制的范畴，是一种非线性控制理论，具有大量的应用背景。规则库即是由模糊规则库发展而来的概念，是由实际控制到模糊控制发展的关键。在决策支持系统中的规则库，是由人类专家经验及智能规则设置中发展而来的，是针对支持决策的规则来建立的。

智能决策支持系统的规则库也是一种基于计算机知识逻辑推理的方法支持库，是描述某一领域知识的一组生产规则，基于规则库的推理方式包括正向推理和逆向推理。正向推理即是由条件推结果，逆向推理即是由结果推条件，转化为计算机语言，如 IF、ELSE、WHEN、WHILE 循环、模式识别等。规则库的内容发展如图 9-7 所示。

9.2.2.6　图形库

传统意义上的图形库是指一个用于在显示器上渲染计算机图形的程序库。通常是通过优化函数来执行图层渲染的任务。这些操作完全可以在软件层面上进行，通过中央处理器（central processing unit，CPU）进行计算，常见于嵌入式系统；或者直接由图形处理器（graphics processing unit，GPU）进行硬件加速，常见于家庭计算机的显示。使用函数程序可以将图像呈现于显示器，可以便于程序员通过优化函数算法来优化图像显示。而智能决策知识系统中的图形库，不仅是计算机技术还是一个人机交互界面。人机交互界面将用户与数据库模型库和知识

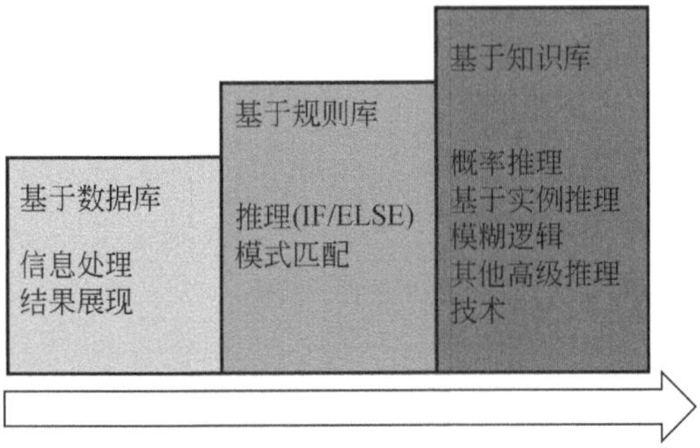

图 9-7　规则库

库方法库联系起来，通过控制 IDSS 的人机交互从而实现对图形库的操作。智能决策知识系统图形库主要是各种图形的集合。建立智能决策支持系统的过程中图形库是必不可少的。它可使人机界面友好，大量的数据结果可用图形显示。图形库管理系统的主要功能是图形的自动生成、图形的增加和删除、图形查询等，是 IDSS 不可缺少的一部分。

9.2.2.7　文本库

文本库是指一个存储高度非结构化、半结构化数据的数据库系统。文本数据作为信息的主要载体，表现形式包括电子邮件、社交评论、新闻资讯、书刊杂志等，成为人们获取外界信息的主要来源之一。文本库的建立除了现有信息的整合，也离不开文本智能计算。利用计算机学、自然语言学和统计学等相关学科的知识和技术，从庞大的文本信息中获取隐含的、具有价值的、可理解的知识，为文本库的建立和更新提供了重要途径。智能决策知识系统中的文本库，将智能计算融入文本库的建立和设计中。利用智能算法，如神经网络、基于案例的推理、可能性推理等，并结合文字处理技术，可分析大量的非结构化文本源（如文档、电子表格、客户电子邮件、问题查询、网页等），抽取或标记关键字概念、文字间的关系，并按照内容对文档进行分类，获取有用的知识和信息，实现从大量文本数据中抽取事先未知的、可理解的、最终可用的知识的过程，从而为生产生活等实践过程提供信息支持。

9.2.2.8　问题求解链

问题求解链属于 IDSS 中总体流程设计中的关键一环，它具有管理编制总控程序和设计人机对话接口的功能。其中，总控程序用于控制整个决策的程序运行及运行方向。这类控制程序是 IDSS 中一组非常重要的指令，它可以使程序具有自主的试错分析和决断能力。执行总控程序是指当 IDSS 中出现需要人为干涉或中断程序时，通过该控制程序来实现 IDSS 的调度。设计人机对话接口的功能主要是为了进行人工智能语言识别系统和决策系统的流程的结合，通过对整个程序的指令发出和最终指令的自主化，使得整个决策流程智能化。

9.2.2.9 国防科技创新生态系统 DSS 平台建设

如图 9-8 所示，国防科技创新生态系统的 DSS 平台建设由上述的七个关键部分有机结合，其中主体建设流程分为两个部分，宏观部分包括确定决策目标、总体流程设计、问题求解链及人机对话设计和部件接口与集成等具体流程，微观部分包括 DSS 中涉及的数据库、模型库、知识库、方法库等六个构建库，将这七个部分进行结合和分解构成详细的 DSS 的设计部分。这为增强国防科技创新生态系统的决策智能属性奠定了理论基础。

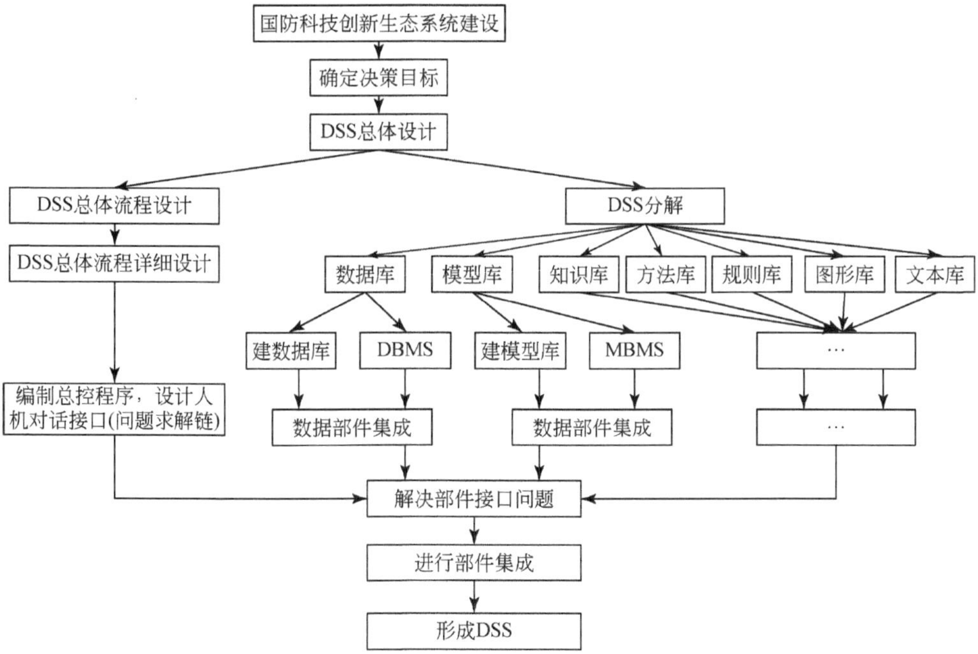

图 9-8 国防科技创新生态系统 DSS 平台建设

9.2.3 国防科技创新 IDSS 模型方法库

在上一小节笔者描述了七库一体的 IDSS，其中模型方法库的结合与优化是最能体现智能与优化的关键环节。故本节通过具体的模型方法库构建来说明，模型库与方法库是紧密不可分割的两个部分，国防科技创新生态系统可用的模型及方法如表 9-1 所示。

表 9-1 国防科技创新生态系统模型方法库

涉及领域	模型与方法
国防创新机制建设	微分对策模型、Pareto 最优决策模式、博弈模型、TRIZ 技术系统进化理论等
国防知识产权价值评估	区块链技术、智力活动规则与方法、数字水印算法、深度学习、任务调度遗传算法、时限 RBAC 模型、ER 算法等
国防科技风险投资	熵值法、TOPSIS 方法、神经网络模型、主成分分析法、因子分析法、ANP 评价法、灰色层次综合评价法、多层次模糊综合评价
国防科技民用转化	模式选择、SWOT 分析、“三静一动”国防科技成果转化体系、区域军民融合创新体系模型等
国防科技经费投入产出与效益提升	主成分分析法、DEA-Tobit、NWR-DEA、灰色关联分析法、平衡记分卡模型等
国防科技创新能力评价	Malmquist 指数法、组合赋权-Topsis 模型、因子分析法、最小二乘法、突变算法、动态合并聚类算法、加速遗传算法等
国防科技核心能力影响因素研究	SEM 验证方法、群组决策法、德尔菲法、层次分析法等
国防科技协同创新绩效评价	3C 框架、模糊综合评价、结构方程模型、因子分析法、组合 DEA 模型、灰色系统理论模型等
国防科技创新人才培育支撑系统研究	内容分析法、灰色系统 GM（1，1）模型、RPPSCD 分析模型、模糊综合评价模型、素质结构模型、结构方程模型等

国防科技创新生态系统是一个巨型系统，针对这个系统的研究具有复杂、演进、开放等特点。本书中第 5 章和第 6 章涉及模糊综合评价模型中的指标体系的初始选择及灰色关联分析法的约简、基于灰色系统 DGM（1，1）$_{\mathrm{atan}}$模型及基于双层犹豫模糊语言 TOPSIS 方法的国防科技创新生态系统评价，第 9 章涉及基于分枝限界法的国防科技人才关键要素提取及基于 *K*-means 的动态合并国防科技人才聚类算法等一系列研究内容，以上章节内容采用了多种模型和方法，是一种综合的运用过程。

在国防科技创新生态系统的 IDSS 原型设计中最重要的环节即为模型库与知识库设计。通常模型库的表示有方程形式、程序形式及逻辑形式，本书在实践过程中用程序形式来表达国防科技创新生态系统研究过程所用到的所有模型，其中模型库的组织用四类文件表达，所有文件通过模型库的字典库和文件库进行组织、存储和管理。表 9-2 是模型库中模型字典的数据库表达。

表 9-2　国防科技创新生态系统 IDSS 原型系统模型字典规范

模型名称	模型编号	源程序名	目标程序名	数据说明文件名	数据描述文件名
相关分析模型	M01	PCC. m	PCC. exe	PCC. hlp	PCC. txt
TOPSIS 模型	M02	TOP. m	TOP. exe	TOP. hlp	TOP. txt
模糊综合评价模型	M03	FCE. m	FCE. exe	FCE. hlp	FCE. txt
匹配模型	M04	KM. m	KM. exe	KM. hlp	KM. txt
重要度模型	M05	ID. m	ID. exe	ID. hlp	ID. txt
灰色预测模型	M06	DGM. m	DGM. exe	DGM. hlp	DGM. txt
贝叶斯分类器模型	M07	BAY. m	BAY. exe	BAY. hlp	BAY. txt
层次聚类模型	M08	HC. m	HC. exe	HC. hlp	HC. txt
谱系聚类模型	M09	AC. m	AC. exe	AC. hlp	AC. txt
支撑向量机模型	M10	SVM. m	SVM. exe	SVM. hlp	SVM. txt
相似度聚类模型	M11	SD. m	SD. exe	SD. hlp	SD. txt
关联规则模型	M12	APR. m	APR. exe	APR. hlp	APR. txt
APRIOR 模型	M13	AP. py	AP. exe	AP. hlp	AP. txt
微分对策模型	M14	DC. py	DC. exe	DC. hlp	DC. txt
Pareto 最优决策模式	M15	POD. py	POD. exe	POD. hlp	POD. txt
博弈模型	M16	GM. py	GM. exe	GM. hlp	GM. txt
TRIZ 技术系统进化理论	M17	TRIZ. py	TRIZ. exe	TRIZ. hlp	TRIZ. txt
区块链技术	M18	BCT，py	BCT. exe	BCT. hlp	BCT. txt
智力活动规则与方法	M19	IAR. py	IAR. exe	IAR. hlp	IAR. txt
数字水印算法	M20	DW. py	DW. exe	DW. hlp	DW. txt
深度学习	M21	DL. py	DL. exe	DL. hlp	DL. txt
任务调度遗传算法	M22	TSGA. py	TSGA. exe	TSGA. hlp	TSGA. txt
时限 RBAC 模型	M23	RBAC. py	RBAC. exe	RBAC. hlp	RBAC. txt
ER 算法	M24	ERM. py	ERM. exe	ERM. hlp	ERM. txt
熵值法	M25	EM. py	EM. exe	EM. hlp	EM. txt
TOPSIS 方法	M26	TOPSIS. py	TOPSIS. exe	TOPSIS. hlp	TOPSIS. txt
HOPFIELD 模型	M27	HF. py.	HF. exe	HF. hlp	HF. txt
主成分分析法	M28	PCA. py	PCA. exe	PCA. hlp	PCA. txt
因子分析法	M29	FA. py	FA. exe	FA. hlp	FA. txt
ANP 评价法	M30	ANP. py	ANP. exe	ANP. hlp	ANP. txt
灰色层次综合评价法	M31	GHCE. py	GHCE. exe	GHCE. hlp	GHCE. txt

续表

模型名称	模型编号	源程序名	目标程序名	数据说明文件名	数据描述文件名
多层次模糊综合评价	M32	MHFCE. py	MHFCE. exe	MHFCE. hlp	MHFCE. txt
DEA-Tobit	M33	DEAT. py	DEAT. exe	DEAT. hlp	DEAT. txt
灰色关联分析法	M34	GR. py	GR. exe	GR. hlp	GR. txt
动态合并聚类算法	M35	GMC. py	GMC. exe	GMC. hlp	GMC. txt
平衡记分卡模型	M36	BSC. py	BSC. exe	BSC. hlp	BSC. txt
Malmquist 指数法	M37	ME. py	ME. exe	ME. hlp	ME. txt
突变算法	M38	MA. py	MA. exe	MA. hlp	MA. txt
加速遗传算法	M39	AGA. py	AGA. exe	AGA. hlp	AGA. txt
群组决策法	M40	GD. py	GD. exe	GD. hlp	GD. txt
组合 DEA 模型	M41	CDEA. py	CDEA. exe	CDEA. hlp	CDEA. txt
RPPSCD 分析模型	M42	RPPSCD. py	RPPSCD. exe	RPPSCD. hlp	RPPSCD. txt
灰色系统 GM（1，1）模型	M43	GM. py	GM. exe	GM. hlp	GM. txt
内容分析法	M44	CA. py	CA. exe	CA. hlp	CA. txt
素质结构模型	M45	QS. py	QS. exe	QS. hlp	QS. txt

以上模型可以在自定义的模型库管理系统下统一调用和运行，可以完成模型管理语言（MML）、模型运行语言（MRL）和数据接口语言（DIL）的功能。为了方便输出结果的可视化显示，在国防科技创新生态系统管理过程中形成的所有知识库可以用规则、语义网络、框架等多种形式表达。知识的推理可以根据实际情况采用钱学森大成智慧体系中的推理体系及搜索体系进行知识的匹配。

9.3 国防科技创新人才决策支持系统原型设计

9.2 节给出了国防科技创新生态系统七库一体的智能决策支持系统平台架构，而国防科技竞争归根到底势必要表现在国防科技创新人才的竞争上，国防科技创新人才的数量及质量，最终直接决定了一个国家国防科技竞争实力的高低，因而国防科技创新生态系统中的创新人才资源是重要的科技生态创新资源。本节将对国防科技创新生态系统中重要的创新人才资源进行具体的数据模块及模型模块的阐述，以期能够对国防科技创新生态系统七库一体的智能决策支持系统平台架构进行人才资源案例分解。

9.3.1 国防科技创新人才数据模块

本数据模块为国防科技创新人才系统七库一体的基础模块，由多个基础数据库及一个数据仓库构成。基础数据库主要包括国防科技创新人才档案数据库、国防科技创新人才七商测评数据库、国防科技创新人才七商等级数据库等，除基础数据库外还包括在人才系统需求分析模块的基础上对数据库进行详细设计的数据表单，如登录信息表、单位表、人才管理员表、部门信息表、系统表、各类量表、维度表、题目表、答题表、组卷表、测评分数表、部门任务表、人才任务表等。主要的基础数据库的数据结构如表 9-3 ~ 表 9-5 所示。

表 9-3　国防科技创新人才档案数据库

字段名	类型	属性	约束	描述
国防科技创新人才 ID	整型	非空	主键	现状态
性别	逻辑型	非空	—	—
籍员	字符串型	非空	—	现状态
电话	字符串型	非空	—	现状态
邮箱	字符串型	非空	—	可多填
身份证号码	字符串型	非空	候选键	现状态

表 9-4　国防科技创新人才七商测评数据库

字段	类型	属性	约束	描述
1. 人才 ID	数值型	非空	主键	现状态
2. 健康认知反应	字符串型	非空	—	（1）健康意识
3. 健康情趣	字符串型	非空	—	
4. 健康意志	字符串型	非空	—	
5. 生活规律	字符串型	非空	—	（2）自理能力
6. 营养搭配	字符串型	非空	—	
7. 体育运动量	数值型	非空	—	
8. 良好的卫生习惯	字符串型	非空	—	
9. 心理健康	字符串型	非空	—	
10. 心血管耐力	数值型	非空	—	（3）身体素质
11. 肌肉力量和耐力	数值型	非空	—	
12. 柔韧度	字符串型	非空	—	

续表

字段	类型	属性	约束	描述
13. 速度	数值型	非空	—	（4）运动协调能力
14. 反应	数值型	非空	—	
15. 爆发力	数值型	非空	—	
16. 灵敏性	数值型	非空	—	
17. 协调性	数值型	非空	—	
18. 平衡能力	数值型	非空	—	
19. 生理遗传	字符串型	非空	—	（5）父母遗传基础
20. 家庭教育	字符串型	非空	—	
21. 学历教育	字符串型	非空	—	（6）受教育程度
22. 非学历教育	字符串型	非空	—	
23. 注意力的广度（范围）	数值型	非空	—	（7）注意力、观察力水平
24. 注意力的稳定性	数值型	非空	—	
25. 注意力的分配能力	数值型	非空	—	
26. 注意力的转移速度	数值型	非空	—	
27. 全面性	字符串型	非空	—	
28. 能动性	字符串型	非空	—	
29. 细致性	字符串型	非空	—	
30. 准确性（由表及里）	字符串型	非空	—	
31. 理解力	字符串型	非空	—	（8）逻辑思维能力
32. 分析力	字符串型	非空	—	
33. 综合力	字符串型	非空	—	
34. 概括力	字符串型	非空	—	
35. 抽象力	字符串型	非空	—	
36. 比较力	字符串型	非空	—	
37. 推理力	字符串型	非空	—	
38. 判断力	字符串型	非空	—	
39. 短期记忆力	字符串型	非空	—	（9）记忆力水平
40. 中期记忆力	字符串型	非空	—	
41. 长期记忆力	字符串型	非空	—	
42. 对环境的应变能力	字符串型	非空	—	（10）应变能力
43. 对对手的应变能力	字符串型	非空	—	

续表

字段	类型	属性	约束	描述
44. 再造想象思维	字符串型	非空	—	（11）想象力水平
45. 创造想象思维	字符串型	非空	—	
46. 语言理解能力	字符串型	非空	—	（12）语言理解及表达能力
47. 口语表达能力	字符串型	非空	—	
48. 文字表达能力	字符串型	非空	—	
49. 知识选择能力	字符串型	非空	—	（13）知识获取能力
50. 主动学习能力	字符串型	非空	—	
51. 知识储备的系统程度	字符串型	非空	—	（14）知识存储量
52. 知识储备的开放程度	字符串型	非空	—	
53. 知识的凸显能力	字符串型	非空	—	
54. 知识表达能力	字符串型	非空	—	（15）知识运作能力
55. 知识运用能力	字符串型	非空	—	
56. 知识创新能力	字符串型	非空	—	
57. 积极责任	字符串型	非空	—	（16）社会责任感
58. 消极责任	字符串型	非空	—	
59. 对他人的无私帮助	字符串型	非空	—	（17）奉献精神
60. 对科研的奉献精神	字符串型	非空	—	
61. 工作投入度	数值型	非空	—	（18）敬业程度
62. 科研深入度	数值型	非空	—	
63. 生活诚信度	数值型	非空	—	（19）诚信水平
64. 学术诚信度	数值型	非空	—	
65. 对自身情绪的把握能力	字符串型	非空	—	（20）情绪认知能力
66. 对他人情绪的把握能力	字符串型	非空	—	
67. 自身情绪的适当表达	字符串型	非空	—	（21）情绪表达能力
68. 自身情绪感染力	字符串型	非空	—	（22）情绪运用能力
69. 自我激励能力	字符串型	非空	—	
70. 交际能力	字符串型	非空	—	
71. 自身情绪的控制能力	字符串型	非空	—	（23）情绪控制与调节能力
72. 自身情绪的调节能力	字符串型	非空	—	
73. 生活独立程度	字符串型	非空	—	（24）个人独立程度
74. 思想独立程度	字符串型	非空	—	

续表

字段	类型	属性	约束	描述
75. 完成目标的主动性	字符串型	非空	—	（25）对待事物的主动性
76. 人际交往的主动性	字符串型	非空	—	
77. 自我约束能力	字符串型	非空	—	（26）自身行为把控能力
78. 自我调整能力	字符串型	非空	—	
79. 自我表达	字符串型	非空	—	（27）自信程度
80. 自我尊重	字符串型	非空	—	
81. 自我理解	字符串型	非空	—	
82. 决策制定的果断程度	字符串型	非空	—	（28）决策执行力
83. 决策适时的坚持程度	字符串型	非空	—	
84. 适应力	数值型	非空	—	（29）抗压能力
85. 容忍力	数值型	非空	—	
86. 耐力	数值型	非空	—	
87. 战胜力	数值型	非空	—	
88. 对自身的定位	字符串型	非空	—	（30）处位能力
89. 对他人的定位	字符串型	非空	—	
90. 正确的评估能力	字符串型	非空	—	（31）决策能力
91. 精确的预测能力	字符串型	非空	—	
92. 准确的决断能力	字符串型	非空	—	
93. 组织能力	字符串型	非空	—	（32）组织协作能力
94. 协调能力	字符串型	非空	—	

表 9-5　国防科技创新人才七商等级数据库

字段名	类型	属性	约束	描述
国防科技创新人才 ID	整型	非空	主键	现状态
所属单位	字符串型	非空	—	现状态
国防科技创新人才等级	整型	非空	—	1. 国防战略人才 2. 一般战略人才 3. 潜在战略人才 4. 普通人员
是否完成	布尔型	非空	—	具体进度
完成日期	日期型	非空	—	具体现状

以上基础数据库可以根据雪花模型的数据结构按照人才等级主题构成人才决策数据仓库（TDDW），该数据仓库系统由源数据表单、仓库管理（包括 ETL、数据仓库管理工具、元数据）、数据仓库（包括以不同时间为粒度的历史数据、当前数据、综合数据）、分析工具（用户查询工具、OLAP 工具、DM 工具）构成；其中国防科技创新人才决策支持系统数据仓库的记录系统由五个字段构成，分别为主题名、属性名、数据源系统名、源表名、源属性名。在进行物理模型设计时，可以通过 B-TREE 索引及 Bit-Wise 技术建立具体的数据存放和存储分配的位置。具体国防人才数据仓库的实现可采用 Microsoft- SQL ServerPlato 和 Data Transformation Services 来实现数据仓库的构建、运行与维护。国防科技人才决策支持系统数据仓库结构具体如图 9-9 所示。

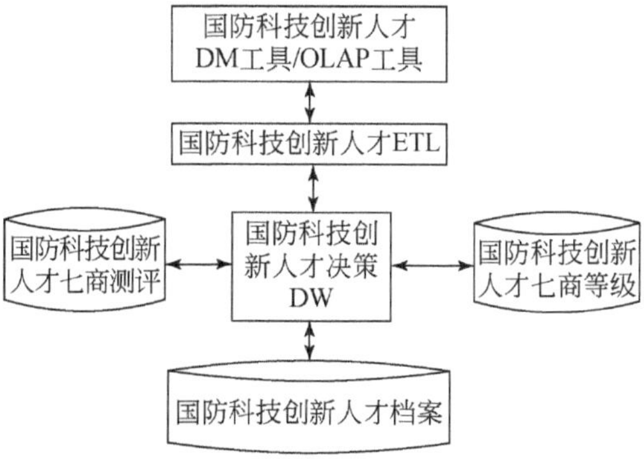

图 9-9　国防科技人才决策支持系统数据仓库结构

9. 3. 2　国防科技创新人才模型与知识模块

国防科技创新人才决策的主要功能包括国防科技创新人才的匹配与评价问题、国防科技创新人才的关键要素挖掘问题、国防科技创新人才的成长规律探究问题、国防科技创新人才的鉴别与发展模式问题。这些问题涉及 13 种量化模型，具体为模糊-灰色理论、ANP 综合评价、模糊关联分析、复杂社会网络分析、Bayes 分类分析、层次聚类分析、马尔可夫链预测、蛙跳模因演优化算法、粗糙集分类器、Aprior 关联分析、深度学习神经网络、极限学习机及支撑向量机的模型构建与仿真，这些模型通过统一的模型库管理系统（MBMS）构建与管理。在国防科技创新人才决策支持系统 GKCRIDSS 原型设计中最重要的环节即为模型与知识库设计。通常模型库的表示有程序形式、方程形式及逻辑形式，国防科技创新人才模型库管理系统由文件库和字典库构成。具体的国防科技创新人才决策支持系统 GKCRIDSS 原型设计如图 9-10 所示。

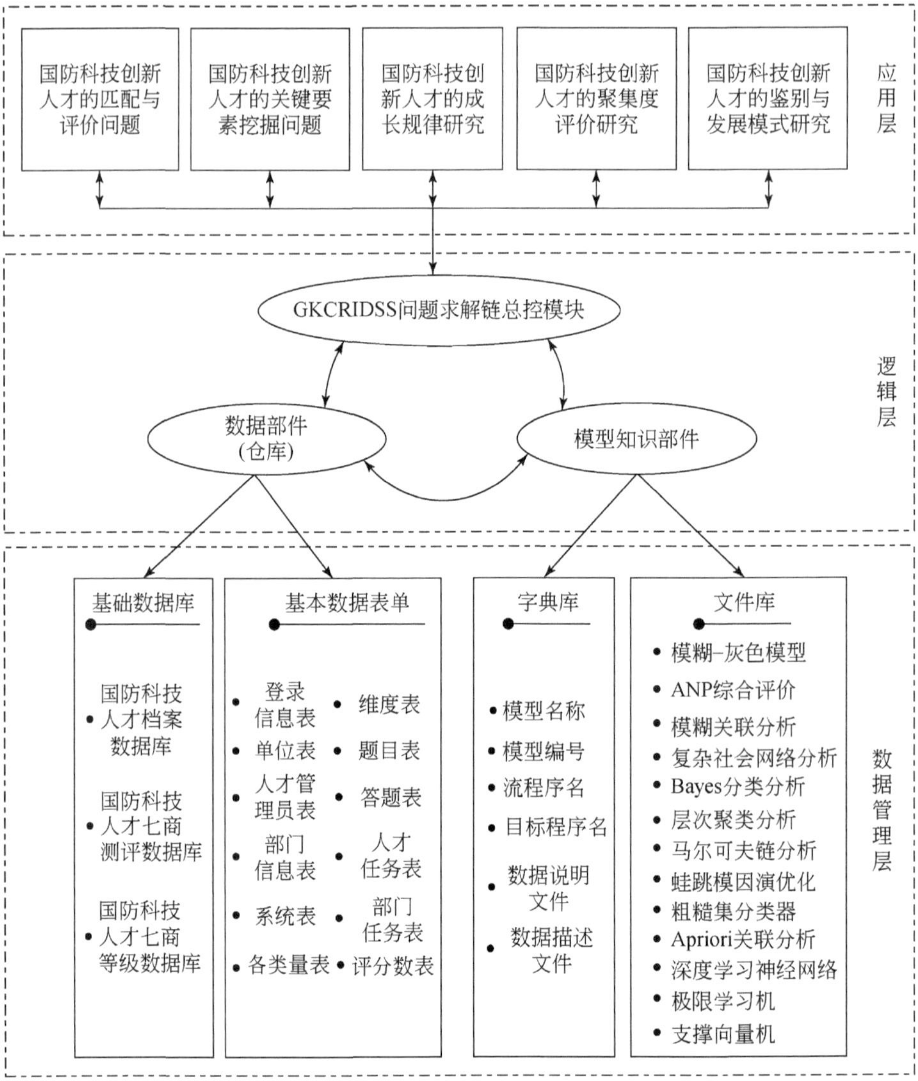

图 9-10　国防科技创新人才决策支持系统 GKCRIDSS 原型设计

在实验过程中，将国防科技创新人才全生命周期过程中使用的 13 种模型以程序形式表达出来。模型库的组织由四种类型文件表示，所有文件都通过模型库的字典库和文件库进行组织、存储和管理。其中模型字典库的数据结构如表 9-6 所示。

表 9-6　GKCRIDSS 原型系统模型字典库的数据结构

模型名称	模型编号	源程序名	目标程序名	数据说明文件名	数据描述文件名
模糊-灰色理论	M01	FG. m	FG. exe	FG. hlp	FG. txt
ANP 综合评价	M02	ANP. m	ANP. exe	ANP. hlp	ANP. txt
模糊关联分析	M03	FR. m	FR. exe	FR. hlp	FR. txt
复杂社会网络分析	M04	CSNA. m	CSNA. exe	CSNA. hlp	CSNA. txt
Bayes 分类分析	M05	BA. m	BA. exe	BA. hlp	BA. txt
层次聚类分析	M06	HCA. m	HCA. exe	HCA. hlp	HCA. txt
马尔可夫链分析	M07	MCE. m	MCE. exe	MCE. hlp	MCE. txt
蛙跳模因演优化算法	M08	FMOA. m	FMOA. exe	FMOA. hlp	FMOA. txt
粗糙集分类器	M09	RS. m	RS. exe	RS. hlp	RS. txt
Apriori 关联分析	M10	AA. m	AA. exe	AA. hlp	AA. txt
深度学习神经网络	M11	DL. m	DL. exe	DL. hlp	DL. txt
极限学习机	M12	EL. m	EL. exe	EL. hlp	EL. txt
支撑向量机	M13	SVM. m	SVM. exe	SVM. hlp	SVM. txt

在自定义的模型库管理系统下统一调用和运行以上模型，能够有效实现数据接口语言（DIL）、模型管理语言（MML）、模型运行语言（MRL）的模型建立、调度与综合管理的功能。其中数据接口语言完成 13 种国防创新人才模型与人才数据仓库的接口，数据接口语言可以是专用的适合 Matlab 或 Python 语言编写的模型；模型运行语言完成对 13 种模型的存储管理及对模型的查询和维护，同时包括对人才文件库和人才字典库的管理；模型运行语言完成对单模型的调用、运行及 13 种模型的组合运行。为了方便输出结果的可视化显示，知识的推理过程能够按照实际的情况运用钱学森大成智慧体系中的一些推理及搜索体系实现知识的匹配。在国防科技创新人才全生命周期管理过程中由以上所有模型调用数据仓库运行后所形成的所有知识库可以用产生式规则、语义网络、框架、过程性知识、谓词逻辑及集合等多种形式表达。在知识库进行推理时用到的搜索技术可采用状态空间表示法、深度优先搜索法和启发式搜索。其中状态空间表示法用状态和算符来表示问题，状态用以描述问题求解过程不同时刻对应的即时状态；算符表示对状态的具体操作，算符的每一次操作会使问题由当前状态变换为另一种状态，适用于语义网络和过程性知识的推理搜索；深度优先搜索法从初始状态开始，利用算符生成搜索树的下一层的任意一个节点，检查目标节点是否已经出现；若此时未出现，就以此节点再利用一个算符生成该搜索树再下一层的任意一个节点，然后再检查此时目标节点是否出现，若仍未出现，继续以上操作过程，

一直进行到叶子节点，当此叶子节点仍不是目标节点时，回溯到树的上一层，取另一可能树扩展搜索的分支，生成新的状态节点；若仍不是目标，采用相同的回溯办法回退到上层树节点，再扩展出可能的分支生成新状态节点；如此一直下去，直到目标节点出现。这种方式适用于产生式规则和框架的推理搜索。启发式搜索要用到问题自身的某些特性信息（如节点重要度等），以指导搜索朝着最有希望的方向前进，这种方式适用于谓词逻辑和集合的推理搜索。其中所用的知识库推理规则及搜索技术如表 9-7 所示。

表 9-7　GKCRIDSS 原型系统知识库、推理规则与搜索技术关系

知识库形式	产生式规则	语义网络	框架	过程性知识	谓词逻辑	集合
对应的推理规则	假言推理	概念和关系的联想	填槽	算法	合一算法归结原理	隶属度 近似度
搜索技术	深度优先搜索法	状态空间表示法	深度优先搜索法	状态空间表示法	启发式搜索	启发式搜索

由此，构成国防科技创新人才决策支持系统 GKCRIDSS 的主体数据库、模型库及知识库子系统，为 GKCRIDSS 的开发、运行及管理提供数据与模型支撑。

国防科技创新作为在国防科技领域的创造与变革的主要关键活动，是建设创新型国家强大国防的一个重要方面，而目前国防科技创新人才的缺乏是国防科技创新活动中最显著的问题，而以往文献针对国防科技创新人才的研究大多停留在定性分析层面，缺少系统定量研究成果，更缺少信息化技术支撑下的国防科技人才系统决策方案。综合运用管理科学、军事系统科学、机器智能的思想、理论、技术和方法，按照定性分析、数据方案设计、定量模型设计、仿真与实证分析、决策支持系统原型构建出国防科技创新人才全生命周期研究体系，形成科学规范的决策框架，将对我国国防科技创新人才的培养具有重要的理论指导意义和实际应用价值。

第 10 章 国防科技创新生态系统完善与提高

国防科技创新生态系统研究是一个复杂的、演化的开放巨系统，研究过程中涉及评价指标体系的初始选择及约简过程、基于 DGM（1，1）$_{atan}$模型及基于双层犹豫模糊语言 TOPSIS 方法的国防科技创新生态系统评价、基于人工智能技术 Apriori 指标关联分析及智慧军营的建设等，是多种研究方法综合运用的过程。在研究过程中力求做到文献分析与数据分析相结合，定性与定量相结合、模型构建与数据仿真相结合，具体实施了国防科技创新生态系统的统筹规划、创新基础、平台搭建、人才队伍、体制机制等方面的系统研究。其中，统筹规划涉及基础支撑力和资源配置力的建设，创新基础涉及科技创新力的建设，平台搭建涉及成果转化力的建设，人才队伍涉及人才保障力的建设，体制机制涉及制度保障力的建设。本章从系统特征的角度出发，分别给出了基础支撑力、资源配置力、制度保障力、科技创新力、人才保障力、成果转化力的完善与提高的具体策略和建议。

10.1 基础支撑力的完善与提高

基础支撑力主要指对我国国防科技创新生态系统的发展和完善有影响的资源的投入，主要包括科研经费投入、国防软硬件的采购投入以及军工企业科研补贴以及科研人数。在基础支撑力下设的各指标中，高等院校和科研机构的经费投入的指标权重最大，其次是先进国防软件的采购投入指标。针对基础支撑力，提出以下几点建议。

(1) 确保科研工作的高效运作，全面提高科技资金的使用效率

首先，政府要在国防经费支出的承受范围内，最大限度地增加国防科研经费的投入量，为不断完善国防科技创新生态系统提供鼎力支持，保证国防科研工作有足够的资金支持；其次，政府要引导企业合理增加研发投入，同时注重完善企业技术创新的相关金融政策，对企业自主创新形成有效激励；此外，政府还应提高和改善金融机构对科技创新的服务水平和服务能力，通过设立风险投资基金、天使基金等，加大资本市场对科技创新活动的支持力度，缓解政府的资源投入压力，减少政府干预力度，发挥政府引导作用。

（2）优化资源配置

政府要鼓励创新企业进行原始创新，聚焦长期效益。通过财政补贴等手段，鼓励创新企业加大对基础层次和颠覆性技术的研发力度。同时，根据实际情况降低政府补贴的门槛条件，重视具备一定科研能力的成立初期的创新企业，对项目资助条例进行优化，做到高效配置创新资源，大力唤醒创新企业的科研活力。改善政府对科研项目的资源配置情况，特别要注重基础层次创新和应用层次创新项目的配置情况，加速构建以基础层次创新为内核部分，应用层次创新为外部环绕部分的极具动力的国防科技创新生态系统。

（3）实现科研经费多元投入，聚焦资源投入的质量提升

通过强化顶层统筹决策机制，完善政府资源投入制度，做到“重统筹，抓监管”。一方面是要通过税收制度的协调影响，激励企业开展创新活动，增加科研经费投入力度。同时，政府应该酌情修改对大型创新企业获取自主创新活动所得的税前抵扣标准，对重大科研项目研究工作急需购入的重要设施、材料和零部件免征进口关税，为企业创造完善高效的创新环境。另一方面是要构建科研活动细化管理机制。依据实际科研活动具体的活动主体、活动内容及其性质要求，科学合理地针对不同活动情况配置满足活动需求的资源，最大限度地发挥财政补贴的催化作用。

（4）增加先进国防软硬件投入

对于国防科技的物力投入也十分重要，加大先进国防软硬件的投入，学习并改进这些先进技术，在学习的基础上进一步创新；同样，国防顶尖科研工作者所占职工比例、本科及以上从业人员比例及政府对引进优秀人才的优惠待遇力度都表现在国防科研人员对国防科技创新生态系统的影响。国防科技创新生态系统中科研人员待遇的提高，可从安家费、家属安置、住房公积金、职称等方面入手，在可承受范围内加大力度。

10.2 制度保障力的完善与提高

制度保障力主要指的是国家为实现国防科技进步、装备创新发展、国防工业核心能力建设的目标而制定和实施的发展政策与法规，主要包括国家补贴相关政策、国防科技项目管理相关政策、知识产权相关政策、国防科技评价与奖励相关政策。在制度保障力指标中，国防补贴政策法规完善程度指标和国防科技项目管理政策法规完善程度指标最为重要。针对制度保障力指标，提出以下建议。

（1）对国防科技政策法规体系、军民融合法规政策、国防融资的政策法规规范进行完善与发展

这里主要从增加各个法规政策方面入手，全方位地对国防科技的发展进行法律法规的规范与约束。不断优化、保障科技创新的制度环境。政府应加快科技成果转化法、标准化法、反垄断法、公司法及知识产权保护法等法律法规的修订工作，并研究制定商业秘密保护法、职务发明条例等相关制度，完善促进科技创新的法律“软环境”。应更好地发挥引导型、服务型政府在促进科技创新方面的重要作用，在科技政策制定、知识产权保护、市场环境营造、优秀创新人才集聚等方面充分发挥制度供给效能，有效维护国防科技创新生态系统的运行。目前，我国新兴技术与产业领域等的法律与政策尚不完善。因此，应及时出台有关新兴技术的法律法规与政策，并随着实践需求不断更新相关规定，增强法律与政策的针对性与适应性。此外，应注重完善科技创新基础制度，集中科技创新资源，形成制度保障合力，切实保障科技创新的有序进行。

（2）不断完善国防科技奖励政策，坚定落实决心，加大奖励力度

对国防科技政策奖励内容与奖励级别进行完善发展，从增加科技政策奖励法规的数量与级别来提高各行各业对奖励的重视程度，同时基于不断完善的科技奖励法规，加大这些法规政策的落实力度，为国防科技的发展提供保障。

（3）完善财政补贴政策，深入落实财政补贴的落实情况

财政补贴作为国防科技发展的主要资金支持，对国防科技发展有重要影响。所以在对待财政补贴资金方面，既要保障财政补贴的力度又要确保补贴的有效落实，防止资源不足与资源浪费，加强监管部门的监督与惩罚力度，确保财政补贴在法律法规规定的范围内运转。

（4）完善科技创新政策保护体系，将知识产权保护落到实处

最大限度地加强知识产权执法力度，优化科技创新奖惩机制与激励体系；大力开办各类知识产权保护讲座，增强企业、高等院校和科研机构及社会各界公众的知识产权保护意识。政府必须针对知识产权修订相关政策法规，充分激发法律法规的引导作用，为创新企业、高等院校和科研机构的知识产权战略规划方针的制定和实施提供必要的引导，从而进一步增强企业的科技创新维权意识，让知识产权深刻融入企业的发展规划中，并扶持企业在重大、关键领域和颠覆性技术等方面创造和形成自主知识产权。加速科技创新成果转化平台的构建，推动核心技术专利的标准化和规范化，突破科研与市场脱节的局面，促使创新成果转化为生产力。

10.3 资源配置力的完善与提高

资源配置力主要体现政府对国防科技创新生态系统的管理能力，主要包括国防资源的投入、监管和合理配置及军事需求的牵引。在资源配置力中，权重占比较大的指标有：国防科技资源配置机构的管理能力及运行效率、军事需求牵引的力度、国防资源的利用程度。针对资源配置力，提出以下建议。

（1）对国防科技的各方面力量进行科学化、规范化管理，有效地实现各方之间信息传递的对称

政府可设立第三方服务组织，对国防科技核心能力的各方资源、信息的传递进行管理，避免研究与生产脱轨，造成资源的浪费。同时应注意加强国防科技管理人员的素质能力，引入科学的管理方法、大数据库和管理软件，提高对国防科技的预测、调整能力，提高资源的管理水平与效率。

（2）正确引导军事需求对于国防科技创新的牵引力度，利用需求带动国防科技创新生态系统的发展

在国防科技创新生态系统中，军队对创新企业提出军备需求，并提出反馈意见。军队的军备需求不仅为许多成长初期的创新企业提供了加速科研创新成果转化的动力和充足的进行创造性活动所需的资金，还为成长初期的创新企业进行创造性活动的研究方向提供了参考，避免了成长初期的创新企业因为在把握科研方向上的失误，导致企业资金回笼不畅，进而影响企业成长速度，损害企业发展潜力，甚至导致企业从此一蹶不振，被迫只能进行破产清算。为了构建更加健康合理、可持续发展的国防科技创新生态系统，政府应该注意引导军队军备需求对创新企业、高等院校和科研机构进行创造性活动的引导作用，坚定需求导向为核心，牵引我国国防科技创新的有序运行和可持续发展。

（3）提高国防各类资源的利用程度，包括国防资金、社会科技资源等

加强对政府补贴资源使用的审批管理，避免资源闲置量过高造成资源浪费的情况发生。可以通过设立专门的科研资金与资产审批审查部门，对各类国防资源的使用情况进行科学评估和准确预算，避免浪费。提升社会科技资源的使用数量，不仅可以减轻国家在国防方面的巨大资源压力，也有利于全社会整体的资源配置优化。

10.4 科技创新力的完善与提高

国防科技创新能力不仅对国防科技创新生态系统有影响，而且对国防科技成果转化力有直接影响。国防科技创新能力指标主要包括国防领域的专业人才的培养数量、重点实验室数量、科研项目数量、论文及专著数量、专利申请和授予数量及军民融合信息共享程度。其中，计算结果显示，国防类科技专利的数量、军民融合信息共享程度、国防类专业人才的培养数量，这三个指标的权重较大，对科技创新力指标影响也更大。针对科技创新力指标，提出以下建议。

（1）提高国防类人才数量，注重国防类人才培养

作为科技创新的决定性力量，雄厚的科技创新人才资源对我国国防科技创新生态系统不断完善、持续发展有重要作用。因此，要从提高硕士以上从业人数比例与增加国防项目在岗科技人数两方面入手：一方面可以在保障研究生质量的同时，加大国防类院校、专业及研究所的招生力度，增加国防类专业研究所的数量，并保障国防类研究所的待遇，增加国防从业人员比例；另一方面在能力范围内，可以增加国防实验室与研究所的数量，这两类机构机关是国防科技创新的产出单位，增加二者的数量既会增加国防类人才的产出，又会增加国防科技创新的场所与实力。

（2）构建完备的规划计划和统筹管理体系

要想提高国防科技创新力，需要在政府的统筹下，国防部、科学技术部等部门协调管理，对国家安全战略需求、军事需求、技术发展预判进行规划和设计，并将此作为国防科技创新工作的纲领文件，对国防科技创新活动进行指导。

（3）提高对关系国家安全的高风险技术研发工作的重视程度

事关国家安全的颠覆性技术意味着，一旦技术成熟，对现有秩序的威胁极大，会对现在的国家力量产生革命性作用，甚至改变世界局势平衡。目前我国的颠覆性技术创新存在诸多问题：一是颠覆性技术缺乏系统研究；二是颠覆性创新工作的研发环境不佳，容错程度差；三是针对颠覆性技术研发的基础研究投入不足，也缺乏专门机构管理和研究。针对关系国家安全的颠覆性技术，政府应予以极大重视，不仅应设立专门的部门机构进行管理和研发，还应该提供充足的资金支持研发工作。不鼓励失败，但要允许失败，要从失败中寻找经验，更要在失败中树立信心，要坚持开展颠覆性技术的研发工作，守护人民利益，捍卫国家安全。

（4）保持长期稳定的国防投入和资源倾斜

国家安全是人民安居乐业、社会稳定发展的前提。国家安全离不开国防科技发展，国防科技发展更需要充足的国防资金投入和资源倾斜。只有充足的国防投入，国防科技创新才不会变成无源之水、无本之木，才能有足够的实力去进行研究和开发。

（5）提高军民融合信息共享的程度

在信息技术时代，信息共享就显得尤其重要。加强军民融合信息共享的程度，在一定程度上不仅可以避免信息传递的不对称性，还能有效减少人力、物力、财力等有限资源的浪费。

（6）提高科研设施的利用效率

加强科技创新基础设施建设，注重完善核心技术自主创新实验平台及信息基础设施建设，不断提升基础研发、信息采集与处理、信息安全保护等能力。同时，应避免科研设施重复建设和闲置浪费，要通过规范化管理，逐步将国家大型科研基础设施和仪器向社会各界开放，实现其利用效率最大化。

10.5 成果转化力的完善与提高

国防科技成果转化力指标主要指的是国防科技创新成果的商品化、产业化程度和实际应用程度，主要衡量指标包括：科研成果的使用率和市场开发程度，产品的生产效率和经济价值，以及科研成果的更新速度。在国防科技成果转化力的下级指标中较为重要的指标有：国防科技成果的实际使用率、国防科技产品的生产效率、国防科技对经济的贡献程度。针对科研成果转化力指标，笔者提出以下建议。

（1）提高国防科技成果的实际使用率

一方面，促成创新企业和军队的密切联系，形成良好的合作关系，让创新企业可以充分了解军队需求，及时接受反馈信息，调整科研项目的研究方向，建立需求导向的创新模式，提高科研成果实际使用率；另一方面，投入更多的经费及人力资源，不断开拓市场，将国防科技研究成果转化为实际成果并应用。

（2）加大国防科技产品的生产效率

购入先进的生产设备，提高针对国防科研成果的生产能力。制定完善完备的生产制度，设立专门部门进行管理，做到对实际生产状况及时了解，能够快速调整生产计划，最大化提高生产效率。只有生产效率得到提高，才能带来更多的收益，强化国防科技创新成果的转化效率。

（3）重视高等院校在国防科技成果转化方面的作用

高等院校作为参与国防科技创新、承接国防科技重大科研项目的主力军之一，承担着重大技术的攻关工作。但高等院校在国防科技创新成果转化方面却面临着不少问题：一是相关政策制度不够完善；二是专业化人才缺失；三是国防科技成果评价体系重理论，轻转化。针对以上问题，首先，应针对《中华人民共和国科技成果转化法》做进一步修改完善，为高等院校国防科技成果转化创造优质的制度环境。其次，构建完善的产学研国防科技创新成果转化平台，促进国防科技成果的快速成型，进而服务企业生产和市场拓展；高等院校依托成果转化平台，开展国防科技创新成果转化课程，培养专业人才，协同创新；促进校企之间、高等院校之间的协同合作，建立长期的交流联系和合作关系，扬长避短，充分发挥高等院校的人才优势和企业的市场优势，实现资源共享，促进实用性高的国防科技成果产生，提高国防科技创新成果转化。最后，优化国防科技创新成果评价机制，重视科研成果的转化应用，提高高等院校科研工作的积极性和研究热情。

10.6 人才保障力的完善与提高

千秋基业，以人为本。习近平总书记曾多次强调，“盖有非常之功，必待非常之人”。创新是引领发展的首要动力，是建设现代化经济体系的战略支撑，而人才建设是科技发展，维护国家、社会的深远发展和长治久安的重中之重。

为了构建集约高效、科学合理的国防科技创新生态系统，必须坚持创新驱动的实质是人才驱动。将基础支撑力、制度保障力、资源配置力、科技创新力、成果转化力作为一级指标，对国防科技创新生态系统体系进行指标构建，并针对五个一级指标尚待完善和提高的地方进行建议。为了体现人才在国家竞争力、国防建设中的重要作用，在这里专门针对人才保障，提出一些相关建议，供政府和各界专家参考。

（1）改善人才发展环境，唤醒人才创造活力

在科技创新人才的培育中，人才发展环境无疑是影响人才培育效果和人才发展质量的关键，是培育人才的重要土壤。改善人才发展环境，唤醒人才创造活力是全社会的责任。

在国家层面，政府要为改善创新人才的发展环境奠定经济基础和政策保障。

1）经济基础。创新人才的发展、人才培育环境的改善离不开政府的资源倾斜和经济投入。国家的经济发展可以有效带动国家创新人才的建设。一方面，加大科研投入为创新人才培育提供良好的科研环境，培育科技创新人才的创新意识、创新思维，鼓励创新人才提出创新想法，并将创新落地；另一方面，引导社会各界力量，共同推动人才建设。鼓励金融机构加入创新人才的培育和建设中，激励创新基金的设立和发展，为创新人才提供更多的资金支持和机会。

2）政策与制度保障。政策支持和制度保障是改善人才培育环境的有力支撑。人才保障政策和法规可以为创新人才发展创造软环境。首先，政府对自主知识产权的保障，是对创新人才创新活力和动力的强大保护，让创新人才的利益得到保护；其次，对创新人才的选拔制度进行调整，要在实践中发现人才，培育人才；

最后，优化行政管理流程，减少创新人才项目申报时间，提高创新人才培养效率。

在学校层面，高等院校和科研机构作为创新人才培育的孵化器，是培育创新人才的重要基地。

3）重视基础教育环境。国务院《“十三五”国家科技创新规划》对“十三五”期间的重大科技项目设置、制度及人才培养等进行了系统分析并要求高校注重理化生、天文学等基础层学科，强化信息、纳米等新兴学科建设。

在培育创新人才的过程中，一方面，高校要注重对创新人才的基础教育培养，切勿好高骛远；另一方面，在教育和培养创新人才时，要与国家政策和规划接轨，培育适应国家需要的创新人才。

4）提供充足的实践机会。《国家教育事业发展“十三五”规划》提出要创新人才培养方式，形成利于个性发展的人才培养模式，加大对创新活动的资助力度，用分类管理的方式促进创新人才的培养和发展。在高等教育阶段，要更加注重创新人才实践经验的养成，要充分给予创新人才自由灵活的实践机会，在实践中培育人才。

5）加强教师素养和水平建设。在人才的培育中，教师是重要影响因素之一。优化教师队伍体系，提高教师素质和水平，转变教师教育理念，对创新人才的培育十分重要。

企事业单位是改善人才培育环境不可避免的一环。企事业为人才培育搭建平台，可以促进创新型人才培育模式的树立和转型。树立创新人才培育观念，注重人才培育的引导作用；积极落实国家人才培育相关政策和规划，探索创新人才培育新模式；构建不断完善的人才评估机制，针对不同的创新人才设立不同的评估方法和制度，完成多样化的人才激励制度，激发人才创新活力。

（2）注重创新人才的可持续发展

人才建设和培育是长期的过程，在改善人才的培育环境外，也要重点关注人才培育的可持续发展，聚焦科技创新人才的可持续发展。

1）政府的责任。首先，政府在对创新人才培育的大方向、细节要求等方面进行规划和政策制定时，要注重理解创新人才的实际需求，充分唤醒人才的创新活力和动力。其次，加强宣传引导，充分认识到科技创新的不确定性，包容失败，允许创新人才不断尝试，转变“胜者为王”的传统观念。最后，开展人才引进计划。除了培育国内创新人才外，也要积极建立完善各类人才引进制度，吸引国外人才，如深圳的“孔雀计划”、北京的“雨燕计划”等。

2）企业的责任。作为国防科技创新生态系统创新主体的企业，是在实践中培育科技创新人才的实训基地和场所。科技创新人才也是创新企业提高自主研发能力、增加科研成果、提高企业竞争力的关键。因为科技创新的不确定性，企业在引进人才和使用人才的时候，更要注重人才的可持续发展。

要设立有利于科技创新人才可持续发展的激励制度。一方面，通过物质奖励，以满足物质需求的方式，激发创新人才的创造活动和动力；另一方面，通过股权激励将人才个人利益与公司利益绑在一起，培育创新人才的责任感，实现公司发展和人才培育双赢。企业的壮大和发展，也是在为创新人才持续提供进行创新活动、实现理想的平台。

要树立积极向上、有利于创新人才发展的公司文化。良好的公司文化，能够增强创新人才对企业的归属感和认同感，提高科研项目团队的凝聚力和科研效率，有利于减少人才疏离企业、频繁向外流动带来的不利于人才长远发展的弊端，能够为创新人才的可持续发展创造有利环境。

结　语

国防是国家生存和发展的重要安全保障，强大的国家必须依靠强大的国防来支撑，而强大的国防必须由有力高效的国防科技创新组织系统来保障。国防科技创新旨在对武器装备技术领域开展相关的知识发现、技术发明，以及知识和技术的创造性应用。本书在梳理国内外国防科技创新生态系统的基础上，将系统科学、管理科学、军事科学、信息科学及人工智能的相关理论应用于国防科技创新生态系统的研究中。首先，从系统论及系统思维的视角详细阐述了创新、创新生态系统、国防科技创新生态系统的相互关系，并在分析我国国防科技创新生态系统发展现状的基础上，从创新主体、创新链条、创新资源、创新管理方面探讨国防科技创新生态系统的影响因素。其次，通过对国防科技创新生态系统深入的定性及对比分析研究，从多学科角度建立基于灰色关联分析的国防科技创新生态系统评价指标体系，以及基于双层犹豫模糊语言及 DGM 方法的评价量化模型；进而在人工智能及大数据背景下梳理了国防科技创新生态系统的应用领域及关键技术，尝试性地提出了基于人工智能与大数据背景的国防科技资源开发框架，并进行了基于 APRIORI 方法的国防科技创新生态系统指标关联规则挖掘分析；继而基于 WSR 方法论对智慧军营系统进行实证分析，提出智慧军营的架构设计思路和应用研究内容，为智慧军营的全面建设和军队战斗力的提升提供理论指导，并利用熵权法对智慧军营架构应用进行评估，依据评价结果对智慧军营的建设方案不断进行改善提高。最后，从计算机科学的角度提出了国防科技创新生态系统决策支持系统原型设计的思路，并对重要国防科技创新资源的人才子系统 GKCRIDSS 进行了详细设计；同时从国防科技创新生态系统建设的基础支撑力、制度保障力、资源配置力、科技创新力、成果转化力、人才保障力六个方面提出完善与提高的具体策略，进而为我国国防科技创新生态系统的发展提供强有效的对策及建议。

参考文献

博庆贺，张焕焕 . 2019. 中美创业创新生态比较研究与启发［J］. 信息通信技术与政策，(3)：13-16.

曹祎遐，高文婧 . 2015. 企业创新生态系统结构发凡［J］. 改革，(4)：135-141.

陈翠芳 . 2014. 论科技生态化的内涵和基本特征［J］. 科技管理研究，34（19）：224-228.

陈国宇，卢俊，黄昕，等 . 2019. 航天工程科技国际化人才培养体系构建与实践［J］. 中国工程科学，21（4）：118-123.

陈劲 . 2013. 创新管理及未来展望［J］. 技术经济，32（6）：1-9，84.

陈劲，阳银娟 . 2012. 协同创新的理论基础与内涵［J］. 科学学研究，30（2）：161-164.

陈奎宁 . 1987. "新三论" 的启示——谈耗散结构论、协同论和突变论［J］. 科技导报，(1)：40-42.

陈丽 . 2008. 海洋生物制药自主创新生态系统分析及构建［J］. 中国集体经济，(7)：39-40.

陈璐，吴洁，盛永祥，等 . 2017. 专利创新生态系统中多主体竞合关系研究［J］. 情报杂志，36（12）：82-89.

陈斯琴，顾力刚 . 2008. 企业技术创新生态系统分析［J］. 科技管理研究，28（7）：453-454，447.

陈伟，齐媛媛 . 2008. 国防科技工业自主创新能力评价指标体系的构建［J］. 国防技术基础，(4)：11-13.

程臻，薛惠锋 . 2018. 国防科技战略有效性评价现状分析［J］. 兵工自动化，37（11）：5-11.

崔立志 . 2010. 灰色预测技术及其应用研究［D］. 南京：南京航空航天大学博士学位论文.

崔雍浩，商聪，陈锶奇，等 . 2019. 人工智能综述：AI 的发展［J］. 无线电通信技术，45（3）：225-231.

戴伟 . 2019. 推进国防科技创新发展的三个关键环节［J］. 科学管理研究，37（1）：16-18.

邓大勇，薛欢欢，苗夺谦，等 . 2017. 属性约简准则与约简信息损失的研究［J］. 电子学报，45（2）：401-407.

董惠雯，张戈，项绪鹏 . 2016. 人工智能概述［J］. 科技风，(5)：34.

董晓芳，刘晓楠 . 2019. 基于 APRIORI 算法的股票板块指数联动性研究［J］. 河北企业，(8)：71-72.

杜小伟 . 2011. 灰色预测模型在青岛市水产养殖产量预测中的应用［D］. 青岛：中国海洋大学硕士学位论文.

段杰，陈萍 . 2019. 深圳创新生态系统运行三要素［J］. 开放导报，(1)：90-93.

段若颖 . 2019. 世界军事强国战略博弈中的军工核心能力建设研究［J］. 科学技术创新，(23)：34-35.

樊晓平，谢岳山，廖志芳 . 2009. 容错粗糙主成分分析的属性约简方法［J］. 东南大学学报（自然科学版），39（S1）：199-203.

范炳健，谭立忠，贾晨阳，等 . 2013. 国防科技工业创新机制建设研究［J］. 科技进步与对策，30（20）：55-58.

范肇臻 . 2014. 论国防科技工业创新驱动发展战略的支持系统构建［J］. 求是学刊，41（4）：59-65.
费艳颖，凌莉 . 2019. 美国国家创新生态系统构建特征及对我国的启示［J］. 科学管理研究，37（2）：161-165.
冯向前，谭倩云，钱钢 . 2016. 犹豫模糊语言的可能度排序方法［J］. 控制与决策，31（4）：640-646.
高杰，丁云龙 . 2019. 军民融合产业联盟的新生境构成、组织形态与治理结构走向研究［J］. 公共管理学报，16（4）：119-131，174.
耿喆，徐峰，贾晓峰 . 2018. 我国人工智能产业创新生态系统构建研究［J］. 全球科技经济瞭望，33（Z1）：18-24.
辜胜阻，曹冬梅，杨嵋 . 2018. 构建粤港澳大湾区创新生态系统的战略思考［J］. 中国软科学，（4）：1-9.
顾基发，唐锡晋 . 2006. 物理—事理—人理系统方法论：理论和应用［M］. 上海：上海科技教育出版社 .
管国政 . 2017. 我国国防科技工业企业发展战略研究［D］. 哈尔滨：哈尔滨工程大学硕士学位论文 .
郭琳达 . 2014. 军民融合视角下中国军队院校非现役文职人员的配置优化研究［J］. 经济研究导刊，（34）：146-149.
郭琳达，张远军 . 2015. 中国国防科技资源配置的现实问题与基本对策［J］. 国防科技，36（4）：86-89.
郭韬 . 2008. 基于复杂性理论的企业组织创新研究［D］. 哈尔滨：哈尔滨工程大学博士学位论文 .
郭玉翠，刘思奇，雷敏，等 . 2013. 基于一般系统论的信息安全系统的理论研究［J］. 电子科技大学学报，42（5）：728-733.
韩庆贵 . 2017. 加快推进国防科技协同创新的几点思考［J］. 国防，（6）：35-39.
韩子莹 . 2019. 大数据技术应用的伦理探究［D］. 北京：北京邮电大学硕士学位论文 .
何海燕，曹华伟 . 2020. 我国高校军民融合科研创新影响因素研究——基于 Ordered Logit 模型的实证分析［J］. 科技进步与对策，37（10）：146-151.
何晓露 . 2018. 大数据时代的人工智能范式探讨［J］. 通讯世界，（10）：14.
贺团涛，曾德明 . 2008. 知识创新生态系统的理论框架与运行机制研究［J］. 情报杂志，27（6）：23-25.
贺玉琴 . 2019. 理解和落实新时代我国军民融合发展战略——以内蒙古为例［J］. 内蒙古农业大学学报（社会科学版），21（4）：72-78.
化党领，张志勇，律士爱 . 1999. TOPSIS 多目标决策方法及其应用［J］. 计算机与农业，（4）：27-28.
黄海霞，陈劲 . 2016. 创新生态系统的协同创新网络模式［J］. 技术经济，35（8）：31-37，117.

黄花 . 2012. 国防科技工业军民融合创新体系研究［D］. 长沙：中南大学硕士学位论文 .

黄建榕，柳一超 . 2017. 美国科技创新能力评价的做法与借鉴［J］. 当代经济管理，39（10）：88-93.

黄麟，李湘黔，孟斌斌 . 2019. 改革背景下军民技术转移三阶演化博弈分析［J］. 科技进步与对策，36（18）：23-32.

黄鲁成 . 2003. 区域技术创新系统研究：生态学的思考［J］. 科学学研究，（2）：215-219.

黄敏 . 2011. 基于协同创新的大学学科创新生态系统模型构建的研究［D］. 重庆：第三军医大学博士学位论文 .

黄卫华 . 2018. 基于信息论的属性约简算法［J］. 湖北民族学院学报（自然科学版），36（3）：289-292.

黄毓森，纪建强，郭勤 . 2019. 中国特色先进国防科技工业体系内涵与实现路径［J］. 科技进步与对策，36（15）：137-145.

计宏亮 . 2018. 新时代军民融合智库建设的思考［J］. 今日科苑，（11）：28-29.

纪广月 . 2014. 基于灰色关联分析的 BP 神经网络模型在中国碳排放预测中的应用［J］. 数学的实践与认识，44（14）：243-249.

九目 . 2014. 全面深化国防科技工业改革构建中国特色先进国防科技工业体系——国防科技工业推进改革发展述评［J］. 国防科技工业，（5）：12-14.

鞠岩，胡婷，刘艳层，等 . 2017. 基于 SOA 架构的智慧军营管理系统设计与实现［J］. 信息系统工程，（2）：95-97.

雷勋平，邱广华 . 2016. 基于熵权 TOPSIS 模型的区域资源环境承载力评价实证研究［J］. 环境科学学报，36（1）：314-323.

李翀，谢秀萍 . 2017. 基于反正切函数权值累加生成的 DGM（1，1）$_{atan}$模型及其应用［J］. 系统工程理论与实践，37（12）：3227-3234.

李慧丽 . 2019. 加强我国人工智能国防应用的研究与思考［J］. 网信军民融合，（2）：27-30.

李丽娜 . 2013. 几种典型类型的多属性决策方法［D］. 成都：西南交通大学硕士学位论文 .

李升友 . 2016. 安全系统思想及其理论核心研究［J］. 中国安全科学学报，26（1）：28-33.

李万，常静，王敏杰，等 . 2014. 创新 3.0 与创新生态系统［J］. 科学学研究，32（12）：1761-1770.

李湘黔，周德，林琳，等 . 2018. 国防科技工业协同创新人才培养模式研究［J］. 科技进步与对策，35（19）：103-108.

李向阳 . 2018. 大数据时代国防科技信息工作机遇和挑战［J］. 软件，39（1）：101-104.

梁静国，林朗星，魏娟 . 2006. 基于灰色关联度的属性约简方法［J］. 统计与决策，（3）：155-156.

梁颖 . 2019. 运用控制论设计产品服务生态系统［J］. 现代信息科技，3（14）：156-160，163.

廖虎昌，缑迅杰，徐泽水 . 2017. 基于犹豫模糊语言集的决策理论与方法综述［J］. 系统工程理论与实践，37（1）：35-48.

林晶，陈苗，李伟 . 2019. 人工智能与大数据时代信息人才培养模式、路径与对策研究［J］. 情报科学，37（9）：123-125，132.
林良，王耀德 . 2018. 科技协同创新体的内涵、运行机制及实践［J］. 技术经济与管理研究，（1）：31-34.
林艳，张晴晴 . 2019. 构建区块链创新生态系统研究——发挥政府引导作用［J］. 理论探讨，206（1）：161-166.
刘美芳 . 2016. 第五代技术创新模式下国防科技工业的价值网络构建和创新过程分析［J］. 产业经济评论，（1）：78-87.
刘海峰 . 2019. 系统工程方法在计算机软件设计中的应用与研究［J］. 数字通信世界，（8）：199.
刘娟，马学礼 . 2018. 雄安新区创新驱动发展实现路径研究——创新生态系统视角［J］. 科技进步与对策，35（8）：32-37.
刘思峰，蔡华，杨英杰，等 . 2013. 灰色关联分析模型研究进展［J］. 系统工程理论与实践，33（8）：2041-2046.
刘同勋，宋广源 . 2019. 浅谈建设智慧型军营的几点认识［J］. 信息技术与信息化，（4）：128-129.
刘晓敏 . 2015. 马克思主义哲学的系统思想探析［D］. 西安：西安工程大学硕士学位论文 .
刘晓平 . 2016. 基于 SEM 的国防科技核心能力影响因素研究［J］. 国防科技，37（6）：44-56.
刘勇，王成军，杨威 . 2015. 基于犹豫模糊语言信息的权重信息部分可知 TOPSIS 方法［J］. 工程数学学报，32（4）：497-506.
柳卸林，孙海鹰，马雪梅 . 2015. 基于创新生态观的科技管理模式［J］. 科学学与科学技术管理，36（1）：18-27.
吕薇 . 2016-12-15. 从体制机制入手构建军民融合国防科技创新体系［N］. 中国经济时报，（5）.
吕炎杰，赵罡，于勇 . 2015. 基于模糊集理论和知识相似度的复杂产品设计任务分配方法［J］. 计算机集成制造系统，21（4）：904-913.
马文亭 . 2019. 基于 Apriori-KNN 算法的入侵检测误报过滤研究［D］. 哈尔滨：哈尔滨理工大学硕士学位论文 .
毛亚男 . 2016. 中美创新生态和创新体系比较［J］. 中国物价，（10）：66-68.
穆松林，郭群 . 2018. 内蒙古自治区温带草原生态系统服务价值评估及空间特征［J］. 北方园艺，（18）：94-101.
潘军，张诗楠 . 2018. 信息化技术在军民融合发展中存在的问题及发展模式研究［J］. 科学技术创新，（34）：95-96.
裴晨，柯文进 . 2013. 马克思主义系统思想与生态文明建设［J］. 辽宁大学学报（哲学社会科学版），41（3）：51-56.
齐美娟 . 2018. 构建国防科技工业体系信息安防生态圈［J］. 中国国情国力，（8）：80.

钱虹.2019. 面向技术创新生态系统的科技情报服务体系研究［J］. 情报理论与实践, 42（11）：52-56.
钱旭，罗威，武帅，等.2018. 大数据驱动的国防科技创新资源感知与评估研究［J］. 情报理论与实践，41（12）：31-34，54.
曲新勇.2014. 以体系动员能力建设牵引国防动员创新发展［J］. 国防，（10）：19-22.
任恒娜.2019. 我国人工智能产业发展的若干问题研究［J］. 经济研究导刊，（24）：29-31.
石少民.2019. 数据挖掘在移动基站退服故障预测中的研究［D］. 乌鲁木齐：新疆大学硕士学位论文.
宋建平，郭明敏.2018. 构建山西科技创新生态系统路径研究［J］. 经济问题，（9）：108-112.
苏文，郭学兵，何洪林.2018. 基于生命周期的国家生态系统观测研究网络科技资源管理研究［J］. 科技管理研究，38（22）：230-235.
隋映辉.2004. 城市创新生态系统与“城市创新圈”［J］. 社会科学辑刊，（2）：65-70.
孙洪昌.2007. 开发区创新生态系统建构、评价与二次创业研究［D］. 天津：天津大学博士学位论文.
孙雷钢.2014. 我国国防科技工业军民融合式创新体系研究［D］. 杭州：浙江工业大学硕士学位论文.
孙雷霆，李春发.2020. 军民融合时代特征、制约问题与治理路径［J］. 科技进步与对策, 37（8）：134-143.
谭云刚.2019. 国防科技工业和武器装备建设改革发展必须朝向五个转变［J］. 网信军民融合，（7）：17-20.
陶水龙.2013. 基于系统工程思想的档案信息生态系统研究［J］. 北京档案，（2）：9-12.
田民，刘思峰，卜志坤.2008. 灰色关联度算法模型的研究综述［J］. 统计与决策，（1）：24-27.
田先钰.2007. 论科技生态系统、结构、动力机制与干预［J］. 科技管理研究，（1）：52-55.
田云华，王凌峰，王乐.2019. 国外军工产业发展模式及其对我国的启示［J］. 经济研究导刊，（21）：40-42.
童其慧.2002. 主成分分析方法在指标综合评价中的应用［J］. 北京理工大学学报（社会科学版），4（1）：59-61.
王丰效.2017. 线性时变参数 DGM（1，1）变权组合预测模型［J］. 统计与决策，（13）：79-81.
王宏宇.2010. 粗糙集与灰色关联理论在案例检索中的应用研究［D］. 合肥：合肥工业大学硕士学位论文.
王洪梁.2016. 建立国防军工与民企协同创新机制研究［J］. 科学管理研究，34（4）：5-8.
王坚强，吴佳亭.2015. 基于优序关系的犹豫模糊语言多准则决策方法［J］. 控制与决策, 30（5）：887-891.
王晋.2019. 深化军民融合发展培育成都战略性新兴产业——基于对成都新一代信息技术产业的调研分析［J］. 决策咨询，（2）：4-8，11.

王磊，詹鸣 . 2016. 美国防部尝试风投模式推动国防科技创新［J］. 卫星应用，(3)：26-28.
王日玥，徐晨阳，方子娴 . 2017. 中国创新城市建设的现状、问题与对策——京沪建设国家创新城市专家研讨会综述［J］. 全球化，(6)：111-116，136.
王天尧，吴素彬 . 2019. 人工智能在军事情报工作中的应用现状、特点及启示［J］. 飞航导弹，(4)：46-51.
王小绪 . 2013. 江苏国防科技工业与区域经济军民融合式发展的创新模式研究［J］. 科技与经济，26 (6)：11-15.
王雪诚 . 2017. 人工智能算法：改写战争的无形之手［J］. 军事文摘，(21)：19-22，81.
王艳霞，周中林 . 2019. 我国高校智库服务军民融合战略发展的路径探究［J］. 智库理论与实践，4 (3)：65-72.
王玉璇 . 2018. 军事大数据应用的风险及其应对措施［J］. 中华医学图书情报杂志，27 (4)：18-22.
王云，刘敏 . 2019. 军民融合创新发展指标体系的维度与变量［J］. 情报杂志，38 (10)：146-152.
王哲 . 2019. 从《2018 人工智能全景报告》看我国 AI 产业发展［J］. 机器人产业，(2)：100-105.
王振，高巍，李斌 . 2017. 美国国防科技工业资源共享研究［J］. 全球科技经济瞭望，32 (8)：61-65.
吴瑶 . 2018. 科技，时代的齿轮［J］. 科技视界，(26)：13-14.
徐建中，李亚平，姜树凯 . 2011. 国防科技工业自主创新能力体系分析［J］. 科技进步与对策，28 (9)：55-58.
徐君，任腾飞 . 2019. 区域中心城市创新生态圈要素架构、生态特征与运行机制［J］. 科技进步与对策，36 (18)：43-50.
徐宁 . 2015. 灰色预测技术及其在交通管理中的应用研究［D］. 南京：南京航空航天大学博士学位论文 .
许劲松，闫斌 . 2014. 信息化在“智慧军营”建设中的应用［J］. 科技创新与应用，(2)：66-67.
许毅达，欧阳文慧，栗晓喆 . 2019. 军工集团军民融合改革发展刍议［J］. 国防科技工业，(2)：30-32.
薛楠，齐严 . 2019. 雄安新区创新生态系统构建［J］. 中国流通经济，33 (7)：116-126.
闫书丽，刘思峰，朱建军，等 . 2013. 基于熵测度的三参数区间数信息下的 TOPSIS 决策方法［J]. 中国管理科学，21 (6)：145-151.
颜晓峰 . 2001. 五代创新模式及其认识论分析［J］. 改革与战略，(4)：19-23.
颜永才 . 2013. 产业集群创新生态系统的构建及其治理研究［D］. 武汉：武汉理工大学博士学位论文 .
杨芬，关叶青，曾波，等 . 2013. 基于随机振荡序列的 DGM（1，1）模型的建模及应用［J］. 数学的实践与认识，43 (16)：175-180.

杨磊 . 2019. 基于系统工程的多式联运绩效评价指标体系构建研究［J］. 铁道运输与经济，41（8）：64-67，76.
杨勇，王志杰 . 2014. 区域科技创业生态系统运行机制及政策仿真研究［J］. 科学学与科学技术管理，35（12）：99-108.
杨渝南 . 2019. 我国军民融合创新发展研究［J］. 现代商贸工业，40（27）：11-12.
尤靖雯 . 2008. 生态经济学视角下我国国防科技工业技术创新模式［J］. 中国军转民，（11）：39-41.
游光荣 . 2006. 坚持军民一体化，建设和完善寓军于民的国防科技创新体系［J］. 中国软科学，（7）：68-79.
游光荣 . 2017. 对军民融合发展现状及评估的思考［J］. 中国国情国力，（1）：16-18.
游光荣 . 2018. 中国军民融合发展 40 年［J］. 科学学研究，36（12）：2144-2147.
于景元 . 2014. 钱学森系统科学思想和系统科学体系［J］. 科学决策，（12）：2-22.
余东城，闻伟英，罗永光 . 2019. 关于推动科技型中小企业参与国防科技创新的研究——以美国军方实施 SBIR/STTR 计划为视角［J］. 国防科技，40（2）：54-57.
余少文 . 2013. 基于 PROMETHEE 算法的多属性群决策支持系统的分析与设计［D］. 贵阳：贵州财经大学硕士学位论文 .
张钹 . 2019. 人工智能下一步努力方向：跟脑科学结合，找出新的模型和方法［J］. 领导决策信息，（5）：22-23.
曾波，刘思峰 . 2011. 近似非齐次指数序列的 DGM（1，1）直接建模法［J］. 系统工程理论与实践，31（2）：297-301.
曾国屏，苟尤钊，刘磊 . 2013. 从“创新系统”到“创新生态系统”［J］. 科学学研究，31（1）：4-12.
曾泽亮 . 2018. 适应我军武器装备发展的国防科技工业体系探究［J］. 山东工业技术，（7）：215.
张彩江，孙东川 . 2001. WSR 方法论的一些概念和认识［J］. 系统工程，（6）：1-8.
张朝阳，赵涛，王春红 . 2009. 基于粗糙集的属性约简方法在指标筛选中的应用［J］. 科技管理研究，29（1）：78-79，85.
张东娜，刘博 . 2008. 三种属性约简方法的比较研究［J］. 电脑知识与技术，1（4）：613-614.
张恒巍，韩继红，张健，等 . 2015. 基于灰关联分析的指标约简与权重分配算法［J］. 计算机工程与设计，36（4）：1027-1031，1057.
张鸿雁 . 2019. 基于 Apriori 算法的校园教学质量评价系统设计［J］. 电子技术与软件工程，（18）：188-189.
张纪海，李冰 . 2017. 国防科技协同创新体系的系统分析［J］. 北京理工大学学报（社会科学版），19（5）：113-120.
张首芳 . 2008. 企业自主创新能力相关理论问题探析［J］. 山西财经大学学报，（S1）：4-5.
张晓强 . 2016. 坚持创新驱动发展 建设世界科技强国［J］. 全球化，（8）：5-14，133.

张颖，高倩倩 . 2015. 基于灰色模型和模糊神经网络的综合水质预测模型研究［J］. 环境工程学报，9（2）：537-545.
张于喆 . 2019. 军民融合促进新动能培育的重大意义［J］. 中国经贸导刊，(5)：37-38.
张运生 . 2008. 高科技企业创新生态系统边界与结构解析［J］. 软科学，22（11）：95-97，102.
张净敏，胡慧姿，章磊 . 2019. “双重战略”耦合效应下国防科技工业技术创新路径研究［J］. 科学管理研究，37（3）：8-12.
章玲，周德群 . 2008. 基于 DEMATEL 方法的国防科技工业企业创新能力影响因素分析［J］. 科技进步与对策，(1)：60-62.
章政，柴洪峰，孙权 . 2018. 基于复杂系统工程思想的智慧医疗模式研究［J］. 科技进步与对策，35（24）：36-40.
赵斌，张江 . 2015. 整体论与生态系统思想的发展［J］. 科学技术哲学研究，32（5）：15-20.
赵富洋 . 2010. 我国国防科技工业军民结合创新体系研究［D］. 哈尔滨：哈尔滨工程大学博士学位论文 .
赵国营，张荣华 . 2017. 论马克思主义中的系统思想［J］. 广西社会科学，(1)：52-55.
赵娟，陈华友 . 2016. 基于 VIKOR 算法的供应商选择的犹豫模糊多准则决策模型［J］. 模糊系统与数学，30（4）：116-120.
郑光军 . 2019. 浅析我国科技创新中存在的问题及解决对策［J］. 科技创新导报，16（13）：199，201.
周宾 . 2015. 基于 SE-SBM 的中国军民融合产业示范基地的经济效率测评［J］. 西安财经学院学报，28（5）：66-71.
周佳慧 . 2019. 大数据驱动下移动货架的货位优化研究［J］. 商业经济，(8)：118-119.
周韧，屈波 . 2016. 国防与军事大数据应用浅谈［J］. 现代计算机（专业版），(25)：48-51.
周倜 . 2008. 灰色系统与粗糙集的比较研究［D］. 武汉：武汉理工大学硕士学位论文 .
周彤 . 2017. 基于粗糙集理论的属性约简算法［J］. 电子技术与软件工程，(7)：184-185.
朱颢东，钟勇 . 2009. 基于粗糙集和灰色关联度的综合性特征选择［J］. 计算机工程与应用，45（35）：6-9，13.
朱灏 . 2018. 军民融合创新驱动中国经济高质量发展//中国软科学研究会 . 第十四届中国软科学学术年会论文集［C］. 北京：中国软科学研究会 .
朱晓敏，包卫东，周云，等 . 2019. 军民融合背景下军队院校研究生校企合作培养探索与思考［J］. 高等教育研究学报，42（2）：30-34.
祝欣蓉 . 2019. 钱学森系统工程理念在智能家居系统设计中的应用［J］. 无线互联科技，(16)：131-132.
邹刚，章明浩，王哲 . 2019. 军民融合体系下国防专利解密制度研究［J］. 价值工程，38（20）：291-293.
Bekkera J，Aldrich C. 2011. The cross-entropy method in multi-objective optimisation：an assessment［J］. European Journal of Operational Research，211（1）：112-121.

Bottani E，Rizzi A. 2013. A fuzzy TOPSIS methodology to support outsourcing of logistics services [J] . Supply Chain Management，11 (4)：294-308.

Brown M W. 2020. Developing readiness to trust artificial intelligence within warfighting teams [J]. Military Review，100 (1)：36-44.

Bukkvoll T，Malmlöf T，Makienko K. 2017. The defence industry as a locomotive for technological renewal in Russia：are the conditions in place? [J] Post- Communist Economies，29 (2)：232-249.

Byrd L C M W. 2019. Integration of women and gender perspective into the Myanmar Armed Forces to improve civil-military relations in Myanmar [J] . Military Review，99 (6)：35-39.

Calheiros T，Pereira M G，Nunes J P. 2021. Assessing impacts of future climate change on extreme fire weather and pyro- regions in Iberian Peninsula [J] . Science of the Total Environment，754：142233.

Chan J C C，Eisenstat E. 2015. Marginal likelihood estimation with the cross- entropy method [J] . Econometric Reviews，34 (3)：256-285.

Chen F，Sun Y T. 2017. Discrete grey prediction model of the reckless incidents in the civil aviation based on the modification of weakening the buffer operator [J] . Journal of Safety and Environment，(3)：43.

Golichenko O G. 2016. The national innovation system：from concept to research methodology [J] . Problems of Economic Transition，58 (5)：463-481.

Gonsalves C. 2015. Technology Transfer and Transition. 11th Annual S&ET Conference/DoD Tech Exposition：Enabling Technologies to Fight Current and Future Conflict [EB/OL] . http://www. dtic. mil/ ndia/2010SET/Gonsalves. pdf[2015-04-24].

Gou X J，Liao H C，Xu Z S，et al. 2017. Double hierarchy hesitant fuzzy linguistic term set and MULTIMOORA method：a case of study to evaluate the implementation status of haze controlling measures [J] . Information Fusion，38：22-34.

Hofman P S，Weng C，Zhou S S，et al. 2019. Innovation in environmental technologies in China：the case of Feida's power plant pollution control equipment//Liu M，Luo J. China Branding [M]. Singapore：Palgrave Macmilla.

Iqelan B M. 2017. Forecasts of female breast cancer referrals using grey prediction model GM (1，1) [J]. Applied Mathematical Sciences，11：2647-2662.

Kim Y，Blank S. 2019. Russia's arms sales policy after the Ukraine sanctions [J] . Asian Politics and Policy，11 (3)：380-398.

Lavallee T M. 2010. Civil- military integration：the politics of outsourcing national security [J] . Bulletin of Science，Technology and Society，30 (3)：185-194.

Lee E，Yi K M. 2018. Global value chains and inequality with endogenous labor supply [J] . Journal of International Economics，115：223-241.

Mattis J. 2018. Summary of the 2018 National Defense Strategy of the United States of America [R] . Washington D. C. ：U. S. Department of Defense.

Naylor L A, Brady U, Quinn T, et al. 2019. A multiscale analysis of social- ecological system robustness and vulnerability in Cornwall, UK [J] . Regional Environmental Change, 19 (7): 1835-1848.

Podvig P. 2016. Blurring the line between nuclear and nonnuclear weapons: increasing the risk of accidental nuclear war? [J] Bulletin of the Atomic Scientists, 72 (3): 145-149.

Prigogine I. 1987. An itinerary through a turbulent century [J] . Revue des sciences morales & politiques : travaux de l'Academie des sciences morales et politiques, 142 (4): 603-614.

Rodriguez R M, Martinez L, Herrera F. 2012. Hesitant fuzzy linguistic term sets for decision making [J]. IEEE Transactions on Fuzzy Systems, 20 (1): 109-119.

Sigdel R, Anand M, Bauch C T. 2019. Convergence of socio-ecological dynamics in disparate ecological systems under strong coupling to human social systems [J] . Theoretical Ecology, 12 (3): 285-296.

Smirnov V V, Semenov V L, Kadysheva O N, et al. 2019. Information and communication technology for developing the national innovation system [C] . Saint-Petersburg: The International Conference on Communicative Strategies of Information Society (CSIS 2018) .

Sohlberg M. 2020. Russia- measures affecting the importation of railway equipment and parts thereof, DS499 [J] . World Trade Review, 19 (3): 1-3.

Squassoni S. 2013. The limited national security implications of civilian nuclear decline [J] . Bulletin of the Atomic Scientists, 69 (2): 22-33.

Swearingen W D, Slaper T F. 2012. Economic impacts of technology transfer: two case studies from the U. S. Department of Defense [J] . Technology Transfer, (6): 163-173.

Tompkins R G, Alexander A K, Berke C M. 2019. Creating ROI: Return on Innovation–The Partners Model [M] . Berlin: Springer International Publishing.

Torra V. 2010. Hesitant Fuzzy Sets [J] . International Journal of Intelligent System, 25 (6): 529-539.

Xu Z S. 2008. Group decision making based on multiple types of linguistic preference relations [J]. Information Sciences, 178: 452-467.

Xu Z S, Zhang X L. 2013. Hesitant fuzzy multi- attribute decision making based on TOPSIS with incomplete weight information [J] . Knowledge-Based Systems, 52 (6): 53-64.

Xu Z S, Zhao N. 2016. Information fusion for intuitionistic fuzzy decision making: an overview [J] . Information Fusion, 28: 10-23.

Yang W, Li X, Li B. 2017. Application of DGM (1, 1) and linear regression based on entropy weight method [C] . Stockholm: International Conference on Grey Systems and Intelligent Services.

Ye J, Dang Y G, Liu Z. 2017. Grey prediction model of interval grey numbers based on cotangent function transformation [J] . Kongzhi Yu Juece/Control and Decision, 32 (4): 688-694.

Ye J, Dang Y G, Li B J. 2018. Grey-Markov prediction model based on background value optimization and central- point triangular whitenization weight function [J] . Communications in Nonlinear Science and Numerical Simulations, 54: 320-330.